中华现代学术名著丛书

司马迁之人格与风格
道教徒的诗人李白及其痛苦

李长之 著

创于1897
商務印書館
The Commercial Press

图书在版编目(CIP)数据

司马迁之人格与风格;道教徒的诗人李白及其痛苦/李长之著.—北京:商务印书馆,2011(2023.6重印)
(中华现代学术名著丛书)
ISBN 978-7-100-08301-0

Ⅰ.①司… Ⅱ.①李… Ⅲ.①司马迁(前145~前90)-人物研究②李白(701~762)-人物研究
Ⅳ.①K825.81②K825.6

中国版本图书馆CIP数据核字(2011)第067233号

《司马迁之人格与风格》据开明书店1948年版排印

《道教徒的诗人李白及其痛苦》据商务印书馆1943年版排印

中华现代学术名著丛书
司马迁之人格与风格
道教徒的诗人李白及其痛苦
李长之 著

商务印书馆出版
(北京王府井大街36号 邮政编码100710)
商务印书馆发行
北京通州皇家印刷厂印刷
ISBN 978-7-100-08301-0

2011年9月第1版 开本880×1240 1/32
2023年6月北京第6次印刷 印张16⅜ 插页1

定价:82.00元

李长之

(1910—1978)

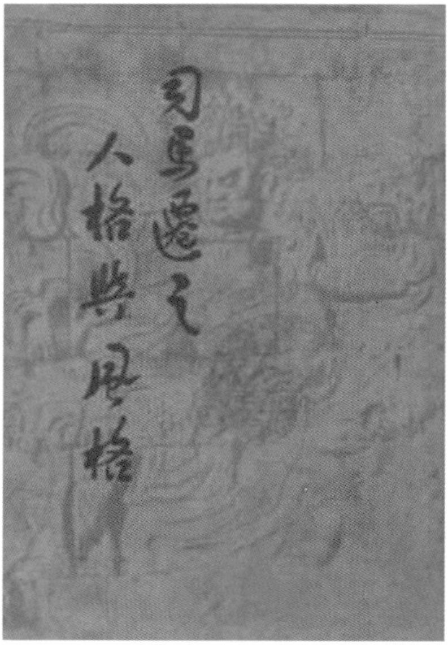

开明书店1947年版《司马迁之人格与风格》封面

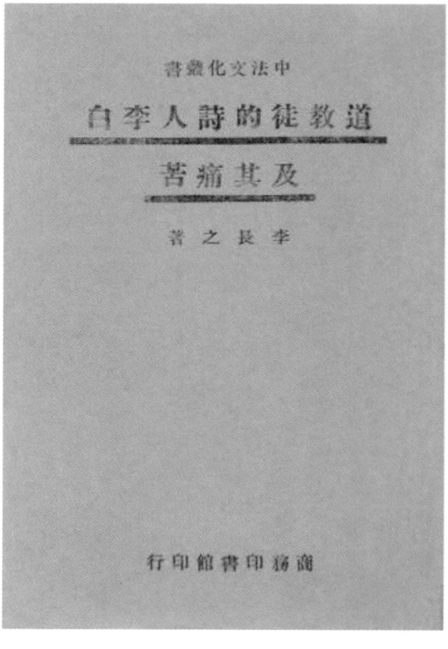

商务印书馆1943年版《道教徒的诗人李白及其痛苦》封面

出版说明

百年前，张之洞尝劝学曰："世运之明晦，人才之盛衰，其表在政，其里在学。"是时，国势颓危，列强环伺，传统频遭质疑，西学新知亟亟而入。一时间，中西学并立，文史哲分家，经济、政治、社会等新学科勃兴，令国人乱花迷眼。然而，淆乱之中，自有元气淋漓之象。中华现代学术之转型正是完成于这一混沌时期，于切磋琢磨、交锋碰撞中不断前行，涌现了一大批学术名家与经典之作。而学术与思想之新变，亦带动了社会各领域的全面转型，为中华复兴奠定了坚实基础。

时至今日，中华现代学术已走过百余年，其间百家林立、论辩蜂起，沉浮消长瞬息万变，情势之复杂自不待言。温故而知新，述往事而思来者。"中华现代学术名著丛书"之编纂，其意正在于此，冀辨章学术，考镜源流，收纳各学科学派名家名作，以展现中华传统文化之新变，探求中华现代学术之根基。

"中华现代学术名著丛书"收录上自晚清下至20世纪80年代末中国大陆及港澳台地区、海外华人学者的原创学术名著（包括外文著作），以人文社会科学为主体兼及其他，涵盖文学、历史、哲学、政治、经济、法律和社会学等众多学科。

出版“中华现代学术名著丛书”，为本馆一大夙愿。自1897年始创起，本馆以“昌明教育，开启民智”为己任，有幸首刊了中华现代学术史上诸多开山之著、扛鼎之作；于中华现代学术之建立与变迁而言，既为参与者，也是见证者。作为对前人出版成绩与文化理念的承续，本馆倾力谋划，经学界通人擘画，并得国家出版基金支持，终以此丛书呈现于读者面前。唯望无论多少年，皆能傲立于书架，并希冀其能与“汉译世界学术名著丛书”共相辉映。如此宏愿，难免汲深绠短之忧，诚盼专家学者和广大读者共襄助之。

商务印书馆编辑部

2010年12月

凡　　例

一、“中华现代学术名著丛书”收录晚清以迄20世纪80年代末，为中华学人所著，成就斐然、泽被学林之学术著作。入选著作以名著为主，酌量选录名篇合集。

二、入选著作内容、编次一仍其旧，唯各书卷首冠以作者照片、手迹等。卷末附作者学术年表和题解文章，诚邀专家学者撰写而成，意在介绍作者学术成就，著作成书背景、学术价值及版本流变等情况。

三、入选著作率以原刊或作者修订、校阅本为底本，参校他本，正其讹误。前人引书，时有省略更改，倘不失原意，则不以原书文字改动引文；如确需校改，则出脚注说明版本依据，以“编者注”或“校者注”形式说明。

四、作者自有其文字风格，各时代均有其语言习惯，故不按现行用法、写法及表现手法改动原文；原书专名（人名、地名、术语）及译名与今不统一者，亦不作改动。如确系作者笔误、排印舛误、数据计算与外文拼写错误等，则予径改。

五、原书为直（横）排繁体者，除个别特殊情况，均改作横排简体。其中原书无标点或仅有简单断句者，一律改为新式标点,专名号从略。

六、除特殊情况外,原书篇后注移作脚注,双行夹注改为单行夹注。文献著录则从其原貌,稍加统一。

七、原书因年代久远而字迹模糊或纸页残缺者,据所缺字数用“□”表示;字数难以确定者,则用“(下缺)”表示。

目　　次

司马迁之人格与风格

道教徒的诗人李白及其痛苦

司马迁之人格与风格

自　序

在最近接到叶圣陶先生的复信，知道开明书店有着肯收印这部稿子的好意以后，我重把全稿校改了一遍，并把去年五月二十九日（全稿写成的日子）初写的序文以及今年八月三十日重写的序文都割弃了。现在愿意报告给读者的是：本书蓄意要写，是二十七年的秋天的事；在这年的夏天，我由昆明到重庆，由重庆到成都，在路上才对《史记》有着整个的接触，直到在成都住定下来，才把意见整理了一下，又对全书作了一个自己行文时需要的索引，可是没有动笔。不久又到重庆去了，经过了三年，首先写出的只是《司马迁在文学批评上之贡献》一文，日子是三十年四月九日，原因是这时担任着中央大学的中国文学批评史课程，所以先把这方面的意见写成了，现在收入本书的第九章第三节。后来又因为在中央大学讲中国小说史，便常想把《史记》之史诗性底优良写出，但老没有实现，只是同时却重新有着要把全书写出的冲动了。又过了三年，这冲动到了三十三年的春天，是再也不能遏止了，便一气写了二、三、四、五、六各章，第一章的附录《司马迁生年为建元六年辨》则是这一组的文字中最早的一篇，日子是三月五日，第六章最迟，日子是八月十六日，还有第七章第十一节《司马迁之民间精神》也在这期间写出，日子是三月二十七日，一共差不多费了半年的工夫，书写成了小半（司马迁的生活方面是告一段落了），而第一章的正文仍空着；第一章因为是对司马迁的时代之整个把握，我不敢轻易写，也曾写出了一部分，又为一个无知的妄人撕掉，兴致也就索然。（我顶痛恨一个人打断我的工作！）关于司马迁之思想和艺术方面，则怀着畏难更大。接着我健康上和心情上最恶劣的时候来了，我很少写东西，教书生活也放弃了，我离开了住久了的沙坪坝，迁到北碚，北碚自然是鸟语花香的地方，可是与我似乎没有什么相关，日本投降虽给我了一时的兴奋，也苦为时极暂。——三十四年是这样空白地过去了。到了三十五年的春天，我只身飞到了南京，心情和健康都慢慢好转，头两个月在忙我的翻译康德《判断力批判》的工作，到了四月，我决计推开一切，全力写《司马迁》，首先把第一章补写起来了，十分高兴，果然写得很顺利，到了五月底，就又把思想和艺术的方面也完成了，结论也写出了，两月的功夫得了十二万字，在我自己是最得意的记录，而全书告成了！南京不是我怎么喜爱的地方，可是回想起写作时面对着的鸡鸣寺以及玄武湖上的风光，却也恋恋！

有人问我写作时的参考书怎么样？我很惭愧，一点儿也不博！有人有着《史记会注考证》，可是锁在箱子里，不借给别人看。学校里有一部，可是被一位去职的先生拿走了十分之六，我有什么办法？我在写完《司马迁》以后的四个月到了北平，多少买了点书，关于《史记》的也有十几种，《史记会注考证》即在其中。但仔细看下去，这些书也似乎没有什么可以改动我的全文的地方。我只好解嘲地说：阿 Q 不是会唱“手拿钢鞭将你打”，也不曾有人教么？我也有“无师自通”的地方呵！况且，我认为，史料不可贵，可贵是在史料中所看出的意义，因此，历史不该只在求广，而且在求深！近人动辄以参考书多少为计较，我便不太重视了。自然，我有叨惠于前人的地方，书中多已随文注明。现在我只想特别提出，给我启发最多的是姚祖恩（《史记菁华录》的著者，只有最近朱佩弦和叶圣陶两先生在所编的《略读指导举隅》中才为他说了几句公道话，我在论及《屈原贾生列传》或《魏其武安侯列传》时得到他的提示之益尤大）和张裕钊（我所说的奇兵律，即由他之批《平准书》而得），他们对于《史记》的贡献，我想以后作《史记研究书目提要》时再为表彰吧。同时，我却也可以坦白地承认，我们比以前人占便宜处，是我们懂得了体系化，但他们的功劳究竟是值得感谢的。

又有人见我分别发表了的本书的几章时，曾问我：是不是在大学里正开"史记研究"的课？我也只有笑了。第一是，现在的大学里就是有"史记研究"的课，也不许我这样讲法，他们要的是板本，是训诂，是甲说乙说，而自己不说，甚而有的人只以点点"句读"为事，充其量不过摇头摆尾地讲讲"义法"，如此而已。我们这样讲法，却是"无本之学"，是不登"大雅之堂"的。哪里可以在大学里讲？第二是，我写一部东西，很少是基于外在的动机，却往往基于自己的一点创作欲求。在我创作冲动不强烈时，我不能写；在我酝酿不成熟时，我不能写；在我没感到和自己的生命有着共鸣时，我也根本不能选择了作为我写作的对象。——我管什么大学里有没有这门课？

在我写作时的确经过了些艰辛，可是写完了，校完了，也觉得仍是十分空虚，仿佛有一种莫明其妙地若有所失之感似的。只是在初写时，最不满意的是关于李陵案的一章，谁知在重校时，我却为这一章哭了，泪水一直模糊着我的眼。那一天是中秋的上午，我自己也觉得好笑。自己看自己的作品原不足为凭，有时希望太切，就容易格外不满，又有时不免溺爱，也就有些过分的宽容。总之，写过的东西，颇有些像疮痕，非不得已是不大愿意再去揭开的。——是非还是诉诸读者吧！

本书的书名，原想叫《抒情诗人司马迁及其悲剧》，这是因为初意只在传记，而传记的中心是在李陵案。后来因为论《史记》各篇著作先后的一文写得太长，想改为《司马迁和史记》，以表示“人”与“作品”并重。但以后写风格的分析时是占了更大的比重了，所以终于定名为《司马迁之人格与风格》，人格与风格也有一个共同中心，那就是“浪漫的自然主义”。本也想把这个形容词加在书名上，可是那就更累赘了，而且不如现在这样有点含蓄，虽然我是不惯于，也不肯，要什么含蓄的。

去年十月五号到北平，现在恰恰一年了。校完了这稿子，在感到这稿子本身空虚之外，才觉得来了北平还没做什么事之愧耻，是更有些怅怅然了。

想到最初写此稿时，我的朋友蔚初所给的鼓励之大，这鼓励令我永不能忘却，现在远隔万里，就谨以此书作为纪念，祝她康乐，祝她勤奋地写作吧。叶圣陶先生和开明书店的好意，也一并谢谢！

三十六年十月三日，夜深人静，皓月当空，

长之记于北平广济寺

第一章　司马迁及其时代精神

一　伟大的时代

我们常听人讲“唐诗、晋字、汉文章”，这就是说每一个时代各有它的特别卓绝的艺术的。假若艺术活动乃是人类精神活动的顶点的话，这三种艺术也可说都是那每一个时代的各别的精华了。在这每一种精华里，逢巧都有一个集中地表现了的伟大人物，这就是杜甫、王羲之和司马迁！

我们当然可以从各方面去看司马迁，但即单以文章论，他也已是可以不朽了！试想在中国的诗人（广义的诗人，但也是真正意义的诗人）中，有谁能像司马迁那样有着广博的学识，深刻的眼光，丰富的体验，雄伟的气魄的呢？试问又有谁像司马迁那样具有大量的同情，却又有那样有力的讽刺，以压抑的情感的洪流，而使用着最造型底史诗性底笔锋，出之以唱叹的抒情诗底旋律的呢？在中国的文学史上，再没有第二人！

司马迁使中国散文永远不朽了！司马迁使以没有史诗为遗憾的中国古代文坛依然令人觉得灿烂而可以自傲了！司马迁使到了他的笔下的人类的活动永远常新，使到了他的笔下的人类的情感，特别是寂寞和不平，永远带有生命，司马迁使可以和亚历山大相比的雄才大略的汉武帝也显得平凡而黯然无光了!

这样一个伟大的诗人(真的,我们只可能称司马迁是诗人,而且是抒情诗人!)让我们首先想到的,乃是他那伟大的时代。

我们说司马迁的时代伟大,我们的意思是说他那一个时代处处是新鲜丰富而且强有力！奇花异草的种子固然重要,而培养的土壤也太重要了！产生或培养司马迁的土壤也毕竟不是寻常的。

二　楚文化的胜利

按照我们的考证,司马迁应该生在公元前一三五年,这就是汉武帝建元六年。(关于这一节的辩论,我们放在这文字的附录。)这时离汉朝的初立(公元前二〇六年)只有七十多年的光景,一切政治或文化上的规模还没有十分成为定型,所以司马迁也可以说多少还能够呼吸着"先秦"的学术精神或者气息的。许多大师的流风馀韵应该对司马迁并不生疏,而活得较为老寿的人物像伏生、申公,更几乎年代和司马迁相接。伏生是秦博士,申公曾见过汉高祖,这恰是可以传递先秦的文化的人,和他们同年辈的人也一定还不在少。——这样便可以想象司马迁和先秦的精神之衔接了。

不过我们大可注意的是,汉的文化并不接自周、秦,而是接自楚,还有齐。原来就政治上说,打倒暴秦的是汉;但就文化上说,得到胜利的乃是楚。这一点必须详加说明,然后才能了解司马迁的先驱实在是屈原。

不错,在公元前二九七年,楚怀王被囚于秦而死,但后来过了九十年左右项羽起来反抗秦,依然找到了楚怀王的孙子,立为"楚怀王”，才能号召。可见楚的势力——精神上的势力——之大了。当时陈涉起事也称为张楚，张楚就是张大楚国。楚国爱国的诗人屈原虽然在郢都被破（公元前二七九年）后不久就自杀了，可是从另一方面说，就正是像表现在屈原身上的楚人爱国的情绪似的，推翻了暴秦，报了仇。“楚虽三户，亡秦必楚。”这句话假若当做一种象征的意义看，是应验了！

就精神上看，楚实在是直接继续秦而统治着的，汉不过是一个执行上的傀儡而已。我们试举几件事情看：

第一，语言，汉代承袭着楚的语言。例如当时称公即是楚语，而司马迁为太史令又称太史公者，也是因楚语而然（据朱希祖说，见其《中国史学通论》）。当时有所谓楚声，可知楚语有很大的势力。

第二，风俗习惯，有许多是得自楚的。例如中国古代是尚右的，楚人却尚左，后来中国人也尚左了，这关键就在汉（可参看蒋锡昌《老子校诂》页二一一）。在汉时还有所谓楚冠，也很盛行。

第三，楚歌、楚舞，在汉代流行起来。不惟项羽会作那楚词式的歌，“力拔山兮气盖世”；就是汉高祖，也会作楚词式的歌，“大风起兮云飞扬”。到了汉高祖看到戚夫人的儿子赵王如意不得立为太子了，便又对戚夫人说：“为我楚舞，吾为若楚歌。”（见《史记·留侯世家》）

第四，从漆画的艺术看，汉之承继楚的文化处尤为显著。在许多年前，日本在朝鲜乐浪郡所发现的彩箧冢中的许多漆器，让我们看到汉代那样笔势飞动的人物画。可是在抗日战争发动的头几年，我国学者商承祚却在长沙又发现了楚国漆器，我们在那上面便看到同样的笔意飞动的人物画。——那精神是多么相像！

例子不必再多举了，楚人的文化实在是汉人精神的骨子。这种文化的特质是什么呢？假若我们和周代的文化比，那就更容易了解。周的文化可说最近于数量的、科学的、理智的、秩序的。具体的例子像按爵位及事情性质不同而用的圭（有大圭、镇圭、躬圭、桓圭、琬圭、琰圭之别），像按器用不同而有一定比例的合金（《考工记》所谓“金有六齐”）；街道吧，是像诗人所说：“周道如砥，其直如矢。”（《小雅·大东》）他们的精神重在凝重典实，那农业社会的精神状态乃是像诗人所歌咏的农作物似的：“实发实秀，实坚实好。”（《大雅·生民》）这种凝重坚实的文化的最好代表可以看铜器，尤其是鼎。楚文化和这恰可以作一个对照。它是奔放的、飞跃的、轻飘的、流动的，最好的象征可说就是漆画了。这两种文化，也可说一是色彩学的，一是几何学的。在周文化那里，仿佛不以规矩不能成方圆；在楚文化这里，却是像“青黄杂揉”的大橘林似的，鲜艳夺目。简单一句话，周文化是古典的，楚文化是浪漫的。就是这种浪漫的文化征服了汉代，而司马迁是其中的一个代表人物。

至于楚文化何以在汉代有这样大的势力，我们似乎也可以看出一些成为原因的事实来。第一，我们必须注意到楚的实力之大，苏秦所谓“从合则楚王，衡成则秦帝”，可知惟一能和秦对立的只有楚。第二，我们必须考虑到楚国的民气之盛，报仇心之切。我们看范增初见项梁时的谈话：“陈胜败固当，夫秦灭六国，楚最无罪，自怀王入秦不返，楚人怜之至今。故楚南公曰：‘楚虽三户，亡秦必楚也。’今陈胜首事，不立楚后而自立，其势不长。今君起江东，楚蜂起之将皆争附君者，以君世世楚将，为能立楚后也。”项梁听了他的话，才把楚怀王的孙子——一个牧羊儿——找了来，又立为怀王，以为号召。可见楚的潜势力了。第三，我们不要忽略楚国占地之广。自从两次迁都后，已经扩张到了现在江苏的北部；在某一种意义上说，刘邦一般人已经是楚人，不要说项羽了。第四，在汉高祖九年（公元前一九八）曾把楚的贵族昭、屈、景、怀迁入关中。这一方面固见出楚的势力仍不可侮，另一方面却也见出这是楚文化之直接对汉代的传递。大凡一个时代的文化，往往有一个最显著的共同特点，这就是时代精神。汉代——特别是西汉的时代精神，就是浪漫情调，而楚文化者恰与这切合，自然为人所热烈吸取了。

假若再问何以楚国产生的文化是那样的？我们可以说经济力的膨胀乃是一个大因素。我们试看春申君客人的豪奢吧！“赵平原君使人于春申君，春申君舍之于上舍。赵使欲夸楚，为瑇瑁簪，刀剑室以珠玉饰之，请命春申君客。春申君客三千馀人，其上客皆蹑珠履以见赵使，赵使大惭。”（《史记·春申君列传》）再看《招魂》、《大招》里的铺陈，那生活的豪华富贵更不难想象。在这样的经济条件之下所产生的文化一定是浪漫的，正如在农村的勤苦生活之下所产生的文化一定是古典的。我们用这同样的原因不唯可说明楚，而且可说明齐，又可说明一部分的秦，更可说明汉代文化的本身。

三　齐学

齐也是一个在经济上富裕的地方，它所发展的文化，也和楚十分相似，便又同样为汉所吸收。

我们试看齐、楚两国人同样善于想象，齐人邹衍有海外九州之说，楚人屈原也有“九州安错？川谷何洿？”之问，这都是“闳大不经”，而且“迂怪”的，此其一。齐人喜欢讲“隐”（如淳于髡用“三年不飞不鸣的鸟”来谏齐威王，齐客用“海大鱼”来谏靖郭君），楚人也喜欢讲“隐”（如伍举也曾用“三年不飞不鸣的鸟”来谏楚庄王），此其二。齐国最发达的是兵家，战国时的兵家几乎全是齐人，如司马穰苴、孙吴、孙膑，一直到蒙恬，都可以为例。他们兵家所最爱讲的是术，是知白守黑，是人先我后（因为谁先作战，谁就有被第三者看穿了实力的危险），而楚国的哲学却就从兵家一转而为形上学，这就是后来的《老子》，此其三。

在这些和楚国文化相似之点上，却也正是浪漫精神的寄托。闳大不经，不用说是浪漫精神，因为那其中含有想象力的驰骋，无限的追求故。隐语也是浪漫精神的一端，因为这正是一种曲折，正是追求质实的古典精神的反面。至于兵家，兵家是所谓出奇制胜的，“奇”又恰是浪漫精神之最露骨的表现。

因为齐、楚文化有这样的接近，所以楚国的正统文人如屈原辈也往往是亲齐派。屈原本人就曾三次出使过齐国。这样一来，齐、楚文化的连系就更密切了。

说到齐，我们就更容易想到鲁。齐、鲁虽然相距很近，而文化系统上却绝然两事。正如齐、楚的文化为一系一样，鲁乃是和周为一系的。鲁几乎是周文化的一个保存所，试看在公元前五四四年，吴国的季札到了鲁，就听见了周的音乐。又过了四年，就是公元前五四〇年，晋国的韩宣子又到鲁国，便看见了《易象》和《春秋》，他高兴地说：“周礼尽在鲁矣！吾今乃知周公之德与周之所以王也。”我们必须了解周、鲁的文化这样密切，我们才能够明白产生在鲁国的孔子是那样羡慕周，一则说：“周监于二代，郁郁乎文哉！吾从周。”二则说：“吾其为东周乎！”三则说：“久矣！吾不复梦见周公。”

正如周与楚之相对立似的，鲁与齐在文化上也是对立的。即以经学论，便有鲁学、齐学之分。同是解《春秋》，《公羊传》那么多

"非常异义可怪之论"(何休《公羊解诂序》),《穀梁传》便非常谨愿而很少夸张了。这就是因为公羊是齐学,穀梁是鲁学呵!(班固《汉书·艺文志》注)以孔、孟二人而论,孔子是纯然鲁国精神的,而孟子却多少染了一些齐气——孟在齐较久。

西汉的经学多半是齐学。你看《春秋》吧,《史记》上说:"汉兴在于五世之间,唯董仲舒为明于《春秋》,其传公羊氏也。"公羊是齐学,我们已经说过的了。《易》则"本之杨何之家",杨何是齐人,而且杨何是自田何传来的,田何也是齐人。《书》是传自济南伏生,济南也是齐地。《诗》之中,大师有辕固生,辕固生也是齐人,而且"诸齐人以《诗》显贵"。只有《礼》是传自鲁高堂生,可称为鲁学,然而实际上订汉代礼仪的却是叔孙通,而叔孙通的为人,不惟有齐气,而且变服改为楚装,以悦汉高祖,这就尤其是低首于齐、楚一系的文化的了。

以上是就经学范围以内说,也可以说是就儒家范围以内说,是如此。假如就儒家以外看,则西汉最盛的学术是黄、老,黄、老也是齐学。照《史记》上说:"乐氏之族有乐瑕公、乐臣公,赵且为秦所灭,亡之齐高密。乐臣公善修黄帝、老子之言,显闻于齐,称贤师。"又说:"乐臣公学黄帝、老子,其本师号曰河上丈人,不知其所出。河上丈人教安期生,安期生教毛翕公,毛翕公教乐瑕公,乐瑕公教乐臣公,乐臣公教于齐高密、胶西,为曹相国师。"(均见《乐毅列传》)可见齐是黄、老之学的大本营。

同时我很怀疑黄、老之学的黄、老原先并非指黄帝、老子,而是指张良所见的黄石公。黄石公也不一定真有这个人,却可能是张良所假托的。我们要注意的是黄石公教给他的一卷书是什么书?原来是封在齐地的姜太公的兵法,又要注意张良所说的黄石公的最后归宿是什么地方?原来是齐地的济北谷城下。这无异于透露了一个破绽，就是这一套学问乃是来自齐地。大概是张良学自齐地（也许就在东见仓海君的时候），后来张良却不公开这个来源，因此托名黄石公。黄石公是张良自述的一个神话，当然是他编造的。张良是秦、汉间人，造了这个圯上老人黄石公以后，于是到了汉初，便有“黄老”这个名称了。后来的“黄老派”也的确是拿兵家的道理而应用在人事上的。不管我这个推测错不错，汉朝盛行的是黄、老，而黄、老之学是齐学，这是没有问题的。

至于汉初的黄、老势力，那是大极了！不但汉高祖时代的张良、陈平、曹参是“黄老派”，就是汉高祖本人讲斗智不斗力，能以退求进，能欲取先予，也是深得黄、老三昧的。这样一直到了汉武帝建元元年（公元前一三六，是司马迁生年的前一年）才死去的景帝母亲窦太后，以及武帝时直言敢谏的汲黯，好推举人才的郑当时，还有田叔、直不疑、邓章、王生等，都是“黄老派”。

我们再拆穿了说，西汉何尝有真儒家？秦时的儒家已经和方士不分，所以我们在现在虽然称秦始皇坑儒，在西汉却称秦坑术士。（《史记·淮南衡山列传》，伍被谏淮南的话便有：“昔秦绝先王之道，杀术士，燔诗书。”《儒林列传》里太史公也说：“及至秦之季世，焚诗书，坑术士。”何尝称为儒？）就是在《秦始皇本纪》里，记载秦始皇大怒道：“吾前收天下书不中用者，尽去之，悉召文学方术士甚众，欲以兴太平，方士欲练以求奇药。今闻韩众去不报，徐市等费以巨万计，徒奸利相告日闻，或为妖言以乱黔首！”于是使御史悉问诸生。诸生传相告引，乃自除犯禁者四百六十馀人，皆坑之咸阳。被坑的也哪里是纯粹的儒家？

到了西汉，书呆子式的儒家固有，但当权的儒家都是方士和“黄老派”合流的人物。试看为汉代制礼仪的叔孙通，弟子们骂他

“专言大猾”，意思就是夸大而狡猾，而他骂那说他面谀的两个鲁生却是“若真鄙儒也，不知时变！”无怪乎司马迁讥讽他说：“大直若诎，道固委蛇，盖谓是乎？”这哪里是儒家，简直是黄、老！

再一个提倡儒学的人物，就是公孙弘，由于他的请求，“自此以来，则公卿大夫士吏斌斌多文学之士矣。”可是他根本是一个多诈的齐人。起初放猪，四十岁以后，才学《春秋》杂说。他是从来“不肯面折人过”的，《史记》上说他只是“缘饰以儒术”。他和汲黯同时去见皇帝，总是“汲黯先发之，弘推其后”，而且和别的大臣本来议好的事情，见了皇帝，他也每每“皆倍其约，以顺上旨”。他的真面目是：“外宽内深，诸尝与弘有却者，虽详与善，阴报其祸。”这难道不是一个典型的“黄老派”么？

我们不妨再提出大家公认为是儒家的董仲舒，这是在公元前一四〇年向汉武帝建议“《春秋》大一统者，天地之常经，古今之通谊也。今师异道，人异论，百家殊方，指意不同，是以上无以持一统之法，法制数变，下不知所守。臣愚以为诸不在六艺之科，孔子之术者，皆绝其道，勿使并进”的，这就是历史上所谓罢黜百家，把儒术定于一尊的大功臣，可是他的为人怎么样呢？虽然号称“廉直”，可是受了打击，也就竟“不敢复言灾异”了！所以这也仍然是“黄老式”的人物。

在汉武帝心目中，儒家也仍然是方士之流，所以当“群儒既已不能辨明封禅事”时，便“尽罢群儒不用”（见《封禅书》）了！

这样看来，从汉高祖一直到汉武帝，儒家并没有被重视，事实上这些方士和黄、老合流的人物也不值得重视，痛快地说，西汉并没有真儒家，滔滔天下者乃是黄、老，黄、老是齐学！

除了当时在经学上是齐学，在黄、老上是齐学之外，当时的宗教更是齐学。我们刚才说当时的儒家多半是方士和“黄老派”的合流，而方士又大多是齐人。像汉武帝时著名的方士如少翁、栾大、公孙卿、丁公等，都是齐人。原来终始五德之运的学说，就是开始于齐人驺衍，为秦始皇所听得入耳而采用，又为汉文帝所向往，到了汉武帝就完成了巡狩封禅改历服色等事的。这一串的把戏，是发源于齐。再说汉代所崇敬的神，原是一些地方神，随着政治上的统一，这些神也被统一了。这些地方神中有大部分神是齐神，如所谓八神之属：“一曰天，主祠天齐①，天齐渊水，居临菑南郊山下者。二曰地，主祠太山梁父。盖天好阴，祠之必于高山之下，小山之上，命曰畤；地贵阳，祭之必于泽中圜丘云。三曰兵，主祠蚩尤，蚩尤在东平陆监乡，齐之西境也。四曰阴，主祠三山（《索隐》：顾氏案《地理志》，东莱曲成有参山，即此三山）。五曰阳，主祠之罘。六曰月，主祠之莱山，皆在齐北，并勃海。七曰日，主祠成山，成山斗入海（《集解》：韦昭曰‘成山在东莱’），最居齐东北隅，以迎日出云。八曰四时，主祠琅琊。琅琊在齐东方，盖岁之所始。”（《史记·封禅书》）这就是齐人的宗教体系，秦始皇追求于此，汉武帝也追求于此。至于所谓封禅者，不过在八神之中，特别提出在泰山、梁父的地方神而加以崇礼而已。从一方面说，这种地方神因秦而有统一于中央之势，因汉而有统一于中央之实，但是反过来，实在不如说是这地方性的宗教恰正统一着汉人的信仰。这也可以说是齐学的又一表现了。

总之，汉代的经学，黄、老，宗教，在在被浸润着齐学的成分。经学作用了汉人的学术，黄、老支配了汉代的政治，宗教风靡了汉

① 中华书局本《史记》作“一曰天主，祠天齐”，下文“二曰地主”……“八曰四时主”各条断句同此。——编者注

家的君臣。齐学的力量多么大！

我们说过，齐、楚文化是一系，都是浪漫精神的代表，那末，汉代在楚文化的胜利之馀，又加上齐，真是如虎添翼，自然可以造成浪漫文化的奇观了。

四　异国情调和经济势力的膨胀

然而还不止此。浪漫精神大抵是偏于幻想、追求新奇的，于是异域的文化的倾慕也是一个不可或缺的成分。逢巧在汉武帝的时代又大通西域，所以许多见所未见、闻所未闻的风俗便被介绍进来了。

我们就看《史记·大宛列传》上所记的异国情调吧！“安息……以银为钱，钱如其王面，王死，辄更钱效王面焉。画革旁行，以为书记。”这种雕刻人像的钱币，横行的文字，也就是西洋现在的样子，和中国那时的见闻是太有距离了，在那时的人看来，一定是十分有趣的。况且，“条枝，在安息西数千里……而安息役属之以为外国，国善眩。”眩就是魔术，所谓吞刀吐火、殖瓜种树、屠人截马一类的戏法，这又是中国人所不曾饱过眼福的。还有呢，“宛左右以蒲陶为酒，富人藏酒至万馀石，久者数十岁不败。俗嗜酒，马嗜苜蓿。汉使取其实来，于是天子始种苜蓿、蒲陶肥饶地。及天马多，外国使来众，则离宫别馆旁，尽种蒲陶、苜蓿极望。——自大宛以西至安息，国虽颇异言，然大同俗，相知言。其人皆深眼，多须髯。善市贾，争分铢。俗贵女子，女子所言，而丈夫乃决正。其地皆无丝、漆，不知铸钱器。”这真煞是好看，他们的蒲陶、苜蓿也带进来了，一种就种一大片，望不到边儿。那副深眼多须的样子，斤斤较量的精神，尊重女权的风俗，这是和东方多末成为对照的呢！浪漫精神是追求异域情调的，而异域情调又丰富了浪漫精神的营养，西汉之为西汉，我们是大可想象了！

然而又还不止此。助长浪漫精神的另一因素乃是经济力的膨胀。而西汉在这上面又是条件具备的。我们且看司马迁的记载："至今上即位数岁，汉兴七十馀年之间，国家无事，非遇水旱之灾，民则人给家足，都鄙廪庾皆满，而府库馀货财，京师之钱累巨万，贯朽而不可校。太仓之粟，陈陈相因，充溢露积于外，至腐败不可食。众庶街巷有马，阡陌之间成群，而乘官牝者①，摈而不得聚会。守闾阎者食粱肉，为吏者长子孙，居官者以为姓号。"（《平准书》）大凡人在不得解决现实问题的时候，就要先解决现实的问题；迨现实的问题既已解决，就要去满足理想、幻象、想象了。这后者是产生浪漫文化的最重要的条件。楚如此，齐如此，西汉（尤其是武帝时代）更如此。我在以前说这也可以部分地说明秦者，是因为秦虽物产不丰，但也据有一个商业中心（这就是李斯所谓"物不产于秦，可宝者多"）。假若秦能维持久一些，她也是依然会循着齐、楚文化的线索而前进的。现在，她却是只作了汉文化的前奏而已了！

五　这个时代的象征人物——汉武帝

在这浪漫精神的大时代里，那些人物都是怎样呢？我们不妨从楚文化的最后一个代表人物说起，那就是项羽。这真是一个天

① 中华书局本《史记》"官"作"字"，下文"摈"作"傧"。——编者注

马横空的人物，他少时学书不成，去学剑，又不成。因为剑是一人敌，不足学，要学是学万人敌，那就是兵法。学兵法大喜，可是略知其意，又不肯竟学。他身长八尺馀，力能扛鼎，才气过人。他的作战完全以气胜。他可以带三万精兵，就打败了汉高祖的五十六万大军。他是道地的英雄色彩，他要与汉高祖决战，他说："天下匈匈数岁者，徒以吾两人耳，愿与汉王决雌雄！"只要他一出马，让交战的人目不敢视，手不敢发，只有逃走。到了失败的时候，他爱的只有美人与名马，他会对美人和名马唱歌，慷慨悲泣，一洒英雄之泪。最后他会以二十八匹马还摆作阵势而突围，仍然以少胜多，证明自己之不败。他爱的名马，他送了好汉；他自己的头颅，也送给老朋友。他是自杀，他不能受辱。这一个咤叱风云的英雄在起事时，才二十四岁；到拔剑自刎时，也才三十一岁。他所代表的是狂飙式的青年精神，他处处要冲开形式。他是浪漫精神的绝好典型。他的魄力和豪气就是培养司马迁的精神的氛围，他的人格就是司马迁在精神上最有着共鸣的！——所以《项羽本纪》写得那样好！

项羽死于公元前二〇二年，这距司马迁之生还有半世纪，所以这不过在楚文化的精神上是一线相递，鼓舞着司马迁而已。另一个和司马迁的年代相接的人物却是李广，在李广自杀时（公元前一一九），司马迁年十七。李广也可以说是项羽的化身。他同样是失败的英雄，他同样有豪气，他同样是"才气天下无双"。他的豪气也同样是冲开了形式，表现着浪漫的浓厚气息。他带兵是没有部伍行阵的，"就善水草屯舍止，人人自便，不击刁斗以自卫，莫府省约文书籍事。"他有无比的勇气，他曾以四千人被十倍的匈奴所包围，兵死了一半，箭也光了，到黄昏的时候，别人都吓得面无人色，但他意气自如。他又有超绝的体力和射法，曾射箭穿石，以为是老虎。

平常善射虎,虎也常常伤着他。这样的人最后也失败了,而且也是自杀。他这浪漫的精神是同样和司马迁的内心有着深深的契合的。——所以《李将军列传》又写得那样出色!

然而项羽和李广却都还不能比另一个屹立于司马迁之旁,差不多和司马迁相终始,更能作为这一个时代的象征的人物——这就是汉武帝。

汉武帝比司马迁大二十二岁,但汉武帝有着七十一岁的高龄,而司马迁恐怕在武帝死前已经逝世了。(司马迁在四十六岁以后的生活已经没有记载可寻。)

武帝以十几岁执政,统治中国的年代超过半世纪。这是一个充分表现浪漫精神的人物。他的一生,简直像一部剧本。我们举几件具体的事情来看吧。例如他在即位后三年的时候,那时他已经二十岁了,就喜欢微服出来打猎,自称平阳侯,而且有一次住在人家里,被人疑为小偷,几乎灌了一嘴尿,这生活够浪漫了!我们再看他那封禅求仙的事吧!这事开始很早,在元光二年(公元前一二三),那时武帝二十五岁,就有李少君献炼丹长寿之术,他说他吃过安期生给他的枣,枣大如瓜。李少君永远不说自己的年龄,有人问他,便永远答复是七十;而且有一次在众人广座中,他找着一个九十多岁的老头儿,谈到那老头儿的祖父的游射之所,于是一座大惊,大家以为他是好几百岁了。从这时起,武帝便派方士向东海求仙。此后在元狩四年(公元前一一九,武帝年三十九),又有少翁之事。少翁被拜为文成将军,说能够招鬼神,武帝信以为真。后来文成将军写好了字,给牛吃了,装做不知,说是杀牛可以得奇书。果然把牛杀了,书也有了,但汉武帝认出是他的手迹,便把他杀了。这样武帝应该觉悟了吧,可是不,他像吃鸦片一样,时而觉悟戒绝,却又时而瘾发再来。到了元鼎四年（公元前一一三，武帝年四十五），就又来了一个方士叫栾大，他不唯说"黄金可成，不死之药可得，仙人可致"，而且"河决可塞"。河患本是当时的大问题，自然武帝听得更入耳了。但是这人的下场却和文成将军一样，也是所说不能兑现而被诛。然而就在这年的冬天又有公孙卿称说"黄帝且战且学仙"的榜样，武帝又动心了，说："嗟乎！吾诚得如黄帝，吾视脱妻子如脱蹝耳。"这样到了元封元年（公元前一一〇，武帝年四十八），那十八万骑兵，千有馀里旗帜，一万八千里行程的大规模的封禅典礼就实现了。（这是司马迁年二十六岁，接受父亲遗命的一年。）由于公孙卿说"仙人好楼居"，于是堂皇的建筑也发达起来了。这是封禅求仙的副产物。最后一直到征和四年（公元前八九），武帝六十九岁了，才真正觉悟，承认过去的"狂悖"，把方士们都驱逐了，并说："天下岂有仙人，尽妖妄耳。节食服药，差可少病而已。"然而这时已到了他的生命的尽头，他的一生实在是在"且战且学仙"里度过的。

打猎和封禅的生活之外，我们再举他一件求马的故事，也是富有喜剧性的。他为了听说大宛有好马，便发动了四年大规模的战争，先是发了六千骑兵，几万的浮浪子弟，叫李广利率领前往。因为名马在贰师城，便叫李广利为贰师将军，指明是求马。可是两年过去了，没有成功，兵只馀了十分之一二。武帝大怒，不许他们入关，入者斩之。凡是建议罢兵的，也都治了罪。于是又发了六万人，还有十万匹牛，三万多匹马，驴、骡、骆驼也各有万馀，再去伐宛。因为宛王城中无水，要到城外来取水，便又派了水工去，封锁了他们的水源。还怕人数不够，又发十八万的预备补充的士兵。更重要的是，找了两个看马的专家，去选择马。这样小题大作的结果，当然成功了，可是收获不过上等马几十匹，中等马三千多匹而已。这时武帝已经是五十几岁的人了，可是做得多么天真！

汉武帝的真相，可由汲黯的批评看出来，汲黯的批评是说他“多欲”；也可由他自己的认识看出来，他不满意他的长子，因为他“仁恕温谨，才能少，不类己”；而武帝自己当然是这样的反面了。

武帝自己有才，也爱才，看他留下的诗歌，如《秋风辞》、《塞河歌》，都是飘逸苍凉兼而有之。他之爱才，可从他的《求贤诏》看出来：“盖有非常之功，必待非常之人。故马或奔踶而致千里，士或有负俗之累而立功名。夫泛驾之马，跅驰之士，亦在御之而已。其令州郡，察民吏有茂才异等，可为将相及使绝国者！”他的求才却也是浪漫的。他喜欢奇才。例如他想伐南越，想派两千人去，庄参说两千人不够，他就把庄参罢免了。却有一个韩千秋说两百人就行，便立刻为汉武帝所赏识。这可以见出他的作风。他那一时人才之盛，可参看班固的话：“汉之得人，于兹为盛。儒雅则公孙弘、董仲舒、兒宽，笃行则石建、石庆，质直则汲黯、卜式，推贤则韩安国、郑当时，定令则赵禹、张汤，文章则司马迁、相如，滑稽则东方朔、枚皋，应对则严助、朱买臣，历数则唐都、落下闳，协律则李延年，运筹则桑弘羊，奉使则张骞、苏武，将帅则卫青、霍去病，受遗则霍光、金日磾。”他们各有个性，各有特长，不拘常调，不拘一格，就恰像浪漫作品之形形色色似的——而笼罩这一切的是汉武帝！

六　司马迁在这一个时代中的意义

在这种种氛围，种种作料，种种色彩，种种音符之中，而出现了司马迁。

大凡一种文化成自统治已久的中央地带的，多是古典的；而成自地方的，成自异域的，则是浪漫的。齐、楚的地方文化代周而起了，稍试其锋于秦，而完成于汉。齐人的倜傥风流，楚人的多情善感，都丛集于司马迁之身。周、鲁式的古典文化所追求于"乐而不淫，哀而不伤"者，到了司马迁手里，便都让他乐就乐、哀就哀了！所以我们在他的书里，可以听到人类心灵真正的呼声。以《诗经》为传统的"思无邪"的科条是不复存在了，这里乃是《楚辞》的宣言："道思作颂，聊以自救兮！""发愤以抒情！"司马迁直然是第二个屈原！

老子也罢，黄、老也罢，齐也罢，楚也罢，他们的哲学基础是自然主义。这一点也成了司马迁的思想的骨子。自然主义和浪漫精神本是这一时代的精神生活的核心。如果用一句话以代表司马迁的人格时，只有"自然主义的浪漫派"一个形容！到了东汉，那自然主义的色彩是保留了，而浪漫精神的热焰已熄，所以那时产生的人物便只可以有班固、桓谭、王充了。这浪漫文化的复活，便是后来的魏、晋。然而浓烈和原始，却远不如司马迁了！司马迁是像屈原一样，可以和孔子（虽然在追慕着他）对立的！

汉武帝在许多点上，似乎是司马迁的敌人，抑且是司马迁所瞧不起，而玩弄于狡猾的笔墨之上的人；然而在另一方面，他们有许多相似处，而且太相似了！汉武帝之征服天下的雄心，司马迁表现在学术上。"天人之际"，"古今之变"，"一家之言"，这同样是囊括一切的，征服一切的力量。武帝是亚历山大，司马迁就是亚里斯多德。这同是一种时代精神的表现而已。汉武帝之求才若渴，欣赏奇才，司马迁便发挥在文字上。汉武帝之有时而幼稚，可笑，天真，不实际，好奇，好玩，好幻想，司马迁也以同样的内心生活而组织成了他的书。汉武帝的人格是相当复杂的，而司马迁的内心宝藏也是无穷无尽！

驰骋，冲决，豪气，追求无限，苦闷，深情，这是那一个时代的共同情调，而作为其焦点，又留了一个永远不朽的记录的，那就是司马迁的著作！

三十五年四月五日写毕于南京

附录 司马迁生年为建元六年辨

关于司马迁的生年，向来有许多说法。根据都是由于《太史公自序》的两条注。那《自序》的原文是："太史公……卒三岁，而迁为太史令，䌷史记石室金匮之书，五年而当太初元年。"在"迁为太史令"下，有司马贞的《索隐》："《博物志》：'太史令茂陵显武里大夫司马年二十八，三年六月乙卯，除六百石也。'"在"五年而当太初元年"下，有张守节的《正义》："按迁年四十二岁。"

我们知道司马谈是死于元封元年（公元前一一〇）的，所谓"卒三岁"就是到了元封三年（公元前一〇八），假若《索隐》是对的，这一年司马迁二十八岁，那末，司马迁应该生于汉武帝建元六年（公元前一三五）。

太初元年是公元前一〇四，假若《正义》是对的，这一年司马迁四十二岁，那末，司马迁应该生于汉景帝中元五年（公元前一四五）。

这两种说法的差异是相去有十年。如果迁就《索隐》，则《正义》所谓四十二岁应该是三十二岁的误记；如果迁就《正义》，则《索隐》所谓二十八岁就是三十八岁的错写。

王静安、梁任公都是主张《正义》的，现在几乎已成为定说。只有张惟骧却另有一说，认为《正义》所谓四十二岁却并非是指太初元年时司马迁年四十二岁，乃是说司马迁只活了四十二岁。他说《索隐》所谓年二十八，也不是指元封三年司马迁年二十八，乃是指太初三年（公元前一〇二）司马迁年二十八，所以司马迁应该生于元光六年（公元前一二九）。

我却认为仍是《索隐》对，司马迁应该生于公元前一三五。我的理由是：

第一，司马迁《报任少卿书》明明说："早失二亲。"（据《汉书》）如果生于前一四五，则司马谈死时，迁已经三十六岁，说不上早。他决不能把父母是否早死也弄不清楚。假若生于前一三五，迁那时便是二十六，却才说得过去。

第二，《报任少卿书》的年代是可考的，这就是太始四年（公元前九三）。其中有"仆赖先人绪业，得待罪辇毂下，二十馀年矣"的话。如果他生于前一四五，则这一年他五十三岁，而他做郎中又是二十岁遨游全国以后不久的事，那末，他就应该说待罪辇毂下三十馀年了。他不会连自己做事的岁月又记不清楚。晚生十年，这话却才符合。

第三，班固说："司马迁亦从安国问故。"按王国维的考证，孔安国大概在元光、元朔间为博士。元朔三年是公元前一二六，如果司马迁生于公元前一三五，则"十岁诵古文"正符合。

第四，司马迁是一个不甘于寂寞的人，如果照郑鹤声的《年谱》

（他也是主张生于公元前一四五的），司马迁在元朔五年（公元前一二四）仕为郎中，一直到元封元年（公元前一一〇），前后一共是十五年，难道除了在元鼎六年（公元前一一一）奉使巴、蜀、滇中以外，一点事情也没有么？这十几年的空白光阴恐怕就是由于多推算了十年而造出的。假若真是过了十四年的空白光阴（算至奉使以前），司马迁不会在《自序》里不提及。看他说："于是迁仕为郎中，奉使西征巴、蜀以南，南略邛笮、昆明，还报命。"似乎中间为时极短。倘若生于公元前一三五，则仕于公元前一一五或一一四之际，跟着没有三年，就有扈从西至空峒之事（公元前一一二），奉使巴蜀之事（公元前一一一），不是更合情理么？

第五，《自序》上说："太史公仕于建元、元封之间……太史公既掌天官，不治民，有子曰迁，迁生龙门。"看口气，也很像是他父亲任为太史公之后才生他。那末，这也是他生于建元六年，即公元前一三五，较比提前十年更可靠的证据。

第六，《自序》上，司马谈临死时，执迁手而泣，告诉他："且夫孝始于事亲，中于事君，终于立身，扬名于后世，以显父母，此孝之大者。"他听了后，便俯首流涕，这也宛然是告诫一个青年的光景，说他这时是三十六岁，远不如说他是二十六岁，更逼真些。

第七，司马迁在元封三年始为太史令，《高士传》上说他既亲贵，因而有向挚峻劝进之书。那一种少年躁进的态度，与其说出自一个将近不惑之年（三十八岁）的人，决不如说出自还不到而立之年（二十八岁）的人，更适合些。

第八，郭解被杀于元朔二年（公元前一二七）。司马迁是曾经见过郭解的。但郭解并没有到过京师，只是郭解在死前却到过夏阳（司马迁的故里韩城）安置外祖家的老小，倘此年为司马迁之九岁，则司马迁在十岁学古文之前还在家乡，因而见到郭解是最可能的，否则这一年十九岁，就未必有见郭解的机会了。

第九，李广自杀于元狩四年（公元前一一九），迁及见广。但迁与李广之孙李陵为友，则迁见广时应很年幼，说李广死时司马迁二十七岁是不如说他十七岁更合理的。况且李广只活了六十几岁！

第十，照王静安说，《索隐》所引，是和敦煌汉简上的格式正是一样的，应该是“本于汉时簿书，为最可信之史料”，那末二十八岁之说也就应该信为实据，此条既系于“卒三岁，而迁为太史令”之下，那就是生于公元前一三五无疑了。王静安、梁任公一定要说是二十八是三十八之误者，不过是为符合《正义》太初元年四十二岁之说。但我想《正义》四十二岁之说的确可能并非指太初元年四十二岁，却只是指司马迁一生有四十二岁。再看《正义》原文：“按迁年四十二岁。”不似特别标明某一年多大岁数，而且书中也很少有在某年忽然注出那人是某年几岁的例。《索隐》所引也是重在“为太史令”，不过很幸运，附带报告了一段信史，让我们知道了司马迁为太史令时的年岁，又因而让我们推出生于建元六年而已。四十二岁既不一定是指太初元年；王静安、梁任公改二十八为三十八之说也就不必了。张惟骧解释《正义》并不错，错只在不肯承认《索隐》所谓三年是元封三年，而硬说是太和三年，殊不知照《史记自序》恰恰是指元封，可惜他一转手之间，竟面对真理而交臂失之了。至于司马迁年寿是否只有四十二岁，我们暂不讨论，现在只说他的生年，《索隐》未必误，而情事一切吻合罢了。

《自序》和《报任少卿书》是第一等史料，和这符合与否，就是试金石。

生年的考订，有人也许觉得不关重要，以为差十年也没有大关系。但我以为不然,因为假若司马迁早生十年,则《史记》是四十二岁到五十几岁的作品,那是一部成年人的东西,否则晚生十年,《史记》便是三十二岁到四十几岁的作品,那便恰是一部血气方刚,精力弥漫的壮年人的东西了,我们对于他整个人格的了解,也要随着变动。所以这十年之差,究竟是值得去争的!就现在论,我采取公元前一三五说。

三十三年三月五日写于重庆

第二章　司马迁的父亲

一　世传的历史家并天文家

司马迁的成功不止由于时代伟大,而且由于他有一个伟大的父亲。

司马迁之太远的谱系,我想不必去追溯。因为,就是追溯了,也不一定可靠。我们只记得在司马迁的父亲临死时,曾说:"余先周室之太史也,自上世尝显功名于虞夏,典天官事,后世中衰,绝于予乎!"有这样一个粗略的轮廓,晓得他们是代代相传的历史家并天文家(在古代二者是一定要由一人去兼的),也就够了。

他们比较可考的先人,应该从司马错算起。司马错曾经和张仪在秦惠王跟前辩论过伐蜀与伐韩的利害。张仪的观点是政治的,他主张伐韩,伐韩其实是威胁周,"周自知不能救,九鼎宝器必出,据九鼎,案图籍,挟天子以令于天下,天下莫敢不听,此王业也。"司马错的观点则是经济的,认为要振国威,便先要有经济基础,所以他说:"欲富国者,务广其地,欲强兵者,务富其民。"从这个观点看,则伐蜀的利要大些。而且他又觉得攻韩,劫天子,都是会刺戟其他大国的注意的，只有伐蜀却只得实利，而谁也不会干涉，正是："拔一国而天下不以为暴，利尽西海而天下不以为贪。"这算盘的确打得精，眼光也的确够远！因而惠王就采取了司马错的政策了，后来秦之所以能打平六国，未始不归功于此。这事发生在公元前三一六年，距司马迁之生有一百八十几年的光景。

司马错的儿子是谁，我们不晓得，我们却只知道他的孙子是司马蕲。司马蕲曾经在白起的部下，参加过长平之战。那是有名的一次大战，赵国被杀的士卒有四十五万之多，赵从此便一蹶不复振了。但后来白起因为和范雎的磨擦，很不得意，再有战争，便常称病不出。结果秦昭王大怒，于是赐死。大概因为司马蕲是白起很忠实并十分亲近的部下之故吧，也就在这时一同赐死了。长平之战，是在公元前二六〇年，他们被赐死，是在公元前二五七年。这距司马迁的生年有一百二十几年的光景。

司马蕲的儿子是谁，我们却又不清楚。却又只知道他的孙子是司马昌。司马昌曾经在秦始皇的时代(公元前二四六—前二〇七)当过主铁官。这是治粟内史以下的管铁矿的官，仿佛现在经济部里的一个司长。

司马昌的儿子是司马毋怿，他做过汉市长。汉市是地名，在秦汉时代，凡是治万户以上的县官称令，万户以下的则称长。司马毋怿是司马迁的曾祖。

司马迁的祖父是司马喜。司马喜曾经得到"五大夫"的爵位，这是第九等爵，意义是"大夫之尊"。最高是第二十等爵，所谓"彻侯"，那意思是说和天子可以有着往还了。

司马迁这些先祖的事业，我们知道得太简略了，现在我们所可说的，只是他们早先是世传的历史家并天文家，曾经有过远见的司马错，曾经有过忠诚的司马蕲，另外，是些小官，如此而已。却只有司马迁的父亲，我们乃可以有着一个深刻的印象。

二　司马谈的思想之渊源

假若说司马迁伟大，这伟大，至少也要有一半应该分给他父亲。伟大的人物固然伟大，养育伟大的人物的人却更伟大！

他父亲名谈，生年不详，死的时候是元封元年（公元前一一〇），司马迁已经二十六岁了。

司马谈所受的教育是一种道家色彩的自然主义。他曾经在方士唐都那儿学过天官，天官就是一种星历的学问。《史记》上说："夫自汉之为天数者，星则唐都，气则王朔，占岁则魏鲜。"可见是一位有名的专家。在汉武帝的初年，唐都曾经被诏，测定二十八宿的距离和角度。恐怕唐都活的岁数很大吧，到了司马迁三十二岁的时候，他还和司马迁等合作，规定过太初历呢。

司马谈又曾在杨何那儿学过《易》。杨何字叔元，山东淄川人。这是西汉《易》学的重镇，他是王同的学生，据近代人的看法，《周易》的《系辞》之类，就可能是出自王同之手的[1]。杨何在元光元年（公元前一三四）为汉武帝征聘，做到中大夫。这时司马迁才两岁。

---

[1] 冯友兰《中国哲学史》："现在所有之《易·十翼》，皆王同等所作《易传》之类也。"（页四六〇）

天官之学,可说近于阴阳家,和道家已经有点接近,因为他们所谈的都是天道,恰恰是儒家所不敢轻易过问的。《易》学也直然是受过道家洗礼的新儒学。但纯粹给司马谈以道家的熏陶的,却是黄子。他曾在黄子那儿习过"道论"。道论的内容是什么?我们不能确说。黄子的名字也已不大可考,大概因为他是道家,本不注重名,又因为他十分被人尊崇,所以我们现在便只知道他是黄子或黄生,仿佛只是一位黄先生而已了。黄生很有反抗性,敢直言。曾有一次在景帝跟前,和辕固生辩论汤武革命。他说汤武并不是受命于天,直然是篡逆。辕固生却坚持着说:"不然!夫桀纣虐乱,天下之心皆归汤武,汤武与天下之心而诛桀纣,桀纣之民不为之使而归汤武,汤武不得已而立,非受命为何?"黄生答道:"冠虽敝,必加于首;履虽新,必贯于足。何者?上下之分也。今桀纣虽失道,然君上也;汤武虽圣,臣下也。夫主有失行,臣下不能正言匡过,以尊天子,反因过而诛之,代立,践南面,非弑而何也?"儒家本来是讲君臣上下之分的,所以黄生就用儒家的理论来驳儒家的辕固生了,言外却是隐然讥讽汉朝之得天下也是等于篡逆的。——大概汉初的人对于秦的感觉并不像后来这样坏,就是司马迁也还在许多地方憧憬着秦呢!这辩论到了这里,已经图穷匕首见了,所以辕固生直然厚着脸皮说穿了:"必若所云,是高帝代秦,即天子之位,非耶?"这是直然要诉诸统治者的权威以压倒论敌了,结果弄得汉景帝十分不好意思,于是说:"食肉不食马肝,不为不知味;言学者不言汤武受命,不为愚。"这辩论遂不欢而散,以后便也再没有人敢讨论这个问题了。可惜的是,我们对黄生所知道的事情就限于此了,不过他给司马谈的影响恐怕是很大的。

星历之学,《易》学,尤其是道家,这构成了司马谈的思想面目。

三　批评精神和道家立场

司马谈在建元、元封之间，做了太史公。根据朱希祖先生的考证，太史公是官名，正名应该是太史令，称公者是楚制之别名，司马迁是追慕楚文化的，所以也就用楚制来称呼其父，后来并且自称了①。太史公之秩是六百石，和下大夫之秩相当。

司马谈之做太史公大概在司马迁生下不久以前。他前后在职约有三十年的光景。司马谈重新收拾起远祖的事业来了，他有满腔的抱负，做一个职业的历史家和星卜式的天文家。不过他这抱负并没有在自身上实现，最后却热切地交付了自己天才的儿子。

现在惟一可以看出司马谈的全部学问和锐敏而正确的眼光的是他那不朽的论文——《论六家要旨》。这是对上古学术的总结算和总评价。他首先把上古的学术分而为六派，这就是：阴阳、儒、墨、名、法、道德。以下的文字便分为两段，前一段先提结论，对各家的得失，予以确切中肯的批评，后一段则对于这结论又一一加以证明。这叙述方法已经见出有科学头脑。

最可惊异的是他对于古代学术整理出的系统，但尤可惊异的则是他对于古代学术的不同派系都还它一个入木三分的得失俱论的真评价。中国学者向来的大病是求同而不求异，是只概括而不分析，是只想一笔抹煞或一味尊奉，很少有这样缜密而锋锐的！

他首先说阴阳家的好处是“序四时之大顺，不可失也”，因为秋

① 朱希祖：《太史公解》，见独立出版社所印行《中国史学通论》，页九三。

收冬藏,春生夏长,原是应当遵循的天道。然而四时八位,十二度,二十四节,各有禁令,也一定要人必须服从,就“未必然”了,所以毛病是“使人拘而多畏”。这态度多末明达!这比专讲灾异的董仲舒,岂不高去万倍!

他次说儒家的好处是“序君臣父子之礼,列夫妇长幼之别”,这是“不可易”的方面,然而六艺经传的数量太大了,事情太繁琐了,闹得一个政治领袖事必躬亲,精疲力竭,毛病便是“博而寡要,劳而少功”。也真中肯!

他再次说墨家的好处是“强本节用”,这是“人给家足之道”,“虽百家弗能废”的,然而墨家每每要过原始的生活,却是不合乎进化的原理的,“世异时移,事业不必同”,而且社会上既有尊卑的分别,自然而然在生活上有差异,所以毛病乃是“俭而难遵”。这隐约间恐怕是指的汉文帝。因为汉文帝就是俭得不近人情的,他曾经想建筑一个露台,让工人来估价了一番,说是要百金,他就说这可以够中产之家的十倍了,于是中止。他的衣服向来是很粗糙的,就是他所喜爱的慎夫人,也不让她的衣服长得拖在地上。帐子上连绣花都不许有。他临死的时候,并且下诏,禁止人为他厚葬和重服。这都近乎墨家的作风。天下究竟有几个汉文帝?可见是俭而难遵了。

至于名家和法家,司马谈说一个是“专决于名,而失人情”,这是短处,可是“控名责实,参伍不失”,却也是有可取的;一个则是只讲法,不讲亲疏,“严而少恩”,所以只能行一时之计,不能长久,这也是短处,然而定出尊卑,定出职分,却就又是“虽百家弗能改”了。

把这五家的短长都一一指出,这便是司马谈的识力过人和代表批评精神处。然而司马谈不是没有自己的立场的,(没有立场就不配是一个思想家了！）他的立场乃是道家，所以他对道家就全然赞许。各家的毛病是在只执一隅，而不能灵活的运用，在灵活的运用上见长的，只有道家。道家的好处，首先是富有综合性，所谓“因阴阳之大顺，采儒墨之善，撮名家之要”，可说把各家的长处都采取来了；其次是富有弹性，所谓“与时迁移，应物变化”，不死钉在一点上；而且，道家能够让人的身体和精神都常常处在一种从容有馀的地步，于是无施而不可。一般人都以为道家很虚玄，司马谈却了解得极为正确，他说是“其词难知”，但却是“其实易行”的。他的眼光总较普通人透过一层！

他所说的道家，其中实含有一种很智慧，却也很实际的政治哲学。西汉本来是盛行黄、老的，文帝和景帝之际，尤其是能运用黄、老的精义的时代。能为这个时代留一个精神上的写照的，当推司马谈这篇重要文献了。这篇文章，也决不是一篇纯粹的学术论文，其中有很中肯的对当代政治的批评在。一般神神道道的今文学家，就是他指的阴阳，一般琐琐碎碎的定朝仪的经生，就是他所谓的儒，那像晁错主张削弱诸侯力量的人，就正是他所指的申商名法之学。他眼见那些实际上的得失，又看到汉武帝慢慢失掉了文景时代对于黄、老精神的运用，政治上实已快走入窒碍不通之地了，所以才写了这篇重要政论。司马迁说他父亲作这文的动机是“愍学者之不达其意而师悖”，正可见有一番苦心在内的。

司马谈作这篇文章的确切年代虽不可考，但就时代背景看去，一定是在黄、老之学的势力已经式微，而董仲舒的罢黜百家的计划次第实现之际。这事当以窦太后之死为关键。窦太后是专门作弄儒家的，例如她听说辕固生批评《老子》是家人言，便罚他去杀猪，假若不是景帝给他一把快刀，不能把猪一刺就死，说不定还有其他奇特的花样呢。窦太后死于公元前一三五年,也就是司马迁生的那年。过了十二年,公孙弘就请求设博士弟子五十人,高第的人可以为郎中,“自此以来,公卿大夫士吏斌斌多文学之士矣!”所以司马谈《论六家要旨》一文,应该不出这十二年之间。

司马谈的精神面貌处处范铸了他的天才爱儿司马迁。司马迁对于任何家的学问能欣赏,并能批评;他书中所记载的“黄老派”,也都与司马谈所论的相符合;直然是司马谈的精神的副本呵!①

四　司马谈与封禅

大概因为是职务的关系吧,司马谈虽然站在自然主义的道家的立场,可是对于汉代的封禅却也很有贡献。

是在公元前一一三年,司马迁已经二十三岁了,司马谈参与订立祠后土的典礼。他和祠官宽舒等商议的结果是:在水洼的地方,堆起五个圆土丘,称为坛,每一个坛上用黄牛祭祀,祭祀完了,就把牛埋了,凡是陪从祭祀的人都要穿黄衣服。这是因为按五行讲起来,土的颜色应该是黄的,以取相应。当时汉武帝就是照着这样做的。

司马谈对于封禅还有一件大功劳,就是议立泰畤坛。这事情在议祠后土的第二年。泰畤坛是祀太乙的,太乙是天神中最尊贵的,有人说这就是北极神的别名。这典礼更隆重,太乙坛是三层,

① 《老庄申韩列传》倘为迁著,亦可见他和他父亲的思想的相似处,但我以为恐为谈著,请参看本书第六章第二节。

周围是五帝坛，按方位罗列着。祭祀完了以后，祭品是烧掉。用的牛的颜色是白的，鹿放在牛中间，猪又放在鹿中间。祭五帝的官，要穿着和五帝相当的颜色的衣服。祭太乙的官则著紫色的衣服，绣着花。皇帝穿的衣服却是黄色的。在冬至的时候，天还没亮，皇帝就要亲自率领许多祠官来祭祀。坛上满是火光，坛旁摆着煮东西的大锅，或者鼎之类。陪从的人捧着六寸大的圆璧，这就是所谓瑄玉，献给神明。在那天夜里，果然看见很美的一道光；到了白昼，便又看见一股上属天，下属地的黄气。于是司马谈等便建议："神灵之休，佑福兆祥，宜因此地光域，立泰畤坛以明应。令太祀领秋及腊间祠，三岁，天子一郊见。"

但这些事都不过是正式的封禅的序幕。正式的封禅须要到泰山上去。封禅是大家都盼望着的，汉武帝一即位（公元前一四〇），大家就已经议论纷纷了，可是因为窦太后的作梗，让一切计划归于泡影。过了六年，窦太后死了，第二年汉武帝就开始郊祀。又过了十三年，济北王就晓得封禅快实现了，于是把泰山及其附近的地方都献给天子，天子便用其他地方偿还了，算是交换。再过了九年，是司马谈议祠后土的一年，汉武帝开始巡视郡县，泰山就仿佛是一个大诱惑似的，慢慢把他诱近了。这样又过了三年，是元封元年（公元前一一〇），大规模的正式封禅实现。先是汉武帝亲自率领了十八万骑兵，旗帜招展了千有馀里，从长安出发，越过了长城，到了当时北方的边陲，现在绥远的五原、归绥一带（所谓单于台即在归绥），威振匈奴。汉武帝更打发人告诉单于说："南越王头已悬于汉北阙矣！单于能战，天子自将待边；不能，亟来臣服，何但亡匿漠北寒苦之地，为匈奴詟焉？"詟就是吓得不敢喘息的意思。大概匈奴的首领（单于）也没敢来交锋，所以他又率领了那十八万骑兵，又南下，到了陕西的中部县，那儿有桥山，相传有黄帝的坟在，于是祭过黄帝，回到甘泉。甘泉在现在陕西淳化县的西北，距长安二百里许。

这时的历法还是以十月为正首。汉武帝到边陲之地，即是十月间的事。到了春天正月，他又到了缑氏（现在河南的偃师县南，在洛阳以东）。汉武帝亲自登上嵩山，他们祭山的时候，听见空中有高呼万岁的声响，一共三次。于是又东巡，到了海上，夏天的四月，从海上还至泰山，于是正式封禅。因为这一年开始封泰山，所以叫元封元年。到了这年的五月，这封禅的大队人马才又由海上，到了现在辽宁的锦县、热河的承德一带，再经过绥远的五原，回到甘泉。他们一共走了一万八千里，真是大旅行！当时汉朝的国威既已达到顶点，汉武帝的高兴是可知的，那封禅典礼的隆重也是可以想见的。

封禅是一件大事，是士大夫和老百姓渴望了三十多年的大事。这不止是宗教上的大典，而且是政治上庆祝过去，更新将来的一种象征。——至少那时的朝野是这样想。

在这种热烈的欢腾中，不幸却有一人未能参加，这就是司马谈。他大概就在那一年的正月，随着汉武帝到了洛阳的吧，恐怕嵩山的典礼已经没赶上，泰山是更不用说了。更不幸的是，他已经病倒了！

五　伟大的遗命

这时，二十六岁的司马迁，正奉使巴蜀，到了昆明等地，归来复命,却看见父亲病危了!

他父亲见了司马迁,热切地把着他的手,泪流下来,告诉他了自己的心事,告诉他了那不得参加封禅的懊丧,并告诉他了如何尽孝道,善继父志。那话是断断续续着:"余先周室之太史也,自上世尝显功名于虞夏,典天官事,后世中衰,绝于予乎!汝复为太史,则续吾祖矣。"这是告诉他自己原有意要恢复祖上的专业的,可是不幸未能完成,这使命便只有由他儿子去继承着。

又说:"今天子接千岁之统,封泰山,而余不得从行,是命也夫!命也夫!"一代的大典,不得参与,原是一个历史家所最放心不下的。

司马谈未尝不晓得他的儿子可以继续作太史公的官,可是事业的完成与否,却是不一定的,于是又很殷切地勉励道:"余死,汝必为太史,为太史,无忘吾所欲论著矣!且夫孝始于事亲,中于事君,终于立身,扬名于后世,以显父母,此孝之大者!夫天下称诵周公,言其能论歌文武之德,宣周召之风,达太王王季之思虑,爰及公刘以尊后稷也。幽厉之后,王道缺,礼乐衰,孔子修旧起废,论《诗》、《书》,作《春秋》,则学者至今则之。自获麟以来,四百有馀岁,而诸侯相兼,史记放绝;今汉兴,海内一统,明主贤君,忠臣死义之士,余为太史而弗论载,废天下之史文,余甚惧焉!汝其念哉!"

司马迁听了,低下头,便哭了,他在感动之中,给他父亲以安慰:"小子不敏,请悉论先人所次旧闻,弗敢阙!"

汉武帝之东巡海上及封禅泰山,过辽西而归甘泉,司马迁以职务之故,是扈从了的。不知道司马谈在他儿子出发以前就诀别了呢,还是他儿子走了以后才自己寂寞地死去的,总之,是这一年,司马迁失掉了父亲,在怀念与哀思中,接承了作一个大历史家的使命。

此后,父亲的遗命时常在他脑海里回旋着:“先人有言,自周公五百岁而有孔子,孔子卒后至于今五百岁,有能绍明世,正《易传》,继《春秋》,本《诗》、《书》、《礼》、《乐》之际,意在斯乎!意在斯乎!”每当思念到这些话时,他就觉得自己的使命,简直应该是当仁不让了。

司马迁也很意识到,他的事业应该有大部分归功于他父亲。他父亲不惟是有批评精神,而且是能善于欣赏的人物,这印象也给他十分深。所以他有一次对壶遂就说:“余闻之先人曰:‘伏羲至淳厚,作《易》八卦。尧舜之盛,《尚书》载之,礼乐作焉。汤武之隆,诗人歌之。《春秋》采善贬恶,推三代之德,褒周室,非独刺讥而已也!’汉兴以来,至明天子,获符瑞,建封禅,改正朔,易服色,受命于穆清,泽流罔极。海外殊俗,重译款塞,请来献见者不可胜道。臣下百官,力诵圣德,犹不能宣尽其意。且士贤能而不用,有国者之耻;主上明圣而德不布闻,有司之过也。且余既掌其官,废明圣盛德不载,灭功臣世家贤大夫之业不述,堕先人所言,罪莫大焉!余所谓述故事,整齐其世传,非所谓作也。而君比之于《春秋》,谬矣!”

欣赏和批评原是一事,因为批评也无非是把最有价值的东西宣传出去。司马迁在他的书里,对各种人物都深具同情,在同情之中而复很深入地论其短长,其中确有司马谈的影子在!

六　天才的培养

为了培养一个天才的爱儿,司马谈可说费尽了心思。

在司马迁十岁以前，是在他的故乡韩城（陕西、山西的交界上，汉代称夏阳，北五十里有所谓龙门，传说是禹凿的，临着黄河），杂在牧童和农民之群里。司马迁的身体相当好，后来能奉使巴蜀、昆明，而且虽受了刑罚，还能著书，未始不是幼年的锻炼使然。

十岁之前，他父亲又早已经送他入过小学，当时的小学，是重在识字。据他自己说："年十岁，则诵古文。"这所谓诵古文，就是指从孔安国学古文《尚书》。因为照王国维的考证，孔安国在元光、元朔间为博士，司马迁十岁时正是元朔三年（公元前一二六）。不久孔安国便死了。《汉书·儒林传》既载司马迁亦从孔安国问故，所以这时所谓诵古文，是指向孔安国学古文《尚书》无疑。他父亲在幼年便给他找到这样的名师，实在是太幸运了。①

单单读书是不会增长见识的，在他二十岁的时候，又曾做过一次大规模的壮游，到了江淮，到了会稽，到了沅、湘，最后又到了北方的邹、鲁。这次旅行，无疑是他父亲鼓励——至少是在赞许着的。

很奇怪的是，他父亲的根本立场是道家，可是教育他儿子的时

① 王国维《太史公系年考略》："公从安国问古文《尚书》，其年无考。《孔子世家》但云安国为今皇帝博士，至临淮太守，蚤卒。安国生驩，驩生卬，既云早卒，而又记其孙，则安国之卒当在武帝初叶。以《汉书·兒宽传》考之，则兒宽为博士弟子时，安国正为博士，而宽自博士弟子补廷尉文学卒史，则当张汤为廷尉时。汤以元朔三年为廷尉，至元狩三年迁御史大夫，在职凡六年，宽为廷尉史，至北地视畜，数年始为汤所知，则其自博士弟子为廷尉卒史，当在汤初任廷尉时也。以此推之，则安国为博士，当在元光、元朔间。考褚大亦以此时为博士，至元狩六年犹在职。然安国既云早卒，则其出为临淮太守，当亦在此数年中，时史公年二十左右。其从安国问古文《尚书》，当在此时也。"王氏考证孔安国的卒年，是很对的，现在采取。至于他说司马迁年二十左右，这是因为他持司马迁生于公元前一四五之说，我却不赞成。倘司马迁如我所考证，迟生十年，便正恰合"年十岁，则诵古文"了。

候，却又加入了儒家的熏陶。看司马谈临死时，给儿子的遗命，就是以六艺为依归的，他对于儿子的热望，也是做第二个孔子。因此，我猜想，司马迁之“讲业齐鲁之都，观孔子之遗风，乡射邹峄”，也应该是他父亲的设计。

道家立场的司马谈，却多给了他儿子一种儒家的陶冶，这使他们父子之间，有了一种思想上的差异。《史记》里究竟有多少东西是他父亲的，有多少是司马迁自己的，我们当然不容易判定，然而这多出的一种儒家成分，使司马迁的精神内容更丰富起来，使浪漫性格的司马迁，发生一种对古典精神的向慕，却是十分显明而无可疑了！

第三章　司马迁和孔子

一　教育之效

身为道家的司马谈给了他儿子的教育却是儒家的，勉励儿子却是做第二个孔子。这好像很奇怪了，其实完全是时代转变的结果。在时代转变中的人，往往如此，就像清末民初的人，自己也许还在作摇头摆尾的桐城派的古文或骈俪的选体，但对儿子就或者送他入新学校，受新教育，学科学，甚而练梁任公式的新文体了！

司马迁的青年时代，已是儒学大盛，黄、老有点过去的时代了，所以他父亲便也设法给他受新教育，并且鼓励他做一个新时代中的大学者。

这教育奏了效。司马迁虽然在本质上是浪漫的，虽然在思想上也还留有他父亲的黄、老之学的遗泽，可是在精神上却留有一个不可磨灭的烙印，对儒家——尤其孔子，在了解着，在欣赏着，在崇拜着了。

二　司马迁对孔子之崇拜

在整个《史记》一部书里，征引孔子的地方非常之多：

孔子曰:"殷路车为善,而色尚白。"——《殷本纪赞》

孔子言"必世然后仁,善人之治国百年,亦可以胜残去杀。"诚哉是言!——《孝文本纪赞》

或问禘之说,孔子曰:"不知;知禘之说,其于天下也,视其掌。"——《封禅书》

孔子言:"太伯可谓至德矣,三以天下让,民无得而称焉。"——《吴太伯世家赞》

余闻孔子称曰:"甚矣鲁道之衰也,洙泗之间,龂龂如也。"——《鲁周公世家赞》

孔子称"微子去之,箕子为之奴,比干谏而死,殷有三仁焉。"——《宋微子世家赞》

余以为其人计魁梧奇伟,至见其图,状貌如妇人好女;盖孔子曰:"以貌取人,失之子羽。"留侯亦云!——《留侯世家赞》

孔子曰:"伯夷、叔齐,不念旧恶,怨是用希。""求仁得仁,又何怨乎?"——《伯夷列传》

子曰:"道不同,不相为谋,"亦各从其志也。故曰:"富贵如可求,虽执鞭之士,吾亦为之。如不可求,从吾所好。""岁寒,然后知松柏之后凋。"……"君子疾没世而名不称焉。"——《伯夷列传》

夫子罕言利者,常防其原也。故曰:"放于利而行,多怨。"——《孟子荀卿列传》

孔子之所谓"闻"者,其吕子乎!——《吕不韦列传赞》

仲尼有言,"君子欲讷于言而敏于行",其万石、建陵、张叔之谓耶!——《万石张叔列传赞》

孔子称曰:"居是国,必闻其政。"田叔之谓乎?——《田叔

列传赞》

孔子闵王路废而邪道兴，于是论次《诗》、《书》，修起礼乐。适齐闻《韶》，三月不知肉味。“自卫返鲁，然后乐正，《雅》、《颂》各得其所。”世以混浊莫能用。是以仲尼干七十馀君无所遇。曰：“苟有用我者，期月而已夫。”西狩获麟，曰：“吾道穷矣！”——《儒林列传》

孔子曰：“导之以政，齐之以刑，民免而无耻；导之以德，齐之以礼，有耻且格。”——《酷吏列传》

孔子曰：“六艺于治，一也。”——《滑稽列传》

子曰：“我欲载之空言，不如见之于行事之深切著明也。”——《太史公自序》

这些话有的是引自《春秋纬》，有的是引自《礼记》，有的是现在已不晓得出处，但大部分是援用《论语》——最可靠的孔子的语录。又有很多地方，他却已经把《论语》的成句，熔铸成自己的文章了。

很妙的是，司马迁已经把孔子当作唯一可以印证的权威，例如说田叔，就用“居是国，必闻其政”，说万石、张叔，就用“君子欲讷于言而敏于行”，有时甚而自己不加判断，直以孔子的话作为自己的代言，如“殷有三仁”，“吴太伯可谓至德”了。

司马迁以他那卓绝的天才的文笔，又常常袭用孔子的话，使人不觉，而且用得巧。子张问：“十世，可知也？”子曰：“殷因于夏礼，所损益，可知也；周因于殷礼，所损益，可知也。其或继周者，虽百世可知也。”这本来是说文化上的演变法则的，可是在司马迁愤憎佞幸的时候却也说：“甚哉爱憎之时，弥子瑕之行，足以观后人佞幸矣——虽百世可知也！”

孔子本来说:“富贵而可求也,虽执鞭之士,吾亦为之;如不可求,从吾所好。”这是代表一种冲淡的胸怀的。可是在司马迁描写了“晏子为齐相,出,其御之妻,从门间而窥其夫。其夫为相御,拥大盖,策驷马,意气扬扬,甚自得也。既而归,其妻请去。夫问其故,妻曰:‘晏子长不满六尺,身相齐国,名显诸侯,今者妾观其出,志念深矣,常有以自下者。今子长八尺,乃为人仆御,然子之意,自以为足,妾是以求去也。’其后夫自抑损,晏子怪而问之,御以实对,晏子荐以为大夫”以后,就说:“假令晏子而在,余虽为之执鞭,所忻慕焉!”一方面袭用孔子语,一方面却配合这个故事,文笔多么巧!

司马迁的精神,仿佛结晶在孔子的字里行间了,仿佛可以随意携取孔子的用语以为武器而十分当行了,所以当他褒贬吕不韦时,只用一个字,就是“孔子之所谓‘闻’者,其吕子乎!”原来孔子所谓闻,乃是包含“色取仁而行违,居之不疑”,和“直而好义,察言而观色,虑以下人”的“达”是正对待的。司马迁的褒贬够经济!其养育于孔子精神中者,够凝炼!

孔子的教化是有着人情的温暖和雍容博雅的风度的,这也让司马迁发生一种明显的共鸣。司马迁在《卫康叔世家》的赞里说:“余读世家言,至于宣公之太子,以妇见诛,弟寿争死以相让,此与晋太子申生,不敢明骊姬之过同。——俱恶伤父之志,然卒死亡,何其悲也!或父子相杀,兄弟相灭,亦独何哉?”这有人伦的至性的感慨在!司马迁在《汉兴以来诸侯年表》的序里又说:“殷以前尚矣!周封五等,公侯伯子男,然封伯禽、康叔于鲁卫,地各四百里,亲亲之义,褒有德也。”这儒家的亲亲之义,也是司马迁所深深体会的。

雍容博雅的风度,就是孔子所理想的人格——君子。司马迁也每每称君子：

> 文帝时，会天下新去汤火，人民乐业，因其欲然，能不扰乱，故百姓遂安。自年六七十翁，亦未尝至市井，游敖嬉戏，如小儿状，孔子所称有德君子者邪？——《律书》
>
> 延陵季子之仁心，慕义无穷，见微而知清浊。呜呼，又何其闳览博物君子也。——《吴太伯世家赞》
>
> 甘罗年少，然出一奇计，声称后世，虽非笃行之君子，然亦战国之策士也。方秦之强时，天下尤趋谋诈哉！——《樗里子甘茂列传赞》
>
> 蒯成侯周緤，操心坚正，身不见疑，上欲有所之，未尝不垂涕，此有伤心者；然可谓笃厚君子矣。——《傅靳蒯成列传赞》
>
> 塞侯微巧，而周文处谄，君子讥之，为其近于佞也。然斯可谓笃行君子矣。——《万石张叔列传赞》
>
> 余与壶遂定律历，观韩长孺之义，壶遂之深中隐厚，世之言梁多长者，不虚哉！壶遂官至詹事，天子方倚以为汉相，会遂卒；不然，壶遂之内廉行修，斯鞠躬君子也。——《韩长孺列传赞》

所谓有德，所谓闳览博物，所谓笃行，所谓深中隐厚，所谓内廉行修，都是君子一义的内涵，活画出一个有教养，有性情，有含蓄，有风度的理想人格来。这是孔子的理想人格，也是司马迁的理想人格。人格的衡量，这君子的标准就是尺度，司马迁受孔子的精神影响有多么深！

司马迁在《孔子世家》的赞里说："自天子王侯，中国言六艺者，折中于夫子。”别人折中于夫子与否，我们不敢说，但他自己却确是如此了。而且，也不只在谈六艺时如此，就是对于一般人物的品评，对于大小事物的看法，也几乎总在骨子里依孔子的标准为试金石。他直然以孔子的论断作自己的论断处不必说了，此外如说“鲁连其指意虽不合大义”，大义是什么呢？也无非用孔子的尺度，而居高临下地看，而见其如此而已。“考信于六艺”是司马迁所拳拳服膺的，在六艺之中，而“折中于夫子”；尤其是司马迁所实行着的。他心悦诚服地说：“《诗》有之，‘高山仰止，景行行止。’虽不能至，然心乡往之。余读孔氏书，想见其为人。适鲁，观仲尼庙堂车服礼器，诸生以时习礼其家，余祗回留之，不能去云。”其中有纯挚的依恋，仰慕的情感在着。假若说司马迁是孟子之后，孔子的第二个最忠诚的追随者，大概谁也不能否认了吧！

三　司马迁在性格上与孔子之契合点及其距离

儒家的真精神是反功利，在这点上，司马迁了解最深澈，也最有同情。

《孔子世家》里记载孔子厄于陈蔡，粮也绝了，跟随的人也病得起不来了，子路已经发脾气，子贡已经不能忍耐，于是孔子用同样的“《诗》云‘匪兕匪虎，率彼旷野’，吾道非邪？吾何为于此？”的问话来开导弟子。子路在这时是最动摇的，他便说：“意者吾未仁耶？人之不我信也；意者吾未知耶？人之不我行也。”孔子给他当头一棒：“有是乎！由！譬使仁者而必信，安有伯夷、叔齐？使智者而必行，安有王子比干？”子贡对孔子的信仰稍为坚定一点，但也觉得和现实未免有些脱节，于是也说：“夫子之道至大也，故天下莫能容夫子，夫子盖少贬焉？”殊不知孔子的真精神就在不顾现实上，所以孔子也不满意，因而驳斥他道：“赐！良农能稼而不能为穑，良工能巧而不能为顺，君子能修其道，纲而纪之，统而理之，而不能为容。今尔不修尔道而求为容，赐！尔志不远矣！”可见他们两人都不能了解孔子。最后却只有颜渊说得好：“夫子之道至大，故天下莫能容。虽然，夫子推而行之，不容何病？不容，然后见君子。夫道之不修也，是吾丑也；夫道已大修而不用，是有国者之丑也。不容何病？不容，然后见君子！”这种只问耕耘，不问收获，只求在己，不顾现实的精神，才是孔子的真正价值。所以孔子不能不很幽默地加以赞许了：“有是哉，颜氏之子，使尔多财，吾为尔宰！”

这个故事有意义极了，孔子的真精神在这里，儒家的全部精华在这里！不错，孔子因为不顾现实，直然空做了一个像堂·吉诃德式的人物而失败了，然而是光荣的失败，他的人格正因此而永恒地不朽着！

司马迁便是最能在这个地方去把握孔子，并加以欣赏的。一篇整个的《孔子世家》，正是这样一个伟大的人格之光荣的失败的记录。孔子一方面有救世的热肠，然而另方面决不轻于妥协，他热中，但是决不苟合。他的热心到了天真的地步，公山不狃拿小小的费这个地方要造反，想召孔子，孔子就高兴得小题大作地说：“夫召我者，岂徒哉？如用我，其为东周乎？”已经想建立一个东方的大周帝国了！然而他并没有真去。（《史记》上在这种地方写得好！）而且后来他到任何地方，都是走得极为干脆。——司马迁是能够为一个伟大人物的心灵拍照的！

反功利是孔子精神的核心。说来好像很容易，其实是非常难能的，尤其在一个热心救世如孔子的人更难能。小已利害，容易冲得开，大题目一来，便很少有人能像孔子那样坚定了。救世是一个最大的诱惑，稍一放松，就容易不择手段，而理论化，而原谅自己了！孔子偏不妥协，偏不受诱惑，他不让他的人格有任何可袭击的污点。司马迁最能体会孔子这伟大的悲剧性格。

> 驺子重于齐；适梁，梁惠王郊迎，执宾主之礼；适赵，平原君侧行襒席；如燕，昭王拥彗先驱，请列弟子之座而受业，筑碣石宫，身亲往师之，作《主运》；其游诸侯，见尊礼如此，岂与仲尼菜色陈蔡，孟轲困于齐梁同乎哉？故武王以仁义伐纣而王，伯夷饿不食周粟，卫灵公问陈而孔子不答，梁惠王谋欲攻赵，孟轲称太王去邠，此岂有意阿世俗苟合而已哉？持方柄欲内圜凿，其能入乎？——《孟子荀卿列传》
>
> 周衰，礼废乐坏，大小相逾。管仲之家，兼备三归，循法守正者见侮于世，奢溢僭差者谓之显荣。自子夏，门人之高弟也，犹云："出见纷华盛丽而说，入闻夫子之道而乐，二者心战，未能自决。"而况庸人以下，渐渍于失教，被服于成俗乎？孔子曰："必也正名！"于卫，所居不合。仲尼没后，受业之徒，沈湮而不举，或适齐、楚，或入河海，岂不痛哉！——《礼书》

这其中都有极深的了解和极大的同情。只有站在反功利上，才明白孔子何以称"三以天下让"的泰伯为"至德"，才明白孔子何以称"微子去之，箕子为之奴，比干谏而死"为"殷有三仁"，才明白老子斤斤于无益于身的事，比起孔子来，虽高明，但实则多末渺小！

也只有站在反功利上，才明白司马迁为什么在列传之中先叙述的是伯夷(《自序》上称他“末世争利,维彼奔义”),才明白司马迁为什么把布衣的孔子升入了世家,才明白司马迁为什么很感慨地叙述了刎颈交的张耳、陈馀终于以利相仇,才明白司马迁为什么很赏识商鞅、李斯的才干,却只因为他们主张不坚定(商鞅对孝公既说王道,又改霸道,李斯则惧祸重爵,苟合赵高),只因为他们单为现实而求售,而取容,遂不能不放在一个较低的估评而鄙夷着了。

司马迁彻头彻尾的反功利精神,反现实精神,不以成败论英雄的态度,都有深深的孔子的影子。这是他们精神的真正契合处。

可是他们并不是没有距离的,这就是:孔子看到现实的不可靠,遂坚定自己的主张,而求其在我,因而坦然地安静下去了。司马迁则不然,现实既不可靠,自己虽站在反抗的地位,然而他没有平静下去,却出之以愤慨和抒情。他们同是反功利,孔子把力量收敛到自身了,司马迁却发挥出去。因为同是反功利,所以司马迁对孔子能够从心里欣赏,而向往着,却又因为有屑微的差异,所以司马迁只可以羡慕,而不能作到孔子——在激荡的惊涛骇浪之中,只有对于一个不可及的平静如镜的湖面在羡慕着了!

四 司马迁对六艺之了解

毕竟孔子是哲人,司马迁是诗人,在性格上司马迁没法做第二个孔子!

可是在事业上——尤其在由司马迁的眼光中所看的孔子的事业上,却是可以继承的。

司马迁所认为的孔子的大事业是什么呢？这就是论述六艺。下面都是司马迁讲到孔子和六艺的关系的地方：

周室既衰，诸侯恣行，仲尼悼礼废乐崩，追修经术，以达王道，匡乱世，反之于正，见其文辞，为天下制仪法，垂六艺之统纪于后世。——《太史公自序》

孔子布衣传十馀世，学者宗之，自天子王侯，中国言六艺者，折中于夫子，可谓至圣矣。——《孔子世家赞》

于威、宣之际，孟子、荀卿之列，咸遵夫子之业而润色之，以学显于当世。及至秦之季世，焚《诗》、《书》，坑术士，六艺从此缺焉。——《儒林列传》

缪公立三十九年而卒，其后百有馀年，而孔子论述六艺。——《封禅书》

几乎一提到孔子，就不能放过六艺，几乎所谓"夫子之业"，就只有六艺的文化传统的负荷可以概括，六艺当然是总名，分而言之，就是《诗》、《书》、《礼》、《乐》、《易》、《春秋》。这个次第是今文学家的次第，《史记》中《儒林列传》所序的次第就是这样的，原来司马迁在文字上虽然学古文，但经学思想上却是今文派的。

六艺并不是六种技术，实在是代表六种文化精神或六种类型的教养。司马迁在这方面，或则征引孔子的话，或则自己加以消化和了解，那意义是这样的：

孔子曰："六艺于治一也。《礼》以节人，《乐》以发和，《书》以道事，《诗》以达意，《易》以神化，《春秋》以道义。"——

《滑稽列传》

夫《春秋》上明三王之道，下辨人事之纪，别嫌疑，明是非，定犹豫，善善恶恶，贤贤贱不肖，存亡国，继绝世，补敝起废，王道之大者也。《易》著天地阴阳，四时五行，故长于变；《礼》经纪人伦，故长于行；《书》记先王之事，故长于政；《诗》记山川溪谷，禽兽草木，牝牡雌雄，故长于风；《乐》乐所以立，故长于和；《春秋》辩是非，故长于治人。是故《礼》以节人，《乐》以发和，《书》以道事，《诗》以达意，《易》以道化，《春秋》以道义。——《太史公自序》

从这里看起来，《礼》是一种"社会生活"的规律，《乐》是一种"情感生活"的轨道，《诗》是一种"表现生活"的指南，《书》是一种"历史生活"的法则，《春秋》是一种裁判的圭臬，《易》是一种通权达变的运用。合起来，是一个整个的人生，既和谐，又进取；既重群体，又不抹杀个性；既范围于理智，又不忽视情感；既有律则，却又不至使这些律则僵化，成为人生的桎梏。在古代人心目中，的确觉得六艺是完全的，是天造地设的，是不能再有所增加，也不能再有所减少的了；别说古代人，就是在现代的我们看了，在小地方或有可议，但就大体论，我们也不能不惊讶古代人的头脑之细，目光所烛照之远，所以也就无怪司马迁是完全被这优越的文化的光芒所降伏或者陶醉了！

六艺在精神上是六种文化教养，具体的表现则为《六经》，司马迁援用《六经》作为根据的地方也非常之多：

《易》基《乾坤》，《诗》始《关雎》，《书》美厘降，《春秋》讥不亲迎,夫妇之际,人道之大伦也,《礼》之用,唯婚姻为兢兢;夫乐调而四时和,阴阳之变,万物之统也,可不慎与?——《外戚世家》

这是总起来依据《六经》,以说明夫妇在人伦中之重要的。分别援用的,则有:

余以《颂》次契之事,自成汤以来,采于《诗》、《书》。——《殷本纪》

农工商交易之路通,而龟贝、金钱、刀布之币兴焉。所从来久远,自高辛氏之前尚矣,靡得而记云。故《书》道唐虞之际,《诗》述殷周之世。——《平准书》

夫学者载籍极博,犹考信于六艺,《诗》、《书》虽缺,然虞夏之文可知也。——《伯夷列传》

自《诗》、《书》称三代"戎狄是膺,荆荼是征"。——《建元以来侯者年表序》

余每读《虞书》,至于君臣相敕,维是几安,而股肱不良,万事堕坏,未尝不流涕也。成王作颂,推己惩艾,悲彼家难,可不谓战战恐惧,善守善终哉!——《乐书》

夫神农以前,吾不知已,至若《诗》、《书》所述,虞夏以来,耳目欲极声色之好,口欲穷刍豢之味,身安逸乐,而心夸矜势能之荣,使俗之渐民久矣。——《货殖列传》

这都是《诗》、《书》并引,大致是征信之用,认为《诗》、《书》是可靠的最早史料,应该取为依据。所以然者,在司马迁看,孔子是最早

而且最伟大的历史家,《书》是孔子编次的,《诗》是孔子删取的,自然是最可珍视了。司马迁又说:“夫《诗》、《书》隐约者,欲遂其志之思也。”(《太史公自序》)这却是说明《诗》、《书》之性质,又终有苦闷的象征的背景。至于《史记》中:

周道缺,诗人本之衽席,《关雎》作;仁义陵迟,《鹿鸣》刺焉。——《十二诸侯年表序》

则是专门对于《诗》的了解,认为《诗》仍是以儒家精神——人伦——为出发,人伦的道理的崩溃,乃是《诗》由抒情而变为讽刺的枢纽。

《大雅》言王公大人而德逮黎庶,《小雅》讥小己之得失,其流及上,所以言虽外殊,其合德一也。相如虽多虚辞滥说,然其要归,引之节俭,此与《诗》之风谏何异?——《司马相如列传赞》

这是根据诗教以评论后世文章,司马迁认为《诗》总有讽谏的作用。司马迁叙述读《诗》后的感印的,则有:

召公奭可谓仁矣,甘棠且思之,况其人乎?——《燕召公世家赞》

司马迁有时赋《诗》断章,借为代言:

《诗》有之,“高山仰之,景行行止。”虽不能至,然心乡往

之。余读孔氏书，想见其为人。适鲁，观仲尼庙堂车服礼器，诸生以时习礼其家，余祗回留之，不能去云。——《孔子世家赞》

更有时借《诗》为评论的权威：

《诗》之所谓“戎狄是膺，荆舒是惩”，信哉是言也。淮南、衡山，亲为骨肉，疆土千里，列为诸侯，不务遵蕃臣职，以承辅天子，而专挟邪僻之计，谋为叛逆，仍父子再亡国，各不终其身，为天下笑，此非独王过也，亦其俗薄，臣下渐靡使然也。夫荆楚僄勇轻悍，好作乱，乃自古记之矣。——《淮南衡山列传赞》

难得的是司马迁对于《诗》的总认识则又有：“《诗》三百篇，大抵贤圣发愤之所为作也。”（《太史公自序》）他终于以文学家的立场，而还这部古代诗歌总集一个抒情的本来面目。在那乌烟瘴气的经生见地中，这不啻是一个照彻万里的灯塔！

专论到《书》的，则有：

孔子之时，周室微，而礼乐废，《诗》、《书》缺；追迹三代之礼，序《书传》，上纪唐虞之际，下至秦缪，编次其事。曰：“夏礼吾能言之，杞不足征也；殷礼吾能言之，宋不足征也。足，则吾能征之矣。”观殷夏所损益，曰：“后虽百世，可知也。”以一文一质，“周监二代，郁郁乎文哉！吾从周。”故《书传》、《礼记》自孔氏。——《孔子世家》

这是说明《书》不但是一种史，而且是有一种文化的传统之理解在。礼本是社会与个人的关系的定规,《书》便恰恰是和礼相配合,而记录着这种关系的变迁的。这样一来,礼的意义便充实了,《书》的意义也扩大并提高了。其他像:

> 《书》曰:"协和万国。"迁于夏商,或数千岁。盖周封八百,幽厉之后,见于《春秋》。《尚书》有唐虞之侯伯,历三代千有馀载,自全以蕃卫天子。岂非笃于仁义,奉上法哉?——《高祖功臣侯年表序》
>
> 言九州山川,《尚书》近之矣,至《禹本纪》、《山海经》所有怪物,余不敢言之也。——《大宛列传赞》
>
> 《夏书》曰:"禹抑鸿水,十三年,过家不入门。陆行载车,水行载舟,泥行蹈毳,山行即桥,以别九州。随山浚川,任土作贡。通九道,陂九泽,度九山。然河菑衍溢,害中国也尤甚,唯是为务。故道河自积石,历龙门,南到华阴,东下砥柱,及孟津、雒汭,至于大邳。于是禹以为河所从来者高,水湍悍,难以行平地,数为败,乃厮二渠以引其河,北载之高地,过降水,至于大陆,播为九河,同为逆河,入于勃海。"九川既疏,九泽既洒,诸夏艾安,功施于三代。——《河渠书》

这都是援用《书经》之文,或则加以熔铸的。《史记》中援用了经文,而泯却了痕迹的,那就更多了。

> 《书》曰:"不偏不党,王道荡荡,不党不偏,王道便便。"张季、冯公近之矣。——《张释之冯唐列传赞》

这就又是拿《书经》作为衡量的尺度了。

礼和乐，司马迁也有他很深澈的了解和发明。这是见之于《礼书》和《乐书》之首：

> 洋洋美德乎！宰制万物，役使群众，岂人力也哉！余至大行礼官，观三代损益，乃知缘人情而制礼，依人性而作仪，其所由来尚矣。人道经纬万端，规矩无所不贯。诱进以仁义，束缚以刑罚，故德厚者位尊，禄重者宠荣，所以总一海内，而整齐万民也。人体安驾乘，为之金舆错衡，以繁其饰；目好五色，为之黼黻文章，以表其能；耳乐钟磬，为之调谐八音，以荡其心；口甘五味，为之庶羞酸咸，以致其美；情好珍善，为之琢磨圭璧，以通其意。故大路越席，皮弁布裳，朱弦洞越，大羹玄酒，所以防其淫侈，救其凋敝。是以君臣朝廷尊卑贵贱之序，下及黎庶车舆衣服宫室饮食嫁娶丧祭之分，事有宜适，物有节文。——《礼书》
>
> 佚能思初，安能惟始，沐浴膏泽，而歌咏勤苦，非大德谁能如斯？《传》曰："治定功成，礼乐乃兴。"海内人道益深，其德益至，所乐者益异。满而不损则溢，盈而不持则倾，凡作乐者，所以节乐。君子以谦退为礼，以损减为乐，乐其如此也。以为州异国殊，情习不同，故博采风俗，协比声律，以补短移化，助流政教，天子躬于明堂临观，而万民咸荡涤邪秽，斟酌饱满，以饰厥性。故云《雅》、《颂》之音理而民正，嘄噭之声兴而士奋，郑卫之曲动而心淫。及其调和谐合，鸟兽尽感，而况怀五常，含好恶，自然之势也。——《乐书》

司马迁对于礼,可说赞美极了,称为“洋洋美德”,称为“岂人力也哉”!简直把它神秘化,而以为能“宰制万物,役使群众”了。“缘人情而制礼,依人性而作仪”,也可说是最中肯的对于礼的理解。礼无非是人情,正是儒家所谓“人情之所不能免也”。把人情(包括欲望)放在适当的地位,不是阻遏而是节制,并且让它有适当的发泄,这是礼的真意义,也是儒家的大功绩。像司马迁的父亲司马谈所认识的,好像只是“序君臣父子,夫妇长幼之别”似的,就未免仍旧有点皮相了。我敢说司马迁之认识和理解儒家,尤有超过于其父者。然而那机会却仍是他父亲给他的,所以我们就仍不能不感谢司马谈了!司马迁又说:“凡作乐者,所以节乐。”也是大发现。只有在这一点上,礼与乐才有相通。至于所谓“荡涤邪秽,以饰厥性”,简直像亚里斯多德所谓的净化作用(Katharsis):一切艺术都是如此的,一切艺术性的礼乐文化也都是如此的!最后,司马迁用“自然之势”来解释乐之感人,就又表示他没辜负父亲所遗留给他的道家立场了。

司马迁对于《诗》、《书》、《礼》、《乐》的认识说过,现在说到他和《易》的关系。书中引《易》的,有:

> 《易》曰:“井渫不食,为我心恻,可用汲,王明,并受其福。”王之不明,岂足福哉!——《屈原贾生列传》
>
> 《易》曰:“失之毫厘,差以千里。”故曰:“臣弑君,子弑父,非一旦一夕之故也,其渐久矣。”——《太史公自序》

这里所引的是《井卦》爻辞和系辞。书中赞美《易》的,有:

盖孔子晚而喜《易》,《易》之为术,幽明远矣。非通人达才,孰能注意焉?故周太史之卦,田敬仲完占至十世之后,及完奔齐,懿仲卜之,亦云:田乞及常所以比犯二君,专齐国之政,非必事势之渐然也,盖若遵厌兆祥云。——《田敬仲完世家赞》

孔子晚而喜《易》之说,是司马迁所坚持的,在《孔子世家》上就有:"孔子晚而喜《易》,序彖系象说卦文言。读《易》,韦编三绝,曰:'假我数年,若是,我于《易》则彬彬矣!'"大概因为司马迁在经学上的传受是今文家之故吧,所以他心目中的孔子和《六经》的关系都是十分密切。司马迁对于《易》的认识既是"幽明",所以凡是《史记》中讲幽明的地方,大抵都可认为是《易》教。例如:

人能弘道,无如命何。甚哉,妃匹之爱,君不能得之于臣,父不能得之于子,况卑下乎?既欢合矣,或不能成子姓;能成子姓矣,或不能要其终,岂非命也哉?孔子罕称命,盖难言之也!非通幽明之变,恶能识乎性命哉?——《外戚世家》

孔子论《六经》,记异而说不书,至天道命不传,传其人,不待告;告非其人,虽言不著。……此其荦荦大者,若至委曲小变,不可胜道。由是观之,未有不先形见而应随之者也。——《天官书》

自古圣王,将建国受命,兴动事业,何尝不宝卜筮以助善!唐虞以上,不可记已。自三代之兴,各据祯祥,涂山之兆从,而夏启世;飞燕之卜顺,故殷兴;百谷之筮吉,故周王。王者决定诸疑,参以卜筮,断以蓍龟,不易之道也。——《龟策列传》

在《论语》中孔子不常讲的性命与天道，就是《易》道。孔子人格本有神秘的一方面，也就是浪漫的一方面，在这一点上，尤其惹动司马迁的内心深处。越不可测度，越有诱惑性。孔子的人格乃是无限的，乃是“虽欲从之，末由也已”的，然而因此，却越发让崇拜他的人兴“高山仰止”之思了！

《易》的内容是讲幽明之变，是讲性命之际，是讲天道。至于《易》的构成原理，司马迁却也有扼要的说明：“《春秋》推见至隐，《易》本隐以之显。”（《司马相如列传赞》）原来《春秋》是借一些具体事实而推出一些抽象道理，《易》却是由一些抽象原则而借象征为说明的。

《六经》中，最后应该说到《春秋》。却因为《春秋》对司马迁的精神更有着内在的连系了，所以我们留在下面，特别去探讨。现在可说的，是司马迁浸润于《六经》者实在深而且久。他对李斯的惋惜，是“斯知六艺之归，不务明政以补主上之缺”，可见知六艺之归，他便认为是应该大有所作为了。司马迁的抱负，正可在这里窥见一个消息！

五　司马迁与《春秋》

六艺之中的《春秋》，司马迁尤其重视着。这是无怪的，因为不惟他的父亲的遗命是希望他作第二个孔子，继续《春秋》，就是他自己的心胸，也实以作《春秋》的孔子自居。《春秋》绝笔于获麟，《史记》也是“卒述陶唐以来，至于麟止”的；照《史记》上说，孔子是厄于陈蔡，才作《春秋》的（《太史公自序》），而司马迁却也是“遭李陵之祸，幽于缧绁”，才“述往事，思来者”的；尤其妙的是，孟子不是说过五百年必有王者兴么？孔子到司马迁，也恰是五百岁，“自周公卒后，五百岁而有孔子，孔子卒后，至于今五百岁”，那末，更是应该有第二个作《春秋》的孔子的时候了！这些话的事实如何，我们不必去问，汉武帝是否真获了麟，孔子是否真在陈蔡之厄作《春秋》，司马迁是否真因李陵之祸才动手写《史记》，孔子到司马迁是否已经恰有五百岁，我们都不必管。我们注意的是，不在事实而在心理上，司马迁的话有它的真实性。——这就是：司马迁是第二个孔子，《史记》是第二部《春秋》！

《春秋》是一部单纯的史书么？当然不是；尤其在司马迁的眼光里不是。“《书》以道事”，《书》尚且不是单纯的史书，其中已有文化的政治的意义如上所说，何况是“《春秋》以道义”，其中的政治性、哲学性乃更浓。

在司马迁觉得，《春秋》原来代表一种政变。你看他在《自序》里说：“桀纣失其道而汤武作，周失其道而《春秋》作，秦失其政而陈涉发迹，诸侯作难。”原来这部《春秋》是和打倒桀纣的汤武，打倒秦始皇的陈涉同类的，那末，它已不止是一部空洞的书册了，却是一种行动，孔子也不止是一个文化领袖了，而且是一个政治领袖——开国的帝王了！

必须在这个意义下，才能了解《春秋》在孔子整个人格中的关系，也必须在这个意义下，才能了解司马迁寄托于《史记》中者之深远。

六艺本不是分割的，每一部代表某种文化上的意义的经典，都和其他经典在沟通着，在印证着，在发明着。因此，《春秋》乃是礼义的根本大法的例证和实施：

上大夫壶遂曰：昔孔子何为而作《春秋》哉？太史公曰：余闻董生曰："周道衰废，孔子为司寇，诸侯害之，大夫壅之，孔子知言之不用，道之不行也，是非二百四十二年之中，以为天下仪表，贬天子，退诸侯，讨大夫，以达王事而已矣。"子曰："我欲载之空言，不如见之于行事之深切著明也。"夫《春秋》上明三王之道，下辨人事之纪，别嫌疑，明是非，定犹豫，善善恶恶，贤贤贱不肖，存亡国，断绝世，补敝起废，王道之大者也。……《春秋》辩是非，故长于治人。……《春秋》以道义。拨乱世，反之正，莫近于《春秋》。《春秋》文成数万，其指数千。万物之散聚，皆在《春秋》。《春秋》之中，弑君三十六，亡国五十二，诸侯奔走，不得保其社稷者，不可胜数。察其所以，皆失其本已，故《易》曰："失之毫厘，差以千里。"故曰："臣弑君，子弑父，非一旦一夕之故也，其渐久矣。"故有国者不可以不知《春秋》，前有谗而弗见，后有贼而不知。为人臣者不可以不知《春秋》，守经事而不知其宜，遭变事而不知其权。为人君父而不通于《春秋》之义者，必蒙首恶之名。为人臣子而不通于《春秋》之义者，必陷篡弑之诛，死罪之名。其实皆以为善，为之不知其义，被之空言而不敢辞。夫不通礼义之旨，至于君不君，臣不臣，父不父，子不子；夫君不君则犯，臣不臣则诛，父不父则无道，子不子则不孝，此四行者，天下之大过也。以天下之大过予之，则受而弗敢辞。故《春秋》者，礼义之大宗也。夫礼禁未然之前，法施已然之后，法之所为用者易见，而礼之所为禁者难知。——《太史公自序》

这样看来，《春秋》可以代表一种法制——是禁于未然的法制，这也就是"礼"。在这里,《春秋》是"是非"的权衡,是"王道"的纲领,是一切人"通权达变"的指南。关于《春秋》在孔子生命史上的重要,以及《春秋》中之确有大义微言,司马迁尤记得详明,那是:

> 子曰:"弗乎!弗乎!君子病殁世而名不称焉;吾道不行矣,吾何以自见于后世哉?"乃因史记,作《春秋》,上至隐公,下讫哀公十四年,十二公,据鲁亲周故殷①,运之三代,约其文辞而指博。故吴楚之君自称王,而《春秋》贬之曰子;践土之会,实召周天子,而《春秋》讳之曰:"天王狩于河阳。"推此类以绳当世。贬损之义,后有王者举而开之,《春秋》之义行,则天下乱臣贼子惧焉。孔子在位,听讼文辞,有可与人共者,弗独有也;至于为《春秋》,笔则笔,削则削,子夏之徒,不能赞一辞。弟子受《春秋》,孔子曰:"后世知丘者以《春秋》,而罪丘者亦以《春秋》。"——《孔子世家》
>
> 孔子明王道,干七十馀君莫能用,故西观周室,论史记旧闻。兴于鲁而次《春秋》,上记隐,下至哀之获麟,约其文辞,去其烦重,以制义法。王道备,人事浃,七十子之徒,口受其传指,为有所刺讥褒讳挹损之文辞,不可以书见也。——《十二诸侯年表序》

那末,《春秋》可说是孔子的最大著述,乃是整个生命之最后寄托,其创作时之不苟与认真,子夏也不能有所修润,而且是一生功罪之

① 《史记》张守节《正义》,解释这句话是:"殷中也,又中运夏殷周之事。"我不采取。

所系了。假若说六艺中的其他经典也许多少还有身外之物之意，《春秋》却是孔子真正性命心灵中所呼吸着的。《春秋》不是记“实然”的史实，却是“应然”的理想的发挥。据鲁、亲周、故殷，就是公羊派所谓三科。何休说：“新周，故宋，以《春秋》当新王。”故宋即故殷（宋为殷后），新周即亲周（《大学》上：“在亲民”即“在新民”），以《春秋》当新王即据鲁。（孔子说：“吾其为东周乎？”孔子原想建一个新的东方周帝国！）故殷者，是因为孔子本是殷后，不忘本。亲周者，是因为孔子有集权思想，他一部整个《春秋》，都是表现一种政治上的向心力的。据鲁者，乃是因为新帝国的理想建设，就以鲁为根据地。这就是《春秋》的大义微言！孔子志在周公，只有在《春秋》里表现得最明显。讲义法，讲传指，都可见司马迁是公羊家的嫡派，不愧他有董仲舒那一位好师友！

《史记》中用公羊家言的地方非常多。例如：

> 《春秋》讥宋之乱自宣公废太子而立弟，国以不宁者十世。……襄公既败于泓，而君子或以为多，伤中国阙礼义，褒之也，宋襄之有礼让也。——《宋微子世家》

这都是采的《公羊传》。《公羊传·隐公三年》：“君子大居正，宋之祸，宣公为之也。”《公羊传·僖公二十二年》：“君子大其不鼓不成列，临大事而不忘大礼，有君而无臣，以为虽文王之战，亦不过此也。”尤其前一条，为《春秋左氏传》所无。

擅长《公羊传》的是董仲舒。在《儒林列传》中已有：“汉兴至于五世之间，唯董仲舒为明于《春秋》，其传公羊氏也。”《太史公自序》中讲《春秋》是引董生，《十二诸侯年表序》中也说：“上大夫董仲舒，推《春秋》义，颇著文焉。”都可见司马迁的《春秋》之学的渊源。

孔子的《春秋》既含有建一个新国之意，难道司马迁也要建一个新国家么？其实并不然。大概照汉人一般的想法，汉朝就已经是一个理想的国家之部分的实现了。司马迁也认为汉朝之“获符瑞，建封禅，改正朔，易服色”，就已经是一个新国家的象征了。他说：“《春秋》采善贬恶，推三代之德，褒周室，非独刺讥而已。”（《太史公自序》）原来《春秋》也有颂扬的一方面，他的《史记》就把这方面发挥在对于当代上。司马迁讽刺，固然是真的，他对于当代之感到伟大，感到应该歌颂，也同样是真的，不过不很明显罢了。

歌颂的方面不太明显，讽刺的方面更其不能明显。就是在这一点上，他也是取法的《春秋》：

> 孔氏著《春秋》，隐桓之间则章，至定哀之际则微，为其切当世之文而罔褒，忌讳之辞也。——《匈奴列传赞》

在别一机会，司马迁说：“《春秋》推见至隐。”（《司马相如赞》）固然一方面是因为《春秋》在具体事实中见抽象原则，另方面却也是由于《春秋》有它的忌讳，所谓“为尊者讳，为亲者讳”（《公羊传·闵公元年》），因而把一部分史实故意隐藏了；只是那原则却也还是由没隐藏的记录中可以推出而已。

《春秋》不单包含了孔子的政治抱负和政治哲学，而且暗示了孔子对于历法的见解。所以“周襄王二十六年，闰三月，而《春秋》非之”（《历书》）。孔子关于历法的主张是什么呢？原来就是夏历。“孔子正夏时，学者多传《夏小正》云”（《殷本纪赞》），《论语》上孔子也有“行夏之时”（《卫灵公》十一）之语，后来司马迁参加汉朝太初历的订定，便也是实现孔子这个理想的。

中国的历史家，一方面是要懂得天道，一方面是要知道并非是记录“实然”的史实，而是发挥“应然”的理想，司马迁在前者是得自《易》教，在后者就是得自《春秋》。司马迁所谓“成一家之言，厥协《六经》异传”（《太史公自序》），的确是当之无愧了。司马迁既学《春秋》，《春秋》又有那样多的“忌讳”、“义法”、“推见至隐”，所以他的《史记》，在我们读去时，便也当有很多的保留，当有很多口授的“传指”、“不可以书见”的地方，这也是自然的了！

六　司马迁在精神上受惠于孔子的所在

孔子之为历史家，不自作《春秋》始。在《论语》中：

子曰：“述而不作，信而好古，窃比于我老彭。”——《述而》一

子曰：“我非生而知之者，好古，敏以求之者也。”——《述而》二十

子曰：“夏礼吾能言之，杞不足征也；殷礼吾能言之，宋不足征也；文献不足故也。足，则吾能征之矣。”——《八佾》九

子曰：“吾犹及史之阙文也，有马者，借人乘之，今亡矣夫。”——《卫灵公》二十六

这都可以看出孔子之历史的兴趣。

> 子曰:"殷因于夏礼,所损益可知也;周因于殷礼,所损益可知也。其或继周者,虽百世可知也。"——《为政》二十三

则代表一种历史哲学。

> 子曰:"夷狄之有君,不如诸夏之亡也。"——《八佾》五
>
> 子曰:"管仲相桓公,霸诸侯,一匡天下,民到于今受其赐。微管仲,吾其披发左衽矣。"——《宪问》十七

这似乎是《公羊传》"《春秋》内其国而外诸夏,内诸夏而外夷狄"(成公十五年),和"不与夷狄之执中国也"(隐公七年)之浓厚的国家思想的先声。

> 叶公语孔子曰:"吾党有直躬者,其父攘羊,而子证之。"孔子曰:"吾党之直者异于是,父为子隐,子为父隐,直在其中矣。"——《子路》十八
>
> 陈司败问昭公知礼乎?孔子曰:"知礼。"孔子退。揖巫马期而进之曰:"吾闻君子不党,君子亦党乎?君取于吴为同姓。谓之吴孟子。君而知礼,孰不知礼?"巫马期以告,子曰:"丘也幸,苟有过,人必知之。"——《述而》三十一

这都似乎是《公羊传》"《春秋》为尊者讳,为亲者讳,为贤者讳"(闵公元年)之温暖的人情的根据。至于"齐一变至于鲁,鲁一变至于

道”(《雍也》二十四),更似乎是“据鲁、亲周、故殷”的建一个新国的张本。所以单就《论语》看,孔子实在已经有一个历史家——特别是《春秋》公羊派的历史家——的首领的资格而无愧了。

司马迁学孔子,以《史记》当《春秋》,可说有内在的逻辑的连系性,而无可疑者！除了《春秋》的大义微言,为司马迁所吸取了,以作为他那《史记》的神髓之外,司马迁却也在《史记》中,只就史的方面,受惠于孔子者很多。这是:

第一,对历史上的人物之人格的欣赏和评论　孔子称泰伯为“至德”(《泰伯》一),称伯夷“不念旧恶”(《公冶长》二十三),称子产“有君子之道四”(《公冶长》十六),称禹“吾无间然矣”(《泰伯》二十一),称“晋文公谲而不正,齐桓公正而不谲”(《宪问》十五),称“晏平仲善与人交”(《公冶长》十七),称尧“巍巍乎其有成功也,焕乎其有文章”(《泰伯》十九),这种趣味也传给了司马迁。因而《史记》是以人物为中心的一部古代史诗,每一人物,他都有所评论或欣赏。

第二,古典精神　“好古”已是古典精神的表现了,而最代表孔子之古典精神处,则在孔子讲节制,所谓“以约失之者鲜矣”(《里仁》二十三);所谓“从心所欲,不逾矩”(《为政》四);所谓“乐而不淫,哀而不伤”(《八佾》二十);所谓“《诗》三百,一言以蔽之,曰思无邪”(《为政》二);这都是在规矩之中,而不流入于放纵或过分的,假若用一个名词说出来,就是所谓雅。在雅的反面,是一些恶趣味,那便是孔子所一律排斥的了,例如“恶紫之夺朱也,恶郑声之乱雅乐也”(《阳货》十六),“子不语怪力乱神”(《述而》二十一)等都是。可是古典精神并不是只注重节制的形式或规矩的,却也还注重内容的充实,只是二者必须立于一种和谐而各得其所的状态,这就是孔子所谓“质胜文则野，文胜质则史，文质彬彬，然后君子”（《雍也》十八），这才是雅的真意义。司马迁的精神本是浪漫的，常常要横决古典的藩篱而奔逸出去，然而因为被孔子的精神所笼罩之故，所以也便每每流露一种古典趣味了。你看他说：“百家言黄帝，其文不雅驯，荐绅先生难言之。”（《五帝本纪赞》）“余并论次，择其言尤雅者。”（同）“其语不经见，搢绅者不道。”（《封禅书》）“至《禹本纪》、《山海经》所有怪物，余不敢言之也。”（《大宛列传赞》）这都完全是孔子之重雅的口吻！

第三，理智色彩　古典精神的一个重要方面，即理智。孔子不语怪力乱神，对生死鬼神都采取一个极其保留的态度，便正是这方面的表现。司马迁也颇有些地方，极其理智。他不信地脉，《蒙恬传赞》上有：“夫秦之初灭诸侯，天下之心未定，痍伤者未瘳，而恬为名将，不以此时强谏，振百姓之急，养老存孤，务修众庶之和，而阿意兴功，此其兄弟遇诛，不亦宜乎？何乃罪地脉哉？”他也不信龟策，而且很客观地采取两种解释：“或以为圣王遭事无不定，决疑无不见，其设稽神求问之道者，以为后世衰微，愚不师智，人各自安，化分为百室，道散而无垠，故推归之至微，要洁于精神也；或以为昆虫之所长，圣人不能与争，其处吉凶，别然否，多中于人。”（《龟策列传》）这也是像孔子那样的保留的。他更不信天，例如他说项羽：“背关怀楚，放逐义帝而自立，怨王侯叛己，难矣；自矜功伐，奋其私智而不师古，谓霸王之业，欲以力征，经营天下，五年卒亡其国，身死东城，尚不觉寤而不自责，过矣！乃引天亡我，非用兵之罪也，岂不谬哉？”（《项羽本纪赞》）在这里他只从情势上分析，而不信悠悠的命运。其他地方像叙述豫让拔剑击赵襄子之衣，而不采《国策》的“衣尽出血，襄子回车，车轮未周而亡”；叙述荆轲而不采“天雨粟，马生角”的传言；叙述黄帝，还他一个常人的面目：“黄帝崩，葬桥山。”（《五帝本纪》）叙述老子，也著出他的乡里和子孙，指明他和黄帝统统不是腾云驾雾的活神仙；这都是极开明，极理智的。

第四，慎重和征信的态度　在司马迁的心目中的孔子是非常谨慎而小心的，所以在《孔子世家》中有：“丘生而叔梁纥死，葬于防山，防山在鲁东，由是孔子疑其父墓处，母讳之也。孔子为儿嬉戏，常陈俎豆，设礼容。孔子母死，乃殡五父之衢，盖其慎也。”在《三代世表序》中也有：“孔子因史文，次《春秋》，纪元年，正时日月，盖其详哉。至于序《尚书》，则略无年月，或颇有，然多阙，不可录，故疑则传疑，盖其慎也。”孔子之“知之为知之，不知为不知”（《为政》十七），孔子之“多闻阙疑，慎言其馀”（《为政》十八），司马迁是承受了的，所以《高祖功臣表序》上就有“颇有所不尽本末，著其明，疑者阙之”的话。《史记》中常有两三说并存的时候，在司马迁决不自加判断，却留待后人的抉择；在不懂得他这种保留态度的人，却就以为司马迁多所抵牾了！由于孔子之慎，所以孔子主张“无征不信”（《大学》）。尧舜以上，孔子是不谈的，也就是一种征信的表现。司马迁对这种精神，常常牢记于心：

学者多称五帝，尚矣；然《尚书》独载尧以来。——《五帝本纪赞》

唐虞以上，不可记已。——《龟策列传》

夫神农以前，吾不知已。至《诗》、《书》所述，虞夏以来，耳目欲极声色之好，口欲穷刍豢之味，身安逸乐，而心夸矜，势能之荣，使俗之渐民久矣。——《货殖列传》

夫学者载籍极博，犹考信于六艺，《诗》、《书》虽缺，然虞夏

之文可知也。——《伯夷列传》

农工商交易之路通，而龟贝、金钱、刀布之币兴焉。所从来久远，自高辛氏之前尚矣，靡得而记云。故《书》道唐虞之际，《诗》述殷周之世。——《平准书》

《诗》、《书》所断的时代，也就是司马迁所断的时代。历史家的精神本在求真，本在考信，而司马迁的考信犹不止于文字，他更要参之耳闻目见，他在《大宛列传》的赞上说："《禹本纪》言河出昆仑，昆仑其高二千五百馀里，日月所相避隐为光明也，其上有醴泉瑶池，今自张骞使大夏之后也，穷河源，恶睹《本纪》所谓昆仑者乎？"这就不止是考信了，而且有一种科学家的实证精神！在这一点上，司马迁或者业已超过孔子了！

第五，人生的体验与智慧　孔子和一切世界上的哲学家不同，而有一种独特的价值处，就在他不是空洞的理论家，而是渗透于人生者极深，有着丰富的体验与智慧的。像孔子对人生的穷困便是极为了解并同情的，所以他能够说："贫而无怨，难。"（《宪问》十）孔子对一般人的意志是知道不可勉强或阻遏的，所以他能够说："三军可夺帅也，匹夫不可夺志也。"（《子罕》二十六）他又深知人之一生里的诱惑是各有其阶段的，所以他能够说："少之时，血气未定，戒之在色；及其壮也，血气方刚，戒之在斗；及其老也，血气既衰，戒之在得。"（《季氏》七）他很明了思想上之格格不入而合作的困难，所以他又能够说："道不同，不相为谋。"（《卫灵公》四十）大概他看到的有希望的青年而无所成就的太多了吧，所以他能够说："苗而不秀者有矣夫，秀而不实者有矣夫。"（《子罕》二十二）他更看到许多东倒西歪的人物之禁不住风浪吧，所以他会很感慨而含蓄地说:“岁寒,然后知松柏之后凋也。”(《子罕》二十八)——这都是多末亲切而深远的阅历！司马迁不能不对这有所感印着,于是他的《史记》也便不是一部普通的枯燥的历史教科书,其中也同样有着生活的了悟和烙印了。他的判断,极其明澈,他对人情的揣摩,极其入微。这更不能不说是由孔子之赐使然了！

总之,由于孔子,司马迁的天才的翅膀被剪裁了,但剪裁得好,仿佛一个绝世美人,又披上一层华丽精美而长短适度的外衣似的;由于孔子,司马迁的趣味更淳化,司马迁的态度更严肃,司马迁的精神内容更充实而且更有着蕴藏了！一个伟大的巨人,遥遥地引导着一个天才,走向不朽！

七　司马迁在心灵深处和孔子的真正共鸣

孔子果然是一个纯粹古典的人物,单单发挥冷冷的理智的么?

并不然。孔子在“不逾矩”的另一面,是“从心所欲”。他的情感上仍有浓烈陶醉的时候,他听音乐,可以三月不知肉味,可以说“不图为乐之至于斯”(《述而》十四);他的气魄上仍有不可逼视而震撼人的地方,他会说:“吾未见刚者。”(《公冶长》十一)他会说:“朝闻道,夕死可矣。”(《里仁》八)他会说:“非其鬼而祭之,谄也,见义不为,无勇也。”(《为政》二十四)他会说:“天之未丧斯文也;匡人其如予何?”(《子罕》五)在这种地方,我们能说孔子没有浪漫倾向么?

在《论语》中,孔子是“不语怪力乱神”的,可是在《史记》的《孔子世家》中,孔子却就懂得木石之怪,山川之神,以及三尺的短人,三丈的长人了。这说明着什么呢？这是说明司马迁已经把孔子浪漫化,或者说,他所采取的孔子,已不是纯粹的古典方面了。

而且照我看,孔子根本是浪漫的,然而他向往着古典。他一生的七十多年的岁月,可视为乃是一个浪漫人物挣扎向古典的过程。"七十而从心所欲,不逾矩",是到了生命的最后,他的挣扎成功了!孔子是殷人,到他临死时,他有着身为殷人的自觉,所以他对子贡说:"天下无道久矣,莫能宗予,夏人殡于东阶,周人于西阶,殷人两柱间,昨暮予梦坐奠两柱之间,予殆殷人也。"过了七天,他便死了(《孔子世家》)。可是他羡慕的是周,"郁郁乎文哉"的周。殷人尚鬼,殷本是一种重感情,富有宗教情绪的文化,周却是讲度数,讲礼乐的一种理智文化。殷是浪漫的,周是古典的。孔子身为殷人,而向慕周,这说明他本为浪漫而渴望着古典!

也就在这种心灵深处,司马迁有了自己的归宿了。所不同者,孔子的挣扎是成功了,已使人瞧不出浪漫的本来面目,而司马迁却不能,也不肯始终被屈于古典之下,因而他像奔流中的浪花一样,虽有峻岸,却仍是永远汹涌着,飞溅着了!

三十三年三月二十二日写于重庆

第四章 司马迁之体验与创作(上)

——无限之象征

一 从耕牧到京师受学

固然由于孔子的影响之故,司马迁对于人生也有他的体验和智慧,可是假如实际生活不丰富,那体验便仍将是贫乏,而智慧也仍将是浅薄了。

很幸运的却是司马迁一生和实际生活都在连系着,他虽然在二十八岁(公元前一〇八年)以后,就“紬史记石室金匮之书”,而且有着“百年之间,天下遗文古事,靡不毕集太史公”的方便,可是他以生命力的活跃和进取,并没单单关在书斋里做书呆子。

十岁以前,他曾经杂在牧童和农人的中间,这已经是接近民间实际人生的初步了。

九岁这一年(公元前一二六),那个有名的江湖好汉郭解全家被朝廷杀了,在被杀以前,郭解曾把自己的外祖家安置在夏阳。夏阳在现在山西、陕西交界的韩城,也就是司马迁的故里。司马迁后来在《史记》中说到郭解的身材短小,面貌平凡,应该就是这一次见到的。从这里,我们可以推知司马迁在九岁时还没离开家乡,他应该是时常和一些野孩子一道玩儿的罢;我们可以想象到他一定锻炼得一副好体格。

他自己说:"十岁诵古文。"恐怕就是十岁到了京师的。这一年孔藏是掌宗庙礼仪的太常,他的同宗弟弟孔安国当侍中,假若说司马迁跟着孔安国学过古文《尚书》,便正是这时候。

在司马迁的少年时代,正是国家最热闹的时代。卫青为大将军,出塞大征匈奴,带了十几万人,所卤获的是右贤王裨将五十馀人,众男女万五千馀人,牲口数十百万,这一年(公元前一二四年),司马迁十二岁。过了三年,张骞奉命通西域。

在司马迁十六岁的时候,汉武帝开始立乐府,由大文学家司马相如作词,由大音乐家李延年制谱,并领导演奏。

在司马迁十七岁这一年,李广自杀了。对匈奴的征伐,自此也告了一个段落。因为李广是郎中令,虽然屡次出征,但由于职务的关系,也时常在京师。司马迁的父亲既也在朝廷作官,他们一定有不少的往还。所以司马迁对于长辈的李广是有着很深的印象的。他说那才气纵横的李广却很和气,像一个乡下老,这应该也是亲眼目睹的。

次年老诗人司马相如也死了。

司马迁何幸而生在汉武帝的大时代,又何幸而住在当时政治、军事、文化中心的长安!他的少年时代,已经过得不寂寞了。

二　东南和中原的大旅行

二十岁开始了他的壮游。

他为什么去的,是父亲的指示呢?还是由于"父与子"的冲突而赌气出走呢？我们不晓得。他怎么去的，是一个像陶潜所谓“少时壮且厉，抚剑独行游”么？还是陪奉了什么人？我们也茫然。

我们只知道这次大规模的旅行，是先到了江淮，这就是江苏和安徽的北部。他恐怕早是对于历史有着兴趣，而且有着一种实证的习惯的罢，所以他到了淮阴，就打听了韩信贫困的故事：韩信的母亲死了，埋的钱都没有，可是选了个很高的茔地，让旁边可以住一万多人家。司马迁便亲自到韩信坟上去看了看，果然一点儿也不错！

从江淮又南上江西的庐山，“观禹疏九江”(《河渠书》)；又到了浙江绍兴县南的会稽山，据说禹在这儿曾大会诸侯，计算他们的贡赋，所以叫会稽，会稽就是会计呢。禹大会诸侯以后，便崩了，于是即葬在此地。山上有一个洞，传说禹曾经进去过，因而叫禹穴。司马迁便也上去探察了一番。禹的后代越王勾践，也是在会稽卧薪尝胆而复了仇的。这故事也一定在当地传播着，后来采入《史记》了。

既看了禹所葬的地方，舜葬的地方也不能不看。他就又由浙江到了湖南的南部宁远县境，这里有九疑山，传说就是舜的最后归宿。

九疑山是在湘水的上游，司马迁又顺流北下，到了长沙。屈原的《离骚》、《天问》、《招魂》、《哀郢》，贾谊的《吊屈原赋》和《鹏鸟赋》，司马迁是早已很感动地读过的了，这时他就亲自去看了看屈原投水的汨罗江；他于是哭了，从心里悼念着那个志洁行廉，因方正而不见容的大诗人！同时长沙是一个卑湿之地，也是那只有三十三岁的天才政论家贾谊所不得意之所，司马迁为了贾谊之吊屈原，更增加了对屈原的悼惜，但也为贾谊之聊以自广的《鹏鸟赋》，又在无可奈何中似乎解脱了！司马迁是太敏感，太有感受性，太偏于抒情的了，所以对任何人同情着，何况是屈原和贾生？更何况是正在他二十岁的多情的青春时代？

楚文化的遗泽，他既尽量的呼吸着，于是再北上，大概先到了姑苏和五湖，凭吊了吴王阖闾和夫差的旧地，就到了儒家的根据地齐鲁。他大概在齐鲁盘桓的时候最长，一方面深深地体会孔子的教化之遗风，所以他说：

> 陈涉之王也，而鲁诸儒持孔氏之礼器，往归陈王，于是孔甲为陈涉博士，卒与涉俱死。陈涉起匹夫，驱瓦合适戍，旬月以王楚，不满半岁，竟灭亡。其事至微浅，然而缙绅先生之徒，负孔子礼器，往委质为臣者何也？以秦焚其业，积怨而发愤于陈王也。及高皇帝诛项籍，举兵围鲁，鲁中诸儒尚讲诵，习礼乐，弦歌之音不绝，岂非圣人之遗化，好礼乐之国哉？故孔子在陈，曰："归与！归与！吾党之小子狂简，斐然成章，不知所以裁之。"夫齐鲁之间，于文学，自古以来，其天性也。——《儒林列传》

另方面则实习孔子的事业，在邹鲁间学乡射之礼，并对孔子的人格深深地崇敬着，向往着：

> 余读孔氏书，想见其为人，适鲁，观仲尼庙堂车服礼器，诸生以时习礼其家，余祗回留之，不能去云。——《孔子世家赞》

因为"讲业齐鲁之都"，于是司马迁在深味邹鲁的儒风之馀，观察兼及于齐。不过他对于齐的整个印象之获得，却还是以后扈从封禅时的事。

经过齐鲁之游以后，司马迁却也像孔子的遭遇——菜色陈

蔡——一样,困厄于鄱、薛、彭城。这都是山东南部和江苏北部之地。薛在滕县西南,是孟尝君被封的所在,后来司马迁说:

> 吾尝过薛,其俗闾里率多暴桀子弟,与邹、鲁殊;问其故,曰:"孟尝君招致天下任侠奸人入薛中,盖六万馀家矣!"世之传孟尝君好客自喜,名不虚矣。——《孟尝君列传赞》

那印象就应该是这一次获得的吧。彭城则是现在惯称的徐州,丰沛在其北,邳县在其东,汉初的要人大半生长于此。例如汉高祖是沛丰邑中阳里人,萧何是沛丰人,曹参是沛人,周勃是沛人,卢绾是高祖同里,樊哙是沛人,夏侯婴(即滕公)是沛人,周昌是沛人,周緤是沛人;张良虽不是这一带的人,但早年是在下邳亡匿;而遇见圯上老人的;项羽虽和汉高祖对立,但他的籍贯是下相(现在江苏北部宿迁县西),他那西楚大帝国的都城也仍在彭城(徐州)。项羽势力最大的时候,是表现在和汉高祖的彭城大战(公元前二〇五)的时候,高祖以五十六万大军为项羽三万精兵所败,赶得汉兵有十馀万人挤到睢水里,睢水为之不流,当时许多新立的诸侯都再度归楚而叛汉了。这有名的古战场便也在徐州及其东南。

司马迁到了这个汉初史迹的宝库来,岂能轻易放过?那许多要人之微贱时的生活,便一定是这时采访所得。所以他说:

> 吾适丰沛,问其遗老,观故萧、曹、樊哙、滕公之家,及其素,异哉所闻!方其鼓刀屠狗卖缯之时,岂自知附骥之尾,垂名汉廷,德流子孙哉?——《樊郦滕灌列传赞》

樊哙本来是屠狗的，后来因为军功，封为舞阳侯，他是一员猛将；灌婴是卖缯的，因军功封为颍阴侯，更是勇敢善战的急先锋。其他如萧何、曹参、周勃后来都做到相国，而前二人为当地的狱吏，后一人则为当地治丧时的吹鼓手；周昌也是当地的小吏，后来却是御史大夫；夏侯婴本来是和高祖戏耍的伴侣，有一次并且把高祖打伤了，后来却封为汝阴侯；卢绾则和高祖同日生，因为是同里，两家又原有情谊，乡下人便同时持羊酒去贺过他们两家，到他俩长大了，交情也十分好，乡下人便又拿羊酒来再去贺他们两家，后来卢绾便是燕王。这些故事，假若不实地去打听，也如何能得到？

至于像汉高祖之好酒色，对廷吏无不狎侮，又喜大言，吕公迁沛的时候，客人出不到一千贺钱的，就坐在堂下，高祖却诈言贺钱一万，其实不名一文，以及高祖服役咸阳时，别人都出三钱，萧何却出五钱，所以后来以萧何为第一功，封赏是最厚；把一个流氓集团的面貌画得这样生龙活现，更是司马迁之得力于实地访求处了。

司马迁困厄于徐州附近以后，又到过河南一带。照现在的地理讲，司马迁是顺了陇海路，由徐州到了开封的。开封是战国时魏的京城大梁。魏的整部历史，立刻又浮现在司马迁的脑海中了。梁的最后一幕，却便是当地人告诉给他的：

> 吾适故大梁之墟，墟中人曰："秦之破梁，引河沟而灌大梁，三月城坏，王请降，遂灭魏。"——《魏世家赞》

魏之亡和信陵君之毁废病酒是有关的，信陵君本为司马迁所崇拜，所以司马迁到了大梁，就又搜寻信陵的故事。信陵的故事中最精彩的乃是执辔迎夷门监者侯嬴。所以司马迁说：

> 吾过大梁之墟，求问其所谓夷门，夷门者城之东门也。天下诸公子，亦有喜士者矣，然信陵君之接岩穴隐者，不耻下交，有以也；名冠诸侯，不虚耳；高祖每过之，而令民奉祠不绝也。——《信陵君列传》

开封以东，到徐州一带，是战国末年楚地。司马迁在《春申君列传赞》上说：

> 吾适楚，观春申君故城宫室，盛矣哉！

那时楚已迁陈(现在河南的东部淮阳)，后来再迁寿春(现在安徽北部寿县)，春申君的故城宫室便应该在淮阳一带，大概是司马迁在到开封时所路过的。吊古之馀，司马迁又同时留心了这一带的水利。

当司马迁到了大梁以后，当又西行。他所谓："余登箕山，其上盖有许由冢云。"箕山在现在河南洛阳以东登封县境，大概就也是这一次壮游所到的，但却已是壮游的尾声了。

这一次的大旅行，我们不敢说他已经存心作《史记》，然而无疑的他的历史兴趣发达得极早，也就是这种兴趣，鼓舞他漫游天下了。说是历史兴趣，或者还不十分确切，更正当地说，乃是他那少年时所蓄蕴的生命力，乃是他那像含苞而要怒放的才华，乃是他那青春的活力之燃烧，才迫使他的足迹放纵于天南地北吧！可是结果让他宛然像一个伟大的观客一样，在各种实地布景中，畅快地欣赏着历史上的悲喜剧了；却又让他仿佛身居为一个好导演似的，在摄制着各地的风光，准备着自己也在指挥历史剧的舞台了！他是“历史剧”的观客，却也是“历史剧本”的舞台长！

此行结束后没有好久，时时长征的机会却又跟着来了。

三　仕宦生活的开始——空峒扈驾和奉使蜀滇

原来他在二十壮游以后，就开始了仕宦生活，当了郎中。郎中是一种近侍的贵官，属于郎中令，平常并无一定的工作，但有事时则奉命出使，或者扈驾巡行，相当于现在侍从室一类的职务。

在汉朝仕为郎中的，大概有两种来源，一是假若他父亲官在二千石的，则可以把儿子选送了去；二是自从元朔五年（公元前一二四，司马迁十二岁时），公孙弘出了一个主意，十八岁以上的优秀青年，可以补博士弟子员。名额是五十，每年有一度考试，那博士弟子员成绩好的，就可以为郎中。司马迁的父亲是太史令，在官阶上只是六百石，当然不能选送司马迁为郎中。所以司马迁之为郎中，应该是先经过博士弟子员，又考试得好，才得到的。

有人以为元朔五年公孙弘有那样的建议，遂推测那一年司马迁即仕为郎中了，并认为司马迁在十九岁补的博士弟子。其实所谓十八岁以上，未必就是限于十九岁；元朔五年有那样的建议，也未必就是限于元朔五年只选一次，其实却是应该自此以后年年有补充的。既有选为郎中者，就有来补博士弟子的了。

假若照我的考证，则元朔五年（公元前一二四），司马迁才十二岁。当是又过了十年，司马迁已经二十二岁，这时是元鼎三年（公元前一一四），司马迁或者才作了郎中的吧。他的壮游究竟占了几年,我们不能确知,但为时未必很长,因为那时的交通虽困难,但决不如想象中之甚,汉武帝每次封禅,常常走半个中国,可是也不过几个月。不要说汉朝,就是孔子时的季札(距司马迁约有四百多年),他历聘各国,到了郑,到了鲁,到了齐,到了晋,也不过一年呢。

所以我推测司马迁壮游时所占的时光,也不过三四年。二十二岁时已为郎中是可能的。

元鼎五年(公元前一一二),他二十四岁了。汉武曾经幸雍,雍是秦德公卜居(公元前六七七)之所,就是现在长安以西扶风的地方。汉武帝在这里祭五畤,五畤即青、黄、赤、白、黑五帝之祭地。汉武帝从此又西行,越过了陇山,到了甘肃的平凉以西,登过了空峒,据说这是黄帝所登过之处,更西行,到了祖厉河岸;大概是现在的会宁一带,才转回来。再过去,便是现在的兰州了。司马迁无疑是曾扈驾,也到过了这些地方的。他说:“余尝西至空峒。”(《五帝本纪赞》)也只有这一次的机会最相符合。到了空峒,便将黄帝的传说又温习着了。

空峒之行刚毕,在次年(元鼎六年,司马迁二十五岁),他又有奉使巴、蜀、滇中之事。这是关系汉朝经营西南夷的一件大事。这经营开始于元光五年(公元前一三〇),那时司马迁才六岁。由唐蒙带兵千人,从巴(现在重庆一带)、蜀(现在成都一带)、筰关(现在四川西南汉源县)分道入夜郎国(它的中心是在现在贵州北部桐梓),夜郎附近小邑因而归汉,汉遂建了犍为郡,这就是现在的四川宜宾。宜宾又称僰人道,因为这是僰人所居,僰是现在所谓摆夷。当时为经营西南,曾动员了数万巴蜀之地的人民,预备从宜宾修路,直达贵州的北盘江(这江当时叫作牂柯)。人民有逃亡的,每加以军法从事。因此骚扰得不堪,渐渐便有酿成民变的可能了。于是汉武帝遂派了司马相如去晓谕他们，推说只是唐蒙等的私意而已，朝廷本无心于此，这样才把他们安下了。同时邛（即邛都国，在现在西康的西昌东南）、筰（汉源）、冉駹（现在四川的茂县，在成都西北）等地的君长也都请求内附，因而西夷和南夷一样的归顺了。这事在司马迁奉使前的十九年。

司马迁的奉使，却比他的前辈走得更远了一些，不但到了巴蜀以南，邛筰（西昌一带）之地，而且到了昆明。这一年设了五郡。即武都（甘肃东南角武都到陕西西南角宁羌一带）、牂柯（自贵州北部遵义到中部平越一带）、越巂（西康西昌一带，所谓邛都）、沈黎（四川汉源一带，所谓筰都）、文山（包括云南南部开化一带）是。到了司马迁这一次奉使，西南的经营才算是更具体化，真正告了一个段落。

司马迁这一次的收获，除在国家方面不言外，在文学上乃是《西南夷列传》那篇很有韵致的地理文之产生。后来柳宗元的《游黄溪记》和《袁家渴记》就都是模拟这篇《西南夷列传》的。

司马迁的二十壮游是偏于东南及中原地带，但他当了郎中以后，那二十四岁的扈驾西行，和这次二十五岁的奉使川滇，就把西陲和西南也补充了，于是几乎全中国的巡礼便完成了。

四　封禅与北地之游——“无限”之象征

司马迁奉使巴、蜀、滇中的第二年是元封元年（公元前一一〇），汉武帝举行了大规模的封禅。在封禅之前，那招展了千馀里的旌旗，十八万的骑兵，却先越过了长城，到了五原、归绥，把匈奴威胁了一番（因为封禅先要罢兵），遂又到了陕西的中部县，去祭过黄帝(因为那儿相传有黄帝葬于桥山的坟墓)。从此就折回陕西淳化县的西北甘泉,甘泉有泰畤,祭的是泰乙。当时历法以十月为岁首,这事便在元封元年的十月。

到了这年的春天正月,这大队人马才又东下,去正式封禅。就在到了洛阳的时候,原是跟随着的司马谈却病倒了,这时司马迁正从西南奉使归来,在洛阳见到了他的父亲。

司马迁这一年二十六岁,在父亲的弥留之际,接受了做第二个孔子,并著第二部《春秋》的遗命。那为一般人所盼望了三十年的封禅大典,并为司马谈本人所参加设计过的封禅大典,可惜只能看了一个序幕,就饮恨而终了。

司马迁是什么时候追上了大队,是否赶得上缑氏和嵩山的祭祀,我们不晓得,但是因为职务的关系,终于扈驾东行,到了海上。这一年的四月,又随从汉武帝从海上到了泰山,参加了封禅。所以他的《封禅书》并非耳食之言,却也是实地的收获:

> 余从巡祭天地诸神名山川而封禅焉;入寿宫,侍祠神语,究观方士祠官之意,于是退而论次,自古以来用事于鬼神者,具见其表里,后有君子,得以览焉。

所谓寿宫是奉神之宫,早在元狩五年(公元前一一八),那时司马迁才十八岁,寿宫中就已经有神君下降,借巫为主人,不过说些普通话,可是为汉武帝所宝贵着了。司马迁为郎中以后,大概时常有参观这种喜剧的机会的。

封禅固然热闹,然而司马迁的父亲之死,一定给司马迁以很大的创痛,所以他在《封禅书》里,一方面是飘忽神逸之笔,一方面却又极尽讽刺笑骂的能事,这也是当然的了。

因为封禅而有了至海上的机会,这使司马迁对于齐才有一种更总括的了解。他说:

> 吾适齐,自泰山属之琅琊,北被于海,膏壤二千里,其民阔达多匿知,其天性也。以太公之圣建国本,桓公之盛修善政,以为诸侯,会盟称伯,不亦宜乎?洋洋哉,固大国之风也。——《齐太公世家赞》

此外《史记》中关于齐人的许多记载,如驺衍、公孙弘以及许多方士如少翁、栾大、公孙卿、丁公、公玉带等,也一定是由于在实地旅行中所得的灵感而着笔的了。

元封元年的五月,那封禅的行列,又由海上而到了现在辽宁的锦县,热河的承德一带,再经过绥远的五原,回到甘泉。他们这一万八千里的旅行,于是结束。司马迁这次北边之行,是记载在《蒙恬列传赞》里:

> 吾适北边,自直道归,行观蒙恬所为秦筑长城亭障,堑山堙谷,通直道,固轻百姓力矣!

直道就是五原到云阳(现在陕西淳化县西北,亦即甘泉)的直通之道,所以恰恰是这一次的纪行呢。司马迁从前游了东南和中原,游了西陲和川滇,所遗憾的就是缺海上的景色和塞外风光了,这一次北地之游便又给弥补起来。

他到了任何地方,都访问长老,并都缅怀着中国的往古先烈。

所以他又说:“至长老皆往返称黄帝、尧、舜之处,风教固殊焉。”精神的遗泽,在他是深深地感印着了。

司马迁的旅行,其意义也许不只是在表面上而止。以天才纵横的司马迁的精神论,本是有囊括宇宙,气吞山河的魄力的,因为它无从放置了,所以奔溢而出,迫使他各处纵游。司马迁的精神是浪漫的,浪漫的意义——最重要的——之一就是“无限”,这遨游也无非是那“无限”之象征而已。

这一年桑弘羊的平准政策成功了,由国家统制货物,贵即卖之,贱则买之,因此十分富足,汉武帝各处巡狩,并赏赐,就是取给于此。司马迁也正叨了时代的光!不过后来平准的流弊丛生,司马迁也亲见之,那也就是他作《平准书》的来由了。

五　负薪塞河

旅行也许是司马迁的命运了,封禅的第二年,元封二年(公元前一〇九),他二十七岁了,又有扈驾负薪塞河之役。

原来这一年的春天,汉武帝又到了缑氏城(现在河南的偃师县南),更东行,到了山东半岛胶东,四月的时候,又去祭了泰山。因为这一年天旱,收成不好,而黄河在瓠子决口,人民的生活是更苦了。于是汉武帝乃率领百官去塞河。

瓠子在现在河北南端濮阳县南。当时汉武帝一面让百官都带了薪柴,加上竹片插起来,把石和土填在里边,去防塞,另方面却又给河水两条通路,使其宣泄。又是宣,又是防,所以在这里盖了一个宫,称为宣房(同防)宫。汉武帝更亲自祭河,把白马玉璧投在水里。这样还怕不成功，于是作有《瓠子之歌》。那词是：

瓠子决兮将奈何？皓皓旴旴兮闾殚为河；
殚为河兮地不得宁，功无已时兮吾山平。
吾山平兮巨野溢，鱼沸郁兮迫冬日；
延道弛兮离常流，蛟龙骋兮方远游。
归旧川兮神哉沛，不封禅兮安知外？
为我谓河伯兮何不仁，泛滥不止兮愁吾人！
啮桑浮兮淮泗满，久不反兮水维缓！

另有一首是：

河汤汤兮激潺湲，北渡迂兮浚流难；
搴长茭兮沈美玉，河伯许兮薪不属。
薪不属兮卫人罪，烧萧条兮噫乎何以御水？
颓林竹兮揵石菑，宣房塞兮万福来！

但却幸而用数万人之力把河塞好了，河南、皖北、苏北一带的水灾也消了。司马迁在这一次又是参加了的，他的《河渠书》就是因为实际的感印，以及有感于《瓠子之歌》而写下的。

六　父职的继续——司马迁之活跃与积极

在司马谈死的时候，就已经告诉过司马迁：“余先周室之太史也……汝复为太史,则续吾祖矣。……余死,汝必为太史,为太史,无忘吾所欲论著矣。”

这事,在元封三年(公元前一〇八),也就是司马迁参加塞河的第二年,果然实现了,他已经二十八岁。大概司马迁的文才早为汉武帝所赏识,并早已表示过要他继续做太史令了,所以司马谈才晓得他儿子“必为太史”。

为什么在父亲死后的第三年才为太史呢?这是因为父死有三年之丧的缘故。却只因为他身为郎中,所以虽在守制之期,也还扈驾封禅并塞河。

司马迁为太史令的这一年,正是少年英俊,富有活力的时代,当时汉武帝已经四十九岁了,但也正在英雄事业的盛期。在司马迁初为郎中时,汉武帝约四十三岁。君臣的相遇,到这时不觉已经六年了。

天才怒发的司马迁当了太史令,立刻表现出了躁进和不知人世艰辛的模样。太史令自然是一个亲贵的位置,于是劝他的朋友们也都借此登上政治舞台。所以当时有劝他的朋友挚峻的一封信:

> 迁闻君子所贵乎道者三:太上立德,其次立言,其次立功。伏维伯陵(挚峻的字)材能绝人,高尚其志,以善厥身,冰清玉洁,不以细行荷累其名,固已贵矣;然未尽太上之所由也!愿先生少致意焉。

这是劝挚峻也出来立功的意思。那挚峻却比较世故得多,却宁欲当阡山的隐士而不肯出来。那答书是:

峻闻古之君子，料能而行，度德而出，故悔吝去于身。利不可以虚受，名不可以苟得。汉兴以来，帝王之道，于斯始显，能者见利，不肖者自辱，亦其时也。《周易》“大君有命，小人勿用”，徒欲偃仰从容，以游馀齿耳。

这样韬光隐晦却也是司马迁所做不来的，他乃是很得意地“绝宾客之知，忘室家之业，日夜思竭其不肖之材力，务一心营职，以求亲媚于主上”(《报任安书》)，而“出入周卫之中”了。

司马迁作太史令的这一年，不唯是他自己得意之时，国威也在蒸蒸日上着。这时不惟距匈奴战争告一段落已有十二年，距南越（两广）之平已有四年，距东越（福建之地）之平已有三年，而且这一年又把朝鲜定了，西域的经营则自酒泉（甘肃西部）以至玉门，都设有亭障，更因为和西域交通的结果，杂戏（角抵、鱼龙、漫衍之属）也开始出现，凡此一切，都在说明那时代的活跃和盛大。司马迁正是大时代的骄儿！

作了太史令以后的司马迁，他的生活当然是日以“䌷史记石室金匮之书”为事，“百年之间，天下遗文古事，靡不毕集太史公”，他的精神生活，不用说，是较以往更丰富了。

可是他除了游泳于这些文化遗产之中以外，随从巡幸之事，却还是不能免。例如他在二十九岁的时候，就又扈从封禅，这次的路线，是先到了雍（长安以西扶风之地），祭五畤，又通回中道，出了萧关（在现在甘肃的东北部），绕了一个大圈子，经过独鹿鸣泽（现在察哈尔的涿鹿），到了山西北部的恒山，才转回来。到了这时，司马迁是可以骄傲地说：“余尝西至空峒，北过涿鹿，东渐于海，南浮江淮矣！”(《五帝本纪赞》)的确，一个不满三十岁的人，已经把全国都游遍了,原是值得骄傲的!

司马迁三十岁时,汉武帝又有南巡之事。先是到了南郡(现在湖北一带),又到了九疑山(湖南南部的宁远县境),因为传虞舜葬于此,所以即在这儿祭过了虞舜,又到了灊天柱山(即现在安徽东南部的霍山,当时号称南岳),自此到了浔阳(现在九江),这时大队伍是改为水路了,《汉书》上称"舳舻千里",声势之大是可以想见的。汉武帝并且在江中发现了一只蛟,便亲自把它射获了,这时汉武帝已经五十一岁,体魄却还证明十分健旺。从浔阳,舟行到了枞阳(现在安徽桐城东南)。当时作有《盛唐枞阳之歌》,盛唐就是现在安徽怀宁之地。中间所游的是庐山和彭蠡(就是鄱阳湖)。南巡完了,汉武帝便又北上,到了琅琊和海上,更到了泰山增封。司马迁自然又跟着走了一大遭。

盛之始,却也就是衰之渐。这时汉朝的许多名臣大将多半物故了,卫青即死于这一年,张骞则死了八年,张汤死了十年,霍去病死了十二年,李广是死了十四年,于是汉武帝下诏求人才:"盖有非常之功,必待非常之人,故马或奔踶而至千里,士或有负俗之累而立功名,夫泛驾之马,跅弛之士,亦在御之而已。其令州郡,察民有茂材异等,可为将相,及使绝国者!"像一幕戏似的,汉武帝的事业是快到了尾声了,是快成为历史家的对象了。——但表面上却未必有人觉得!

七　太初历的订定和著述

司马迁三十一岁这一年,在他个人没有什么大事。汉武帝却又巡幸回中，即甘肃的固原。也到过河东，到河东是为的祭后土，后土祠在汾阴（现在山西西南部荣河的地方），不用说司马迁也是奉陪了的。这一年，为要澈底消灭匈奴，便和乌孙（在现在新疆西界伊犁河流域）连络，以江都王的女儿细君冒充公主，去下嫁乌孙。这时通西域的使者已到过安息（在现在伊拉克、伊朗一带），安息便也曾把大秦（即罗马帝国）的魔术师献送给中国。往时有许多外国人到中国来，他们也随了汉武帝巡行，汉武帝往常赏赐很厚，是炫耀，却也是示威。（汉武帝是天真而又可笑的！）又因为得到乌孙的好马，称为天马，天马好吃苜蓿，于是宫观之旁，也便种了无数苜蓿。异国情调是越来越浓了！司马迁呼吸于这种浪漫的空气之中，你能怪他成为一个浪漫的大抒情诗人么?

太初元年（公元前一〇四），司马迁三十二岁，却有两件不朽的事业，一是完成了，一是开始着，都表现在这一年了。

完成了的一件大事业是太初历。在这一年以前的历法，都是认冬天十月为岁首的，有点像现在的阳历。到了这年的夏五月，改订历法，以春正月为岁首，遂奠定了现在阴历的基础，支配了中国人的时间观念在两千年以上。这种历法，又不止只是争一个正月为岁首而已，晦朔弦望也都因经过这一次改订而十分确切了。更重要的是，照汉人五行学说推起来，汉德有三说：汉高祖自认是赤帝子，色尚赤，所以以十月为岁首。后来张苍主张汉应该是水德，色当尚黑，也以十月为岁首。只有鲁人公孙臣却主张汉应该是土德，色尚黄。但后一说当时为张苍的学说压倒，未见采用。不料在公孙臣说过那话的第三年，即文帝十五年（公元前一六五），在成纪（现在甘肃天水）却出现了一条黄龙，于是公孙臣的话的重要性便立时增加了。自此以后，大家便都盼望着依照土德而改服易制。

可是这事一直搁置了六十几年，中间被那会望气的新桓平之欺诈而使文帝打消了兴致，以后景帝也没有动作，武帝初年又为爱好黄老的窦太后所阻梗，最后到了这次改正历法的时候，才把服色正式规定了。紧跟着“色尚黄”之后，乃是：“数用五，定官名，协音律。”（《汉书武帝本纪》）原来历法的改订，乃是国家政治制度的一个大整理。这种大改革，参加的人有三四十位，其中如公孙卿、兒宽、壶遂、唐都、洛下闳等，更是有名的专家。这些人有的是司马迁的晚辈，有的是司马迁的父执。不过主动的，应该认为还是司马迁，所以他曾说：“余与壶遂定律历。”（《韩长孺列传赞》）司马迁本是要学孔子的，孔子有“行夏之时”（《卫灵公》十一）之语，《史记》中也有“孔子正夏时，学者多传《夏小正》”之文，这次就由司马迁之手而实现了孔子的理想了；司马迁本是世传的历史家，古代历史家即兼管星历，他这一次大功劳，也正是他父亲那“上世典天官事，复为太史，则续吾祖”的一种九泉下的安慰。太初历对后来的影响之大，不下于《史记》，在汉代的重要，那就更不必说了。《史记》中《天官书》及《历书》之作，是有他的实际根据和价值的。

至于他那正在开始着的一件大事，不用说，就是那不朽的著述——《史记》了。国家的政法既然更新，在司马迁看来，就仿佛开一个新纪元似的了，所以他的《史记》也“于焉着笔”。这时正是他年富力强的时候——三十二岁，所以那文字中精力弥漫，生气盎然，矫健之中带有浓烈的感情。《史记》起初叫《太史公书》，共百三十篇，五十二万六千五百字，自此一直到他四十五岁，费了十四年的功夫才写成。假若加上他旅行及细读史料的开始时代，恐怕前后不下二十年！

司马迁开始写《史记》的这一年，汉武帝仍然巡幸。在改历之前，汉武帝又到了泰山和海上。在改历之后，秋天的八月，则到了安定（现在甘肃固原县）。这一年，开始征大宛（苏俄属的中亚细亚之地），因为大宛的贰师城有好马，遂称去征伐的将军李广利为贰师将军，预备一到那儿就把马取了来。那知道李广利来往两年，回到敦煌（甘肃西界），去的数万人不过只剩了十分之一二了，于是李广利请求罢兵。汉武帝听了大怒，打发人在玉门把败兵截住，说："敢回来的就斩！"因此李广利吓得留在敦煌，不敢回来。汉武帝觉得大宛是一个小国，小国还攻不下，岂不为人耻笑，于是又发了六万人，十万只牛，三万多匹马，骆驼驴骡也以万计；更因为大宛城内无水，他们吃水是到城外的井里取，于是加派了水工，去把水汲干，好让城内没得水吃。再为万全起见，加发了十八万人，保卫酒泉（甘肃西部），同时也是后备军。伐大宛，目的是为得马，于是随着大军，又派了两位善于选马的人，预备一攻下大宛城，就取马。因此李广利再整队西征。这事一直到太初四年（公元前一〇一），才告结束，好马得了数十匹，中等马得了三千多匹，大宛王由汉兵立了一位对中国一向情感好的昧蔡，李广利凯旋回到长安。为了几千匹马，就那样小题大作，这就是那一个时代之富有传奇性和诱惑性的地方。（威风而有趣的《大宛列传》就是在这种氛围中产生的！）同时，西域的建设，却因此更巩固并更扩大了，元封三年（公元前一〇八）时，亭障不过设到玉门（甘肃西部之中心），现在隔了八年，就又从敦煌设亭障至于盐泽（现在新疆的罗布诺尔）了。到这时，司马迁年三十五！这其间，汉武帝曾经幸河东（公元前一〇二），本年也到过回中。汉武帝的车辇是没有一年休息过，司马迁的游踪也就没有一年中断过！

这时却有一桩可注意的事，这就是汉高祖所封的一百四十多位为侯的功臣,到了太初三年(公元前一〇二),因为子孙犯法,就只剩了四个人了。这表示法律的网子是越来越密,这密网不久也就套在司马迁身上了!——那便是有名的李陵案。

司马迁的体验本已经够丰富了,但却还另有这一页,使其更充实,更沈痛,也更辉煌!

第五章　司马迁之体验与创作(中)

——必然的悲剧

一　司马迁的性格之本质

李陵案的悲剧是必然发生的。首先是由于司马迁的性格。我们试想想看吧,假定司马迁没受过儒家的薰陶,十岁时不曾去学孔安国的古文《尚书》,二十岁前也不曾去接触董仲舒的公羊派《春秋》,壮游时也不曾到齐鲁去练习乡射,后来也不曾到大行礼官去看三代损益的"礼",甚而根本没有一个让他"祗回留之,不能去云"的孔子,就是有,他根本也不曾晓得,那末,他将是一个什么人物呢?我想,他恐怕是一个再放诞也没有的人物,像庄周;他恐怕是一个再多情也没有的人物,像屈原;他恐怕是一个再任性也没有的人物,可以超过陶潜了。

不过,事实上,他笼罩于孔子的精神之下了,他的横溢的天才,已经像泛滥的河流一样,终于入了一个峻峭的岩壁中了!

虽然如此,他的本来面目还是时隐时现的。孔子的精神是理性的——纵然根底上也不尽然;但司马迁终于是情感的。孔子的趣味,表现而为雅,这是古典的;但司马迁的趣味,表现出来,却是奇,这却是浪漫的了。

他的情感极浓烈，平常就有一种说不出的极苦闷、极寂寞的郁结的烦恼在；德文所谓 Leidenschaft，最足以表现他这种心情。

他这种情感，又不止是愤懑的、破坏的而已，却同时是极为积极，极为同情，对一切美丽的，则有着极度的热爱，而不能平淡。他对于孔子吧，称为“至圣”，称“心乡往之”，称“想见其为人”，称“祗回留之，不能去云”；对于屈原吧，称“能无怨乎”？称“盖自怨生也”，称“悲其志”，称“未尝不垂涕”；就是对于季札，也称“何其闳览博物君子”；对于韩非，也称“余独悲韩子，为《说难》，而不能自脱”；对于苏秦，竟也说“毋令独被恶声”；对于游侠，更说“自秦以前，湮灭不见，余甚恨之”，“余悲世俗不察其意，令与暴豪之徒同类，而共笑之”；没有一个地方没有同情，没有一个地方没有深挚的怀念！至于他废书而叹的时候，更非常多，他读到《孟子》“何以利吾国”，废书而叹；他读乐毅《报燕王书》，废书而叹；他读到功令，广厉学官之路，也废书而叹；他读《虞书》，“至于君臣相敕，维是几安，而股肱不良，万事堕坏”（《乐书》），又未尝不垂涕——他的情感像准备爆发着的火山一样，时时会喷放出来！

他之作《史记》，也决不像一个普通平静的学者似的，可以无动于中而下笔者，看他的《自序》，“嘉伯之让，作《吴世家》”；“嘉父之谋，作《齐太公世家》”；“末世争利，维彼奔义，让国饿死，天下称之，作《伯夷列传》”；“李耳无为自化，清净自正，韩非揣事情，循势理，作《老子韩非列传》”；“天下患衡秦无厌，而苏子能存诸侯，约从以抑贪强，作《苏秦列传》”；“六国既从亲，而张仪能明其说，复散解诸侯，作《张仪列传》”；“能以富贵下贫贱，贤能诎于不肖，唯信陵君为能行之，作《魏公子列传》”；“勇于当敌，仁爱士卒，号令不烦，师徒乡之，作《李将军列传》”；几乎没有一篇不是基于一种感情而去着手了的。

情感者,才是司马迁的本质。他的书是赞叹,是感慨,是苦闷,是情感的宣泄,总之,是抒情的而已!不惟抒自己的情,而且代抒一般人的情。这就是他之伟大处!不了解情感生活的人,不能读司马迁的书!许多责备司马迁的人,可以休矣!

因为司马迁是这样情感的,所以对于李陵的遭遇,不能不大声疾呼。加之,他的诚坦,使他不会说违心之论,使他不能(也不肯)观测上峰的颜色;他的正义感,更使他不能怯懦地有所含蓄或隐藏。所以,李陵案便决不是偶然的了!

二 好奇与爱才

李陵案之必然性,还不止上面所说的而已。

原来司马迁一生最大的特点是好奇——一种浪漫精神之最露骨的表现。

最早提到司马迁好奇的是扬雄。扬雄生于公元前五二年,死于纪元后十八年。他之生,距司马迁之死只有三四十年。他的话是好极了:“多爱不忍,子长也!仲尼多爱,爱义也。子长多爱,爱奇也。”(《法言·君子篇》)多爱不忍,是司马迁的同情之广处,爱奇,尤其是司马迁的浪漫性格之核心。后来唐朝作《史记索隐》的司马贞也说:“其人好奇而词省,故事核而文微。”(《史记索隐后序》)

因为好奇,所以他在二十岁,在现在也不过一个高中学生的学龄,就遍游全国,而且专门“探禹穴”,“窥九嶷”,“浮沅湘”,“厄困鄱、薛、彭城",过一种冒险而浪漫的生涯了。因为好奇,所以他的文字疏疏落落,句子极其参差,风格极其丰富而变化,正像怪特的山川一样,无一处不是奇境,又像诡幻的天气一样,无一时一刻不是兼有和风丽日、狂雨骤飙、雷电和虹!

司马迁爱一切奇,而尤爱人中之奇。人中之奇,就是才。司马迁最爱才。司马迁常称他爱的才为奇士。例如:"武帝立,求贤良,举冯唐,唐时年九十馀,不能复为官;乃以唐子冯遂为郎,遂字王孙,亦奇士,与余善。"(《张释之冯唐列传》)

他对一切有才能的人,不论古今,一律在爱着。古代的是周公、召公,所以他对于李斯的惋惜,就是没做到周召,"人皆以斯极忠而被五刑死,察其本,乃与俗议之异,不然,斯之功,且与周、召列矣。"对于韩信的同情,也是认为他伐功矜能,不能做周、召,"假令韩信学道谦让,不伐己功,不矜其能,则庶几于汉家勋,可以比周、召、太公之徒,后世血食矣。"对于周勃的称赞,也以周公拟之,"及从高祖定天下,在将相位,诸吕欲作乱,勃匡国家难,复之乎正,虽伊尹、周公,何以加哉?"

在近代人中,则萧、曹、陈平之才,都是他推许的。他说:"申屠嘉可谓刚毅守节矣,然无术学,殆与萧、曹、陈平异矣。"(《张丞相列传》)其实这般人在人格上本来未必多末高的,但在才能上,都是不凡的;只要在才能上不凡,就为司马迁所欣赏了——像欣赏一种奇花异草然。这数人中,尤其是陈平,司马迁更倾倒地说:"陈丞相平,少时本好黄帝、老子之术,方其割肉俎上之时,其意固已远矣。倾侧扰攘楚魏之间,卒归高帝,常出奇计,救纷纠之难,振国家之患。及吕后时,事多故矣,然平竟自脱,定宗庙,以荣名终,称贤相,岂不善始善终哉?非知谋,孰能当此者乎!"

司马迁之爱才，是爱到这样的地步，就是在他所痛恨的人物之中，他也仍抑不下对于“才”的品评。以司马迁那样多情的人，当然最恨冷板板的法家，可是他对于韩非仍是极其赞叹着。以司马迁身受酷吏之毒手，对酷吏应该是死敌了，可是他的《酷吏列传》，对酷吏仍按人才的眼光分出了高下：“自郅都、杜周十人者，此皆以酷烈为声。然郅都伉直，引是非，争天下大体；张汤以知阴阳，人主与俱上下，时数辩当否，国家赖其便；赵禹时据法守正，杜周从谀，以少言为重。自张汤死后，网密，多诋严，官事寖以耗废，九卿碌碌奉其官，救过不赡，何暇论绳墨之外乎？然此十人中，其廉者足以为仪表，其污者足以为戒，方略教导，禁奸止邪，一切亦皆彬彬质有其文武焉；虽惨酷，斯称其位矣。至若蜀守冯当暴挫，广汉李贞擅磔人，东郡弥仆锯项，天水骆璧推成，河东褚广妄杀，京兆无忌，冯翊殷周蝮鸷，水衡阎奉扑击卖请，何足数哉！何足数哉！”司马迁不但在这里忘了仇恨和憎恶，评论起他们的人才来了，而且后来在《自序》中竟说：“民背本多巧，奸轨弄法，善人不能化，唯一切严削，为能齐之，作《酷吏列传》。”简直也赞许了他们的生存了！司马迁的心胸又有时这样广！

因为爱才，司马迁常有遗才之叹。《卫将军骠骑列传赞》中引苏建的话，说卫青、霍去病都不敢招选贤者，怕为天子所切齿，这隐约中就是暗示不知埋没了多少人才了。

因为爱才，所以他对于一切自负其才者也都非常同情而有着共鸣：“以项羽之气，而季布以勇显于楚，身屡典军，搴旗者数矣，可谓壮士！然被刑戮，为人奴而不死，何其下也？彼必自负其才，故受辱而不羞，欲有所用其未足也！”

至于司马迁在所爱的才之中，最爱的是哪一种？一般地说，是聪明智慧,是才能,是不平庸,或不安于平庸,或意识到自己不平庸的。但尤其为他所深深地礼赞的,则是一种冲破规律,傲睨万物,而又遭遇不幸,产生悲壮的戏剧性的结果的人物。够上这个资格的,就是项羽和李广。他们的共同点是才气,而且是超特的才气。项羽吧,"长八尺馀,力能扛鼎,才气过人";李广吧,也是"李广才气,天下无双",而且"自负其能"。项羽不肯学书,书足以记姓名而已,不肯学剑,剑一人敌,要学是学万人敌;他不管什么兵法不兵法,他会自己被甲持戟,出来挑战,只要一瞋目叱之,那敌人就"目不敢视,手不敢发",就"人马俱惊,辟易数里";他爱马,爱美人,爱故交,最后自刎而死!这是一个十足的让人快意的英雄!李广也不耐烦那些部伍行阵的束缚,也不愿意理会那些幕府文书的琐事,他之治军,是让人人自便;他有的是胆识,是箭法,是急智,他可以把石当作老虎,箭射到石头里;他可以在四万人的包围中,自己四千骑兵只剩了一半,敌人的矢下如雨,自己已弹尽粮绝,到了黄昏,什么人也吓得面无人色了,但他还意气自如;他的下场却也是自到。又是一个可以让人拿着酒,而叹惋他的遭遇的好汉!这都是和司马迁的精神最相连属的,所以写到他们的文章——《项羽本纪》和《李将军列传》——也便是《史记》中最精彩的、最炫耀人的文章了!

好奇和爱才是一事,因为爱才还是由好奇来的。这是司马迁之浪漫的性格所必至,于是李陵案,也就越发成为不可避免的了!

天地间好像有一个好作弄人的造物者似的,好奇的人往往让他有很奇特的结束。好奇的金圣叹,最后是杀头,他说:"杀头至痛也,籍家至惨也,而圣叹以不意得之,大奇!"于是一笑受刑。这事是在公元一六六一年。好奇的司马迁,却也在金圣叹受刑的前一千七百六十年(公元前九八),有着比金圣叹还料不到的摧折——因李陵案而受了宫刑了！造物者不是太恶作剧了么?

司马迁好奇,遂有那末一个奇而惨的磨难。同时,司马迁爱才,爱奇士,向往李将军,逢巧李陵就也是在司马迁眼光中的奇士——“仆观其为人,自守奇士”,而李陵也就是李广的孙子,也是“善骑射,爱人,谦让下士”的,就是汉武帝也认为“有广之风”,你想,这样一个人有了不白之冤,司马迁能够袖手旁观么?

三　司马迁与友情——司马迁交游考

再说像司马迁这样生来就富有情感的人,他之渴望人情的温暖是当然的。例如从前在卫宣公十八年(公元前七〇二)时,因为宣公娶了前妻之子伋的未婚妇,就想趁伋使齐之便,派人在路上截杀他,后来为后妻之子寿晓得了,寿便劝阻伋之行,说:“界盗见太子白旄,即杀太子,太子可毋行!”可是伋答道:“逆父命求生,不可!”遂行。寿见太子不止,乃盗其白旄,而先驰至界,界盗果然看见白旄了,就把寿杀了。寿死之后,太子伋又来了,告诉刺客说:“所当杀,乃我也。”刺客便把他也一并杀了。这个故事为司马迁读了以后,就说:

> 余读世家言,至于宣公之太子以妇见诛,弟寿争死以相让;此与晋太子申生不敢明骊姬之过同,俱恶伤父之志,然卒死亡,何其悲也！或父子相杀,兄弟相灭,亦独何者！

人伦的感慨,立即充满在司马迁的笔端了。又如李广之口呐少言,悛悛然像乡下人,对士兵则仁爱到"乏绝之处,见水,士卒不尽饮,广不近水,士卒不尽食,广不尝食",而且"宽缓不苛",这又是司马迁在遭遇里所感觉缺少的了,也便为他梦寐以求而赞叹着!

友情!是枯燥冷冽的人生中的甘露,司马迁便更是渴望,而且要求得极为急切!你看他记载管仲、鲍叔的一段是多末动人:

> 管仲曰:"吾始困时,尝与鲍叔贾,分财利多自与,鲍叔不以我为贪,知我贫也;吾尝为鲍叔谋事而更穷困,鲍叔不以我为愚,知时有利不利也;吾尝三仕三见逐于君,鲍叔不以我为不肖,知我不遭时也;吾尝三战三走,鲍叔不以我为怯,知我有老母也;公子纠败,召忽死之,吾幽囚受辱,鲍叔不以我为无耻,知我不羞小节,而耻功名不显于天下也。生我者父母,知我者鲍子也!"

友情到了这个地步,当然也是最难的了,然而不是司马迁酣畅之笔,也何能达之!假如不是他自己也同样幽囚受辱而渴望一个了解他之"不羞小节,而耻功名不显于天下"的知己,又如何能写得这样委宛曲尽?

不过文学的笔墨究竟只是文人的安慰而已,世界上的一般交游,却太可叹了!张耳、陈馀是刎颈交,后来张耳随赵王歇入巨鹿城,被秦将王离所围,希望陈馀来救,陈馀却以兵少不敢前,两人就不能相谅而互怨起来了,最后竟至相攻杀,张耳归汉,陈馀又竟以杀张耳为助汉击楚的条件,一到利害之间,友情的维系竟是这样脆弱！无怪乎司马迁感慨地说：

> 张耳、陈馀，世传所称贤者，其宾客厮役，莫非天下俊杰，所居国，无不取卿相者。然张耳、陈馀始居约时，相然信以死，岂顾问哉？及据国争权，卒相灭亡，何乡者相慕用之诚，后相背之戾也！岂非以利哉[①]？名誉虽高，宾客虽盛，所由殆与太伯、延陵季子异矣！

利害是真正友情的试金石，经得住一试的未免太少了！汉朝的汲黯，是一个难得的直言敢谏之士，有才能，有眼光，并曾为主爵都尉，列于九卿，可是一到无势时，朋友就十分稀少起来。司马迁写道：

> 夫以汲、郑之贤，有势则宾客十倍，无势则否，况众人乎？下邽翟公有言，始翟为廷尉，宾客阗门，及废，门外可设雀罗。翟公复为廷尉，宾客欲往，翟公乃大署其门曰："一死一生，乃知交情；一贱一富，乃知交态；一贵一贱，交情乃见。"汲、郑亦云，悲夫！

朋友的相知既难，聚散又以利，穷人就不该有朋友的份儿了。冯驩提醒孟尝君的话："富贵多士，贫贱寡友，事之固然也！"够多末沈痛！更糟糕的是，一到人失败了，那些从前来依附的人，也便都来投井下石了。主父偃就是这样的例："主父偃方贵幸时，宾客以千

---

① 中华书局本《史记》此句作"岂非以势利交哉"。——编者注

数；及其族死，无一人收者，唯独洨孔车收葬之。天子后闻之，以为孔车长者也。”这最惨，到死的时候，连收葬的人也几乎没有！可是也最足发人深省，就连治主父偃以罪的汉武帝也竟觉得一般人太刻薄了！司马迁说：

> 主父偃当路，诸公皆誉之，及名败身诛，士争言其恶，悲夫！

这和李陵的遭遇：“今举事一不当，而全躯保妻子之臣，随而媒孽其短。”有多末相像！这又和司马迁自己为救李陵下狱，那时“家贫，货赂不足以自赎，交游莫救，左右亲近，不为一言”，情况更多末如出一辙！叙到这种地方，那其中就有司马迁自己的血，司马迁自己的泪了！

在渴求与幻想中，他因而写了刺客和游侠。豫让为智伯变姓名为刑人，肯漆身为厉，吞炭为哑，让妻子都不能认出自己来，也无非是一点“士为知己者死，女为悦己者容”的知己之感而已；这表示什么？不过表明友情太难得，所以一遇到（纵然不十分值得！智伯又究竟高去赵襄子多少？）就已足以牺牲个人的热血和头颅了！聂政只为了严仲子给母亲送了一点礼，夸奖了几句，就卖了死力，把韩累杀了，剜掉自己的眼，剖出自己的肠子，试想他是多末寂寞！刺客都是太寂寞了！其他像侯嬴，像朱亥，像毛遂，像荆轲，像田光，像高渐离……他们也实在太寂寞了，“相乐也，已而相泣”，这是什么滋味？后来一部《水浒传》也无非是写一种寂寞之感而已。你想，平白地一百单八个好汉，还不是都像阮氏兄弟一样，只要把一腔热血卖与识货的（自己认为）么？原因是太寂寞了！司马迁写这些人物，更是由于自己的寂寞，不过来消遣自己，正如施耐庵（假若做《水浒传》的人叫施耐庵）写一百单八人也是来消遣自己而已！至于司马迁之写游侠，更是因为士大夫中有血性有感情的人太少，倒不如这些市井之人，下层社会中，或可有点真味。“今游侠，其行虽不轨于正义，然其言必信，其行必果，已诺必诚，不爱其躯，赴士之厄困，既已存亡死生矣，而不矜其能，羞伐其德，盖亦有足多者焉；且缓急，人之所时有也！”后一句尤其道出了司马迁的心事。友情，友情，士大夫中既然渺茫了，便只能求之于那些寂寞（或者不意识到寂寞，那就更可哀！）的“江湖”中了！

至于在司马迁的当时，究竟交了些什么朋友？这也是值得我们清理一下的。大概见于记载的，是这样：

长一辈的，有唐都、孔安国、董仲舒、苏建、樊佗广、冯遂等。

唐都是方士。司马迁的父亲司马谈即曾学天官于唐都（《自序》）。可是后来司马迁定太初历时（公元前一〇四），唐都却也还健在，并且参加。“夫自汉之为天数者，星则唐都，气则王朔，占岁则魏鲜”（《天官书》），可知唐都必是颇为人称道的一个专家。

孔安国为汉武帝时的博士，官至临淮太守，早卒（《孔子世家》）。他在经学上的地位是很重要的，因为“孔氏有古文《尚书》，而安国以今文读之，因以起（起发以出）其家逸书，得十馀篇，盖《尚书》滋多于是矣”（《儒林列传》）。这是经今古文之争的根源。据王静安先生的考证，孔安国之死，当在元光、元朔间（公元前一三四—前一二三）。司马迁曾从孔安国学古文《尚书》，应该是元朔三年（公元前一二六）的事，那时司马迁十岁（依我的考证），所谓“年十岁则诵古文”，就是这件事。十岁时的老师，当然是一位长辈了。

董仲舒是广川人，广川是现在河北中部冀县附近。他是孝景时的博士,乃是当时一位《春秋》公羊学的权威。他讲学的时候,曾经三年不窥园庭,专心到如此!武帝即位以后,他有著名的《贤良对策》,奠定了大一统思想和养士的政策的基础。《贤良对策》呈献于公元前一四〇,到了公元前一三八,汉武帝就“招选天下文学材智之士,待以不次之位”了;到了公元前一三六,就置了五经博士;到了公元前一三四,就令郡国举孝廉各一人了;这都是他对策之次第实现。所以他不但在学术史上有重要的地位,即在政治史上也有不可磨灭者在。他曾和位至公卿的公孙弘相摩擦,公孙弘死于元狩二年(公元前一二一),廷尉张汤曾常向他请教,张汤为廷尉的最后一年是元狩三年(公元前一二〇);这些事都在董仲舒的晚年,所以董仲舒大约就是在这时候死去的。以元狩三年计,那时司马迁十六岁,他之向董仲舒学《春秋》的大义微言,也一定是在少年。《刺客传》中有一位董生,和秦始皇的侍医夏无且有来往,曾亲自听到荆轲的故事(公元前二二七),《史记》中却说,他和太史公很有交情,这必是另一位董生无疑,即所谓“始公孙季功、董生与夏无且游,为余道之如是”之“余”,亦必非司马迁。假如是司马谈,也必须司马谈活了七十几岁,而在早年听到了七十几岁的董生的话而后可,因为从荆轲之事到司马谈之卒也有一百一十七年。所以那个“余”实不知是何人。

苏建是有名的苏武的父亲。他曾在元朔二年(公元前一二七)跟随大将军卫青出云中(现在绥远的托克托),定朔方(绥远黄河以南之地),封为平陵侯。到了元朔五年(公元前一二四),又随卫青出朔方,大败匈奴,卫青被拜为大将军。第二年,苏建以右将军资格,再随卫青出定襄(归绥以南和林格尔之地),击匈奴。但苏建不幸所率领的一部分军队失败,他自己也仅以身免。还好,汉武帝未加诛,赎为庶人。这时司马迁十三岁。后来苏建又作过代郡太守,代郡是现在山西北部雁门一带。卫青死于元封五年(公元前一〇六),大概苏建的卒年和这相去不远,这时司马迁三十岁了。苏武出使于天汉元年(公元前一〇〇),已经四十多岁(这是由苏武卒于汉宣帝神爵二年,即公元前六〇年,《汉书》上说他"八十馀"推知的),则元封五年时,苏武年三十五六,苏武是苏建中子,其时苏建必已六十以上,所以他死于公元前一〇六左右是可能的。苏建曾告诉司马迁以活的史料,那便是:"吾尝责大将军(卫青)至尊重,而天下之贤大夫毋称焉,愿将军观古名将所招选,择贤者,勉之哉!大将军谢曰:自魏其武安之厚宾客,天子常切齿,彼亲附士大夫,招贤绌不肖者,人主之柄也。人臣奉法遵职而已,何与招士?骠骑(霍去病)亦仿此意。"这史料很可珍贵,因为可从而见出汉武之专权来。

樊佗广则是汉高祖时的功臣樊哙之孙。本来是世袭的舞阳侯,在孝景中元六年(公元前一四四),废为庶人。这时距司马迁之生还有十年,所以他也一定是司马迁的长辈了。他曾告诉过司马迁关于汉之初起时的许多功臣的故事。

冯遂字王孙,是冯唐之子,冯唐曾在文帝时为中郎署长,向文帝陈说过从前廉颇、李牧之贤,借以谏正文帝对边臣应该宽大。是一个敢言的长者。到了武帝初立时,他已经九十多岁,乃以他的儿子冯遂为郎。司马迁说"冯遂亦奇士,与余善"(《张释之冯唐列传》);司马迁从他那儿晓得秦灭赵的原故是因为赵王迁的母亲是倡女,出身不正,所以轻信谗言,杀了良将李牧,因而大局才不可收拾了的(《赵世家》)。

以上六人,或则为司马迁的父执(唐都),或则为司马迁的师辈

(孔安国、董仲舒),或则为司马迁友辈的尊亲(苏建),或则为贵族的后裔(樊佗广、冯遂),他们给司马迁的帮助是大都在学业和史料方面。

比司马迁晚一些的友人则有:壶遂、杨敞、杨恽。

壶遂是司马迁定律历时的同事(公元前一〇四,时司马迁年三十二),司马迁称赞他"深中隐厚",说他不愧是梁中的长者;又说他"官至詹事(掌皇后太子的家事),天子方倚以为汉相,会遂卒;不然,壶遂之内廉行修,斯鞠躬君子也"(《韩长孺列传赞》)。可知是未得施展的一位有操行的政治家。壶遂之死,在司马迁之前,然而称司马迁为夫子(《自序》),请教过司马迁关于《春秋》的道理,以及司马迁著《史记》的来由,似乎是在弟子的行辈。他们这一段问答,似乎就在太初元年,因为下面紧接着有"七年而遭李陵之祸"的话,大概就是在定律历时所谈及的吧。长者不过是一个形容词,壶遂的年事或者根本不高。

杨敞是司马迁的女婿,陕西华阴人。先在霍去病的弟弟霍光的幕府中,霍光在武帝末年为大司马大将军,后来辅佐汉昭帝,助立汉宣帝,是汉朝大功臣之一。杨敞因霍光之故,官做到大司农、御史大夫并丞相,封为安平侯。他是一个谨慎小心而怕事的人,议立宣帝的时候,他吓得直出汗。他死于宣帝元年(公元前七三)。

杨恽则是杨敞之中子。杨恽的母亲,即司马迁的女儿,所以他给司马迁叫外祖。他还有后母,后母却没有儿子。杨恽的性格和他父亲却不同了,极有棱角,恐怕是受外祖的遗传。在宣帝五凤四年(公元前五四)时,杨恽因口祸被腰斩。他是宰相之子,因报知霍光后人的乱谋,封平通侯(公元前六六),那是在他死前十三年。只要他活了四十岁以上,那就是生于太始三年(公元前九四)以前,那时司马迁不过四十二岁,他是可以来得及见他的外祖的。据记载,他爱好外祖的《史记》,也致力于《春秋》,并且因为他的热心,《史记》才为人周知了(《汉书·杨敞列传》及《司马迁列传》)。

以上三人,一个是学生,一个是女婿,一个是外甥,都是晚辈。杨敞和司马迁的关涉不见记载,但一定是来往颇密的,否则《史记》的副本不会在他家。其他二人,则大多传受司马迁的史学,而杨恽在文学上尤受着司马迁很深的影响,这都是可以随着司马迁而永远在人记忆中的了。

现在说到司马迁的平辈朋友了,这是:贾嘉、东方朔、挚峻、兒宽、田仁、任安等,之外就是李陵。

贾嘉是贾谊之孙。贾谊死于文帝十二年(公元前一六八),在司马迁生前三十四年,只活了三十三岁。《史记·贾生列传》上说:"孝武皇帝立,举贾生之孙二人至郡守,而贾嘉最好学,世其家,与余通书,至孝昭时列为九卿。"或者只是司马迁通信的朋友而已。武帝所占的时代共五十四年,贾嘉到昭帝时却还健在,大概是年寿很大的。霍光在立宣帝时(公元前七三),那连名奏表上有长信少府臣嘉,或者也就是贾嘉,那末他所活动的时代就有六十年(武帝元年为公元前一四〇,至公元前七三)以上了。

东方朔为司马迁的好友,是见桓谭《新论》。他是平原厌次(现在山东阳信县)人,他不只是一个滑稽人物,而且体格魁梧有力,并有直谏的勇气。汉武帝建元三年(公元前一三八)时,他上书自言"年二十二,长九尺三寸",那末,他应当生于文帝后元五年(公元前一五九)。他的死年不详。我们只知道在元封元年(公元前一一〇)时,他谏过汉武帝不要去海上。在这时他年五十,司马迁年二十六。桓谭虽称他为司马迁的好友,可是《史记》并未道及,而且

《滑稽列传》中也没有他的名字,大概未必为司马迁所重视罢。

挚峻是一个隐士,长安人,司马迁为太史令时(公元前一〇八),曾劝他出仕,但却为他拒绝了。

兒宽和司马迁一块定过太初历。他是千乘(现在山东的高苑县)人,早年也在孔安国那儿受过学,可以说是司马迁的老同窗呢。他很刻苦自励,在读书时,曾为其他学生忙伙食,他对于经典的探研,那基础都是在耕地之馀打下的。他锄地,就带着书。人很平和、聪明,而没有棱角。擅长的是文学,不能的是口才。曾为张汤所知,曾赞助过封禅,元封元年(公元前一一〇)也曾扈驾到过泰山,这时司马迁也在内的。他在这一年是御史大夫,过了九年,就是和司马迁订太初历的第二年(公元前一〇三),死了。他死时,司马迁三十三岁,所以他应是比司马迁年长一些的。

田仁,赵陉城(河北定县之地)人,田叔之少子。田叔是一个黄老派,在高祖七年(公元前二〇〇)时露头角,到景帝时为鲁王相,数年才死。鲁王是景帝三年(公元前一五四)时才立的,距高祖七年差不多有五十年,可知田叔恐有八十左右的高寿。田叔死时,鲁王曾送来百金的赙仪;但为这少子田仁所拒绝了,他说:"不以百金伤先人名!"田仁就是司马迁的友人。田仁曾随卫青好几次出征匈奴,因卫青之故,田仁仕为郎中。后来做到二千石,当过丞相长史,京辅都尉和司直(佐丞相,举不法)。卫青为大将军,征匈奴,是元朔五年(公元前一二四)事,那时司马迁才十二岁。他们之认识,恐是后来同为郎中时的事。田仁很有政治才能,并且有不畏强御之称。到了征和二年(公元前九一),武帝与太子戾发生误会,父子大动干戈,前后死了数万人,当时田仁把守东南门,太子兵败,他觉得皇帝父子之争,不便操之过急,便让太子由东南门逃走了。但武帝在盛怒之下，把田仁腰斩。这时司马迁四十五岁。

任安即司马迁那有名的书札《报任少卿书》中的少卿。少卿是字。他也是征和二年时戾太子之变的牺牲者。他是和田仁一同被腰斩的。他死得更冤，他那时是护北军使者，太子给他节，叫他发兵，他受了节，但没敢出门。事后汉武帝听了却大怒道："是老吏也！见兵事起，欲坐观成败，见胜者，欲合从之，有两心。安有当死之罪甚众，吾常活之，今怀诈，有不忠之心！"下安吏，诛死。任安其实是一个很有气节的人，他本在卫青的门下，后来卫青的势力渐渐为霍去病压倒了，许多人都弃卫就霍，到那边就可以得着官爵，可是只有任安不肯（《卫将军骠骑列传》）。他和田仁，也是好朋友。他俩曾同时见武帝，彼此推许。田仁说："提桴鼓，立军门，使士大夫乐死战斗，仁不及任安！"任安也说："夫决嫌疑，定是非，辩治官，使百姓无怨心，安不及仁也！"可知一个长于政治，一个长于军事。任安又是一个眼明手快的人，他曾为数百人分猎品，不但分得公平，而且到第二日再会合的时候，他能一眼看出有什么人缺了席。他又曾为益州（现在四川）刺史。

最后是李陵，李陵不用说，是关系司马迁的命运的一人。但关于他，我们却要留在以后再说了。

以上七人，都是司马迁平辈的朋友，任安和田仁都是和司马迁气味最相投的；兒宽、挚峻、东方朔则和司马迁的作风有些两样，贾嘉未必和司马迁有太深的交情，李陵则只是因为司马迁为他仗义直言，所以后来人把他和司马迁的关系看得密切了，实则司马迁明明说过"素非相善也，趣舍异路，未尝衔杯酒，接殷勤之馀欢"的。可是，就是这样一个不深交的朋友，已够司马迁做了牺牲了！

老辈、晚辈、平辈一块算起来，见于记载的，是这十六人。此外像当时的老诗人司马相如(死于元狩五年,即公元前一一八,见《史记》徐广注,时司马迁年十八),枚乘之子枚皋(他也随着武帝封禅及塞河,时司马迁年二十六到二十七),李陵的朋友苏武(司马迁和他父亲苏建交好),以及其他在武帝周围的一部分名臣、大将、文人,恐怕都可能有着友谊的。至于《郦生陆贾列传》中所称的朱建之子"与余善,是以得具论之",却在文帝时使匈奴,因骂匈奴而死在匈奴中,和司马迁的年代颇有距离,这是和《刺客列传》中所称的见到刺秦始皇的故事的公孙季功和董生,同样不可能是司马迁有所往还的人了。

年代之不相及的不必说了,就是那些和司马迁可以有着来往的,也何尝可以填充司马迁之心灵上的空虚和寂寞?司马迁对于朋友太热心了,他一出仕,就劝挚峻也出来立功;为一个不甚有深交的李陵,就肯冒死去救,结果自己被了最可耻的刑罚;但是他所得于朋友的呢?"交游莫救,左右亲近不为一言",这是多么刺心的!他除了"述往事,思来者",又有什么可说?

感慨于友情的司马迁,渴望友情并笃于友道的司马迁,李陵案的一幕,是要逃也逃不掉了!

四　武帝时代之严刑峻法

假若不是处在一个严刑峻法的时代,司马迁也不会遭这样奇惨的命运。

猜忌和刻薄,几乎成了刘汉家传的法宝。从汉高祖到汉武帝,中间经过文景,面目虽异,骨子却都太相像了!黄、老之学,也不止文景为然,高祖是序幕,武帝是馀波,统统有黄、老精神在。说穿了,黄、老精神也不过四个字,这就是"外宽内深"而已,也就是表面马虎,与人无争,内心则十分计较,得机即施毒手而已。在这种太极拳式的社会中,最吃亏的,当然就是一般太直性、太热情的诗人,像司马迁了。

我们从汉高祖说起吧,汉高祖要废除秦之苛法,号称"大度",号称"长者",可是他本人乃是忌刻之极。他对于韩信,即随路收取其精兵,甚而有一次冒充汉使,趁韩信还没有起身,便在韩信卧房里把印符夺走了;他对于萧何,也深怕萧何得民心,迫得萧何故意用贱价买民田,才使他放心而且喜欢了。

文帝和景帝,则表面上是最和善,最仁慈的,但其实那真相却正相反。文帝,不用说,是对于黄、老之术最精的人,他的谦让和宽厚都只是手段。那时的政治家如晁错,如贾谊,如张释之,也都是申商刑名之学的法家,这是他的周围。周勃出了狱以后,说:"吾尝将百万军,然安知狱吏之贵乎?"这时是文帝三年(公元前一七七),可见那时的法也何尝宽?至于那个直言的老实人冯唐,便曾当面说文帝:"一言不相应,文吏以法绳之,其赏不行,而吏奉法必用,臣愚以为陛下法太明,赏太轻,罚太重!"吴王濞的使者也当面警告过文帝:"察见渊中鱼,不祥!"这都是可以看出文帝的真面目的。有着司法精神的张释之,并且一则对文帝说:"法者,天子所与天下公共也,今法如此,而更重之,是法不信于民也。"二则对文帝说:"法如是足也!"可知严法重刑本是文帝的倾向。文帝对于削诸侯事,表面上好像不听晁错的奏书,可是他对于淮南王就辎车传送,"暴摧折之"(袁盎语),后来死在路上;更从贾谊的谏书上看,"大国之王,幼弱未壮,汉之所置傅相,方握其事"(二事均公元前一七四),

傅相便明明是派去了监视的;最后,又把周亚夫交给太子,说:“即有缓急,周亚夫真可任将兵。”后来周亚夫却就是平七国之乱的主将。文帝的表面做得那样好,其实早已处心积虑,准备收拾一切碍眼的势力了!晁错是被称为峭直刻深的了,实则文帝正似之。他之废除肉刑,好像是仁政了,其实更滑稽,原来“外有轻刑之名,内实杀人;斩右趾者又当死,斩左趾者笞五百,当劓者笞三百,率多死”(《资治通鉴》卷十五),这不是太可笑了么?此外,文帝相当荒淫,如宠幸邓通;也相当褊急,如怒责张释之;加上对改正朔,易服色的欲望,对封禅的向往(也有方士如新垣平等),对伐匈奴的设计用心;凡此一切,更都太像武帝的先驱了!

文帝如此,景帝也差不多。他在位只有十六年,比文帝还少七年,可是那种外宽内深的作风,酷肖其父。不过他做得没有文帝那样圆滑,狞恶的面孔容易被人识破而已。例如把民间许多游侠杀了的是他,把信任的晁错骗去斩了的是他,把周亚夫逼得绝食五日而死的也是他。这时有名的酷吏已经出现了,在景帝七年(公元前一五〇),做中尉(仿佛首都的卫戍司令)的是郅都,他专用严酷的刑罚以对待列侯贵戚,外号是“苍鹰”。到了中元六年(公元前一四四),继任是宁成,他也是让宗室豪杰,皆人人“惴恐”的一位毒手。这时因为宗室强暴,不用严法是不能慑服的,然而自此种下根子,就成了一种相传的心法了。

于是到了武帝。武帝统治时期最长,一共有五十四年,而酷吏也多。先是“外宽内深,为人所忌”的公孙弘由对策为博士,一年之内,迁至左内史(仿佛首都市长),他以《春秋》之义绳臣下,这是元光五年(公元前一三〇)亦即司马迁年六岁时的事。同年张汤为太中大夫,与赵禹一块改定律令,专主严刻,这便是武帝时用法趋于峻烈的开始。但起初还只是守法,后来便慢慢变为舞法,最后是避法。巧于舞法和避法的,也就是张汤这般人。他是一个典型的官僚,他会推荐人,他会装假,他会逢迎,他用了不少爪牙,作为他实行舞法避法的工具。张汤在元朔三年(公元前一二六)为廷尉,当时司马迁十岁。他后来树敌太多,为人排挤,遂于元鼎二年(公元前一一五)自杀了,这时司马迁二十一岁。最险恶的是,张汤在元狩六年(公元前一一七),那时司马迁十九岁,定出一种腹诽的死罪来,在张汤的任内,有义纵,他就连法也不顾了,专讲斩杀,但他却在张汤死的前一年,被弃市。张汤底下,又有一位王温舒,更是贪杀的,从前都是冬日才决囚,他于是到了春天便叹息:“嗟乎,令冬月益展一月,足吾事矣!”王温舒却因为受贿,在太初元年(公元前一〇四),也自杀了。那时司马迁三十二岁。更有一个杜周,也曾在张汤的底下,他在元封二年(公元前一〇八)时为廷尉,京师的监狱中,逮捕的人有六七万。他在太始二年(公元前九五)才死去,那时司马迁已经四十一岁,受过刑罚四年了。中间的酷吏还有无数,总之,都是张汤培养出来的。其初的酷吏也只是酷而已,后来酷就包括贪。我们的大诗人司马迁就是毁掉在这些贪官污吏的毒手中了!汉武帝本人更是极其忌刻的,不知道有多少大臣在他手下都是畏罪自杀,当公孙贺被拜为丞相的时候(太初二年,公元前一〇三),竟不敢受印,跪着不肯起来,勉强受了以后,便说:“我从是殆矣!”至于武帝之多酷吏,又和景帝时的背境不同,那时是由于宗室之强,这时是由于国家经济力量之膨胀,吏治的庞杂,以及武功的盛大,不这样便不能统治了,但是司马迁却作了这个时代中的牺牲了!

司马迁处在这严刑峻法的忌主之下,身受其祸,所以不能不写《酷史列传》,把他们的面谱刻画一下了。像张汤那样典型的“诈忠"的官僚,又要以公孙弘为开端,所以他又写了《平津侯列传》。更为表示武帝时严刑峻法之社会背境起见,他写了《平准书》。——司马迁能越过了个人爱憎,而从大处着眼,这是他究竟不失为一个大历史家处!

可是他到底是受这一方面的打击和刺戟太深了,所以他在有机会时便抑不住说出自己的感慨来。秦二世时,因为要续作阿房宫,度用不足,也就"用法益刻深",结果陈胜等便反攻荆地为张楚了;陈胜所用的人也是以"苛察为忠"的,他们的作法是:"其所不善者,弗下吏,辄自治之",可是"陈王信用之",司马迁便道:"诸将以其故不亲附,此其所以败也。"这都是暗讽汉武的。司马迁在叙《晋世家》时,更说:"灵公既弑,其后成景致严,至厉太刻,大夫惧诛,祸作;悼公以后,日衰,六卿专权;故君道之御其臣下,固不易哉!"这是尤其明显地在说汉朝了!文人的笔诚然厉害,可是有什么用?李陵案终于发生了!

五　李陵案的原委

原来当汉武帝对西域的经营告一段落之后,就转而再注意到匈奴了。本来通西域的动机之一,也就是为的纡回了,好包围匈奴,并使其孤立的。

在太初四年(公元前一〇一),汉武帝便想以伐大宛的馀威,去从事伐匈奴,因而下诏道:"高皇帝遗朕平城之忧(汉高祖曾为匈奴困于平城,平城在现在山西大同),高后时,单于书绝悖逆,昔齐襄公复九世之仇,《春秋》大之!"

匈奴这时是且鞮侯初立为单于，自从有了这个风声以后确很担忧，便说："我——儿子——安敢望汉天子？汉天子，我丈人行也。"更为表示好感起见，又把从前所拘留了八年的汉使郭吉、路充国等也放了回来，自己并派了修好的使臣来。

汉武帝就也在第二年，即天汉元年（公元前一〇〇）派了苏武、张胜、常惠等一般人，到匈奴去。苏武之去也是把汉朝所拘留了的匈奴使臣带了过去的。可是匈奴的好意并非真诚的，却仍然很傲慢，又因为汉的降将虞常要劫单于母阏氏归汉，事情业已发觉；不幸虞常又把这事早告诉过和苏武同去的张胜，因此就又牵涉到苏武了。苏武要自杀，终于被放在一个大窖里，要不是苏武用雨雪当水，把旃毛当饭，早饿死了。匈奴这时已不敢加害，便把他迁到北海（现在西伯利亚贝加尔湖）无人的地方去牧羊。羊是公羊，却告诉他：羊生了奶，就放他回去！后来把他一直留了十九年。他去的时候不过四十岁左右，回来时却发须全白了。他活到八十多岁！苏武是苏建的儿子，苏建是司马迁的朋友。

苏武使匈奴的这一年，司马迁年三十六，汉武帝曾到过甘泉，去祭泰乙，又到过河东，去祭后土。次年即天汉二年（公元前九九），司马迁年三十七了，在春天，汉武帝又去东海和回中巡幸，大概司马迁都是陪奉着的了。

就在这天汉二年的夏五月，汉武帝对匈奴再用兵。这次用的大将就是征大宛的贰师将军李广利。他带了三万大军，由酒泉出兵，击左贤王于天山。当时却有一个自负而要急于单独立功的人物出现了，这就是李广的孙子李陵。

李陵是早死了的当户之遗腹子。当户即李广之长子。李陵在年轻的时候当侍中，所以司马迁《报任少卿书》上有"仆与李陵，俱居门下”的话。李陵长于骑射,谦和而仁爱,人缘极好,武帝觉得他有些像他的祖父李广,因而很喜欢他。他曾带着八百骑兵,深入匈奴二百多里,去探察过地形。于是拜他为骑都尉,叫他在酒泉、张掖一带练五千兵以备胡。当李广利出发征匈奴了,汉武帝便又想命李陵去管辎重。

可是那有着李广之风的李陵,极不高兴做这样屈居人下的事,便向武帝叩头请求,说他所练的兵,都是荆楚之地的奇才剑客,且是力能搏虎,射法奇巧的,他却很愿意带他们去独当一面,到兰于山前,以为分兵,这样便可以让匈奴不致专战李广利的大军了。

汉武帝听了道:“将士难道怕隶属于什么人么?现在我发的兵多,分不出骑兵给你!”

李陵说:“也用不着骑兵,臣愿以少击众,只带步兵五千人,去直捣单于的巢穴就是了!”

武帝觉得他的话很壮,便答应了。为万全起见,却又派了强弩都尉路博德带了兵,作为李陵的接应。可是路博德从前曾是伏波将军,有过伐破南越(现在的两广)的大功,也不肯屈作李陵的助手,便奏言现在正是匈奴秋高马肥的时候,不如待到来春,和李陵各带五千人,到浚稽山(现在蒙古阿尔浑河与土拉河之间)去夹击匈奴,那是一定可以大胜的。

汉武帝看了奏书大怒,以为李陵自己后悔了,故意托路博德这样上书的。于是命令路博德立即出兵西河(绥远境黄河以西之地),又命令李陵在九月里出发,到达东浚稽山南龙勒河,观察敌势,如无所见,即先回到受降城(在绥远西北),休养士卒。

李陵带了步兵五千人,便从居延(在现在宁夏北部)向北进军,行了三十多天,直到了浚稽山。把营安下,把所经过的山川地形都画了,使他的部下陈步乐来报告武帝。武帝见说李陵的士兵很肯效死,也便很高兴。陈步乐也因此拜了郎官。

可是不久李陵就遭遇了六倍以上的敌人,被包围了。那三万多敌骑是在山上,用大车做营寨。李陵看见情势不好,便让前列的人都拿了戟盾,后尾的人都拿了弓弩,下令道:"闻鼓声而纵,闻金声而止。"打算突围而出。敌人看出李陵的兵并不多来了,便更围上来。于是李陵命他的步兵千弩齐发,匈奴大都应弦而倒,其馀的则逃到山上去了。汉军又追杀了数千人。单于大惊,又调了八万多骑兵来攻李陵。李陵一路战,一路向南退却。过了好几天,退到山谷里。因为连战的结果,士兵多半中了箭伤了。他让受了三处伤的,就放在车里,受了两处伤的,扶着车走,只有一处伤的,就仍然接战,李陵说:"我们士气有点不旺,怕不是军中有女人么?"原来出发的时候,有些徙边的关东强盗的妻子,随军藏在车里,经李陵搜出,都斩了。第二天再战,便又杀了敌人三千多。

李陵又引兵向东南撤退,想沿了到龙城的故道回师。走了四五天,却走到一个有芦苇的湖沼地带,敌人便在上风里放起火来,李陵为自救计,也预先放起火来,为的是先把草烧掉,好免得烧到自己。这样又往南走,便到了南山(当是阿尔泰山的一部分),单于即在山上,命他的儿子带兵击李陵。李陵在树林里带步兵肉搏还击,又杀了好几千人。李陵更命人发连弩(弩之可连发数矢者,用意有点像机关枪),以射单于,单于只好下山逃去了。

这一天据捕得的俘虏报告:"单于曾说:'这怕是汉的精兵,攻是攻不下的,只顾引我们南下进塞,会不会有伏兵呢?'匈奴的其他长官却说:'单于自己带数万骑兵,和几千汉兵作战,假若还不能胜,岂不更遭汉人轻视了?现在还可以利用在山谷里和汉兵拼一下,再过四五里，就是平地了，假如到那时打不过，再退兵也不迟！’”

因此战事又趋凶恶，匈奴仗着骑兵多，每每冲开了，就又围上，这一天就这样有数十次。可是敌人又死伤了两千多，他们看看打得不利，便真正要收兵了。

谁知道李陵的部下有一个刺探军情的管敢，因为受辱而投降敌人了，他告诉匈奴说，李陵实在没有后援，箭也快完了，只有李陵和跟随的校尉韩延年各带八百人，这是前锋，分别打着黄白旗子的就是，倘如用精骑把他们射中了，就可以一气解决。

单于一听，高兴极了，便大胆带骑兵再围攻李陵等，一面大叫着：“李陵、韩延年快降！”把李陵拦截了，就立刻加以猛攻。当时李陵处在山谷中，敌人居高临下，箭从四面射，像急雨似的。在汉兵还没到鞮汗山的时候，一百五十万枝箭早已用光了。他们便把军车放弃了，人还有三千多，于是只拿了车轮的撑子作为武器，只有将官们才有刀拿。他们慢慢走到山谷里了，单于从后面赶上来，检山路的拐曲处就投石而下，士兵死得更多，走也没法走了。

到了黄昏，李陵穿了便衣，单独走出营寨来。叫左右都不要跟随他，他说大丈夫应当一个人去把单于擒来。可是过了颇久的时间，李陵又回来了，叹口气说：“兵是败了，只有死了！”他的部下就有人向他说：“将军威震匈奴，现在不过是时运不济罢了，以后总可以归还，像浞野侯赵破奴为敌人所得，后来逃回，天子不仍是对他很好么？”李陵答道：“你叫我不死，这是不配称一个壮士的！”他于是把所有旗子都毁了，把所有贵重物件都埋在地下了，叹道：“假若再多几十枝箭，就一定可以突围了！现在连作战的东西也没有了，挨到天明，便恐怕只有受缚了！现在不如作鸟兽散，有跑得脱的，还可以给天子报个信儿。”

他让士兵每个人都带二升干饭，一块大冰，准备支持着到达遮虏障（就是居延城）。他们等到夜半，待要出发，可是鼓也敲不响了。李陵和韩延年都上了马，跟随着的壮士有十来个人。后边追上来的敌人却是好几千。

韩延年战死了！李陵看着这狼狈的样子，说："无面目见天子"，便降了。部下则四散而逃，逃到边塞上来的，只有四百馀人而已。李陵战败的地方，隔边塞不过一百多里，边塞上便立刻报告了。

武帝本来的意思是希望李陵不成功便成仁的，于是把他的母亲和妻子招了来，让相面的相了相，她们却没有家里遭丧的气色。武帝已很不快，后来听说李陵投降了，立即大怒。先是责问以前回来报信的陈步乐，陈步乐吓得自杀了。又问其他群臣，其他群臣也吓得没有一个敢说李陵的好话的。

只有问到太史令司马迁的时候，司马迁却觉得李陵是一个"事亲孝，与士信，临财廉，取予义，分别有让，恭俭下人，常思奋不顾身，以徇国家之急"的奇士，奇士是好奇爱才的司马迁所放不过的呵，所以虽然彼此平素没有什么交情，既没有饮过酒，也没欢聚过，可是不能不早已在神交着了；加之这一次李陵之冒万死去赴公家之难，更唤起他的钦敬；而一般自私的只知道保全个人和一家老小的群臣之随声诬伤，尤让他觉得伤心和不平；假若李陵就为一般达官贵人所不齿，倒也罢了，然而在他未败的时候，凡有信使来，大家都是奉觞上寿，在武帝跟前夸赞李陵的，可是一到败的消息来了，武帝的兴致完了，大家也就不开口了；司马迁深晓得李陵之矢尽道穷，救兵不至，士卒死伤如积的苦况，也深晓得李陵得士卒爱戴之诚，就是到了那种绝境，只要李陵说一句话，士兵都是个个流着泪，带着伤，张了没箭的空弓，去和敌人的刀锋去拼的，司马迁为这而感动着;他再不出来说话,是没有人来说话的了,武帝的忧心也是没人能给解慰的了。——因此,他便诚坦地答复武帝的垂问了,他说:"现在许多人之说李陵的坏话,只是因为他平日少与人应酬而已,假若有人吹嘘,他不减于古代任何名将,他现在虽然败了,一定是想将来得机会好立功而归的,况且无论如何,就他现在的功劳论,杀了匈奴那么多,也可以到什么地方都说得过去了!"

出乎司马迁的意料之外的,是武帝更大怒,认为司马迁的话只是给李陵讲情,尤其疑心他言外在讥讽这一次功少的李广利——武帝所爱的李夫人之兄贰师将军。因而武帝立刻把这太热心,太多情,太爱好正义,太笃于友道,太好奇爱才的司马迁交给狱吏了!

这一年,司马迁三十七岁了。他的家是穷的,没有钱去贿赂出狱;他的所谓朋友是冷血的,没有人去给他说话;他的地位不高,势力不大,也惊动不着那些达官贵人去疏通;渴望人间温暖的司马迁,自此以后,却只好时时看一些冷酷的狱吏的面孔,处在冰湿而凄惨的囹圄中了!

更不幸的是第二年。虽然在有一个时候武帝悔悟过来了,他说应该让李陵先出塞,以后再叫路博德去接应就好了,上次只因为给路博德的命令太早了,所以有了让一个老将卖弄奸猾的机会,于是一面赏赐逃回来的李陵部下,一面又叫因杅将军公孙敖去深入匈奴迎接李陵;可是谁料公孙敖毫无成功,并且从一个捕得的俘虏的口里,所说李陵在教匈奴练兵,准备和汉军对敌了。汉武帝得了这个报告,益发怒不可遏,立刻把李陵的全家,什么母亲、弟弟、老婆、孩子,统统杀了。同时叫司马迁也受了腐刑①。

---

①　据荀悦《前汉纪》卷十四及王国维《太史公系年考略》。

这在司马迁是再奇耻大辱也不过的了！所以后来司马迁一再沈痛地说："太上不辱先，其次不辱身，其次不辱理色，其次不辱辞令，其次诎体受辱，其次易服受辱，其次关木索，被箠楚受辱，其次鬄毛发，婴金铁受辱，其次毁肌肤，断支体受辱，最下腐刑极矣。"又说："祸莫憯于欲利，悲莫痛于伤心，行莫丑于辱先，而诟莫大于宫刑，刑馀之人，无所比数，非一世也，所从来远矣。"更说："夫中材之人，事有关于宦竖，莫不伤气，况慷慨之士乎？"他现在直然是"闺阁之臣"了，在"身残处秽"中，孤寂而抑郁，肠一日而九回，卧立都是恍惚的，出了门，也不晓得到那里去，总之，他是陷于最大的悲愤和耻辱中了！

他觉得也未尝不可以自杀，可是他想到他的文学天才，还没有表现出来，那部"究天人之际，通古今之变，成一家之言"的第二部《春秋》——《史记》，也还没有脱稿，他于是倔强而坚忍地，"就极刑而无愠色"了！

在这时，司马迁并转而悟到古人的一切著作正都是产生在苦痛和寂寞里，在郁结而不通的时候，只好"述往事，思来者"；在一无所有的时候，只好"垂空文以自见"了！

司马迁的受刑，在他个人当然是一个太大的不幸，然而因此他的文章里仿佛由之而加上浓烈的苦酒，那味道却特别叫人容易沈醉了！又像音乐中由之而加上破折、急骤、悠扬的调子，那节奏便特别酣畅淋漓，而沁人心脾了！

司马迁这一年三十八岁，距他父亲之死已有十三年，距他身为太史令恰在十年以上，可知他那惨澹经营的《史记》已有十馀年的时光，恐怕业已成了大半了。但受此刺戟以后，却恐怕更思如泉涌、笔如奔马地加速完成起来了。

至于李陵这一次全家被族,事后证明也仍是冤枉,因为那个教匈奴练兵,准备和汉军对敌的,并不是李陵,乃是另一个降将李绪。李陵痛心于因李绪受祸,便使人把李绪杀了。后来到了武帝死后,昭帝既立,霍光和上官杰辅政当权,他们和李陵素来是不错的,便派李陵另一个老朋友任立政去招李陵。任立政到了匈奴那里,单于置酒招待,可是没法和李陵私谈,便只好给了李陵几个眼色,故意用手摩了好几回刀环,又抓了抓脚,暗示他可以归还。李陵等也有一次慰劳他们,任立政便乘机大声说道:"汉朝已经大赦了,中国很安乐,主上也还年少有为,现在霍子孟、上官少叔(霍光和上官杰的字)主持一切呢!"李陵很默然,过了一会,拍着自己的头发说:"我已经改了装束了!"又过了一会,座上的降将卫律(本是胡人)退去,任立政便又说:"少卿(李陵字)也太苦了,霍子孟、上官少叔都问候您!"李陵说:"他们两位还好么?"立政说:"只等你回来,一块享富贵呢。"李陵叫着任立政的字道:"少公,回来容易,就是怕再受辱!"话没说完,退去的卫律又回来了,把这话也听见了一些,便说:"李少卿是能干人,不只在一国立功。范蠡还曾遍游天下,由余不也是由戎入秦么?你们有什么话说得这么亲热!"这样,席便散了,立政又跟在李陵身后说:"有没有意呢?"李陵说:"大丈夫不能再受辱。"于是李陵仍然留在匈奴那里(前后二十六年),到元平元年(公元前七四),病死了。

李陵案给司马迁的印象太深,有意无意间,他的整部《史记》里,都有这件事的影子。在《冯唐列传》里,冯唐说文帝虽有廉颇、李牧不能用,那一段话是:"臣闻上古王者之遣将也,跪而推毂,曰,阃以内者,寡人制之,阃以外者,将军制之。军功爵赏,皆决于外,归而奏之,此非虚言也。臣大父言李牧为赵将,居边,军市之租皆自用飨士,赏赐决于外,不从中扰也。委任而责成功,故李牧乃得尽其智能,遣选车千三百乘,彀骑万三千,百金之士十万。是以北逐单于,破东胡,灭澹林,西抑强秦,南友韩魏。当是之时,赵几霸。其后会赵王迁立,其母倡也,王迁立,乃用郭开谗,卒诛李牧,令颜聚代之,是以兵破士北,为秦所禽灭。今臣窃闻魏尚为云中守,其军市租尽以飨士卒,私养钱,五日一椎牛,飨宾客、军吏、舍人,是以匈奴远避,不近云中之塞,虏曾一入,尚率车骑击之,所杀甚众。夫士卒尽家人子,起田中从军,安知尺籍伍符,终日力战,斩首捕虏,上功幕府,一言不相应,文吏以法绳之,其赏不行,而吏奉法必用,臣愚以为陛下法太明,赏太轻,罚太重。且云中守魏尚坐上功首虏差六级,陛下下之吏,削其爵,罚作之。由此言之,陛下虽得廉颇、李牧,弗能用也。"这里的魏尚,还不是像李陵么?这里的文帝,还不是如武帝么?司马迁生怕这样还不大明显,更在赞里说:"冯公之论将卒,有味哉!有味哉!"直然是责呼武帝而为李陵伸冤了。

又如《王翦列传》中说:"夫为将三世者必败……其后受其不祥。"这还不是隐约间指李陵么?《穰侯列传》中说:"穰侯,昭王亲舅也,而秦所以东益地,弱诸侯,尝称帝于天下,天下皆西乡稽首者,穰侯之功也。及其贵极富溢,一夫开说,身折势夺,而以忧死,况于羁旅之臣乎?"人臣之受毁是太容易了,这也有李陵案的馀波在荡漾着。更如《主父偃列传赞》中说:"主父偃当路,诸公皆誉之,及名败身诛,士争言其恶,悲夫!"这和公卿大夫起初为了李陵而向皇帝奉觞上寿,到后来"举事一不当",这般"全躯保妻子之臣",就"随而媒孽其短",不也太相似了么?

此外《伍子胥列传赞》中所谓:"怨毒之于人甚矣哉,王者尚不能行之于臣下,况同列乎?"不啻是自己受了迫害以后的一种泄忿,所谓“向令伍子胥从奢俱死,何异蝼蚁,弃小义,雪大耻,名垂于后世,悲夫!方子胥窘于江上,道乞食,志岂尝须臾忘郢邪!故隐忍就功名,非烈丈夫孰能致此哉!”也正是自己发愤著书的心情的剖解。至于《虞卿列传赞》中有:“虞卿料事揣情,为赵画策,何其工也!及不忍魏齐,卒困于大梁,庸夫且知其不可,况贤人乎?然虞卿非穷愁,亦不能著书以自见于后世云。”尤容易让人想到,这里所谓料事揣情之工,是说自己并非见不到要受祸,而不忍魏齐,是说自己对李陵终于不忍不为一言,而穷愁著书,就又是自己越发埋头写《史记》了。

大概自从李陵案以后,司马迁特别晓得了人世的艰辛,特别有寒心的地方(如赏识韩信,劝高祖登坛拜将的是萧何,骗了韩信,使之被斩的,却也是萧何),也特别有刺心的地方(如李同告诉平原君的话:“士方其危苦之时,易得耳”),使他对于人生可以认识得更深一层,使他的精神可以更娟洁,更峻峭,更浓烈,更郁勃,而更缠绵了!——这也就是我们在《史记》里所见的大部分的司马迁的面目。总之,这必然发生的李陵案,乃是他的生命和著述中之加味料了,他的整个性格是龙,这就是睛!

六　两个英雄的晚年

在司马迁受刑的这一年,汉武帝六十岁了。这老英雄也已经是到了垂暮了!

到了垂暮之年的人,先是背戾,后是宁静。天汉三年(公元前九八)的三月,武帝仍巡幸,到了泰山。方士们一般迂怪的话,已为汉武帝所厌倦，不过却仍然希望能到海里，找到蓬莱，遇到神人，像鸦片的吸食者一样，一时未能戒绝而已。司马迁既然入狱受刑，所以这一年，他没跟着。

天汉四年，又大征匈奴，主将是李广利，可是没有什么大成就。

司马迁入狱后的第四年是太始元年（公元前九六），六月有大赦。司马迁因此便出狱了，这时他年已四十岁。出狱之后，被任为中书令，中书令就是中官——宦官——而任尚书事者，对外是接受尚书之事，对内则奏之于皇帝，一切诏奏机密都要经过他的手。就官说，比太史令还阔一些，未尝不可称得起“尊宠任职”（《汉书》本传）的，但是和宦者同官，也就仍是大大的侮辱了。

司马迁无论在狱中，或在当中书令，当然不会忘掉他的著述。也许这时正是他写作最勤快的时候了！

从太始二年到太始四年，武帝又有巡幸之事，司马迁也又都扈驾相从。二年，到回中；三年，幸东海，登之罘（现在山东的烟台），浮大海而还；四年，春天三月到泰山，十二月到雍，又到了西边的安定（现在甘肃固原），北地（现在甘肃东北角环县）。在这太始四年（公元前九三），司马迁年四十三，有《报任少卿书》。这是因为在司马迁刚为太史令时，曾有援引朋友出仕的念头，现在既出狱当中书令，所以任安遂给他信，又叫他推贤进士了。殊不知现在已不是二十八岁时的司马迁了，他在悲愤之馀，除了著述以外什么心也淡了，他的答书里有：“若仆大质已亏缺，虽才怀随和，行若由夷，终不可以为荣，适足以发笑而自点耳。……如今朝虽乏人，奈何令刀锯之馀，荐天下豪俊哉！……乡者，仆亦尝厕下大夫之列，陪外廷末议，不以此时引维纲，尽思虑，今已亏形为扫除之隶，在阘茸之中，乃欲仰首伸眉，论列是非，不亦轻朝廷，羞当世之士邪？”他觉得应该荐士的时候早已过了。信中所谓“书辞宜答,会东从上来”,就是指春天扈驾泰山之事,所谓“仆又薄从上上雍”,就是指十二月随从到雍之事。至于信中“今少卿抱不测之罪,涉旬月,迫季冬,恐卒然不可为讳”数语,却并非指太子狱,因为那一年并没有巡幸泰山及雍之事,就武帝的话看,“任安有当死之罪甚众,吾常活之”(《田叔列传》后,褚先生所记),则任安之抱不测之罪,固不止一次,至于这一回原因何在,我们却也不能详悉了。

司马迁四十四岁这一年(征和元年,公元前九二),武帝已六十六岁了。晚年的武帝,对选择人的标准已与前不同。这时赵王死了,赵王之子淖子,武帝听说他“多欲”,便说:“多欲,不宜君国子民。”没有立。立的是昌,原因呢?是因为他“无咎无誉”。这不啻是开始对过去自已的检讨之反映了。这一年有所谓巫蛊案,据说丞相公孙贺之子敬声和武帝之女阳石公主私通,他们在路上埋了些木偶人,准备诅咒武帝。这很像大观园里到了衰败的时候一样,一切妖妄便都出现了。

到了第二年,便把公孙贺父子及其全家杀了。阳石公主等也因巫蛊伏诛。不过这事情在后来又牵涉到太子。太子戾是武帝年二十九岁时所生的,本来很为武帝所喜爱,但长大了,因为有些仁恕温谨,武帝觉得他的才能赶不上自已,太子有些不自安,可是武帝仍然对卫青说:“汉家庶事草创,加以四夷侵陵中国,朕不变更制度,后世无法;不出师征伐,天下不安,为此者不得不劳民,若后世又如朕所为,是袭亡秦之迹也。太子敦重好静,必能安天下,不使朕忧,欲求守文之主,安有贤于太子者乎?闻皇后与太子有不安之意,岂有之邪?可以意晓之!”这样也就没有什么芥蒂了。太子又每每谏伐四夷,武帝就笑道:“吾当其劳,以逸遗子,不亦可乎?”大概武帝的作风是严刻的，太子的作风是宽厚的，因此素来宽厚的大臣就多半拥护太子，而一般喜欢用严刑峻法的大臣就多半加以毁坏了。前者无联络，后者有党羽，于是说太子坏话的便多起来。起初，武帝还不十分相信，到了这时，巫蛊案既起，在宫中的女巫很多，每每叫人埋木偶，作为报仇消恨的手段，当时后宫及大臣因而被杀的已有好几百人。武帝被这事闹得身体也很坏，白天便也常做梦有数千木人来挑战，同时武帝也渐渐多怒善忘了。这时有一个督察贵戚近臣的直指绣衣使者江充，想借巫蛊案排除异己，收捕验治，因而处以死刑的，多到数万人。他最后往皇后和太子的宫中去掘地，掘得连放床的位置都没有了，他说木人最多的就是太子，并且说太子还有无礼的话写在绢帛上呢。太子也害怕起来，恐怕武帝已在甘泉病笃，所以奸臣才敢如此悖乱，因而亲自把江充斩了。这时宣传着太子已有反心，武帝也大怒。于是武帝的兵和太子的兵在京城里大战起来，战了五日，又死伤数万人。这时武帝也从甘泉赶回来了，太子兵败出走。司马迁的朋友田仁和任安，便都是因为这事被腰斩的。太子出走以后，逃到湖县泉鸠里（现在潼关以东阌县之地），因为搜捕得急，自缢了。

有太子兵事这一年，是征和二年（公元前九一），司马迁年四十五。次年为征和三年，这一年李广利带兵七万，出五原，击匈奴，兵败而降。这是《史记》中所记最晚的可信为出自司马迁手笔的事，可能司马迁就是在这一年死去的，那末他只是活了四十六岁而已了。这时距《报任少卿书》已有四年，那时说："仆窃不逊，近自托于无能之辞，网罗天下放失旧闻，考之行事，稽其成败兴坏之理，凡百三十篇，亦欲以究天人之际，通古今之变，成一家之言，草创未就，适会此祸，惜其不成，是以就极刑而无愠色。仆诚已著此书，藏之名山,传之其人,通邑大都,则仆偿前辱之责,虽万被戮,岂有悔哉?”可知他在就极刑(三十八岁)之前,百三十篇的《史记》组织,虽早已粗具,但到了《报任少卿书》(四十三岁)时,还没有完成,更没有藏传,大概完成就在现在这四年间。《史记·自序》中又说:“凡百三十篇,五十二万六千五百字,藏之名山,副在京师。”书的字数都计算出来了,书是完成无疑,而且“副在京师”,可见在生时已不止一个抄本。《自序》可能就是作于征和三年(公元前九〇)的,那最后的话是:“余述历黄帝以来,至太初而讫,百三十篇。”大有书稿写成后,搁笔而踌躇满志的愉快在!

四十六岁以后的司马迁如何,我们却一点也不晓得。他是自杀还是病死?我们也没有丝毫记录。以他的倔强,自杀也很可能。他觉得任务已了,或者就不必苟活了的吧。——《史记》的创作,差不多占了他半生!

那活了七十一岁高龄的汉武帝,再过了四年,也长眠了。武帝的最后几年,理智很澄澈。在征和三年,他的游兴并不衰,到了雍,到了安定北地;因为想到太子无辜,盖了一个思子宫,并在阌乡太子自杀的地方建归来望思之台,这也够伤心的了!这时武帝六十八岁了。次年征和四年,武帝再到东莱、海上并泰山,举行最后的封禅。他告诉大臣说:“朕即位以来,所为狂悖,使天下愁苦,不可追悔,自今事有伤害百姓,糜费天下者,悉罢之!”最后对方士也不信了,一律遣散。这时有人建议屯田轮台(在新疆迪化西南),武帝也失掉了兴致,认为:“军士死略离散,悲痛常在朕心,今又请远田轮台,欲起亭遂,是扰劳天下,非所以忧民也,朕不忍为!”自此以后,对国家便只在休息富养,也不再出兵了。再一年是后元元年(公元前八八),武帝到了甘泉、安定。武帝想立钩弋夫人之子弗陵为太子,因为他年幼,便让人画了一张周公负成王朝诸侯的图给霍光,霍光是一个忠厚老实人,当时并不晓得是何用意。过了几天,武帝便把钩弋夫人叫来了,忽然赐死,钩弋夫人百般请罪,也还是没赦。别人都很奇怪,立她的儿子,为什么杀他的母亲?武帝说,这是因为主少母壮,怕再有吕后之祸!这代表了远见而惨忍的武帝作风之最后表现,这时武帝年七十。第二年,武帝在甘泉宫,朝过诸侯王,又到了盩厔(在长安之西),这是这位老英雄的最后旅行了,即在这里长逝。死以前,以沈静详审的霍光为大司马大将军,以笃慎的金日磾为车骑将军,武帝晚年的择人和以前多末不同!

武帝的长处是聪明、决断,而且守法。他的妹妹隆虑公主之子昭平君犯了法,终于定了死罪,他说:“法令者,先帝所造也,用弟(女弟)故而诬先帝之法,吾何面目入高庙乎?又下负万民!”所以就在悲哀不能自止之中而行法了。

武帝的确是一个英雄,他的一生像几幕剧。前几幕那样威风浪漫而奇幻,后一幕却是这样宁静而澄澈了!

在武帝这样一个英雄之旁,却又有一个可以把武帝讥讽得哭笑不得,玩弄于笔头之上的,这就是司马迁!他们的生命,差不多是相为终始的。说是讲他们的晚年,这有点错,司马迁似乎并没有到晚年,他是圆满地在精壮的青春中结束他的生命的,汉武帝在精神上也始终是富有活力,最后还不失为一个大政治家的手腕,最后还在奏那求仙漫游的尾声,也何尝有晚年?——这时是浪漫的大时代,他们都是浪漫精神的象征,浪漫精神原是只有青春,而无所谓衰老!

第六章　司马迁之体验与创作(下)

——《史记》各篇著作先后之可能的推测

一　缺和补

我们用文艺创作的眼光去看《史记》,《史记》每篇的制作便应该在司马迁的生活史上各占一个地位。现在的《史记》篇第是经过司马迁组织过的,它在写作时的本来次第如何,一定是另一副样子。我现在就想尽可能地加以推测。

为了做这步工作,不能不问《史记》本来写全没有?关于这,答复很容易:本来一定是写全的。因为,“凡百三十篇,五十二万六千五百字”,在《自序》里连字数都计算出来了,当然是写全了。而且,“藏之名山,副在京师”,存稿原来也不止一份。

可是,《汉书·司马迁传》里说:“而十篇缺,有录无书。”于是平白地给我们添了一个疑团,既不晓得这十篇是如何缺的,也不晓得这缺的十篇究竟是哪些。

为什么缺?是触忌被削,还是偶尔散逸。前者的可能性似乎小。因为,就现存的书看,其中触忌的也仍然不少,讽刺得也已经相当厉害,亡失的几篇也不会更刻毒到什么地步。偶尔散逸,却比较近情些。这是因为,《史记》一书最初的流传,是各篇单行的。散逸的几篇(假如真有散逸),也许是受了自然淘汰的结果。

至于普通所谓缺的十篇是哪几篇呢?据《汉书》注中的张晏说,是:

(一)《景纪》　　(六)《汉兴以来将相年表》
(二)《武纪》　　(七)《日者列传》
(三)《礼书》　　(八)《三王世家》
(四)《乐书》　　(九)《龟策列传》
(五)《兵书》　　(十)《傅靳列传》

后人如吕祖谦、王鸣盛等,对此都有所论列。他们觉得真正亡失的,只有《武纪》一篇。现在我们看这十篇,除了《傅靳列传》外,的确都有些特别处:《景纪》由于有过因触忌而削去的传说(《自序集解》引《汉旧仪》注,《西京杂记》卷六同),不知道现在的《景纪》是否就是原样?《武纪》乃是把《封禅书》又载了一遍;《礼书》钞自荀子的《礼论》及《议兵篇》;《乐书》钞自《乐记》;《兵书》为现在《史记》所无,但却有一篇与之相当的《律书》;《汉兴以来将相年表》则有表无序,和他表不类;《三王世家》是只载了些策文;《日者列传》与《龟策列传》,在风格上又仿佛真出自第二手。那么,除了《傅靳列传》外,这九篇确是有些问题了!

可是也并非绝无商量的馀地:《孝景本纪》和《汉书》上的并不完全相同,而且赞语的确是司马迁的笔调,再则赞语主旨也和《自序》中提出所以作《孝景本纪》者相符合,这就是在刻削诸侯,酿成七国之乱的一点。吕祖谦说:"其篇具在。"我们是可以同意的。

《孝武本纪》(其实应该叫《今上本纪》),截取《封禅书》中关于武帝的一段,又加上一个冒,赞也竟是《封禅书》之赞,一字不差,的确可疑。然而我们看《自序》中称:"汉兴五世,隆在建元,外攘夷狄，内修法度，建封禅，改正朔，易服色，作《今上本纪》第十二。”可知假若要作《武纪》的话，原重在他的封禅（改朔、易服是随着来的），所以我疑心：焉知道司马迁不是故意地重钞一份《封禅书》，作一个最大的讽刺的？意思是：“瞧吧，你自以为武功了不得，其实你一生也不过只是被一些方士所愚弄罢了，你虽然也偶尔觉悟，但是像吃鸦片一样，不知不觉就又为方士的胡话所诱惑了！”试想，除了司马迁之外，谁敢在同一部书里把同一篇文章再钞一遍？除了大讽刺家司马迁之外，谁又会这样幽默而痛快？补书的法子尽多，哪有在同一书里找出一篇现存的东西来顶替的？

《礼书》和《乐书》也难说不是原样。《史记》本是撰次旧闻的，讲礼乐而取自《荀子》和《乐记》，这采择不能算坏。（中国讲礼乐，有超过它们的么？）再说，司马迁的书中，本有许多地方袭用《荀子》（详第七章第七节），大概他对于荀学很信仰，在这里遂以荀子为代言（《乐记》也是荀学，余别有考），就毫无足怪了！况且，《礼书》和《乐书》的篇首，都有司马迁手笔的叙文，所以纵然让步了说，这两篇只能说不全，而不是缺！

《兵书》就是《律书》，《律书》是存在的，不过也未必全而已。

《汉兴以来将相年表》，所差的是没有序文，我们也很难因为它没有序文，就连表的本身存在也否认了。

《三王世家》，不错，只载了些策文，然而《自序》里明明说：“三子之王，文辞可观，作《三王世家》。”策文之外，本别无重要之处，所以现存的样子，也不会和原样多末远。赞语则确是司马迁的格调，吕祖谦又说对了！

《日者列传》和《龟策列传》，笔调自然有些特别，然而司马迁的风格本来变化多端，我们也很难武断他不能写这类的文章。《龟策列传》中说到伐大宛，说到巫蛊，这是司马迁的时代；说到“余至江南”，这是司马迁的足踪；最后说出“岂不信哉”，这是司马迁惯于用反笔作讽刺的技术；所以这篇一定是司马迁的原文，至少是原文的一部分了。《日者列传》，我疑心也许是司马谈的旧稿吧。总之，这两篇也都不能放在散逸之列。

九篇既如此，而《傅靳列传》，就更看不出是后人补作之迹了。假若张晏不提及，恐怕谁也不会这样怀疑过！

那末，所谓散逸的十篇，实在散逸得有限。反之，现存的其他篇中，却被后人附加得不少，也有的是显然不全的。《楚元王世家》就是后者的例。因为，赞中明有“使楚王戊毋刑申公，遵其言，赵任防与先生，岂有篡杀之谋”的话，但是正文中一点记载也没有，其他传中一点补充也没有(《史记》原有互见之例)，假若正文不是后人改补，也一定是有缺失了。

总之，《史记》有零星的补缀，却无整篇的散亡。《史记》每一篇中都不免有点假，但每一篇也都有一部分真。它像陈年的古董一样，修补和锈蚀是不免的，但原物的神态却也始终古意盎然，流动在每一部分里。

二　《史记》中可能出自司马谈手笔者

我们为考订司马迁著《史记》时各篇的先后，我们先须把可能是司马谈写的除去。

司马谈在临死时叮嘱司马迁道：“余死，汝必为太史，为太史，无忘吾所欲论著矣。”看样子好像司马谈只是想论著而不曾动笔似的,可是再看当时司马迁在俯首流涕中的答话是:“小子不敏,请悉论先人所次旧闻,弗敢阙。”可知所谓“欲论著”乃是畅所欲言之意,收集的材料和主要的见地却未尝不是早已有着了。在这些材料和见地中,难道就没有比较可以近乎完稿的么?司马迁又说:“余所谓述故事,整齐其世传,非所谓作也。”难道这故事和世传中,就没有他父亲在比较上已经整齐得就绪的么?

在这种意味下,《史记》里可能有司马谈的著作的,我看有八篇,这是:《孝景本纪》、《律书》、《晋世家》、《老庄申韩列传》、《刺客列传》、《李斯列传》、《郦生陆贾列传》、《日者列传》。

我辨别的标准是这样的:第一,就思想上,司马谈惟一留给我们的可靠的著作是《论六家要旨》,所以和这篇的论点符合与否就是一个试金石。第二,就时代上,《史记》里所叙的亲历的时代有远在司马迁以前,非他父亲不能接得上的。第三,就文字上,《史记》中时而讳谈,时而不讳,这不讳的就可能是谈自著。

那末,我们看这八文:《孝景本纪》,除赞外,无文章可言。赞里说:“汉兴,孝文施大德,天下怀安,至孝景不复忧异姓。——而晁错刻削诸侯,遂使七国俱起,合从而西乡,以诸侯大盛,而错为之不以渐也。”这很像《论六家要旨》里责备法家的话:“不别亲疏,不殊贵贱,一断于法,则亲亲尊尊之恩绝矣,可以行一时之计,而不可长用也,故曰严而少恩。”我原说过,《论六家要旨》与其说是一篇学术论文,不如说是一篇政论,与其说是讲空洞的学派,不如说是批评当时的实际政治,所以《孝景本纪》和《论六家要旨》似乎都是司马谈手笔。再说,我推测《论六家要旨》的写作不出公元前一三五(建元六年,黄老派的统治者窦太后死的一年)到一二四(元朔五年,公孙弘倡议置博士弟子,以奖诱儒术的一年)之间,而《景纪》赞中提及主父偃上书天子下推恩令的事，那时是公元前一二七（元朔二年），二文正可能是同一时之作。这时司马迁才九岁。假若死在元封元年（前一一〇）的司马谈，以六十左右计，草此二文时是将近五十岁的吧。

《律书》可能是司马谈作，因既云"世儒闇于大较，不权轻重，猥云德化，不当用兵"，则必作于武帝对外用兵以前，文中亦确只叙至文帝之事而止，这正是司马谈的时代，此其一；篇末讲"神使气，气就形"，讲"非有圣心以乘聪明，孰能存天地之神，而成形之情哉？"均与《论六家要旨》中所谓"凡人所生者神也，所托者形也"，"神者生之本也，形者生之具也"诸语相类，此其二。

《晋世家》之所以令我疑心也是司马谈的著作处，是因为其中没有讳谈。在这世家的后一半里，有："桓叔生惠伯谈，谈生悼公周。"按司马迁在《报任少卿书》里说到宦者赵谈处，是改为："同子参乘，袁丝变色。"在《史记》本书里讳谈的地方也不少：

（一）《赵世家》 "襄子惧，乃夜使相张孟同私于韩魏（《索隐》：《战国策》作张孟谈，谈者史迁之父名，迁例改为同）。"

（二）《平原君虞卿列传》 "邯郸传舍吏子李同（《正义》：名谈，太史公讳改也）说平原君曰：'君不忧赵亡邪？'"

（三）《季布栾布列传》 "楚人曹丘生辩士，数招权顾金钱，事贵人赵同等（《集解》，徐广曰：《汉书》作赵谈，司马迁以父名谈，故改之）。"

（四）《佞幸列传》 "孝文时中宠臣，士人则邓通，宦者则赵同（《索隐》：案《汉书》作赵谈，此云同者，避太史公父名也）。"

（五）《袁盎晁错列传》 "宦者赵同（《集解》，徐广曰：《汉书》作谈字）以数幸，常害袁盎。"

反之,书中不讳谈的例,则除了《晋世家》外,有《李斯列传》中的“宦者韩谈及其子谋杀高”,有《司马相如列传》中的“因斯以谈,君莫盛于唐尧,臣莫贤于后稷”(在论封禅的遗札中),有《滑稽列传》中的“谈言微中,亦可以解纷”,有《自序》中的“喜生谈,谈为太史公”。

现在牵涉到汉人临文讳不讳的问题了。胡适之先生最近写了两篇论文,一是《两汉人临文不讳考》,一是《读陈垣史讳举例论汉讳诸条》,都发表在本年三月出版的《图书季刊》新五卷一期上。他的结论是:“避讳制度和他种社会制度一样,也曾经过长时期的演变,在那长时期的历程上,有时变宽,有时变严,有时颇倾向合理化,有时又变的更不近人情。”可是他这两篇文章对于我们现在的需要上说并没有多大的帮助,因为,第一,他的取材多半限于东汉,让我们不易判定司马迁的时代究竟是避讳制度变宽的时候还是变严的时候;第二,他的论据,几乎全限于帝讳,于是让我们难于说“家讳”究竟是否也那样有弹性。

单就《史记》论,我们不妨在实际上分析那讳与不讳的两组文字。先说在不讳的方面,《自序》和《司马相如列传》、《滑稽列传》应该不算。因为,《自序》是表彰他父亲的,名字一定要从真,当然不会讳。《司马相如列传》、《滑稽列传》中的“谈”,是“谈”的本义,并非人名,找了代字,意义就会两样,所以也没法讳。只有《晋世家》中的惠伯谈,《李斯列传》中的韩谈,却是可讳而未讳的,这值得我们注意。

很有趣的一个对照是,这不讳的一组和讳的一组有一个大不同:讳的一组的文字往往与司马迁的身世相关,而不讳者则否。例如《赵世家》中就有“吾闻冯王孙曰,赵王迁,其母倡也”的话,冯王孙见《冯唐传》,乃是司马迁的朋友,所谓“亦奇士,与余善”的。《平原君虞卿列传》中就有“虞卿非穷愁,亦不能著书以自见于后世”的话,这也正是司马迁《报任少卿书》中所谓“发愤之所为作”的见解。至于《季布栾布列传》、《袁盎晁错列传》、《佞幸列传》中的赵同,又恰是《报任少卿书》中的“同子参乘,袁丝变色”的同一刺心的目标。可见讳谈的五文中,都有司马迁的生活烙印在!不讳的二文(《晋世家》和《李斯列传》),那司马迁的影子却淡得多。所以,很可能这不讳的两篇大体上是司马谈写的。

《老庄申韩列传》也有司马谈写的可能。我的根据是:老庄变而为申韩,未必是指哲学思想的演化,却可能是指汉代的政治精神由文帝的黄老术变而为景帝的刻薄和武帝的严刑峻法,推原祸始,却是文帝,幸而文帝在技术上却灵活得多,“而老子深远矣”,是贬之,却也是不得已,就其次而怀念之。这主旨和《论六家要旨》太相似,所以可能也是司马谈著。再则叙到老子的后人时,至李解而止,解为胶西王卬太傅,按胶西王卬以文帝十六年(公元前一六四)封,景帝三年(公元前一五四)诛,为什么只叙到司马迁生前二十年就完了呢?可能是由于司马谈去写才如此的。

《刺客列传》和《郦生陆贾列传》也有各别叫人生疑的地方。《刺客列传》的赞里说:“始公孙季功、董生与夏无且游,具知其事,为余道之如是。”夏无且是秦始皇的侍医,荆轲做刺客时曾在场,那事发生在公元前二二七年,距司马谈之死(公元前一一〇),有一百十七年的光景。假若司马谈活六十岁,则当生于公元前一七〇左右,距这事的发生还有五十几年呢!这事是必须夏无且活得很大,而公孙季功、董生等又在很年轻时听见这故事,他们也活得很大,而司马谈也是在很年轻时就又听见那转述,才可能。赞中的“余”

说是司马谈已有些牵强，说是司马迁简直是不可能了！所以《刺客列传》的著者是司马谈，比说是司马迁，靠得住得多。

《郦生陆贾列传》的可疑之点也在赞里。赞里说："至平原君子与余善，是以得具论之。"按本传上文说平原君自到后，文帝闻而惜之，"乃召其子拜为中大夫，使匈奴，单于无礼，乃骂匈奴，遂死匈奴中。"查《匈奴列传》，在文帝六年时（公元前一七四），曾使中大夫意到匈奴那儿去，这个中大夫意可能就是平原君朱建之子的名字，朱建之自杀是由于淮南王厉把辟阳侯杀了，自已有设计的嫌疑而然，这事发生在文帝三年（公元前一七七）。死后即召其子为中大夫。这和中大夫意之使匈奴，相距三年，事正衔接。假如中大夫意就是朱建之子，这是在司马迁生前四十年就死在匈奴中了，如何能和司马迁有来往？所以这里的"余"，也只有司马谈才可能了。

《日者列传》只叙述到了贾谊少年时的故事，又叙到贾谊之死。贾谊之死是在文帝十一年（公元前一六九）。假若司马迁写的，为什么后来的卜者就不载了？而且，文中的老庄思想十分浓，不惟司马季主动辄援用老庄，就是宋忠、贾谊也彼此以老子无名的道理相责勉，后来宋忠使匈奴，抵罪了，贾谊当师傅，绝食而死了，传里也用老庄的眼光结束他们说："此务华绝根者也。"这种道家立场，不更像是司马谈么？假若有人觉得这篇的风格与司马迁的文字不类，也许可以就在这里得到一种可能的解释了。

总之，这八篇都有司马谈作的可能。我说可能，是说还不能认为就是定论。尤其像《晋世家赞》中之重在主上的忌刻，仿佛仍在讽刺汉武帝，《李斯列传》之写，似乎仍是宣泄《报任少卿书》中"李斯相也，具五刑"的愤慨，且篇首笔调有和《货殖列传》相类处，也有和《报任少卿书》相类处，这不仍然让我们想到还是司马迁写的可能较大些么？我们的解释只能是：这两篇原是司马谈的手稿，但不妨司马迁有着修润或借题发挥处。再如《刺客列传》，假若所说的公孙季功是公孙弘（《平津侯列传》上说他字季，也许是掉了一个功字），则本文仍有司马迁著作的可能。因为，公孙弘是活了八十高龄的，他死于元狩二年（公元前一二一），司马迁已经十五岁了，他生于高祖七年（公元前二〇〇），距荆轲刺秦王只有二十七年。假若夏无且经过了那次刺杀事件，还活了三四十年，是有机会可以告诉公孙弘的；公孙弘也可以转告给十几岁的小历史家司马迁的。不过这样说，还是嫌太凑合，不如把著作权断给司马谈近情理。其他五篇，以对《郦生陆贾列传》的论据较强，《律书》次之，《老庄申韩列传》又次之，《孝景本纪》和《日者列传》就更薄弱了。好在我说是可能，这就是像航海的人，偶而见了些树叶木片，不禁作一点悬想的试探而已。

三　《史记》中不易辨别为谈著抑迁著者

其次我们要除去那些既看不出司马谈的著作痕迹，也无从见其与司马迁的现实生活之关系的，这是：

（一）《殷本纪》

（二）《秦本纪》

（三）《汉兴以来将相名臣年表》[1]

---

① 无从断定原表止于何年，现在之表，竟到了成帝鸿嘉元年——公元前二〇了！

(四)《燕召公世家》

(五)《宋微子世家》

(六)《楚元王世家》

(七)《荆燕世家》

(八)《乐毅列传》

(九)《田单列传》

这几篇在讨论《史记》中各文的著作先后时都只好存而不论。两次除去的结果,我们所论者只有一百一十三篇。

四　司马迁著述之根据与其创作时之情形

在论司马迁的著作先后之前,我们对于他的写作根据和写作方法,还要有一个一般的考察。

他著作的根据,大概不外是:

(一)政府的档案　这不只从"䌷史记石室金匮之书"(国家图书馆里当然有档案)一语可以知之,从《三王世家》中保存的策文可以知之,从《淮南衡山列传》所录的劾奏可以知之,而且从《傅靳蒯成列传》中的军功,如靳歙之"凡斩首九十级,虏百三十二人,别破军十四,降城五十九,定郡国各一,县二十三,得王柱国各一人,二千石以下至五百石三十九人",以及《扁鹊仓公列传》中的诏书奏答,尤见非根据档案是决写不出的。

(二)现成的书篇　司马迁一则说:"整齐百家杂语。"二则说:"罔罗天下放失旧闻。"三则说:"述故事,整齐其世传。"就知道他根据以前的书篇处是很多的。他又说:"汉兴,萧何次律令,韩信申军法,张苍为章程,叔孙通定礼仪,则文学彬彬稍进,《诗》、《书》往往间出矣。自曹参荐盖公言黄、老,而贾生、晁错明申商,公孙弘以儒显。百年之间,天下遗文古事,靡不毕集太史公,太史公仍父子相续纂其职。”他得利用的书是多末丰富,又多末方便!

(三)父亲的旧稿　这就是司马迁所谓“请悉论先人所次旧闻”。司马谈原已经编订了些呢。不过照“无忘吾所欲论著”看来,似乎有的是资料,大概札记之类而已,缺的是成篇的东西,以及所加的精微的论断。《史记》中可能看出是司马谈的手笔的,我们前面已论过了。

(四)实际的见闻　司马迁所著各文,类多以旅行及听人述说为印证。

(五)自己的推断　司马迁是一个哲人,也是一个诗人,他往往凭他的智慧而对史料有所抉择并贯串,又凭他的情感和幻想而有所虚构。

这五种成分合起来,就构成他的《史记》。认真说起来,他在《史记》中根据已成的东西处是远超过于自己的摸索的。懂得这种情形,就不怪《史记》中风格之杂了,也不暇怪他偶而有着矛盾了;反之,却只觉得他“涉猎者广博,贯穿经传,驰骋古今,上下数千载间,斯已勤矣!”

关于他的著述方法,是和他的著述根据分不开的。他著述既已依据前人为多,所以他的工作乃是整理剪裁(这就是他所谓“整齐”),乃是对已有资料而寻出或赋予一种意义。此外,则是运用他的文学天才,把自己的人生体验(大部分是人生苦果)交织于其中,让所写的生动而亲切,把已往的宛然变为目前。这就是他的本领。

就他的整理剪裁言,他的工作是客观性质的。因而他往往采取已有的论断,作为代言,假若和自己的不相远。例如《秦始皇本纪》后就援用大篇幅贾谊的话,即后来的班固也把他俩的话并为一谈,认为贾谊、司马迁说得如何如何了。这样看来,他的书中一定有不少是保存原来资料的面目的。

可是他也一定有着改装的地方。他的改装的方式是有两种:一是翻译,把古代难懂的文字翻成当时平易的文字,《五帝本纪》就是一例。二是就原书的文义重写,如《孟子》"王何必曰利"一段,即重写为:"君不可以言利若是夫!君欲利则大夫欲利,大夫欲利则庶人欲利。上下争利,国则危矣;为人君仁义而已矣,何以利为?"这见之于《魏世家》。我们试把《孟子》原文来一比对,就看出司马迁把原书的迂阔改去了,换上的乃是更符合战国时代的纵横面目。因为他有这种译和改,所以全书中也不尽留有所采各书的原形。只是现在我们所敢说的,他之保存或改动原始资料,并不均匀,加之司马迁本人的风格也确是丰富与变幻,往往随题赋形,所以那痕迹就更十分难辨了。

就他的文学才情言,《史记》又是非常主观的。他渲染上许多许多的感情,他也费了不少精力在琢磨他的文章上。在这方面看,《史记》在史书之外,乃是一部像近代所谓小说或者是抒情诗式的创作。创作有创作的一般特点,那是靠灵感,而优劣不能自主,也不能预期。一篇之成,也不知道经过多少失败。因而往往有弃稿,但这弃稿也每每存于现在的书中。所以《史记》也不尽是满意称心之作。

我这样述说的意思,是指明《史记》决不是完美的,可是正因为它不美满,它不会陷入庸俗,却像斑剥的钟鼎彝器或残缺的古人字画一般,那精妙幽媚处不惟不因此而失,反而更增加了人们对它的慕恋。同时我也是指明,要断定《史记》中司马迁的著作面目,是只可在相当限度内行之,关于他的著作先后,尤其是不能不在十分保留的态度之下而从事了。

五 就著作时代上对司马迁作品之划分

我们要想推测司马迁创作先后的话,只能从他书中的和他实际生活的连系处去找。这样我们便发觉童年的感印给他十分深,李陵案的刺戟更时时有着馀响了。

大体上我们可以把他的一百一十三篇著作分为六个集团。第一是,不能确指为司马迁何时所作,然而能广泛地指为司马迁的文章的,这有:

(一)《吕后本纪》 从赞文"孝惠皇帝高后之时,黎民得离战国之苦,君臣俱欲休息乎无为,故惠帝垂拱,高后女主称制,政不出房户,天下晏然;刑罚罕用,罪人是希,民务稼穑,衣食滋殖"看来,似乎是暗衬后来武帝时代之多事的,所以我想一定是司马迁作,虽然作于何时不明确。

(二)《鲁周公世家》 "至其揖让之礼则从矣,而行事何其戾也!"这是讥讽一般讲道德、说仁义而实际上毫无道德仁义的儒家如公孙弘之流的,与司马迁的常时态度正相合。何时写的?却还是没有任何痕迹。

(三)《田敬仲完世家》 赞里说田乞、田常专齐国之政,"非必事势之渐然也,盖若遵厌兆祥云。"那样大的政变,却推在好像遵循卦兆似的,也只有浪漫精神的司马迁才能为之。

(四)《田儋列传》　主旨当然在写田横之气骨以及那同时自杀的五百人之壮烈,仿佛说流氓起家的汉朝,就没有这样出色人物!不是司马迁,谁会这样讥讽?

(五)《张丞相列传》　这更是极其狠辣的一篇讽刺。记了武帝以前的几个丞相以后,一说到“及今上时”,便只列出几个人名,竟说:“皆以列侯继嗣,娖娖廉谨,为丞相备员而已,无所能发明,功名有著于当世者。”简直是说武帝朝中无人了!但那笔锋还不止此,又在侧面对那几个像样的丞相,也借端对汉朝大攻击了一番;他说像张苍那末好,可是也没赞成改服易色的事,而木强的周昌,敢于击伤吕后吏的任敖,刚毅守节的申屠嘉,却并不曾有萧、曹、陈平那般人的奸滑本领(司马迁故意说这是“术学”)!表面上让人看着好像是遗憾似的,实际上却是赞美,意思是说当今连这样人物都不见了!这曲曲折折的挖苦,只有司马迁会!

(六)《刘敬叔孙通列传》　主旨在写“面谀以得亲贵”的叔孙通,赞里讽刺地说:“与时变化,卒为汉家儒宗;大直若诎,道固委蛇,盖谓是乎?”讽当时儒家,已成了司马迁的习惯;借机会把道家也加以冷嘲了,又是他父亲所不肯为的;所以这文章一定是出自司马迁,而不是出自司马谈,虽然在时代上没叙到多末晚。

(七)《扁鹊仓公列传》　给人治病,则同行嫉妒,不给人治病,则病家怨望。中国社会实在太难处了!扁鹊以技见殃,仓公匿迹当刑,左右都不对,有本领就活该倒霉。其中隐然有司马迁的感慨在!

(八)《吴王濞列传》　赞里说:“晁错为国远虑,祸反近身;袁盎权说,初宠后辱。故古者诸侯地不过百里,山海不以封,毋亲夷狄以疏其属,盖谓吴邪?毋为权首,反受其咎,岂盎错邪?”眼光那样锐利，笔下有那样逼人的锋芒，这不是温和的司马谈所能措手，断然是司马迁作！

以上八篇为一组，都只能断其为司马迁之所著，却无从确定其所著之先后者。

第二组是，司马迁之作《史记》，因为有他父亲的薰陶并自己的天才，所以未必自为太史令时始着笔。书中一定有一些少作。现在只能看出是司马迁在作郎中之前，有着遨游的踪迹或者遨游以前的征象的，则有：

（一）《三王世家》　现在的《三王世家》虽未必为司马迁原本，但照《自序》中所讲，即着重在文辞，现在所有的，也就几乎全是策文，所以原文纵存，也不会多出什么来。三王之立，是在元狩六年（公元前一一七），时司马迁十九岁。我想可能是司马迁当时就见了这策文，而十分爱好，遂铭记下来的。所以这可能是书中最早的文字。

（二）《淮南衡山列传》　我认为也是司马迁少作，因为，篇中最后所叙为衡山王之败，时为元狩二年（公元前一二一），司马迁方十五岁，此其一；篇中录张苍等奏文，占很多篇幅，或者是成熟期的司马迁所不屑为，此其二；说到荆楚民风，只称“夫荆楚僄勇轻悍，好作乱，乃自古记之矣”，并未证之以自己的见闻，也许这是司马迁在遨游（二十岁）之前作，此其三。也许有人疑惑难道不会是司马谈写的么？我的答复是，不会，因为赞文之风格奇崛，与谈异。

（三）《项羽本纪》　在司马迁开始遨游以后，其路线当是先东下，至江淮，由是南行，至会稽，折入九疑，又北上至长沙，更北上盘桓齐鲁之间，再南下至于徐州，徘徊于淮阳，于是就归途，至大梁，登箕山，重返京师。汉初的许多人物及史迹，大半得自徐州的厄困之际。对于项羽的人格之感发,也就是此行的收获。项羽初起时只二十四岁,自杀时也不过三十一岁(那时的对手汉高祖却已是五十六岁了)。他的叱咤风云,斗力不斗智,都是一种狂飚式的少年精神之表现,他的失败在此,他的可爱也在此。能和这发生共鸣的司马迁,应该也是在少年可知了。所以《项羽本纪》,恐在此行后不久作。

(四)同样精神的,是《鲸布列传》。司马迁说项羽"何兴之暴也",司马迁说鲸布也是"何其拔兴之暴也"。那种狂风暴雨似的勇敢和锐气,最后却也同样悲壮地失败了,真是项羽的好配角!《季布栾布列传》中的季布,本来也可以列在这里,那是"以项羽之气,而季布以勇显于楚,身屡典军搴旗者数矣,可谓壮士"的,不过由于另外的理由,我们断为以后作。此外,和项羽的"才气过人"相类的,有"才气天下无双"的李广,有"一奋其气,威信敌国"的蔺相如,但也都基于其他理由,把著作时日暂不列于此。

(五)《高祖本纪》　写豁如的高祖,文章便也很疏荡大度。不过汉高祖一副流氓相,却也留了一个逼真的记录。凡汉初事都多系此时作。

(六)《萧相国世家》　一方面讽刺萧何,说他因缘时会,"依日月之末光";说他借别人的流血,成自己的官运,"淮阴、鲸布等,皆以诛灭,而何之勋烂焉";说他虽然位高名大,但不过是一个侍卫之流,"与闳夭、散宜生等争烈"。但另一方面却仍是侧击汉高祖,既说汉高祖的小气,只记得萧何多送了二钱,又说高祖的猜忌,就是恭谨的萧何,倘若他不是故意与民争田,以除却获得民和的嫌疑,性命就怕难保。与《高祖本纪》可为一类。

(七)《留侯世家》　仍然是讽刺,张良虽才智过人;但取悦于吕氏，日常设计，也多半一派阴柔，一点丈夫气也没有。“状貌如妇人好女”，这不是大讽刺么？

（八）《陈丞相世家》　陈平更是一个盗嫂受金的无耻之徒，他也能容于吕氏的天下，文帝立后，他自知功不如周勃，却以退为进，让周勃坐第一把交椅的丞相，可是乘机使周勃露出弱点，终于自己享一个独份儿的相位了。

（九）《春申君列传》　赞中说：“吾适楚，观春申君故城宫室，盛矣哉。”此所谓楚是指淮扬一带，因为春申君时楚已迁陈。这踪迹应是在司马迁厄困鄱、薛、彭城以后，过梁、楚以归的时候，故次于此。

以上九篇又为一组，大都以二十遨游为中心。本来可以系之于这次壮游的作品的，还可有许多：像先到了江淮之地的《淮阴侯列传》，像关系他南下到了会稽的《越王勾践世家》，像北上到了长沙的《屈原贾生列传》，像以齐鲁为中心的《儒林列传》、《孔子世家》、《仲尼弟子列传》，像仍以薛、徐为背境的《孟尝君列传》、《曹相国世家》、《绛侯周勃世家》、《樊郦滕灌列传》、《傅靳蒯成列传》（这都是他“适丰沛，问其遗老”而得的成绩），像最后“过梁、楚以归”时所感发的《魏世家》、《信陵君列传》，以及流露“登箕山”的游踪的《伯夷列传》等均是。但这十四篇，我们却都分别留到后面再说，理由也见后。

第三组文字，包括见出他做了郎中，奉使西南，参加封禅、塞河，中间丧父，初为太史令时的一段生活的。约自司马迁二十二岁至二十八岁。司马迁是锐于进取的，在他初为太史令时，颇想荐士，所以书中有荐士思想的也大半属于此际。这组是：

（一）《周本纪》　赞中有“汉兴九十有馀载，天子将封泰山，东巡狩,至河南,求周苗裔,封其后嘉三十里地,号曰周子南君”。时为元鼎四年(公元前一一三),在封禅前三年,时司马迁年二十三。

(二)《司马相如列传》　文中叙列“司马相如既卒,五岁,天子始祭后土,八年而遂先礼中岳,封于泰山;至梁父,禅肃然”。相如卒于元狩五年(公元前一一八),封禅在元封元年(公元前一一〇),时司马迁二十六岁,正奉使归来,适逢父丧,但以职务关系,又匆匆就道扈驾之际。

(三)《孟子荀卿列传》　文中一方面写“迂远而阔于事情”,因而“困于齐梁”的孟子,另方面却也写到处“郊迎”的驺衍。对前者是同情,对后者是讥讽。后者之“闳大不经”,之讲“五德转移,治各有宜”,之“先序今以上至黄帝”,我猜想很有可能就是指武帝时的封禅的可笑以及那般苟合取容的儒者之可鄙的。

(四)《孝文本纪》　赞称:“汉兴,至孝文四十有馀载,德至盛也,廪廪乡改正服封禅矣,谦让未成于今,呜呼！岂不仁哉?”言外是武帝就不谦让而封禅了,所以可能也是此时讥武帝不度德量力之作。

(五)《齐太公世家》　赞中说:“吾适齐,自泰山属之琅琊,北被于海,膏壤二千里,其民阔达多匿知,其天性也。”到泰山又到海上,这不是司马迁一人在齐鲁之都讲业时的情况了,乃是参加了汉武帝“既已封泰山,无风雨灾,而方士更言蓬莱诸神若将可得,于是上欣然庶几遇之,乃复东至海上望,冀遇蓬莱焉”(《封禅书》)的行列时的踪迹了,当为此后不久作。篇中齐桓公要封禅一段,与《封禅书》同,不过一重在桓公之欲行,一重在管仲之劝阻而已。尤可见是封禅先后之际作。

(六)《蒙恬列传》　赞中有“吾适北边,自直道归,行观蒙恬所为秦筑长城亭障”。这恰是武帝封禅后,至海上,于是“北至碣石,巡自辽西,历北边,至九原,五月反至甘泉”的路线,所以可能是代表此次大队巡行之尾声的。

(七)《平准书》　平准的成功,也是元封元年的事,而且这是封禅大典的经济基础:“大农之诸官,尽笼天下之货物,贵即卖之,贱则买之。如此,富商大贾,无所牟大利,则反本,而万物不得腾踊,故抑天下物,名曰平准。天子以为然,许之。于是天子北至朔方,东到泰山,巡海上,并北边以归。所过赏赐,用帛百馀万匹,钱金以巨万计,皆取足大农。”文中只叙到元封元年卜式和桑弘羊的摩擦而止,所以很可能就是这一年作的。

(八)《河渠书》　司马迁参加负薪塞河,是封禅的第二年(公元前一〇九)事,他说:“余从负薪,塞宣房,悲《瓠子》之诗,而作《河渠书》。”可知是此役不久以后作了。

(九)《西南夷列传》　司马迁之奉使西南在元鼎五年(公元前一一二),但此文叙至元封二年(公元前一〇九)之伐滇,当是伐滇后作,时司马迁年二十七,距奉使已经三年了。地理文而疏荡有韵致,见出司马迁少年作风也有很从容的一种。

(十)《南越尉陀列传》　南越之平,在元鼎六年(公元前一一一),还在封禅的前一年。文或为此事不久作。

(十一)《东越列传》　东越之平,即在元封元年(公元前一一〇)。

(十二)《越王勾践世家》　《东越列传》与《越王勾践世家》相连,在后者中曾说:“后七世至闽君摇,佐诸侯平秦,汉高帝复以摇为越王,以奉越后,东越闽君,皆其后也。”在前者中也时时提到勾践,二文相贯注,简直像一篇似的,可断为一时之作。

(十三)《陈杞世家》　越王勾践往前推,是杞,《陈杞世家》中又有"楚惠王灭杞,其后越王勾践兴"的话,也仍可定为一时之作。再往前推,就将是《夏本纪》了,但《夏本纪》以其他理由,不计入这一期。

(十四)《朝鲜列传》　朝鲜之平,在元封三年(公元前一〇八),时司马迁已二十八岁,或此事不久后作。

(十五)《傅靳蒯成列传》　在平朝鲜的这一年,司马迁继其父为太史令。成了史官以后,才有机会得读政府的档案。《傅靳蒯成列传》中的军功,是非根据档案不能写出的。所以起码是作于此年,或以后。

(十六)《信陵君列传》　在司马迁作了太史令以后,算是亲贵了,于是有荐士之意。如《与挚峻劝进书》,便是一例。《信陵君列传》赞:"信陵君接岩穴隐者,不耻下交。"与此时情味合。篇中虽有"过大梁之墟,求问其所谓夷门者"的足迹,但必迟至这时才动笔了。

(十七)《魏世家》　赞亦有"吾适故大梁之墟"语,且又涉及信陵君,当与《信陵君列传》同时作。

(十八)《五帝本纪》　赞有"余尝西至空峒,北过涿鹿,东渐于海,南浮江淮"语,按江淮为其壮游所经,空峒为其初为郎中时扈驾所到,初次到海上,则为元封封禅时事,惟北过涿鹿一行较晚,乃元封四年(公元前一〇七)从武帝封禅北归时之踪迹,又文中叙黄帝所至之地亦多与武帝相似,正封禅空气颇浓时作。

(十九)《孔子世家》　篇中虽有"适鲁,观仲尼庙堂车服礼器,诸生以时习礼其家,余祗回留之,不能去云"语,但决不是二十岁遨游之际作。这是因为篇中又有"安国为今皇帝博士,早卒,安国生邛,邛生驩”字样,查安国约卒于公元前一二六以后,倘卒时为三十左右,后二十年可以有孙,是驩之生可能在公元前一〇六年左右,《孔子世家》当作于此时。

（二十）《三代世表》　文中对孔子之了解及用语,有与《孔子世家》同者,如《孔子世家》“孔子母死,乃殡五父之衢,盖其慎也”。《三代世表》也有“孔子因史文,次《春秋》,纪元年,正时日月,盖其详哉！至于序《尚书》,则略无年月,或颇有,然多阙,不可录。故疑则传疑,盖其慎也”。同把孔子了解为一个小心谨慎的人物,语句又同,恐亦一时之作。

（二十一）《仲尼弟子列传》　既写孔子,孔子弟子当继之而写。

以上二十一篇,乃是一组。参加封禅和初为太史令是这一期的司马迁的主要生活,时间以元封为中心。

第四组文字,是包括到了太初元年(公元前一〇四)至天汉二年(公元前九九)之前,换言之,即以司马迁订太初历为始,中间汉武帝有伐大宛之役,到李陵案还未发生。这时,司马迁自三十二岁到三十六岁。那文字的篇目如下:

（一）《历书》　现在的《历书》,截至《历术甲子篇》以前,当为司马迁手笔,其中只叙至太初元年(公元前一〇四),恐怕就是司马迁订历时写的了。订太初历,是和他作《史记》同样不朽的大业,那时司马迁只有三十二岁！

（二）《礼书》　现在的《礼书》,截至“礼由人起”以前,为司马迁文。其中说:“乃以太初之元改正朔,易服色,封泰山,定宗庙百官之仪,以为典常,垂之于后云。”也当是纪念这一次的大改革的。

（三）《韩长孺列传》　韩安国虽死于元朔二年(公元前一二七),但文中记载了他所推荐的人物壶遂。赞中说:“余与壶遂定律历”，可知是在太初定历后作。下文又说：“壶遂官至詹事，天子方倚以为相，会遂卒。”《汉书·律历志》称太中大夫公孙卿、壶遂与太史令司马迁等建议改历，可知当时壶遂官还未至詹事。文中虽记遂之卒，亦必距太初不远。本传对安国仍在讽刺，说他貌为忠厚，却又贪财，不过赞许他的一点，就是推举人才。这也仍是司马迁为太史令后的一贯荐士思想。

（四）《儒林列传》　大体上虽像司马迁早年讲业齐鲁之都的感印，然而文中叙及“兒宽位至御史大夫，九年而以官卒”。查《汉兴以来将相名臣年表》，兒宽为御史大夫是元封元年（公元前一一〇），九年乃太初三年（公元前一〇二）。可知此文不得早于这一年。兒宽也参加过太初历的订定，恐是此期写成。按《汉书·兒宽传》亦作“居位九岁，以官卒”。惟《百官公卿表》作八年卒，兹从《史记·儒林列传》及《汉书·兒宽传》。又徐广在“兒宽位至御史大夫”句下，注为“元狩元年”（公元前一二二），必误无疑，因为那样便与《汉书》、《史记》两表不合，而且卒年将在太初前十年了，又如何赶得上订历呢？

（五）《汉兴以来诸侯年表》　序中称“臣迁谨记高祖以来至太初诸侯”，表亦至太初四年（公元前一〇一）而止。这是确切看出作于太初四年的一例。

（六）《建元以来王子侯者年表》　表中亦只至太初四年。

（七）《大宛列传》　自太初元年起，汉武帝兴师伐大宛，“凡四岁而得罢焉”，大概在太初三年战事告一结束，到太初四年才把善后办好。《大宛列传》是以张骞和大宛马为线索的一篇又威风又有趣的妙文。李广利虽为伐大宛的主帅，但文中写得他黯然，反不若张骞的开场之功。全文总在写李广利之封侯，实不值一文而已。

此文恐是大宛之役结束不久后作。

（八）《夏本纪》　《大宛列传》的赞中说："《禹本纪》言：河出昆仑，昆仑其高二千五百馀里，日月所相隐避为光明也。其上有醴泉瑶池。今自张骞使大夏之后也，穷河源，恶睹《本纪》所谓昆仑者乎？故言九州山川，《尚书》近之矣；至《禹本纪》、《山海经》所有怪物，余不敢言之也。"这和言九州山川的《夏本纪》相关，或者《夏本纪》也在《大宛列传》前后作的呢。《夏本纪》赞文中且提及孔子正夏时，正也是和太初订历的空气相近。

（九）《乐书》　中有"后伐大宛，得千里马"语，下面又有《天马歌》。当系伐大宛不久作。不过后接汲黯之直谏，公孙弘之借端排挤，但他们一个死于元鼎五年（公元前一一二），一个死于元狩二年（公元前一二一），都在伐大宛之前一二十年间，何能谏《天马歌》，也何能以此为私人攻击的题目？难道真是司马迁只写艺术的真（汲黯和公孙弘的性格完全对），而不必顾及史实吗？抑是后人有了改动？不易断明。现在只是就其有伐大宛语，推测其或为此时作而已。

（十）《天官书》　后文讲荧惑，说"未有不先形见而应随之"，最后的一个例，即"兵征大宛，星茀招摇"。可知或亦此时作。

（十一）《外戚世家》　最后叙及李夫人兄弟坐奸族，"是时其长兄广利为贰师将军，伐大宛，不及诛，还，而上既夷李氏，后怜其家，乃封为海西侯"。这正是太初四年（公元前一〇一）事。查李广利在征和三年（公元前九〇）降匈奴，文中不及叙，可知此文最晚不能过征和三年。又按昭帝生于太始三年（公元前九四），文中不惟未叙及废其母钩弋夫人事，亦未及昭帝之生，恐此文甚而也不得晚过太始三年。它之成大概在公元前一〇一至九四间，作于伐大宛之际是最可能的。

（十二）《佞幸列传》　传中已叙及李夫人卒后，禽诛延年昆弟；广利是伐大宛时不及诛的一个，则延年之诛正在此时。此文之作，亦必去此未远。

（十三）《五宗世家》　以《汉书·诸侯王表》对读，《五宗世家》所叙，大抵以太初四年为限。只有长沙王鲋鮈之立，《汉书》表在天汉元年（公元前一〇〇）。恐此文至迟在天汉元年作。又河间顷王授卒于天汉四年（公元前九七），而文中只叙其立，不及其卒，可见此文再迟不能超过天汉四年。那时司马迁年三十九。

（十四）《万石张叔列传》　文中所叙最迟的事是："庆中子德，庆爱用之，上以德为嗣，代侯，后为太常，坐法当死，赎免为庶人。"依《汉书·外戚恩泽表》，石德之赎免在天汉元年。此文或亦此后不久作。

以上十四篇，为一组。大抵到太初四年为止。《史记·自序》中一则说："（司马谈）卒三岁，而迁为太史令，䌷史记石室金匮之书，五年而当太初元年，十一月甲子朔旦冬至，天历始改建于明堂，诸神受纪。"下面即接叙和壶遂的问答，问答毕，"于是论次其文"。二则说："余述历黄帝以来，至太初而讫，百三十篇。"大概在太初以前，虽写有散篇，但到了太初元年，因为改历一事的大兴奋，遂鼓舞整理，到了太初四年，已经就绪。后来的，却只是修润或增补了。许多年表至太初四年而止，尤见其为一个明确的限界。至于《自序》中又有"于是卒述陶唐以来，至于麟止，自黄帝始"，这一个"麟止"只是比喻的说法而已，只重在像孔子"吾道穷矣"之叹而已，只重在像孔子因见麟而作《春秋》而已，决非指距太初还有二十几年前的元狩获麟。班固等所谓"讫于天汉"（《汉书·司马迁列传》）

之说，也是指最后的修改（虽然事实上未必止于此时）而言，并非指原定的首尾。

现在说到数量上最多的第五组文字了，大都以天汉二年（公元前九九）的李陵案为焦点。李陵以天汉二年降匈奴，司马迁为之辨，下狱；次年（公元前九八）误传李陵为匈奴练兵，族其全家。司马迁亦因而受腐刑。这是司马迁在三十七岁与三十八岁时的事。这次的创痛太深，所以流露于各篇中者亦最多；凡是感慨于资财的缺乏（他自己受刑后，是“家贫，财赂不足以自赎”的），伤心于世态炎凉（李陵未败时，那些公卿王侯都是称贺的，后来就“媒孽其短”了），痛恨于狱吏的惨酷，鉴于一人受毁之易，荐士之难，以及友道的苦味，宦者之可耻，受了灾祸而隐忍，而发愤者之值得同情等，统统属之。

（一）《楚世家》　赞称：“楚灵王方会诸侯于申，诛齐庆封，作章华台，求周九鼎之时，志小天下，及饿死于申亥之家，为天下笑，操行之不得，悲夫！势之于人也，可不慎与！”俨然是一个人不可失势的寄慨。这其中有李陵的影子！

（二）《郑世家》　赞称：“语有之，以权利合者，权利尽而交疏，甫瑕是也。甫瑕虽以劫杀郑子，内厉公，厉公终背而杀之！”世人的交情是多末不值钱！

（三）《张耳陈馀列传》　世界上的多少朋友，不过以利合，而尤莫著于张耳、陈馀。“张耳、陈馀始居约时，相然信以死，岂顾问哉？及据国争权，卒相灭亡，何乡者相慕用之诚，后相背之戾也？岂非以利哉？名誉虽高，宾客虽盛，所由殆与太伯、延陵季子异矣。”

（四）《吴太伯世家》　由《张耳陈馀列传》赞看，此或同一意之另一表现。世家以《吴太伯世家》为首，与以《伯夷列传》为列传首,同为司马迁之“反功利精神”。但竟然有人说他“崇势利而羞贱贫”了,真太冤枉!

(五)发这种感慨的,又有《孟尝君列传》。“富贵多士,贫贱寡友”,多末刺心!所以传中虽有“吾尝过薛”语,我们并不能认为是壮游期之作,必李陵案发生后作。

(六)把友道写得酣畅淋漓的,有《魏其武安列传》。田蚡未贵时,侍窦婴,跪起如子侄,后来窦婴失势,除灌夫外,宾客都散去。灌夫为同情窦婴,曾强邀田蚡来窦家。灌夫好酒使气,但这时幸未爆发。后来窦婴又约灌夫至田蚡家,便果然因酒醉而闹得不可开交了。传文就是专写这样的活剧。同时,“魏其(即窦婴)大将也,衣赭关三木”,“灌夫受辱居室”(《报任少卿书》),正是司马迁幽囚时的情味。所以《魏其武安列传》为此时作。

(七)《汲郑列传》　同一感慨:“夫以汲、郑之贤,有势则宾客十倍,无势则否,况众人乎?下邽翟公有言,始翟公为廷尉,宾客阗门,及废,门外可设雀罗。翟公复为廷尉,宾客欲往,翟公乃大署其门曰:‘一死一生,乃知交情;一贱一富,乃知交态;一贵一贱,交情乃见。’汲、郑亦云,悲夫!”

(八)世态岂只有炎凉的趋避而已,而且在人不得志时,只专会说一些坏话。《平津侯主父偃列传》即写之。传称:“主父偃方贵幸时,宾客以千数,及其族死,无一人收者。唯独洨孔车收葬之。天子后闻之,以为孔车长者也。”就连怒而杀之的武帝,也以为孔车难得了,这种人真太少!司马迁更于赞文中弹出他的悲调:“主父偃当路,诸公皆誉之,及名败身诛,士争言其恶,悲夫!”这和李陵之遭遇有多末相像!那唯一相当于孔车的长者,就只有司马迁自己了!

(九)因此,人的受毁是极易的。《司马穰苴列传》所叙可为一例:“已而大夫鲍氏、高国之属害之,谮于景公,景公退穰苴,苴发疾而死。”多末好的军事人才也不得施展了!

(十)《樗里子甘茂列传》 所叙为又一例:“甘茂竟言秦昭王,以武遂复归之韩,向寿、公孙奭争之,不能得。向寿、公孙奭由此怨谗甘茂。……秦卒相向寿,而甘茂竟不得复入秦,卒于魏。”甘茂因贤被毁,竟因贤不得在位!

(十一)《穰侯列传》 所叙尤可见人言之可畏:“穰侯,昭王亲舅也;而秦所以东益地,弱诸侯,尝称帝于天下,天下皆西乡稽首者,穰侯之功也。及其贵极富溢,一夫开说,身折势夺,而以忧死,况于羁旅之臣乎?”只要有毁言,那样亲贵都不中用,那样有功都枉然,何况并不是李夫人一家的李陵?更何况不幸打了个败仗的李陵?

(十二)感伤于无钱无势而友道不得建立,司马迁乃有两方面的思想,一则愤慨于资财,于是作《货殖列传》。他说到沈痛处,有“渊深而鱼生之,山深而兽往之,人富而仁义附焉,富者得势益彰,失势则客无所之”;有“隐居岩穴之士,设为名高者,安归乎?归于富厚也”;把一切敢死犯法者都认为“其实皆为财用耳”,把一切妓女、游客、赌徒、方技都拆穿是“为重糈”,也就是为吃饭;最后,他更痛心到极点地说:“无岩处奇士之行,而长贫贱,好语仁义,亦足羞也!”真读之欲哭!

(十三)《苏秦列传》 亦发此慨,“此一人之身,富贵则亲戚畏惧。”后来苏秦散金报德时,对一人独后,他说:“我非忘子,子之与我至燕,再三欲去我易水之上,方是时,我困,故望子深,是以后子——子今亦得矣。”这话也相当沈痛了!

(十四)《张仪列传》 当与《苏秦列传》同时作。

(十五)司马迁在另方面则更憧憬于超乎利害以上的友谊了，于是作《管晏列传》。管仲感激鲍叔的话是:"吾始困时,尝与鲍叔贾,分财利多自与,鲍叔不以我为贪,知我贫也;吾尝为鲍叔谋事而更穷困,鲍叔不以我为愚,知时有利有不利也;吾尝三仕三见逐于君,鲍叔不以我为不肖,知我不遭时也;吾尝三战三走,鲍叔不以我为怯,知我有老母也;公子纠败,召忽死之,吾幽囚受辱,鲍叔不以我为无耻,知我不羞小节,而耻功名不显于天下也。生我者父母，知我者鲍子也!"叙及晏婴时,亦有"君子诎于不知己,而信于知己者"之语。此文论友道,论不羞小节而立功名,论荐士(鲍叔荐管仲,晏婴荐御者为大夫),均可视为因李陵案所刺戟而发。

(十六)与《管晏列传》之同样憧憬者为《韩世家》。赞称:"韩厥之感晋景公,绍赵孤之子武,以成程婴、公孙杵臼之义,此天下之阴德也;韩氏之功,于晋未睹其大者也,然与赵魏终为诸侯十馀世，宜乎哉!"程婴是抱着赵氏孤儿逃匿山中的,公孙杵臼是牺牲自己的性命以换得赵氏孤儿的活路的,这事诚足感人;而韩厥就是能完成这事的始终的。司马迁以阴德许之,倾慕为何如!

(十七)《游侠列传》　也是这种理想的友谊的寄托。上等人既不讲信义,不讲交情,于是求之于下等人中。司马迁一则说:"缓急人之所时有。"二则说:"此皆学士所谓有道仁人也,犹然遭此菑,况以中材而涉乱世之末流乎?其遇害何可胜道哉?"司马迁之愤于横遭极刑,"交游莫救",那呼援之声,还跃然纸上!

(十八)然而李陵案终于发生了,在李陵方面,乃是名将所常受的遭遇。《张释之冯唐列传》,即借冯唐之口,而说从前廉颇、李牧的往事的,其所以成功,乃在"赏赐决于外,不从中扰",后来"赵王迁立,其母倡也……乃用郭开谗,卒诛李牧"。冯唐更向文帝说现在就有一个良将，是魏尚，但因文帝“法太明，赏太轻，罚太重”，而下吏削爵，所以就是有廉颇、李牧也不能用呢。由于冯唐的敢言，文帝的听谏，魏尚被赦了，仍做了云中守。这事和李陵也殊相像，但敢言的人——又是司马迁自己——是有了，而听谏的人却何在呢？

（十九）《廉颇蔺相如列传》　再记赵听郭开谗，诛李牧，而赵遂灭事。其中叙廉颇失势之时，故客尽去，乃复用为将，客又复至，廉颇不悦，客以市道为解，此与《孟尝君列传》中冯驩所劝者同，并可为此期作品之证。

（二十）《赵世家》　亦特重郭开谗李牧事，赞中即专论之：“吾闻冯王孙曰，赵王迁，其母倡也……迁素无行，信谗，故诛其良将李牧，用郭开，岂不谬哉！”当为同时作。

（二十一）名将而遭败，只好归之于无可奈何的理由。所以《白起王翦列传》中有“为将三世者必败”之语，王翦、王贲、王离，这是三世。李陵也何尝不是三世？李广、李敢、李陵，到了陵，当然必败了，这和白起之被赐剑自裁，归之于阬敌；蒙恬之被逼吞药自杀，归之于绝地脉；李广之不封侯，也归之于杀降；是同样的寄慨而已。

（二十二）至于李陵案，在司马迁方面，更为贤人所常有的灾祸。“淮阴王也，受械于陈。”于是作《淮阴侯列传》。荐韩信者为萧何，而设计捕杀韩信者仍为萧何，人世之险如此！韩信当了楚王，“召辱己之少年令出袴下者，以为楚中尉，告诸将相曰：‘此壮士也！方辱我时，我宁不能杀之邪？杀之无名，故忍而就于此。’”这有隐忍就功名意。更可为一时之作之证。

（二十三）“绛侯诛诸吕，权倾五伯，囚于请室。”于是作《绛侯周勃世家》。周勃出狱以后，曾说：“吾尝将百万军，然安知狱吏之贵乎?”史公真不能不感慨系之!

(二十四)司马迁之痛心疾首于严刑峻法,写得森然可怖的,是《酷吏列传》。传中最后所叙的一个酷吏是杜周,杜周死于太始三年(公元前九四),文中不及叙,只叙其迁为御史大夫。迁为御史大夫在天汉三年(公元前九八),可知此传不能出此五年间。

(二十五)由《酷吏列传》推,《循吏列传》亦必同时作。因为,“奉职循理,亦可以为治,何必威严哉?”循吏正是酷吏的对照,写循吏正是写何必威严的榜样。所叙循吏凡五人,都很有骨头,很能律己,但没有一个是汉朝人,这是讥讽汉朝便没有这样出色人物。再则酷吏与平准为因缘,汉武帝对外用兵之后,一方面行严法,一方面即兴利。酷吏也往往贪污,杜周初征为廷史,有一马,且不全,及官久,家赀累数巨万,便可为一例。现在这《循吏列传》中,孙叔敖把改了的币制又恢复了,公仪休避免与民争利,把自己种的菜丢了,把织布机烧了,并把织布的老婆也赶了,这处处有《平准书》的馀影,更见其与《酷吏列传》同时作。

(二十六)《秦始皇本纪》　其中写到用法而至“宗室振恐”,“黔首振恐”处,似《酷吏列传》,而因用法以至群盗更多,尤似。或为一时作。

(二十七)苛刻者必败,史公又把此意写于《陈涉世家》中:“陈王以朱房为中正,胡武为司过,主司群臣;诸将徇地,至令之不是者,系而罪之;以苛察为忠,其所不善者,弗下吏,辄自治之。陈王信用之,诸将以其故不亲附,此其所以败也。”这对武帝正不啻是警告,并有一种幸灾乐祸的预感!

(二十八)然而司马迁如何能敌住汉武帝?终于受了腐刑,于是只好转而想忍辱,成功一番事业了。司马迁因此对已往的英雄之幸与不幸更有着了解了，例如："屈原放逐，乃赋《离骚》。"于是作《屈原贾生列传》。汨罗遗迹，本是司马迁在壮游时所凭吊的，但到此际，却才更沈痛地有所感发了！

（二十九）"孙子膑脚，兵法修列。"于是作《孙子吴起列传》。司马迁又说："孙子断足，终不可用，退论书策，以舒其愤，思垂空文以自见。"接着便是："仆窃不逊，近自托于无能之词。"可知正以自己比孙子了！

（三十）"不韦迁蜀，世传《吕览》。"于是作《吕不韦列传》。其实《吕览》并不是不韦迁蜀以后作，传中也并不曾如此记载，而且《吕览》乃集客人之作，无所谓发愤，也够不上称为大事业，然而司马迁也顾不得这些了，说他是发愤，就是发愤！司马迁之可爱有如此者。

（三十一）穷愁著书之例又有虞卿，并且他也是为朋友（魏齐）而不重万户侯卿相之印，卒困于大梁的，司马迁此时对之当尤具同情。故《平原君虞卿列传》亦必此时作。

（三十二）忍辱而就功名的例子还多，又不止是著作家而已。像伍子胥，"向令伍子胥从奢俱死，何异蝼蚁？弃小义，雪大耻，名垂于后世，悲夫！方子胥窘于江上，道乞食，志岂尝须臾忘郢邪？故隐忍就功名，非烈丈夫孰能致此哉？"于是作《伍子胥列传》。

（三十三）又如范雎、蔡泽，"不困厄，恶能激乎？"于是作《范雎蔡泽列传》。

（三十四）更进一步，并非一定有成就，可是已经受辱，司马迁也以隐忍就功名目之，这样的例是魏豹、彭越；故《魏豹彭越列传》称："魏豹、彭越虽故贱，然已席卷千里，南面称孤，喋血乘胜，日有闻矣；怀畔逆之意，及败，不死而虏囚，身被刑戮，何哉？中材以上，且羞其行,况王者乎? 彼无异故,智略绝人,独患无身耳;得摄尺寸之柄,其云蒸龙变,欲有所会其度,以故幽囚而不辞云。"这就是《报任少卿书》中所念念不忘的"彭越、张敖,南面称孤,系狱具罪",以及"所以隐忍苟活,幽于粪土之中而不辞者,恨私心有所不尽"之意了。

(三十五)同一意者即写"季布为朱家钳奴"的《季布栾布列传》。赞中称:"以项羽之气,而季布以勇显于楚,身屡典军搴旗者数矣,可谓壮士! 然至被刑戮,为人奴而不死,何其下也? 彼必自负其才,故受辱而不羞,欲有所用其未足也;故终为汉名将。贤者诚重其死,夫婢妾贱人感慨而自杀者,非能勇也,其计画无复之耳。栾布哭彭越,趣汤如归者,彼诚知所处;不自重其死,虽往古烈士,何以加哉?"这和《报任少卿书》的立意同处尤多,"欲有所用其未足",自然就是"私心有所不尽"。"婢妾贱人感慨而自杀",就是"且夫臧获婢妾犹能自决"。此为李陵案所刺戟,亦毫无疑问。

(三十六)贤者受祸是受祸,可是常常有所成就,在现实世界中得意的人反而无称,这就是他所谓"古者富贵而名摩灭,不可胜记,唯俶傥非常之人称焉"。《史记》中许以俶傥者有鲁仲连。他的配角邹阳,在狱中上书,司马迁亦称其"有足悲者"。或者这《鲁仲连邹阳列传》也是这时作的么?

(三十七)受了腐刑后的司马迁,最刺心者为宦竖一类的生活。《报任少卿书》所谓"同子参乘,袁丝变色",同子是赵谈,因父讳改,袁丝即袁盎,这故事见《袁盎晁错列传》。这列传一定作于此时。

(三十八)同样表示"事关于宦竖,莫不伤气"的,是写"商鞅因景监见,赵良寒心"的《商君列传》,殆亦同时作。况且其中有赵良建议商鞅劝秦王显岩穴之士语，这也仍是司马迁的荐士思想，不过受刑后虽欲荐而已不复有往日的心情，《报任少卿书》不也就是因重又提及荐士而发的牢骚吗？此外，说商君“天资刻薄”，说商君“少恩”，或者即是对酷吏反抗的又一流露，那就更可能是此时作的了。

（三十九）司马迁受刑后，发觉自己的地位本来也并不高，“固主上所戏弄，倡优畜之，流俗之所轻也”，于是索性把倡优也写一写。那就是《滑稽列传》。倡优就倡优，倡优何尝不富有智慧和同情？倡优何尝真正低下？

（四十）《封禅书》也止于天汉三年（公元前九八）。在“其后五年，复至泰山脩封”下，徐广注：天汉三年。下文又云：“今上封禅，其后十二岁而还，遍于五岳四渎矣。”从元封元年（公元前一一〇）计，十二岁为天汉二年（公元前九九），但《汉书·郊祀志》作“自封泰山后十三岁而周遍于五岳四渎矣”，十三岁就仍是天汉三年了。恐作十三岁者是。可知《封禅书》亦此时作。

（四十一）《孝武本纪》（当作《今上本纪》） 所叙述之事与《封禅书》同，我认为是司马迁重钞《封禅书》，故意作一个大讽刺的。别人怕还没有这个胆量！

（四十二）《梁孝王世家》 所叙最后时代为梁平王襄立三十九年卒，子无伤立。按梁共王三年景帝崩，共王立七年卒，子襄立。是则汉武帝建元元年为梁共王四年，至武帝立四十三年而梁平王襄卒，此时当为天汉四年（公元前九七）。《汉书·诸侯王表》作平王襄嗣四十年薨，较《史记》多一年，故无伤之立，应为太始元年（公元前九六）。本文恐在天汉四年或太始元年作。

这四十二篇的一组，是包括文字最多的一组，李陵案之影响，在各文中大抵确切可征。其他如“李斯相也，而具五刑”，“卫灵公与雍渠载，孔子适陈”，“仲尼厄而作《春秋》”，“韩非囚秦，《说难》、《孤愤》”，是则《李斯列传》、《孔子世家》、《老庄申韩列传》都有此时作的可能，不过《李斯传》中之谈字不讳，《孔子世家》未必重在雍渠，《老庄申韩列传》中之老子后人只至景帝世，所以我们只可能说这些文字均在以前，特到了史公受刑后，对其中之事实更有感触，甚或有所修改而已。更如写冤枉而只好罪地脉的《蒙恬列传》，写热心荐士而再以毁废，竟病酒而卒的《信陵君列传》，都也只好如是观。

现在说到最后的一组文字，第六组了。这一组包括太始和征和，少数传记则到了后元。司马迁在太始元年（公元前九六），出狱为中书令，太始四年（公元前九三），有从幸泰山及雍之役，《报任少卿书》即作于是年，时已四十三岁。征和二年（公元前九一），有巫蛊之祸，戾太子兵败自经，任安等腰斩，次年李广利降匈奴，这都是这一段落中之大事，可据以断定著作时代者。我觉得很可能司马迁即卒于李广利降匈奴之年，这是征和三年（公元前九〇），司马迁年四十六。这一组文字有：

（一）《伯夷列传》　《伯夷列传》似乎也是李陵案的馀响。其中如“时然后言，行不由径，非公正不发愤，而遇祸灾者，不可胜数也”，极为显然。而文字之似《游侠列传》处尤多，如“盗跖日杀不辜，肝人之肉，暴戾恣睢，聚党数千人，横行天下，竟以寿终”，似《游侠列传》之“伯夷丑周，饿死首阳山，而文武不以其故贬王；跖蹻暴戾，其徒颂义无穷”；又如“岩穴之士，趋舍有时，若此类名堙灭而不称，悲夫”，似《游侠列传》之“自秦以前，匹夫之侠，湮灭不见，余甚恨之”。但后一例之遣词用字亦似《报任少卿书》所谓“古者富贵而名摩灭,不可胜记,唯俶傥非常之人称焉。……宁得自引深藏于岩穴邪?”大概此文作于天汉二年至太初四年间。其间又有“圣人作而万物睹”一语,《索隐》、《正义》均谓指自己作《史记》,使世事益睹见之意,似乎也在受刑后,更觉其著作之重要性者。

(二)由《伯夷列传》,知《秦楚之际月表》恐亦同时作。根据是笔调相近:“示天下重器,王者大统,传天下若斯之难也。”(《伯夷列传》)“以德若彼,用力如此,盖一统若斯之难也。”(《秦楚之际月表序》)不是很相像么?

(三)《十二诸侯年表》 亦同时作。

(四)《六国表》 亦同时作。因为,三表的序起笔全同。你看:“太史公读秦楚之际,曰初作难,发于陈涉;虐戾灭秦自项氏;拨乱诛暴,平定海内,卒践帝祚,成于汉家。五年之间,号令三嬗,自生民以来,未始有受命若斯之亟也。昔虞夏之兴……”这是《秦楚之际月表》的起头。“太史公读《春秋历谱谍》,至周厉王,未尝不废书而叹也。曰呜呼,师挚见之矣。纣为象箸而箕子唏……”这是《十二诸侯年表》的起头。“太史公读《秦记》,至犬戎败幽王,周东徙洛邑,秦襄公始封为诸侯,作西畤,用事上帝,僭端见矣”,这是《六国表》的起头。统统是太史公读旧文起,下即叙自古昔,当是因同时作而然。

(五)《卫康叔世家》 赞称:“余读《世家》言,至于宣公之太子,以妇见诛,弟寿争死以相让,此与晋太子申生,不敢明骊姬之过同;俱恶伤父之志,然卒死亡,何其悲也!或父子相杀,兄弟相灭,亦独何哉?”父子相杀,或即指戾太子与武帝之事,那末,此文就可能作于征和二年(公元前九一)了。

(六)《管蔡世家》 中云:“康叔封,其后为卫,有《世家》言”,

可知此必在《卫康叔世家》已成后作,故亦当系于此。

(七)《曹相国世家》　最后叙及"征和二年中,宗坐太子死,国除",当是此时作。

(八)《田叔列传》　最后叙及戾太子事:"数岁,坐太子事,时左丞相自将兵,令司直田仁主闭守城门,坐纵太子,下吏诛死。仁发兵,长陵令车千秋上变仁,仁族死。"亦当为此时作。

(九)《卫将军骠骑列传》　叙及巫蛊及太子事者不止一条:"(公孙贺)坐子敬声与阳石公主奸,为巫蛊,族灭,无后。""(韩说)掘蛊太子宫,卫太子杀之。""(赵破奴)后坐巫蛊,族。"亦必此时作。

(十)《龟策列传》　亦叙及坐蛊事,"巫蛊时或颇中。素有眦睚不快,因公行诛,恣意所伤,以破族灭门者,不可胜数。"

(十一)《樊郦滕灌列传》　叙至郦氏之后,"终根立,为太常,坐法,国除",查《汉书·樊郦滕灌传》、《靳周传》则标明"坐巫蛊诛",可见亦此时作。

(十二)《匈奴列传》　最后叙者为:"贰师闻其家以巫蛊族灭,因并众降匈奴。"广利之降在征和三年(公元前九〇),或者即作于此时。

(十三)《韩王信卢绾列传》　叙及"(韩嫣)弟说再封,数称将军,卒为案道侯,子代;岁馀,坐法死。后岁馀,说孙曾,拜为龙頟侯,续说后"。按韩说已死于征和二年,此两隔岁馀,是已及后元元年(公元前八八)。《汉书·高惠高后文功臣表》,即作后元元年,是对的。不知这是不是仍为司马迁笔。

(十四)亦记韩曾后封为龙頟侯者为《建元以来侯者年表》,但作征和二年,恐怕是后人所增,又误记其年。

（十五）《史记》中所记更晚之年为后元二年（公元前八七）。有这样的年代者为《高祖功臣侯年表》，序中只说“至太初，百年之间，见侯五”，表中则书“征和”者二，书“后元”者一，表之第一行又有“建元至元封六年，三十六；太初元年尽后元二年，十八”语，显系原表止于太初，后来又从太初算起，如果不是后人续书，就可能是司马迁原已在太初草就全表，后元二年却又作过最后的修订了。

（十六）《齐悼惠王世家》　赞有因地大而分之意，与《高祖功臣侯年表序》所谓富贵骄溢而至陨命亡国之意同，当为同一时之作。

（十七）《惠景间侯者年表》　书至后元三年（公元前八六）者二条，这已是昭帝改元为始元元年之时了，怕真是后人所增了。

（十八）《李将军列传》　虽叙到李陵之降，但观后文在叙“族陵母妻子”下，又称：“自是之后，李氏名败，而陇西之士居门下者，皆用为耻焉。”则必在李陵案后颇久作。姑且把这篇最哀壮、最令人下泪的文字定为全书中除《自序》外最后的一文。

（十九）《自序》　照理应该真正是最后的一文。文中叙及“七年而太史公遭李陵之祸”，七年者由太初元年算起，徐广、张守节均注为天汉三年（公元前九八），可断明此文至早在此年作，时司马迁年三十八。

这十九篇，大致可归为一组，乃是司马迁最后期的文字了。其中有明确的纪年，记出征和二年（公元前九一）戾太子之事者有六篇，记出征和三年李广利之降者有一篇，我觉得可能太史公即卒于是年，《李将军列传》和《自序》并此际为之，都是绝笔了。其他叙至后元，甚至昭帝世者，当是后人增入。总之，《史记》大概在太初订历之际规模粗具，已完成多篇，到天汉三年，遭李陵之祸后，统统加入一种抒情的意味，并又完成一批，至征和三年，作了一次最后的修补。但也有不及修补者,遂只存前一二期之迹。

六　结论和馀论——兼论褚先生

我们的结论是,在一百三十篇的《史记》中,有八篇可能为司马谈著;有九篇不易断定是司马谈还是司马迁手笔者;有一百一十三篇,我们有权利可说是司马迁写的。

在这有权利可说是司马迁所写的一百一十三篇中,不易见著作时代者八篇,可略考时代者一百零五篇。在这一百零五篇中,可画为五期:元封封禅前(迁二十六岁前)为一期,约九篇;元封封禅时(二十六岁)为二期,约二十一篇;太初订历时(三十二岁)为三期,约十四篇;天汉时因李陵之祸受刑(三十八岁)后为四期,约四十二篇;征和戾太子事(四十五岁)前后为五期,约十九篇。我们可注意的是:

第一,太初改历是一件大事,司马迁由此而开始整理全稿,是可能的。那时是公元前一〇四,他三十二岁。但此前必已有些存稿。

第二,《自序》言"至太初而讫",诸表也多谱至太初四年而止,可见司马迁原有一个计画,只叙到这一年(公元前一〇一)。

第三,李陵案是他创痛最深的一事,经过此案以后,书中流露特多,这是当然的。

第四,《报任少卿书》的年代是可考的,这就是太始四年(公元前九三),司马迁既尚健在,则再过三年的戾太子事,以及再过四年的李广利降匈奴事,当能亲见。这时是征和三年(公元前九〇),司马迁年四十六。这应该已经是逼近最后修订他的全书的时候了。《史记》之从整理到写定,大概有十五年的光景。

第五,书中应叙及而未能叙及之年代,为《汉兴以来诸侯年表》及《建元以来王子侯者年表》均止于太初四年(公元前一〇一);《外戚世家》未叙及征和三年(公元前九〇)李广利之降,亦且未叙及太始三年(公元前九四)昭帝之生;《五宗世家》未叙至天汉四年(公元前九七)河间顷王授之卒;《酷吏列传》未叙及太始三年杜周之死;皆为篇中之可确切定其时限者。

《自序》既说"藏之名山,副在京师",当写成后必有一份随身带着,可随时修改的,其他钞本则不可能。但后来这些本子却可互有聚散,这就是书中断限未必一致之故了。

我们在这里不能不附注一笔,《史记》中每一篇都可能一部分为此时作,一部分为彼时作,但现在未暇分论;又,一篇中亦每有两种可能,可推此时作彼时补,或径推为彼时作者,现在只能就认为最合理的一种可能论之。

在《史记》之外,现在所存的司马迁的作品还有:(一)《与挚峻书》,当为二期作品;(二)不全的《素王妙论》,与《货殖列传》殆同时作,故为四期作品;(三)《悲士不遇赋》亦为四期作品;(四)《报任少卿书》为五期作品。桓谭说:"通才著书以百数,惟太史公为广大,馀皆藂残小论,不能比之。"(《御览》六百二)司马迁的产量是可惊的,但现在只留有这些了,而且其中免不了假!

最后,既讲到《史记》著作的先后,就不能不想到其中的缺补,一讲到缺补,就不能忘却褚先生了。

褚先生是两汉之际将近二十位补写《史记》的人物之一,只因那其馀的人物之成绩多半湮没了,所以褚先生在无意间——他本人也许不晓得——便冒了许多人的功，却也代了不少人的过。

褚先生名少孙，《汉书》上说他是沛人。曾跟着那时的大儒王式治过学。王式是武帝之孙昌邑王贺的老师。在昭帝死的一年(公元前七四)，霍光等曾经迎昌邑王贺来嗣位，可是没有一个月，就因为他淫乱，而把他废了。他的许多臣，除了有多次谏诤的，大半下狱而死。王式也几乎不免。王式当时曾被责问：为什么没有谏书？他说："臣以《诗》三百五篇，朝夕授王。至于忠臣孝子之篇，未尝不为王反复诵之也；至于危亡失道之君，未尝不流涕为王深陈之也。——臣以三百五篇谏，是以亡谏书。"这样，便也幸而得保首领。但自此，却就回家，再不敢教书了。由这件事推断，褚少孙师事王式的时候，一定在公元前七四年以前。假设这时以二十多岁计，他的生年大概还和司马迁的垂暮相接。

褚少孙恐怕并不像一般人所想象的浅陋。这是因为他的先生王式既很高明，他又受了很好的训练故。据说褚少孙去应博士弟子选的时候，那些博士见他进退有礼，诵说有法，决不强不知以为知，便都惊问他：到底跟着什么人学的？他答说是学自王式。大家对于王式是早晓得的，便立刻都推荐王式了。可是征来的结果，被同是讲《鲁诗》的博士江公所辱，遂谢病免归。后来褚少孙也是博士了，也传《鲁诗》，所以"《鲁诗》有张、唐、褚氏之学"。褚先生原来也是一个经学专家呢。一般人所以想象他浅陋的缘故，实在是因为《史记》中的许多不高明的补文，那本不一定是他写的，却早就记在他的帐上而已。

我们统观《史记》中，明明标为褚先生补写的，有：

(一)《三代世表》后张夫子、褚先生问答的一段，说明契后稷无父而生的神话只是欲见其有天命精诚之意，并非真无父而生。至于《诗经》上说无父，传记上说有父，乃是信以传信，疑以传疑。这话何尝不对！历史应该保存，神话也应该保存。同时褚先生的理性主义也流露出来了。

（二）《建元以来侯者年表》后，补记孝昭以来功臣侯者，叙至孝宣时。

（三）《梁孝王世家》后特补叙窦太后之爱少子（即梁王），致造成“骄子不孝”的后果。叙事颇细微。

（四）《三王世家》后说明《封策书》的获得，并解说其中的文义。所引两段有荀子语。这篇在张晏所称褚补之内。

（五）《田叔列传》后附写任安事，不惟记录了司马迁一个机敏而忠诚的重要友人，而且传文很淳朴而生动，这是颇值得称道的一篇。

（六）《滑稽列传》后补写郭舍人、东方朔、东郭先生、淳于髡、王先生、西门豹六则。这是补传中比较可观的文字，而记叙西门豹之作弄女巫处，尤为传神。

（七）《日者列传》后，发了一套贤者避世的议论，兼及当时的各种占卜家和以一技见长的人。

（八）《龟策列传》后，说他求龟策传不可得，乃自太卜官中写取了一些龟策卜事。除了真正专门讲龟卜的几段以外，又留有一长段写神龟见梦于宋元王，但经过卫平的四次辩论，终于把它杀了的故事。这乃是最早的韵文小说。其中“物不全，乃生也”，也可说是一种“缺陷论”的哲学。这也是褚补传中很别致很可喜的一篇。所引也有荀子语。《日者列传》和《龟策列传》，统在张晏所称褚补四篇之内。

还有几篇，并没有标明“褚先生曰”，但曾经被人认为也是他补的，这是：

(一)《孝武本纪》,抄《封禅书》,张晏谓褚补。

(二)《汉兴以来将相名臣年表》,天汉四年(公元前九七)以后,司马贞《索隐》说是褚先生所补。这个表一直叙到孝成帝鸿嘉元年(公元前二〇)。

(三)《礼书》,张守节《正义》说是褚先生取荀卿《礼论》兼为之。

(四)《乐书》,张守节《正义》说是褚先生钞《乐记》,又把篇次颠倒了。

(五)《陈涉世家》后附"褚先生曰",但裴骃《集解》引徐广说,一作太史公;又证之以班固奏事,确系司马迁采取贾谊文。我们不晓得这"褚先生曰"是谁加的,可是至少在晋末徐广时就已经这样附会了。

(六)《外戚世家》后写有王太后(武帝母)、卫后,邢夫人(其美为尹夫人所惊愧)、钩弋夫人(昭帝母)四则。现有"褚先生曰"字样,可是张守节《正义》注道:"疑此元、成之间褚少孙续之也。"可知在盛唐时还不曾把著作责任确切推到褚先生身上。

(七)《楚元王世家》中有地节二年(公元前六八)字样,张守节《正义》也说是"盖褚先生误也"。

(八)《齐悼惠王世家》中有建始三年(公元前三〇)字样,张守节《正义》也说是"褚先生次之"。

(九)《孟尝君列传》后冯驩一段,有人也疑惑是褚先生续写之。

(十)《张丞相列传》后,自车千秋以下,司马贞《索隐》说是"皆褚先生等所记",加一等字,可见也未能的确断为褚先生之笔了。

(十一)《匈奴列传》末,《索隐》引张晏曰:"自狐鹿姑单于已下,皆刘向、褚先生所录,班彪又撰而次之,所以《汉书·匈奴传》有上下两卷。”似以前通行本尚有续文，中有褚先生笔，现在是归入《汉书》了。

总之，标明褚先生的有八则，被人疑惑是出自褚先生的有十一则，后者大半是推测之词，原不可靠，前者也有少数在疑似之间，好像只要《史记》中在时间上是到了司马迁绝笔以后的，大家就把责任推在褚少孙身上，他太冤枉，也太幸运了！但无论如何，他是对《史记》颇为热心的人物，一则说：“臣幸得以文学为侍郎，好览观太史公之列传。”（《三王世家》后）再则说：“幸得宿卫，出入宫殿中十有馀年，窃好太史公传。”（《龟策列传》后）他求仁得仁，的确已经和司马迁的名字一同不朽了！不一定传自他的手笔的，不必说了，标明他著的《任安传》、《西门豹传》、宋元王梦神龟事，文笔却都那样生动畅达而圆润，我们不能低估了他！他不惟长《鲁诗》，而且“治《春秋》”（《龟策列传》后），熟于《荀子》，偏于理性主义，学识是相当丰富的。他之对《史记》，更是同情地在爱好，在欣赏，并非以枯燥的史书视之。他之补《史记》，也是专给“后世好事者读之，以游心骇耳”（《滑稽列传》后），好事者就是艺术上的爱好者，等于英文中的 Amateur，“游心骇耳”也正是对大艺术品的陶醉和惊奇，谁能再说褚先生浅陋呢？毋令独蒙恶声焉！

三十三年八月十六日夜作

二十七日改毕于重庆

第七章　司马迁的精神宝藏之内容

——浪漫的自然主义

一　司马迁之识

作为一个诗人的司马迁，他是一个不朽的抒情诗人；作为一个学者的司马迁，乃是一个无比的深刻而渊博的学者。《五帝本纪》的赞上说：

> 学者多称五帝，尚矣！然《尚书》独载尧以来；而百家言黄帝，其文不雅驯，荐绅先生难言之。孔子所传宰予问《五帝德》及《帝系姓》，儒者或不传。余尝西至空峒，北过涿鹿，东渐于海，南浮江淮矣，至长老皆各往往称黄帝、尧、舜之处，风教固殊焉。总之不离古文者近是。予观《春秋》、《国语》，其发明《五帝德》、《帝系姓》，章矣！顾第弗深考。其所表见，皆不虚。《书》缺有间矣，其轶乃时时见于他说。非好学深思，心知其意，固难为浅见寡闻道也。余并论次，择其言尤雅者，故著为本纪书首。

这是《史记》中的第一篇文字的自注，这不啻说明了司马迁的"真本实学"。司马迁之难能可贵，并不只在他的博学，而尤在他的鉴定、抉择、判断、烛照到大处的眼光和能力。——这就是所谓识。就是凭这种识，使他统驭了上下古今，使他展开了“究天人之际，通古今之变，成一家之言”的事业，使我们后人俯首帖耳在他的气魄和胸襟之下。学问而到了这个地步，已近于一种艺术，因为它已经操纵在己，没法传给别人，也没法为人所仿效了！

司马迁之识力高处，简直不唯叫我们向往，而且叫我们惊讶。例如他处在正统的汉代，汉代已经定鼎了八九十年了，但他仍能对中间不过八九年的扰攘的主角们都给了很高的地位，他不唯把项羽写作本纪，把陈涉也写作世家，而且把那“五年之间，号令三嬗”的紧张局面，作出了一个《秦楚之际月表》，让后人不至抹煞了那些起义的人的声势，或忽略了他们历史上的真正大小。

又如世家本是记有世袭的意义的，但他却斗胆把一个平民的孔子也列在韩、魏、田齐、陈涉之间了。他的意思是，政治上既有世袭，文化上也有世袭；形式上有世袭，精神上也有世袭，他晓得孔子隐然是中国的一个大教主。历史上是纪录人类生活的真相的。他之所不拘拘于形式者，却越法把握了事实的核心。

再如司马迁处的时代，是一个有学术之争的时代。大争端是在儒与老。“世之学老子者则绌儒学，儒学亦绌老子。”（《老庄申韩列传》）这是多么难处理的课题。可是司马迁仍能胜任愉快。试想就时代说，武帝是正在表彰儒学的了，但司马迁却仍然给老子写了传。再就司马迁本人的性格和家学说，则是宁近于老子，而不近于孔子的了，然而司马迁也并没有因自己的偏好而减低了对孔子之客观的认识。他更往往把孔、老的话同时援用（如《伯夷列传》、《酷吏列传》、《游侠列传》都是），各称其分，这是司马迁的公平处。老子的生平，却又是一个扑朔迷离的事件呀。纠缠着许多传说和神话，可是司马迁却把各种说法并列，让读者自己去判断。他有采访的忠实，却又有态度上的谨慎和保留。同时他把老子的姓名、籍贯、子孙都列出来了，所以那神话之可靠性，也就不攻自破了。

更如向来的历史是以政治史为中心的，是以帝王的起居注为主要内容的，但司马迁注意到了社会和经济。他知道流氓刺客，求签问卜同样是社会的大事件，而贪官污吏、富商大贾、宦官戏子、后妃妻妾也同样是人类活动中发生着作用的分子。所以他所写的社会，是全面社会，是骨子里的社会。在莱布尼兹的哲学中，有小单子反映宇宙的话，《史记》一书可说就是反映宇宙的那样单子了。莎士比亚号称具有世界的眼睛，司马迁也便是中国的莎士比亚！

就是在小处，也看出司马迁之深透一层的眼光的，我们不妨再略举几例，如《封禅书》最后说：

> 余从巡祭天地诸神名山川而封禅焉。入寿宫，侍祠神语，究观方士祠官之意，于是退而论次自古以来用事于鬼神者，具见其表里，后有君子，得以览焉。若至俎豆珪币之详，献酬之礼，则有司存。

就可见司马迁所追求的是一件事情的前因后果，好作为后来人的借鉴，而一些琐碎的繁文末节，他便不预备浪费笔墨了。事实上，他在《封禅书》里所写的也是这件事情的可笑，以及汉武帝的心理。他写的乃是人类的生活的行为，而不是死的枝叶。他所处的地位是超然的，凌空的，而不是陷在尘封的具体事件的泥浆里。又如他批评平原君说："平原君，翩翩浊世之佳公子也，然未睹大体。"他批评鲁仲连说："鲁连其指意虽不合大义，然余多其在布衣之位，荡然

肆志,不诎于诸侯,谈说于当世,折卿相之权。”他所指出的大体、大义,正就是他自己的着眼处。至如他之评商君:

> 商君,其天资刻薄人也!迹其欲干孝公以帝王术,挟持浮说,非其质矣。且所因由嬖臣,及得用,刑公子虔,欺魏将卬,不师赵良之言,亦足发明商君之少恩矣!余尝读商君《开塞》、《耕战》书,与其人行事相类,卒受恶名于秦,有以也夫!

这话多末中肯!他之评苏秦:

> 苏秦兄弟三人,皆游说诸侯以显名。其术长于权变,而苏秦被反间以死,天下共笑之,讳学其术。然世言苏秦多异,异时事有类之者,皆附之苏秦。夫苏秦起闾阎,连六国从亲,此其智有过人者。吾故列其行事,次其时序,毋令独蒙恶声焉!

也见他看事情能透过一层,不被通俗的舆论所迷惑。再如他评张仪,评李斯,评魏其、武安、灌夫:

> 夫张仪之行事,甚于苏秦,然世恶苏秦者,以其先死,而仪振暴其短,以扶其说,成其衡道。要之,此两人,真倾危之士哉!
>
> 李斯以闾阎历诸侯,入事秦,因以瑕衅,以辅始皇,卒成帝业,斯为三公,可谓尊用矣。斯知六艺之归,不务明政以补主上之缺,持爵禄之重,阿顺苟合,严威酷刑,听高邪说,废适立庶。诸侯已畔,斯乃欲谏争,不亦末乎?人皆以斯极忠而被五

刑死。察其本，乃与俗议之异。不然，斯之功，且与周召列矣。

魏其、武安，皆以外戚重。灌夫用一时决策而名显。魏其之举，以吴楚；武安之贵，在日月之际。然魏其诚不知时变，灌夫无术而不逊，两人相翼，乃成祸乱。武安负贵而好权，杯酒责望，陷彼两贤，呜呼乃哉！① 祸所从来矣！

这都是很能看到事情的底层，又恰中分寸的。他所谓“察其本”，就是见出他那识力的本领处。《留侯世家》中称：“留侯从上击代，出奇计马邑下，及立萧何相国，所与上从容言天下事甚众，非天下所以存亡，故不著。”总见他所注意者之大了。

一个人的“学”诚然重要，然而真正本钱还是在“识”，刘知几说良史一定要有才、学、识，章学诚又加上德，然而三者或四者之中，最重要的还是“识”。因为“才”不过使一个人成为文人，“学”不过使一个人成为学者，只有“识”才能让一个人成为伟大的文人，伟大的学者。至于“德”，那也仍是识的问题。能见大体之谓识，能察根本之谓识，有这种识，还会没有史德么？必须有“一览众山小”的境界，然后足以言史！

二　司马迁之学——百科全书式的人物

像司马迁的实际生活之那样繁复一样，他那精神内容也是丰

① 中华书局本《史记》下文有：“迁怒及人，命亦不延，众庶不载，竟被恶言。呜呼哀哉！”——编者注

富极了,简直是一个宝库。识力者却就是那宝库的一把钥匙。现在我们却就要打开那宝库看一看,里面都是些什么宝藏?

他那财富的第一项,应该是学。他恐怕是那时第一个据有广博的知识的人。——在这一点上他可以和孔子相比!他参加过订历,他有历法的知识。他巡行过全国,他有地理——而且是活地理,应该说是政治地理、文化地理——的知识。他理解到人类的经济活动,他留心到人类的宗教行为,所以他又有着经济学的、社会学的、民俗学的知识。他有一贯的看法,他有他的哲学。他对政治上有他的见解,他有他的社会理想。他是一个巧于把握文字的人,他有语言学上的训练和技术。——他的确是亚里斯多德那一型的哲人!他自己是一部百科全书!

三　语言学的训练——所谓古文

我们先说司马迁在语言学上的训练吧。这项训练,就是他常说的"古文"。他在《自序》中有"年十岁,则诵古文"的话。照传统的看法乃是指古文《尚书》。但就他各处所说的古文看来,如:

余读《春秋》古文,乃知中国之虞,与荆蛮、句吴兄弟也。——《吴太伯世家》

孔子因史文,次《春秋》,纪元年,正时日月,盖其详哉!至于序《尚书》,则略无年月,或颇有,然多阙,不可录。故疑则传疑,盖其慎也。余读谍记,黄帝以来,皆有年数,稽其历谱谍、

终始五德之传，古文咸不同乖异，夫子之弗论次其年月，岂虚哉？——《三代世表》

学者多称七十子之徒，誉者或过其实，毁者或损其真，钧之未睹厥容貌，则论言弟子籍出孔氏古文近是。——《仲尼弟子列传》

至长老皆各往往称黄帝、尧、舜之处，风教固殊焉。总之，不离古文者近是。——《五帝本纪》

于是谱十二诸侯，自共和讫孔子，表见《春秋》、《国语》，学者所讥盛衰大指著于篇，为成学治古文者要删焉。——《十二诸侯年表》

则古文并不限于《尚书》，唯既标明“《弟子》籍出孔氏古文”，可知他所谓古文实在和孔氏有关。《儒林列传》中称“孔氏有古文《尚书》，而安国以今文读之”，可见孔安国乃是一个能把古文讲解为今文的人，这实在就是一种古代语言学（classical philology）的专家。司马迁跟他诵古文，也就是受这种训练吧。不过其中最重要的乃是古文《尚书》而已。王国维在《观堂集林》中对“古文”二字有专文解释，他自然有他的论点，但我觉得这里所谓古文，实在就是古代语言学的训练，没有旁的。——换言之，即我认为他所谓古文，既与后代今古文之争无涉（在思想上，司马迁反而近今文派），而亦非一种特殊文字。

这种训练在司马迁看来是十分重要，它仿佛是治古代史的一把钥匙，也仿佛是考验古代史料的一块试金石。他自己既有着这方面的很深的素养，应该是可以自傲的了。

四　司马迁之读书

司马迁究竟读了些什么书，这也是一个有趣的问题。我们自然没法知道司马迁所读的书的全体，但我们却觉得他是一个无书不窥的人。所谓“迁为太史令，绌史记石室金匮之书”，所谓“百年之间，天下遗文古事，靡不毕集太史公，太史公仍父子相续纂其职”。他既有着可以得到这样的丰富的精神食粮的机会，他是这么幸运，他能不饱览吗？正如他对于人物的趣味之广泛一样，他对于书的趣味也是博纵而不拘的，试看《史记》中所流露的吧！

（一）孔子的著作或关于孔子的著作　“余读孔氏书，想见其为人。”（《孔子世家》）

（二）《孟子》　“余读孟子书，至梁惠王问何以利吾国，未尝不废书而叹也。曰：嗟乎！利诚乱之始也。”（《孟子荀卿列传》）

（三）老庄申韩　“老子所贵道，虚无，因应变化于无为，故著书辞，称微妙难识。庄子散道德，放论，要亦归之自然。申子卑卑，施之于名实。韩子引绳墨，切事情，明是非，其极惨礉少恩。——皆原于道德之意，而老子深远矣。”（《老庄申韩列传》）书中引老子者尚多，论庄子处亦精，此处不多举。书中引韩者则又有：“韩子称长袖善舞，多钱善贾，信哉是言也！范睢、蔡泽，世所谓一切辩士，然游说诸侯，至白首无所遇者，非计策之拙，所为说力少也。”（《范睢蔡泽列传》）“韩子曰：‘儒以文乱法，而侠以武犯禁。’二者皆讥，而学士多称于世云。”（《游侠列传》）

（四）《商君书》　“余尝读商君《开塞》、《耕战》书，与其人行

事相类。”(《商君列传》)

(五)《管子》、《晏子》　“吾读管氏《牧民》、《山高》、《乘马》、《轻重》、《九府》,及《晏子春秋》,详哉其言之也,既见其著书,欲观其行事,故次其传。”(《管晏列传》)

(六)兵家　“余读《司马兵法》,闳廓深远,虽三代征伐,未能竟其意,如其文也。”(《司马穰苴列传》)“世俗所称师旅,皆道《孙子十三篇》、《吴起兵法》,世多有,故弗论,论其行事所施设者。”(《孙子吴起列传》)“兵以正合,以奇胜,善之者出奇无穷。奇正还相生,如环之无端。夫始如处女,适人开户;后如脱兔,适不及距;其田单之谓邪?”(《田单列传》)

(七)屈原、贾生的作品　“余读《离骚》、《天问》,《招魂》、《哀郢》,悲其志。适长沙,观屈原所自沈渊,未尝不垂涕,想见其为人。及见贾生吊之,又怪屈原,以彼其材,游诸侯,何国不容,而自令若是?读《鵩鸟赋》,同生死,轻去就,又爽然自失矣。”(《屈原贾生列传》)而在《伯夷列传》、《南越列传》中重又引到《鵩鸟赋》,《秦始皇本纪》赞中则兼引《过秦》,说:“善哉乎贾生推言之也。”

(八)郦生书,陆生《新语》　“世之传郦生书,多曰:汉王已拔三秦,东击项籍,而引军于巩、洛之间,郦生被儒衣往说汉王,乃非也!自沛公未入关,与项羽别,而至高阳,得郦生兄弟。余读陆生《新语》书十二篇,固当世之辩士。”(《郦生陆贾列传》)

(九)《尚书》、《谍记》　“余读《谍记》……于是以《五帝系谍》,《尚书》集世纪黄帝以来,讫共和为世表。”(《三代世表》)

(十)《春秋》、《国语》　“予观《春秋》、《国语》,其发明《五帝德》、《帝系姓》,章矣。”(《五帝本纪》)

(十一)《秦记》　“太史公读《秦记》……独有《秦记》,又不载日月,其文略不具。……余于是因《秦记》,踵《春秋》之后,起周元王,表六国时事,讫二世,凡二百七十年,著诸所闻兴坏之端,后有君子,以览观焉。"(《六国表》)

(十二)《禹本纪》、《山海经》 "……故言九州山川,《尚书》近之矣,至《禹本纪》、《山海经》所有怪物,余不敢言之也。"(《大宛列传》)

(十三)秦楚之际的史料 "太史公读秦楚之际,曰:初作难,发于陈涉;虐戾灭秦自项氏;拨乱诛暴,平定海内,卒践帝祚,成于汉家。"(《秦楚之际月表》)

(十四)公文、档案之类 "太史公读列封。"(《惠景间侯者年表》)"余读功令,至于广厉学官之路,未尝不废书而叹也。"(《儒林列传》)"燕齐之事,无足采者,然封立三王……文辞烂然,甚可观也,是以附之世家。"(《三王世家》)

其他如《世家言》(《卫康叔世家》)、《弟子问》(《弟子列传》)、《长短说》(《田儋传》),相如之文,邹阳之辞等,还有许多;而且他读的以及用的书,也未必一一写出,只是我们就所标明者而论,已够代表他的趣味之广,涉猎之远了。就这些书的性质看,也许有彼此冲突的,然而司马迁却能够同样欣赏,同样融会,并行而不相妨碍!读书多不难,难在读书要有理解。即以司马迁之论孔子,论老子,论屈原,他是太会读书了。这就又靠他的识了。关于这方面,我们将在论他的文学批评时再及之。

五 司马迁与儒家

司马迁因为所受的教育之故,他浸润于儒家思想中者未尝不深，且关于《春秋》之意义，他尤其有着心得，不过关于这方面的探索，我因业已写在《司马迁和孔子》一篇中了，这里不想复述。但为免得使人忽略了他的思想中这方面的成分计，所以仍写上这一个小标题。

六　司马迁之根本思想——道家

司马迁的吸取也并非漫然的，他有他性格上最深的契合着的哲学面目。不错，他父亲希望他作第二个孔子，这就造就一个学者而论，他父亲的教育也许是成功了，然而就一个人之性格上的发展论，司马迁的主要思想的路线，所走的却是他父亲的同样道路，这便依然是道家。道家的主要思想是自然主义，这也就做了司马迁的思想的根底。

让我慢慢把这意思说下去。我首先要说的，是司马迁书中的道家成分。就历史的意义说，应该称为"老学"；就时代的意义说，应该称为"黄老"；但就学术的体系意义说，应该称为"道家"。这种思想的中心是在《老子》一书。至于老子这人如何，《老子》一书又如何，这不是我们现在的篇幅所能说的。现在所能说的，只是司马迁对于老子一派的学问的把握而已。司马迁说：

> 老子修道德，其学以无名自隐为务。
>
> 李耳无为自化，清静自正。
>
> 老子所贵道，虚无因应，变化于无为，故著书辞，称微妙难识。庄子散道德放论，要亦归之自然。申子卑卑，施之于名

实。韩子引绳墨,切事情,明是非,其极惨礉少恩。皆原于道德之意,而老子深远矣。

自然无为就是老学的真精神。所谓自然,用现在的话讲,就是“顺其自然”,因为顺其自然,不加人力,所以也可以称为“无为”。无为就是不勉强的做。这里边也就包括一个前提,这就是承认客观的力量。所谓客观的力量,也便是一种“势”。——这是物质的自然和人为的(文化的、历史的)活动所加在一起而构成的一种趋势(tendency)。所以这里边虽然不是纯粹的西洋所谓自然主义(naturalism),然而实在以自然主义为基本出发点。——这可以说是司马迁的思想之哲学基础。

我们再看司马迁在其他地方所引的《老子》吧:

参为汉相国,清静,极言合道。然百姓离秦之酷后,参与休息无为,故天下俱称其美矣。——《曹相国世家》

或曰:“天道无亲,常与善人。”若伯夷、叔齐,可谓善人者非耶?——《伯夷列传》

桓公欲背曹沫之约,管仲因而信之,诸侯由是归齐。故曰“知与之为取,政之实也。”——《管晏列传》

女无美恶,居宫见妒;士无贤不肖,入朝见疑。故扁鹊以其伎见殃,仓公乃匿迹自隐而当刑,缇萦通尺牍,父得以复宁。故老子曰:“美好者,不祥之器,”岂谓扁鹊等邪?若仓公者,可谓近之矣。——《扁鹊仓公列传》

孔子曰:“导之以政,齐之以刑,民免而无耻;导之以德,齐之以礼,有耻且格。”老氏称:“上德不德,是以有德;下德不失

德，是以无德。法令滋章，盗贼多有。”太史公曰：信哉是言也！法令者治之具，而非制治清浊之源也。——《酷吏列传》

叔孙通希世度务，制礼进退，与时变化，卒为汉家儒宗。“大直若诎，道固委蛇。”盖谓是乎！——《刘敬叔孙通列传》

老子曰：“至治之极，邻国相望，鸡狗之声相闻，民各甘其食，美其服，安其俗，乐其业，至老死不相往来。”必用此为务，輓近世，涂民耳目，则几无行矣。太史公曰：夫神农以前，吾不知已，至若《诗》、《书》所述，虞夏以来，耳目欲极声色之好，口欲极刍豢之味，身安逸乐，而心夸矜势能之荣。使俗之渐民久矣，虽户说以眇论，终不能化。故善者因之，其次利道之①，其次整齐之，最下者与之争。——《货殖列传》

这其中都有着对于老学之极中肯的理解，而化为司马迁自己的思想了，你看：他说曹参的清静，休息无为，是合道的；他说法令非制治清浊之源（因为那就是有为了）；对于人民的欲望，经济行为，便最好是“因之”，而最下策是“与之争”，因为前者就是顺着一种“势”，后者就是“有为”。这都是老学的真精神！自然是没有意志的，只是一种趋势，所以说天道无亲，不过大体上是长与善人而已，因此也就有例外，因此也就对于伯夷、叔齐不能无感慨。所谓“势”是一个动态的。这动态之中有一个原则，那就是辩证地（dialectic），相反却又相成，所以“与之为取”，所以“美好者，不祥之器”。应付这种势，便也要运用它，所以要“与时变化”，“大直若诎”。

就初期的道家讲，重在原则，那就是老学。就后期的道家讲，

① 中华书局本《史记》下文有：“其次教诲之”。——编者注

乃是重在这原则的应用,这便是黄老。初期因为重在原则,可以说重在形上学,重在对自然的认识;后期因重在应用,可以说重在人生论,重在人事上的应付。前期乃是较重在纯粹的自然主义的,后期却是重在顺其自然的一个原则的发挥上。——司马迁则是把两期的道家思想都能吸收,都能消化,又都能运用了的。

我们现在更进一步看司马迁对老学的运用。他最澈底地表现自然主义的,莫过于他那《素王妙论》(见《玉函山房辑佚书》卷八十九,以及王充《论衡·命禄篇》):

> 春夏囚死,秋冬旺相,非能为之也;日朝出而暮入,非求之也,天道自然。

再没有比这个宣言更鲜明的了!他从这个观点,便了解了许多事情:

> 诸侯大国,无过齐悼惠王,以海内初定,子弟少,激秦之无尺土封,故大封同姓,以填万民之心,及后分裂,固其理也。——《齐悼惠王世家》

理是什么?理正是自然之理,也就是一种趋势。趋势是不可违抗的:

> 吾适故大梁之墟,墟中人曰:秦之破梁,引河沟而灌大梁,三月城坏,王请降,遂灭魏。说者皆曰:魏以不用信陵君,故国削弱,至于亡。余以为不然,天方令秦平海内,其业未成,魏虽

得阿衡之佐，曷益乎？——《魏世家》

在通常，一个承认客观力量的人，往往不能欣赏那和客观的力量对抗的人物，可是司马迁不然，他一方面很承认客观力量之大，但一方面却又同情那些作“无效的抵抗”的英雄，所以他那书里是能够充分发挥那所谓“悲剧意识”的。——这样一来，贯穿着他那全书的，就是一种抒情的命运感了！

在客观的力量之中，历史的趋势是其一。其他却还有地理的力量。表现于书中者有：

余尝西至空峒，北过涿鹿，东渐于海，南浮江淮矣，至长老皆各往往称黄帝、尧、舜之处，风教固殊焉。——《五帝本纪》

余与壶遂定律历，观韩长孺之义，壶遂之深中隐厚，世之言梁多长者，不虚哉！——《韩长孺列传》

《诗》之所谓“戎狄是膺，荆舒是惩”，信哉是言也。淮南、衡山，亲为骨肉，疆土千里，列为诸侯，不务遵蕃臣职，以承辅天子，而专挟邪僻之计，谋为叛逆，仍父子再亡国，各不终其身，为天下笑，此非独王过也，亦其俗薄，臣下渐靡使然也。夫荆楚僄勇轻悍，好作乱，乃自古记之矣。——《淮南衡山列传》

三晋多权变之士，夫言从衡强秦者，大抵皆三晋之人也。——《张仪列传》

吾尝过薛，其俗闾里率多暴桀子弟，与邹鲁殊，问其故，曰：“孟尝君招致天下任侠奸人入薛中，盖六万馀家矣。”世之传孟尝君好客自喜，名不虚矣。——《孟尝君列传》

吾适齐，自泰山属之琅琊，北被于海，膏壤二千里，其民阔达多匿知，其天性也。以太公之圣建国本，桓公之盛修善政，以为诸侯，会盟称伯，不亦宜乎？洋洋哉，固大国之风也！——《齐太公世家》

及高皇帝诛项籍，举兵围鲁，鲁中诸儒尚讲诵，习礼乐，弦歌之音不绝，岂非圣人之遗化，好礼乐之国哉？故孔子在陈曰："归与！归与！吾党之小子狂简，斐然成章，不知所以裁之。"夫齐鲁之间，于文学，自古以来，其天性也。——《儒林列传》

这都无异于是一种雏型的文化地理学。地理的力量之外，是经济的力量。经济的力量尤超过一切：

富者人之情性，所不学而俱欲者也。故壮士在军，攻城先登，陷阵却敌，斩将搴旗，前蒙矢石，不避汤火之难者，为重赏使也。其在闾巷少年，攻剽椎埋，劫人作奸，掘冢铸币，任侠并兼，借交报仇，篡逐幽隐，不避法禁，走死地如骛者，其实皆为财用耳。今夫赵女郑姬，设形容，揳鸣琴，揄长袂，蹑利屣，目挑心招，出不远千里，不择老少者，奔富厚也。游闲公子，饰冠剑，连车骑，亦为富贵容也。弋射渔猎，犯晨夜，冒霜雪，驰坑谷，不避猛兽之害，为得味也。博戏驰逐，斗鸡走狗，作色相矜，必争胜者，重失负也。医方诸食技术之人，焦神极能，为重糈也。吏士舞文弄法，刻章伪书，不避刀锯之诛者，没于赂遗也。农工商贾畜长，固求富益货也。——《货殖列传》

这真是拆穿后壁的说法了。他从军士之勇在为赏，流氓之轻生在

为财，妓女之卖笑在为奔富贵，一直说到浮浪子弟，打猎，赌博，技术专家，贪官污吏，农工商贾等，都是为吃饭。倘就这点看，司马迁实在是一个澈底的唯物论者。——他比韩非统摄得还广泛，他比王充看得还纯粹，他应该怕是古代思想家中最能就唯物观点而论世的了！

很有趣的是，他的《酷吏列传》是与《平准书》相表里的，因为《平准书》正是在经济方面给酷吏之产生以说明者：

> 干戈日滋，行者赍，居者送，中外骚扰而相奉，百姓抗弊以巧法，财赂衰耗而不赡，入物者补官，出货者除罪，选举陵迟，廉耻相冒，武力进用，法严令具，兴利之臣自此始也。

这眼光也高极了！照司马迁所了解，武帝之所以从事武功，不只是由武帝一人的意志而然，实在是那时经济力量膨胀的结果，因经济力量膨胀而事侵略，因侵略而经济转趋衰歇，社会因而不安，于是酷吏任用。我想，就是现在非常时髦的唯物论者——用经济以解释帝国主义及社会的——也不过如此的吧。

假若这种唯物观点是近于马克思的话，则司马迁在另一方面，却有点近于弗洛乙德：

> 英布者，其先岂《春秋》所见楚灭英六，皋陶之后哉？身被刑法，何其拔兴之暴也！项氏之所阬杀人以千万数，而布常为首虐，功冠诸侯，用此得王，亦不免于身为世大僇。祸之兴，自爱姬殖。妒媢生患，竟以灭国！——《黥布列传》

凡此种种客观的力量（历史的趋势，地理的环境，经济的因素，性的关系），都是使司马迁采取了道家的自然主义的立场，归于无为的。他说：

> 无造福先，无触祸始，委之自然，终归一矣！——《悲士不遇赋》（《艺文类聚》三十）

在自己是无为，这是他的人生观；在社会方面也主张无为，那是他的政治哲学。他认为社会现象原是如此的：

> 故物贱之征贵，贵之征贱，各劝其业，乐其事，若水之趋下，日夜无休时。不召而自来，不求而民出之，岂非道之所符，而自然之验邪？——《货殖列传》

他真不愧是道家的司马谈的儿子了！在这种基本认识上，他的思想是一贯的。

基于这种自然主义，他有他的科学态度。所以他在《刺客列传》中不采《国策》上"天雨粟，马生角"之说，以为大过。他更不信地脉：

> 吾适北边，自直道归。行观蒙恬所为秦筑长城亭障，堑山堙谷，通直道，固轻百姓力矣。夫秦之初灭诸侯，天下之心未定，痍伤者未瘳，而恬为名将，不以此时强谏，振百姓之急，养老存孤，务修众庶之和，而阿意兴功，此其兄弟遇诛，不亦宜乎？何乃罪地脉哉？——《蒙恬列传》

他不信龟策：

> 余至江南，观其行事，问其长老，云：龟千岁乃游莲叶之上，蓍百茎共一根。又其所生，兽无虎狼，草无毒螫，江傍家人，常畜龟，饮食之。以为能导引致气，有益于助衰养老。岂不信哉？——《龟策列传》

在不熟悉司马迁的讽刺笔调的，一定以为司马迁也是信龟策了，然而这恰是反面的话呢。要知道他惯于以褒作贬，惯于用最高的理智和当时的愚人开一开玩笑！

他又有一种取信的态度，恰像胡适之所谓的"拿证据来"。例如《日者列传》中说：

> 古者卜人所以不载者，多不见于篇；及至司马季主，余志而著之。

这种证据还是要求于书本上的，至于《大宛列传》中所说：

> 《禹本纪》言河出昆仑，昆仑其高二千五百馀里，日月所相隐避为光明也，其上有醴泉瑶池。今自张骞使大夏之后也，穷河源，恶睹本纪所谓昆仑者乎？

这就是要求实地的证据了。他之各地考察，以证实他的历史著作，也无非是这个同一要求的另一表现而已。这可以称为一种实证主义(positivism)。实证主义本也是自然主义的一支！

至于司马迁把道家思想应用于人事处更多。我们几乎可以这样说,凡是书中论到一个人的成败处,大体上都是采取道家的观点。例如论项羽之败是在“兴之暴”,是在“自矜功伐”;黥布之败也是在“拔兴之暴”,在“常为首虐,功冠诸侯”,于是“用此得王,亦不免于身为世大僇”。他责备周亚夫的是“足己而不学,守节不逊”,所以“终以穷困”。他责备韩信的是“假令韩信学道谦让,不伐己功,不矜其能,则庶几哉于汉家勋,可以比周召、太公之徒”。因为这些人都是不晓得老子所谓“飘风不终朝,骤雨不终日”的道理,更缺乏老子所谓“不自伐故有功,不自矜故长”的修养的,司马迁之责论即是由老子立场而云然。反之,像司马迁之赞美张良“无知名,无勇功,图难于易,为大于细”(《自序》),也是同样就道家观点而加以欣赏了。

七 司马迁和荀学

照《孟子荀卿列传》上说,荀子是赵人,而游学于齐,最后适楚。这是一个调和南北学派的人物。齐楚文化本为一系,荀子也恰是沟通了它们的。

荀子虽是儒家,但已经采取了道家的思想。在《李斯列传》中,当李斯在最富贵的时候,曾忽然叹道:

> 嗟乎,吾闻之荀卿曰:“物禁太盛。”夫斯乃上蔡布衣,闾巷之黔首,上不知其驽下,遂擢至此。当今人臣之位,无居臣上者,可谓富贵极矣。物极则衰,吾未知所税驾也。

李斯所引的《荀子》，正是一种道家思想。因为照道家的看法，世界的事物都是在变动中的，变动时则遵循一种辩证的法则，凡发展到一种顶点时，便会下降，所以人们最好在任何一种事上都不让它发展到饱和的状态，以免变质。

在荀子的思想体系中，又有着浓厚的自然主义色彩，《天论》便是一个例子。这也是因吸取道家而然。在齐楚文化这一系的传递上，在自然主义的表现上，司马迁和荀子都是应该接近的。假若照近人郭沫若氏的研究，荀子在先秦学术中的地位，远超过前人的想象，那末，他之影响司马迁也是很自然的了。

现在就《史记》的文字看，其中最明显的痕迹是《六国表》上所谓的"法后王"。荀卿的法后王是不是指秦，虽无明文，但荀子至少是希望有一个大帝国之出现的。荀子弟子李斯之入相秦，在某一种意义上说，未始不是受了荀子的鼓励和启发。司马迁对于秦也颇有好感，他不赞成那些对秦加以非笑的人，他说那只是"牵于所闻"，"与以耳食无异"呢。

此外，像在《游侠列传》中所说："此如顺风而呼，声非加疾，其势激也。"在《货殖列传》中所说："此皆诚壹之所致。"《淮南衡山列传》中所说："亦其俗薄，臣下渐靡使然也。"这都是援用荀子的语汇的，而《礼书》、《乐书》更是采自荀子的《礼论》、《乐论》，即使《乐书》采自《乐记》，而《乐记》出自公孙尼子，但公孙尼子仍为荀子一系（余别有考），可见司马迁之承受荀学处也是无可疑的了。

同时我们附带要说的，是《史记》中引用贾谊的地方也特别多，而且《始皇本纪》和《陈涉世家》直然钞大段的贾谊《过秦》以为赞（此据徐广、裴骃之说），《屈原列传》之后又直然以贾谊配之，可知司马迁之估价贾谊也是很高的。在我们细读《贾谊传》的结果，便见出大概贾谊也是荀学。你看：

> 年十八，以能诵诗属书闻于郡中，吴廷尉为河南守，闻其秀才，召置门下，甚幸爱。孝文皇帝初立，闻河南守吴公治平为天下第一，故与李斯同邑而常学事焉，乃征为廷尉。廷尉乃言贾生年少，颇通诸子百家之书，文帝召以为博士。

由此可知贾谊乃是为吴廷尉所荐引并爱幸，而吴廷尉为李斯的弟子，也就是荀卿的再传弟子了。贾谊以十八岁在吴廷尉的门下，而文帝召见时年二十馀，那末起码在吴的门下也有四五年。他所受的薰陶一定是很大的。同时在气味上也一定是很合得来，否则哪里会爱幸和荐引呢？司马迁之屡引贾谊，或者就是也因为贾谊有得于荀学之故吧。

再有一点也可注意，司马迁之荀学，也许竟是由贾谊得来的。因为贾谊的孙子贾嘉和司马迁是朋友，"孝武皇帝立，举贾生之孙二人至郡守，而贾嘉最好学，世其家，与余通书"（《贾生列传》），再据《儒林列传》，有"自此以后，鲁周霸、孔安国，雒阳贾嘉，颇能言《尚书》事"的话，则贾嘉也是《尚书》方面的学者，与孔安国辈分相近，同司马迁想也在师友之间。假若我们的推断不错，司马迁和荀学的关系可能如下表：

荀卿——李斯——吴廷尉——贾谊——贾谊之子——贾谊之孙贾嘉——司马迁

八　浪漫的自然主义

可是我们不要忘记，司马迁在性格上更占大量成分的乃是他的浓烈的情感，他原是像屈原样的诗人。所以结果，假若用一个名词以说明司马迁时，我们应该称他为浪漫的自然主义（romantic naturalism）。我想来想去，实在找不到更合适的称呼了！

司马迁的本质是浪漫的，情感的。他的情感本是不时爆发而出的。自然主义是他对一切的看法，但看法之后，却终不掩他的情感。例如，不错，他晓得游侠之产生是由于经济，如《货殖列传》所说；然而在说明其产生之后，就表露他的情感了，“自秦以前，匹夫之侠，湮灭不见，余甚恨之。”他冲口而出了！他把古今一切著作都归到“大抵圣贤发愤之所为作也”，这更是不折不扣的浪漫观点。

因此，他的自然主义，并没引导他到启蒙精神而止，却发挥在、笼罩在他的浪漫精神上了！

九　司马迁的历史哲学与历史科学

司马迁究竟是一个历史家。司马迁在这一方面的贡献如何，在传统的评价中，原已有一种公论（虽然我们觉得不够），我们姑且引赵翼的一段话，以为代表。

> 司马迁参酌古今，发凡起例，创为全史，《本纪》以序帝王，

《世家》以记侯国,《十表》以系时事,《八书》以详制度,《列传》以志人物,然后一代君臣政事贤否得失,总汇于一编之中。自此例一定,历代作史者,遂不能出其范围,信史家之极则也。——《二十二史札记》

这意思是说司马迁之功乃在给中国的所谓"正史"立下一个规模。其次称道司马迁的史学贡献的,是说他开创了"通史",这说法最初为郑樵所提及,后来又为章学诚所张大。

反之,对司马迁的史学不满的,除了班固站在古典的立场说他"是非颇缪于圣人,论大道则先黄、老而后《六经》,序游侠则退处士而进奸雄,述货殖则崇势利而羞贫贱"而外,又有郑樵责其博雅不足之说:

大著述者必深于博雅,而尽见天下之书,然后无恨。当迁之时,挟书之律初除,得书之路未广,亘三百年之史籍,而跼蹐于七八种书,所为迁恨者,博不足也。而其书,皆齐人之语,今迁书全用旧文,间以俚俗,良由采摭未备,笔削不遑,故曰:"予不敢堕先人之言,乃述故事,整齐其世传,非所谓作也。"刘知几亦讥其多聚旧记,时插新言,所可为迁恨者,雅不足也。——《通志·总序》

所谓"雅不足"就仍是班固的同一观点,不过一从思想上论列,一从语言上论列而已。然而这在反面,却恰可以说明司马迁之浪漫精神,这不唯不足为病,却正是特色所在处。至于所谓博不足,却就是现代人所斤斤计较的史料的丰富不丰富的问题。我认为这也不过是“事后有先见之明”的可笑看法罢了。司马迁在那时实在已尽了搜集史料的能事了,而且他也是有着运用史料的方便的,古人著书不能像现在人一一标出来源,这是我们必须考虑的。再说一个历史家之可贵,并不在史料之多,而在对史料之了解,并能看出它的意义。现在人动辄说史料多少,这是只求广度,而忘了求深度了。司马迁之可贵,乃在他的“识”。由于他的“识”,于是他能对平凡的史料,而掘发出了意义。这岂是浅薄的人所能梦见的?

我认为从前人对司马迁所加的估价是不够的,所加的贬词也是不正确的——在一个英雄身上发现苍蝇似的瑕疵原不足为训。照我们现在的了解,我们认为司马迁除了为正史立下规模以及有通史的气魄之外,又有下面几种了不起的贡献:

第一,一个历史家的可贵,首在有一种“历史意识”。有历史意识,然后才能产生一种历史范畴。历史范畴是什么呢?历史范畴就是演化。凡是认为一切不变的,都不足以言史。自来的思想家,不外这两个观点:一是从概念出发,如柏拉图,如康德;一是从演化出发,如亚里斯多德,如黑格耳。司马迁恰恰是属于后者的。用他的名词说,就是变,就是渐,就是终始:

> 维三代之礼,所损益各殊务,然要以近性情,通王道,故礼因人质为之节文,略协古今之变,作《礼书第一》。——《太史公自序》
>
> 臣弑君,子弑父,非一旦一夕之故也,其渐久矣。——《太史公自序》
>
> 罔罗天下放失旧闻,王迹所兴。原始察终,见盛观衰。……天人之际,承敝通变。——《太史公自序》

故汉兴，承敝易变，使人不倦，得天统矣。——《高祖本纪》

语有之，“以权利合者，权利尽而交疏”，甫瑕是也。甫瑕虽以劫杀郑子，内厉公，厉公终背而杀之。此与晋之里克何异？守节如荀息，身死而不能存奚齐，变所从来，亦多故矣。——《郑世家》

儒者断其义，驰说者骋其词，不务综其终始。——《十二诸侯年表》

学者牵于所闻，见秦在帝位日浅，不察其终始，因举而笑之，不敢道。——《六国表》

观其所以得尊宠及所以废辱，亦当世得失之林也，何必旧闻？于是谨其终始，表其文。——《高祖功臣侯年表》

咸表终始，当世仁义成功之著者也。——《惠景间侯者年表》

为天数者，必通三五，终始古今，深观时变，察其精粗，则天官备矣。——《天官书》

是以物盛则衰，时极而转，一质一文，终始之变也。——《平准书》

仆窃不逊，近自托于无能之词，网罗天下放失旧闻，考其行事，综其终始，稽其成败兴坏之纪。……亦欲以究天人之际，通古今之变，成一家之言。——《报任少卿书》(据《文选》)

在“变”、“渐”、“终始”三者之中，司马迁尤其时时提及的乃是终始。终始者并不是一堆死的东西，摆在那儿的，如果那样便只是史料而已了。一个历史家需要对于史料加以专家的把握，用司马迁的话讲就是：“综其终始”，“察其终始”，“谨其终始”，这里边实在包括许多方法和许多本领。“谨其终始”是客观地遵循这一种演变,"察其终始"是对于这一种演变加以观察,最后却要加以组织,那就是"综其终始",而且更要看出其中的意义,寻出一种原则,也就是所谓"通古今之变"了。他说"儒者断其义,驰说者骋其词,不务综其终始",就因为前者是哲学家、文学家的看法,只有他之"综其终始"才是一个历史家的看法。这其中有司马迁的学力,也有他的识力。司马迁处处没忘了他是一个历史家,他处处运用这种历史意识,发挥这种意识,所以他可称为是中国上古第一个觉醒的担负着历史使命、历史课题的人。同时司马迁又有着诗人的天才,他往往把这种演化的趋势,就具体的事件上观察之,把握之,描写之,例如他对诸侯之被削弱,便从他们之"贫者或乘牛车"看出来(见《平准书》及《五宗世家》),因此他的历史意识乃是佐之以诗人的慧眼,于是烛照的角落更多,而表现出来的也更有着史诗性的意味了。

第二,司马迁是一个有史观的人,换言之,他有他对历史的一贯的看法。他有他的历史哲学。假若说他的历史意识,是在所谓"通古今之变"上,那末他的历史哲学,就是在"究天人之际"上。天人之际是什么?用现在的话讲,就是客观力量和主观行为的消长结果。因为他看重客观力量,所以也可以说他的史观乃是唯物史观。在客观力量之中,更重经济力量,这是我们已经说过的了。同时他所认识的客观力量并不是死的,而是在一种动态之中的,这动态却又有一种法则可寻,那就是盛衰循环,近于一种辩证法:

当是之时,网疏而民富,役财骄溢,或至兼并豪党之徒,以武断于乡曲。宗室有土,公卿大夫以下,争于奢侈,室庐舆服僭于上,无限度。物盛而衰,固其变也。——《平准书》

故《书》道唐虞之际,《诗》述殷周之世,安宁则长庠序,先本绌末,以礼义防于利。事变多故,而亦反是。是以物盛则衰,时极而转,一质一文,终始之变也。——《平准书》

夏之政忠,忠之敝,小人以野,故殷人承之以敬。敬之敝,小人以鬼,故周人承之以文。文之敝,小人以僿,故救僿莫若以忠。三王之道若循环,周而复始。——《高祖本纪》

夏正以正月,殷正以十二月,周正以十一月,盖三王之正若循环,穷则反本。——《历书》

在《平准书》中,是以经济的变动而解释吏治的变动的,这是唯物史观之绝好的说明。在《高祖本纪》中,也堪称为一种辩证的文化哲学。司马迁虽然不能时时抓牢唯物辩证法观点,但总算疏而不失了。

再则讲文化哲学的人,往往定出一种周期来,如施贲格勒即谓每一种文化有两千年的寿命是。司马迁在这点上却也有近似的说法,这就是:“夫天运三十岁一小变,百年中变,五百载大变,三大变一纪,三纪而大备。此其大数也。”(《天官书》)

第三,司马迁承了中国学者的传统(尤其是由于他父亲的教育),并不以纯粹的客观事实之说明为限(他父亲一则说:“无忘吾所欲论著。”二则说:“余为太史而弗论载。”可见都是要在历史书里发表自己的意见的),却还要致用,却还要从学术的研究中得出一种智慧,尤其是政治的智慧。他所得的智慧便是“承敝通变”。人类既在变化之中,为顺应这种大势,便只有采取变革的办法,而不能遵守故常了。这也可以说是司马迁心目中的历史教育的内容,他自己就是要担负这种教育的使命的,他在《史记》中,创“八书”,

以为通史的榜样，用意也便在此。他在《自序》中已明言之：

> 礼乐损益，律历改易，兵权山川鬼神，天人之际，承敝通变，作“八书”。

后来司马光把自己的历史著作叫做《资治通鉴》，也仍是此意。因此往大处说，历史教育乃是一种政治教育。往小处说，历史教育却也起码是一种伦理教育。所以在司马迁的心目中，历史一定有所刺讥褒贬，他认为这是孔子的遗教，孔子就是这样的：

> 七十子之徒，口受其传指，为有所刺讥褒讳挹损之文辞，不可以书见也。——《十二诸侯年表》

只是后来的人只注意了消极的作用，单有贬刺，而忽略了积极的意义罢了。司马迁在这一点上却又特别提醒。他遵循着他父亲的指示，说：

> 《春秋》采善贬恶，推三代之德，褒周室，非独刺讥而已也。

事实上司马迁也正是这样实行着的。我们看他的《自序》中，每作一传，几乎都是“嘉”某人之某一方面如何而后动笔的。他恰如玛修·阿诺德对于批评的认识，是要把认为美好的东西宣传出去的。——中国的文学批评本寓于史，但很少人晓得这积极的作用更为重要就是了。政治教育和伦理教育是司马迁在历史教育上的认识和贡献处。

第四,司马迁的历史是真正人类整个活动的历史。这并不在乎史料的全不全(虽然在这一点上司马迁也仍无可议),而在乎触及的方面广不广。英人弗里曼(E. A. Freeman)著《历史研究方法论》(*The Methods of Historical Study*),说:“历史家应该每事皆知。”(原书页四五)司马迁够这个资格——至少就那个时代说是够这个资格。

第五,在记录人类的整个活动之中,司马迁尤其难得的是在他的历史中抬高了平民的地位。他的《本纪》、《世家》虽然还是帝王贵族的史乘,然而其中也业已加入了一个布衣——孔子,和一个佣耕的陈涉了,至于列传中的仲尼弟子、游侠、刺客、滑稽等等,却大都是平民。就是像老、孟、荀那般学者,扁鹊、仓公那般技术人才以及老粗出身的那般将官,也都是小市民阶层的。美国历史家罗宾逊(J. H. Robinson)在《新史学》(*The New History*)中所说的“为平民而著的历史”(“History for the common people”),司马迁实在已经庶几近之了。这不唯已往的历史家没有做到,就是司马迁以后的历史家也很少能继续。

第六,在历史科学的方法上,司马迁的贡献尤其大。体裁的创制已由前人说过,我们不必多说。我觉得最难得的是,司马迁的历史实在已由广度而更走入深度。正像德国史学家考尔夫(Korff)那般人所谓,历史的意义,不在探求外延,而更在探求内包。司马迁的历史已经能够探求到人类的心灵。所以他的历史,乃不唯超过了政治史,而且更超过了文化史,乃是一种精神史、心灵史了。这是第一点。其次是,历史本来是讲演化的,演化是纵的,是顺着一种线索的,这在司马迁固然已经很能把握了,但他却更进一步,在演进之中而加入一种体系的探求。例如他的《刺客列传》、《酷吏列传》、《货殖列传》、《游侠列传》、《循吏列传》、《佞幸列传》、《龟策列传》、《日者列传》、《儒林列传》等，都是想用一种体系去整理的。这样的传记已经占列传的总数七分之一。八书更不用说。不但这样，就是他的标出人名的列传，也多半以类相从，例如老庄申韩可以称为“哲人列传”，孙子、吴起可以称为“兵家列传”，屈贾可以称为“诗人列传”是。再说就是列传与列传之间的排列也仍是有着连系的，例如《孙吴列传》之前便是《司马穰苴列传》，这同样是兵家；而《苏秦列传》之后便是《张仪列传》，这同样是纵横家；其他同样的例子不必尽举。这就可见司马迁乃是要在人类的生活经验之中而寻出若干范畴来了。因此，他的书乃是演化与体系二者并重的，倘无前者固不足为“史”，倘无后者便也不能驾驭史，超乎史。这是他在史学方法上可贵的第二点。

至于他之运用史料，鉴别史料（如《五帝本纪》中之以古文为准，《周本纪》中之辨居洛邑为受犬戎之攻而非为伐纣，《魏世家》中之论魏灭并非由于不用信陵，《苏秦张仪列传》中之推原苏秦蒙恶声之由），都有近于现代人的疑古和考证的方法处。再则他的彻底执行阙疑的办法，兼采众说，留待后人判断（如老子问题，如吕尚事周的情形等），这乃是近于美人温逊（Vincent）在他的《历史研究法》（*Historical Research*）中所说历史判断与法官判断之异即在前者可不下判决，以待新证据（见原书页二五六）。这统是可贵的，但比起前二者来，总算是贡献中之小焉者了。

第七，在对于中国历史的了解上，司马迁有他的新见地，这就是对于秦的看法。他对于秦，估价很高，书中在在言之：

秦取天下多暴，然世异变，成功大。传曰法后王，何也？以其近己而俗变相类，议卑而易行也。学者牵于所闻，见秦在

帝位日浅，不察其终始，因举而笑之，不敢道，此与以耳食无异，悲夫！——《六国表》

至秦有天下，悉内六国礼仪，采择其善，虽不合圣制，其尊君抑臣，朝廷济济，依古以来。至于高祖，光有四海，叔孙通颇有所增益损减，大抵皆袭秦故。自天子称号，下至佐僚，及宫室官名，少有变改。——《礼书》

一个历史家必须客观，必须不以成败论事，司马迁身居汉代而能不避嫌疑以论秦之历史地位，这也是难能可贵的。司马迁在历史上的发明本多，现在只是举出最重大的一项以概其馀罢了。

十 司马迁之政治观

司马迁的史学，既以经世致用作为目标之一，当然不能不有一种政治理想的寄托——至少对政治有他的看法。

因为他的根本思想既是道家的自然主义，所以他的政治哲学也便建立在无为上。他觉得最好是顺其自然。他理想的是：

孝惠皇帝、高后之时，黎民得离战国之苦，君臣俱欲休息乎无为。故惠帝垂拱，高后女主称制，政不出房户，天下晏然，刑罚罕用，罪人是希，民务稼穑，衣食滋殖。——《吕后本纪》

吕后时的政治本无可称，但是能够做到无为，人民能安居乐业，他也就认为不错了。无为的反面是有为，是多事，多事就容易出乱子。像七国之乱便是一个榜样：

> 汉兴，孝文施大德，天下怀安。至孝景不复忧异姓，而晁错刻削诸侯，遂使七国俱起，合从而西乡，以诸侯大盛，而错为之不以渐也。及主父偃言之，而诸侯以弱，卒以安。安危之机，岂不以谋哉？——《孝景本纪》

这其中确有一种对黄老术的向往在。（《孝景本纪》或为司马谈著，但至少司马迁是同意这个看法的。）

一般人或者以为司马迁也是赞成封禅、改历、易服色等事的，其实司马迁站在无为的立场，对这并不赞成。他说：

> 孔子言"必世然后仁，善人之治国百年，亦可以胜残去杀"，诚哉是言！汉兴，至孝文四十有馀载，德至盛也！廪廪乡改正服封禅矣，谦让未成于今，呜呼！岂不仁哉？——《孝文本纪》

他虽然也参加过封禅改历，但那等于"当官差"，他之赞美孝文帝，就是表明他的本心是不赞成武帝那一套太有为的举动而已。

在许多有为的事件之中，他尤其痛恶的是严刑峻法，所以他说：

> 周秦之间，可谓文敝矣，秦政不改，反酷刑法，岂不缪乎？故汉兴，承敝易变，使人不倦，得天统矣。——《高祖本纪》

严刑峻法并不足以求治。法越密,人越能作弊。他曾指出:"自张汤死后,网密,多诋严。官事浸以耗废。"他痛切地说:"法令者治之具,而非制治清浊之源也。昔天下之网尝密矣,然奸伪萌起,其极也,上下相遁,至于不振。"(均见《酷吏列传》)真慨乎言之!这让我们想起老子所谓"法令滋章,盗贼多有"来,司马迁到底是根于老学呵!不过老子(假若真有这末一个人)还是就哲人的眼光观察而已,而司马迁身受峻法之祸,亲见严刑的流弊,其体验之深浅却自有不同了!

假若有了严刑峻法以后,能够守法还好,如果不守法,那就为害更不可胜言了。司马迁在不得已而求其次的时候,是赞成守法的,他在《张释之列传》里先记张释之守法的言论:

> 法者,天子所与天下公共也。今法如此而更重之,是法不信于民也。且方其时,上使立诛之,则已。今既下廷尉,廷尉,天下之平也,一倾而天下用法皆为轻重,民安所措其手足?

这话是因为一个人惊了文帝的驾,张释之按法处以罚金,而文帝认为罚太轻而说的。又有一次,是有人盗高庙前玉环,张释之又依法只判了死罪,而文帝却认为当灭族。张释之便又争道:

> 法如是足也。且罪等,然以逆顺为差,今盗宗庙器而族之,有如万分之一,假令愚民取长陵一抔土,陛下何以加其法乎?

这本是难得的守法精神。于是司马迁在赞中也便加以颂扬道:"张季之言长者，守法不阿意，有味哉，有味哉！”但我们却觉得司马迁的颂扬也是雅有意味的。因为，他所有在《酷吏列传》中所写的森怖世界，是完全在这里寄托其一线希望了！只是文帝尚是一般人所认为宽厚和易的人，犹且以法定的处罚为不足，试想在武帝之时又应该如何？究竟有几个张释之？碰在不是张释之的一般人的手里，人命又将如何？司马迁追慕张释之，实有隐痛在！

司马迁对这曾时有反抗，既写《酷吏列传》以著刑法之恶，又在《绛侯世家》中借周勃以指狱吏之贵，更作《循吏列传》，以指示正规：

> 法令，所以导民也。刑罚，所以禁奸也。文武不备，良民惧；然身修者，官未曾乱也。奉旨循理，亦可以为治，何必威严哉？

他顶痛恨那般爪牙似的人物。天下最可恶的，也实在就是那般助桀为虐的二花脸之流。司马迁说李斯“阿顺苟合，严威酷刑”，就已是一个典型。至于汉代那些惨酷的刽子手，却同时又是贪污的蛆虫。像那“杜周初征为廷史，有一马，且不全，及身久任事，至三公列，子孙尊官，家赀累数巨万矣”。这钱是哪里来的？还不是敲诈么？既由敲诈，可知殊非守法。法治已不是上策，到了弄法乱法，贪赃以枉法的地步，那人民的受祸就更不堪问了。司马迁倾向于超乎法，他说：

> 汉兴，破觚而为圜，斲雕而为朴，网漏于吞舟之鱼，而吏治蒸蒸，不至于奸，黎民艾安。由是观之，在彼不在此！

同时，他常说："九卿碌碌奉其官，救过不赡，何暇论绳墨之外乎?"绳墨之外，就是超乎法。司马迁之所以有这种思想，这许有两个原因：一是因为古代学与术不分，任何事情都不免有一种艺术的意味，仿佛都有一种"神而明之，存乎其人"的光景，所以才论"绳墨之外"的运用；二是因为由于司马迁的浪漫精神，他总不喜欢拘拘于一些繁碎的科条，例如最需要讲纪律的莫过于军事了，但在军事中他却赞成"号令不烦，士卒乡之"的李将军。浪漫精神是随处有一种冲决之势的，这样而表现于司马迁的政治思想也是无足怪的。司马迁不但想超乎法治，甚而想超乎一切的政治。他"嘉伯之让"而作《吴太伯世家》，他为"让国饿死，天下称之"而作《伯夷列传》，这两篇一居世家之首，一居列传之首，一定都非偶然。真的，如果站在道家的自然主义，政治根本也可以不要了。

不过在现实社会中，政治问题总是要有的，法治既不是最高的政治理想，那末，靠什么呢？司马迁对这问题的答覆大概仍是偏于人治。他对于人才十分注意，例如他说：

> 尧虽贤，兴事业不成，得禹而九州宁，且欲兴圣统，唯在择任将相哉！唯在择任将相哉！——《匈奴列传》
>
> 贤人乎！贤人乎！非质有其内，恶能用之哉！甚矣！"安危在出令，存亡在所任。"诚哉是言也！——《楚元王世家》

这里都有他对于人才之迫切的呼吁。本来，他的一部整个《史记》，也可说就是对于到那时为止的人才的总评衡。虽在他痛恨的酷吏，他也仍然就人才主义而加过高下的品题。他把人才的重要简直看在一个国家的兴亡之上，像《吴世家》的一篇史乘乃重在季札之为“闳览博物君子”，《越世家》的一篇记录乃重在范蠡之“三迁皆有荣名，名垂后世”，他完全是像汉武帝那样求才若渴了！

司马迁对于政治的看法，从无为到超乎法治，从不得已而赞成守法到人才主义，大略已如上述。现在再附带说他对于战争的看法。他对于战争也是站在自然主义的立场的，他认为不可免：

> 自含血戴角之兽，见犯则校，而况于人怀好恶喜怒之气，喜则爱心生，怒则毒螫加，情性之理也。——《律书》

这简直是生物学的说明了。所以他认为到必要时，就该用兵，而不赞成腐儒迂阔之谈：

> 岂与世儒闇于大较，不权轻重，猥云德化，不当用兵，大至窘辱失守①，小乃侵犯削弱，遂执不移等哉？故教笞不可废于家，刑罚不可捐于国，诛伐不可偃于天下，用之有巧拙，行之有逆顺耳。——《律书》

司马迁虽时时不掩其浪漫的色彩，但因为他有重在大处的识力，所以立论究竟很巩固，这就是前人所说“奇而不失其正”了。至于他说“用之有巧拙”，这就仍是像他对于政治的看法之有一种“绳墨之外”的向往而已。（《律书》可能为司马谈著，特司马迁亦必同此意。）

最后，我们不能不提及的，是司马迁时时站在百姓的立场说

① 中华书局本《史记》“窘”作“君”。——编者注

话。他痛恨那般仰承统治者的鼻息而压榨老百姓的人物，这可见之于他之责蒙恬：

> 吾适北边，自直道归。行观蒙恬所为秦筑长城亭障，堑山堙谷，通直道，固轻百姓力矣。夫秦之初灭诸侯，天下之心未定，痍伤者未瘳，而恬为名将，不以此时强谏，振百姓之急，养老存孤，务修众庶之和，而阿意兴功，此其兄弟遇诛，不亦宜乎？

他所谓"百姓力"，"百姓之急"，"众庶之和"，这都真是老百姓的口吻。他说他们遇诛亦宜，用我们现在的话讲，就是凡和老百姓的利益相违反的人就该杀！

十一　司马迁之民间精神

假若说民间精神也是浪漫情调之一时，则司马迁在这方面也没做了例外。

司马迁虽因为儒家的教育之故，讲缙绅先生的趣味，讲雅，可是他骨子里的精神是平民的。他对于皇帝吧，每每赤裸裸地把他们的外衣剥掉，而极尽讽嘲之能事，写他们的怒，写他们的偏私，写他们的愚，写他们的好笑。对于官僚呢，他尤其在揶揄着，挖苦着。种种装模作样的人，如张汤，如公孙弘，如袁盎，在他看得一文不值。反之，在平民方面，他却极端礼赞着，向往着，用尽了他那极其熟悉而亲切之笔描绘着。

例如游侠根本是社会上的一种下层组织，也就是现在的所谓流氓。可是司马迁十分加以称道。他说："今游侠，其行虽不轨于正义，然其言必信，其行必果，已诺必诚，不爱其躯，赴士之厄困，既已存亡死生矣，而不矜其能，羞伐其德，盖亦有足多者焉，且缓急人之所时有也。"又说："布衣之徒，设取予然诺，千里诵义，为死不顾世，此亦有所长，非苟而已也。故士穷窘而得委命，此岂非人之所谓贤豪间者耶？诚使乡曲之侠，与季次、原宪比权量力，效功于当世，不同日而论矣。要以功见言信，侠客之义，又曷可少哉！……至如闾巷之侠，修行砥名，声施于天下，莫不称贤，是为难耳。然儒墨皆排摈不载。自秦以前，匹夫之侠，湮灭不见，余甚恨之！以余所闻，汉兴，有朱家、田仲、王公、剧孟、郭解之徒，虽时扞当世之文罔，然其私义廉洁退让，有足称者；名不虚立，士不虚附。至如朋党宗强比周，设财役贫，豪暴侵凌孤弱，恣欲自快，游侠亦丑之。余悲世俗不察其意，而猥以朱家、郭解等，令与暴豪之徒同类，而共笑之也！"所谓布衣，所谓乡曲，所谓闾巷，正是指现在的所谓下层社会。你看他一则说"有足多者"，二则说"曷可少哉"，三则说"有足称者。"他的向慕为何如！秦以前的游侠湮灭不见，他便恼恨，汉兴以来的游侠为世俗所不了解，他便悲哀，他的同情又何如！游侠的纪律和信条，他是清楚的，这就是行果诺诚，赴士困危，不怕死，却又不矜伐。而且他们虽有势力，但不聚敛，也不欺弱者。尤其难得的，是他们同样有品德的锻炼，修行砥名，廉洁退让，这是比朝廷中那般伪君子像公孙弘等，高出万万的。所以就是触犯当时刀笔吏的法律，不合乎伪君子的"正义"，司马迁对他们也仍然在原谅着了！

当时的游侠，鲁有朱家，洛阳有剧孟，江淮之间有王孟，济南有睸氏，陈有周庸，代北有诸白，梁有韩无辟，阳翟有薛况，陕有韩孺，长安有樊仲子，槐里有赵王孙，长陵有高公子，西河有郭公仲，太原有卤公孺，临淮有兒长卿，东阳有田君孺，司马迁多么了如指掌！假若他不是深透在民间生活，他能这样熟悉吗？至于此中最大的人物郭解，他还亲自见过！郭解被迫搬家的时候，来送钱的出到千馀万，有人说他不够贤，立时被他手下的人割去了舌头，他的势力这样大，可是身材却十分短小，言语十分平庸，司马迁也是深深地有着印象的呢。

司马迁的精神已经浸润在民间生活的内层了！所以他的文字也有着民间语言——白话——的生动和有力。

黯时丞相史，皆与黯同列，或尊用过之。黯褊心，不能无少望，见上，前言曰："陛下用群臣，如积薪耳，后来者居上。"上默然有间，黯罢，上曰："人果不可以无学，观黯之言也，日益甚！"——《汲黯列传》

齐有富者田甲①……是时齐人主父偃知甲之使齐以取后事，亦因谓甲："即事成，幸言偃女愿得充王后宫。"甲既至齐，风以此事。纪太后大怒曰："王有后，后宫具备，且甲，齐贫人，急乃为宦者，入事汉，无补益，乃欲乱吾王家。且主父偃何为者，乃欲以女充后宫！"——《齐悼惠王世家》

唐为中郎署长②，事文帝，文帝辇过，问唐曰："父老何自为郎，家安在？"——《张释之冯唐列传》

① 中华书局本《史记》作"齐有宦者徐甲"。——编者注

② 中华书局本《史记》"唐"下有"以孝著"三字。——编者注

吕后与两子居田中耨，有一老父过，请饮。吕后因餔之，老父相吕后曰："夫人，天下贵人。"令相两子，见孝惠，曰："夫人所以贵者，乃此男也。"相鲁元，亦皆贵。老父已去，高祖适从旁舍来，吕后具言客有过相我子母皆大贵。高祖问，曰："未远。"乃追及，问老父，老父曰："乡者夫人婴儿皆似君，君相贵不可言！"高祖乃谢曰："诚如父言，不敢忘德。"及高祖贵，遂不知老父处。——《高祖本纪》

主爵都尉汲黯是魏其，内史郑当时是魏其，后不敢坚对，馀皆莫敢对。上怒内史曰："公平生数言魏其、武安长短，今日廷论，局趣效辕下驹，吾并斩若属矣！"即罢起入。上食太后，太后亦已使人候伺，具以告太后，太后怒，不食，曰："今我在也，而人皆藉吾弟；令我百岁后，皆鱼肉之矣。且帝宁能为石人邪？此特帝在，即录录，设百岁后，是属宁有可信者乎？"上谢曰："俱宗室外家，故廷辨之，不然，此一狱吏所决耳。"——《魏其武安侯列传》

都多末像娓娓煦煦的家人语？司马迁不但所写的是白话，而且不是纸上的白话，却是地地道道的口语了。至于：

陈胜王凡六月，已为王，王陈。其故人尝与佣耕者闻之，之陈，扣宫门，曰："吾欲见涉。"宫门令欲缚之，自辩数，乃置，不肯为通。陈王出，遮道而呼涉，陈王闻之，乃召见，载与俱归。入宫，见殿屋帷帐，客曰："夥颐！涉之为王沈沈者！"楚人谓多为夥，故天下传之。——《陈涉世家》

帝欲废太子，而立戚姬子如意为太子，大臣固争之，莫能得。上以留侯策即止，而周昌廷争之，强，上问其说。昌为人口吃，又盛怒，曰："臣口不能言，然臣期期知其不可，陛下虽欲废太子，臣期期不奉诏。"上欣然而笑。既罢，吕后侧耳于东厢听，见周昌，为跪谢曰："微君，太子几废！"——《张丞相列传》

这更是有名的例子，这就又不止写口语了，而且能写方言和口吃。古典派是要典雅到和现实十万八千丈远的，浪漫的司马迁却留恋在现实的核心，不惜照摄一切，传真万有。《傅靳蒯成传》上说周緤："军乍利不乍利，终无离上心。"乍也是俗语。便见司马迁之运用白话，抑又不只在写对白而已，就是行文中，也夹杂起来了。为实行运用口语，他之用古书，便常常经过一道翻译的手续，《尚书》的"克明俊德"，他写成"能明驯德"，《尚书》的"钦若昊天"，他写做"敬顺昊天"，这也是人所周知的事。——司马迁原来是两千年前的胡适呢！

口语之外，司马迁又爱援用俗谚。他或者明称"谚曰"，或者称"鄙言"，或者称"语"，或者暗用而不标明：

谚曰："桃李不言，下自成蹊。"此言虽小，可以谕大也。——《李将军列传赞》

谚曰："人貌荣名，岂有既乎？"——《游侠列传赞》

谚曰："千金之子，不死于市。"此非空言也。——《货殖列传》

谚曰："力田不如逢年，善仕不如遇合。"固无虚言，非独女以色媚，而仕宦亦有之。——《佞幸列传》

谚曰："百里不贩樵，千里不贩籴。居之一岁，种之以谷；

十岁，树之以木；百岁，来之以德。”德者，人物之谓也。——《货殖列传》

鄙语云：“尺有所短，寸有所长。”白起料敌合变，出奇无穷，声震天下，然不能救患于应侯。——《白起列传赞》

鄙语曰：“利令智昏。”平原君贪冯亭邪说，使赵陷长平兵四十馀万众，邯郸几亡。——《平原君列传赞》

鄙人有言曰：“何知仁义，已向其利者为有德。”——《游侠列传》

语有之，“以权利合者，权利尽而交疏。”甫瑕是也。——《郑世家赞》

语曰：“能行之者，未必能言，能言之者，未必能行。”孙子筹策庞涓明矣，然不能早救患于被刑。吴起说武侯以形势不如德，然行之于楚，以刻暴少恩亡其躯，悲夫！——《孙子吴起列传赞》

语曰：“当断不断，反受其乱。”春申君失朱英之谓邪。——《春申君列传赞》

语曰：“千金之裘，非一狐之腋也；台榭之榱，非一木之枝也；三代之际，非一士之智也。”——《刘敬叔孙通列传赞》

语曰：“变古乱常，不死则亡。”岂错等谓邪？——《袁盎晁错列传赞》

语曰：“不知其人，视其友。”二君之所称诵，可著廊庙。——《张释之冯唐列传赞》

甚矣，“安危在出令，存亡在所任。”诚哉是言也。——《楚元王世家赞》

“女无美恶，居宫见妒；士无贤不肖，入朝见疑。”故扁鹊以

其伎见殃，仓公乃匿迹自隐而当刑。——《扁鹊仓公列传赞》

“毋为权首，反受其咎。”岂盎错邪？——《吴王濞列传赞》

司马迁之引用俗谚，就如同引用经典似的一样郑重了，他仿佛在民间的体验结晶之中，而灌注着自己生命似的了。语言本是精神的躯壳。英国的浪漫诗人渥滋渥斯，不是也主张采取日常生活和日常用语吗？法国对工人最同情的小说家左拉不也是每每驱遣下等社会的土话吗？就在这种精神与语言的凑拍上，我们遇到司马迁。

因为富有民间精神之故，司马迁的《史记》不止取材于堂皇的史乘和档案，他还访问了许多老百姓。例如他写韩信，就是淮阴的老百姓告诉他，韩信在幼时，虽然贫困，可是早预备下一个大坟的。他写萧何、樊哙、曹参、滕公，也是丰沛的老百姓告诉他这些将相在从前鼓刀屠狗卖缯时的情况的。他仿佛是一个平凡的百姓似的，他是老百姓的发言人，也是老百姓的见闻的书记。所以他的评论每每以俗谚为依归，那也是当然的了。

这种民间精神，于是使司马迁有着一些素朴的反抗性。他对一切接近民间的人，常常情不能已地歌赞着。“不耻下交”的信陵君，他是多末特别卖了气力去叙述着呢！同时，凡是反抗权贵的人，他也往往极力表彰。鲁仲连吧，他就眉飞色舞地说：“余多其在布衣之位，荡然肆志，不诎于诸侯，谈说于当世，折卿相之权”了。最后，他简直自己索性据有一种予夺的权威（自然，在幻想里！）吧，把平民偏偏抬高起来。“布衣”的孔子，他偏把他列为世家，佣耕的昙花一现的陈涉，他偏把他和许多诸侯并排，对于楚霸王，让他和秦始皇、汉武帝鼎足而立。司马迁以此自快，他是一个过屠门而大嚼的无冕帝王，爱封爱贬，全由己呀！

然而民间者，无非是穷困愁苦的一群之称。在这方面，司马迁尤其有他的体会和感触。《平准书》里，对于兴利的大臣，极尽其痛恨之笔，《货殖列传》里，畅快地宣泄着“无岩处奇士之行而长贫贱，好语仁义，亦足羞也”的悲愤。因此，他对于人生不是飘浮地像蜻蜓一样的点水而过的，他所写的也绝不是虚幻的鬼影或抽象的教条，却是赤裸裸的“如是人生”；因此他的思想构成一种浪漫的自然主义，其中有文化的成分，有道家的成分，有他那抒情的性格的成分，但也有得自实际生活的唯物的体认的成分；因此司马迁为一切平民永远地欢迎着，也为一切浪漫诗人或有浪漫情调的人所永远地欢迎了！

十二　《史记》一书的个性

凡是读一部书，就像认识一个朋友一样，如果不晓得他的个性，则无论说短论长，全无是处，在论《史记》时，我觉得至少这下面的几个前提是必须注意到的：

第一，要知道司马迁是拿整个的《史记》与人相见的，并非单篇分开给我们（虽然在汉朝似乎是各篇单行，但那是流传的情形，并非著述的情形），因此他对于每一问题的看法，我们不能单就篇名的外形去找。例如管仲、晏婴的贡献或历史地位，如果我们只看《管晏列传》当然要责备司马迁所记太略的，然而在《齐世家》中却仍有详细的记载。又如信陵君的真相，单看《信陵列传》也不够，而在《范雎蔡泽列传》中才能看出来。原来他没有像《信陵列传》中人格那样完整，在急人之难上也有时很犹豫。再则他在魏国的关系之重要，单看《信陵列传》也仍是不足，那就又要看《魏世家》。再如子产本见于《循吏列传》，但《循吏列传》中的子产太平凡了，不够一个大政治家，可是在《郑世家》中却便又见出他的真正的设施来。原来司马迁在一个历史家之外，兼是一个艺术家，他晓得每一篇传记一定有一个中心，为求艺术上的完整起见，便把次要的论点（在艺术上次要）放在别处了。这是前人所发见的"互见法"。我们可以这样说，就他单篇文章看，他所尽的乃是一个艺术家的责任，只有就他整部的《史记》说，他才是尽的历史家的责任。倘就单篇而责备之，他就太冤枉了。

第二，就原则上说，司马迁对自己的主观见解和客观描写是分开去处理的。大概在传记中的叙述往往是纯粹客观的，而主观的评衡则见之于《自序》中说到所以做各传之故处。所以我觉得要真正看司马迁的见解时，《自序》最重要。其次便是每篇的赞。但多数的赞是处在客观与主观之间的。所以就是有些评衡，也是个人的意味（personal）居多，如叙到个人的经验或与传中的人物的关系等，有时则是传中的补充而已。我觉得司马迁这个办法也很好，让人假若要看客观的描写，就看他的传记。假若要看他的通体的看法，就看他的序。假若对他的自己的个人的印象发生兴趣，就看他的赞。他的体例如此（但只是疏而不失的体例），清清爽爽，免得有人执此而求彼，反而加以责难。至于司马迁在事实上是否绝对在描述中维持客观的限度呢，那是另一个问题，他之选择描写的材料，也无疑是经过了主观的决定的，但无论如何，他这体例是我们在论《史记》时必须考虑到的。

第三，我们又必须了解司马迁的反面文章。他是一个巧于讽刺的人，他善达难言之隐。所以他的本意，必须就全书推求而得，决不能专看表面文章，例如书中的最大的讽刺，是对付汉代，尤其集中在武帝。他的方法却是指秦骂汉。这个秘密，自明清以来的学者，都已经窥破了。同时，他能以褒作贬，笔下是酸酸辣辣的，那要完全从他的语气中看出来。《史记》一书的难读，这也是一个大原因。必须靠我们对他的表现方式的熟悉，才能得其真正命意所在。

第四，我们又当晓得《史记》中虽然有些得自他父亲的旧稿，但各篇已大体上经过了他的润色。所以纵然看出某一篇可能成自他的父亲之手，而仍然可以由之而见司马迁的见解——至少是他同意的见解。再则《史记》固有补缺，但全文中也往往有他原来的几段书稿，我们也都须分别援用，不能因为业已认定某篇为后人补改，就全然不加信任了。

第五，我们更必须注意《史记》在是一部历史书之外，又是一部文艺创作，从来的史书没有像它这样具有作者个人的色彩的。其中有他自己的生活经验、生活背境，有他自己的情感作用，有他自己的肺腑和心肠。所以这不但是一部包括古今上下的史书，而且是司马迁自己的一部绝好传记。因此，我们必须能把握《史记》中司马迁之主观的用意，才能理解这部书，才能欣赏这部书。

十三　史官的传统

一般地说，司马迁的史学是得自孔子，但中国之史的传统却远在孔子之前，孔子也不过是接受那种传统而已。究竟古代史家的传统是怎样的，我们现在就想探求一下。古代的史学在史官，大概古代的史官有这些性质：

一是具有丰富的学识和眼光。例如周太史伯便能告诉郑桓公友建国的地点：

> 幽王以褒后故，王室治多邪，诸侯或畔之，于是桓公问太史伯曰："王室多故，予安逃死乎?"太史伯对曰："独雒之东土，河济之南可居。"公曰："何以?"对曰："地近虢、郐，虢、郐之君，贪而好利，百姓不附，今公为司徒，民皆爱公，公诚请居之，虢、郐之君见公方用事，轻分公地，公诚居之，虢、郐之民，皆公之民也。"公曰："吾欲南之江上，何如?"对曰："昔祝融为高辛氏火正，其功大矣，而其于周未有兴者，楚其后也，周衰，楚必兴，兴，非郑之利也。"公曰："吾欲居西方，何如?"对曰："其民贪而好利，难久居。"公曰："周衰，何国兴者?"对曰："齐、秦、晋、楚乎！夫齐，姜姓，伯夷之后也，伯夷佐尧典礼。秦，嬴姓，伯翳之后也，伯翳佐舜，怀柔百物。及楚之先，皆尝有功于天下；而周武王克纣后，成王封叔虞于唐①，亦必兴矣。"桓公曰："善。"于是卒言王，东徙其民雒东，而虢、郐果献十邑。——《郑世家》

这是公元前八〇六年的事。他不但把建国的地点给郑国选定了，而且对后来的国际大势，也了若指掌地推测出来了。可见一定是很渊博而锐利的人物了。

又如当鲁定公立的时候(公元前五〇九)，赵简子问史墨(服虔

① 中华书局本《史记》下文有："其地险阻，以此有德与周衰并。"——编者注

注:晋史蔡墨)曰:“季氏亡乎?”他答道:

不亡!季友有大功于鲁,受鄪为上卿,至于文子、武子,世增其业。鲁文公卒,东门遂杀适立庶,鲁君于是失国政。政在季氏,于今四君矣。民不知君,何以得国?是以为君慎器与名,不可以假人。——《鲁周公世家》

这也对于国际的情形十分熟悉,此等人大有政治顾问的资格。

二是这些史官大半晓得一些巫祝卜筮的事情,有点像僧侣或预言家的人物。如周幽王二年(公元前七八〇),西州三川皆震,于是伯阳甫(即太史伯阳)便能预言周之将亡,他说:

周将亡矣!夫天地之气,不失其序,若过其序,民乱之也。阳伏而不能出,阴迫而不能蒸,于是有地震。今三川实震,是阳失其所而填阴也。阳失而在阴,原必塞,原塞,国必亡。夫水土演而民用也。土无所演,民乏财用,不亡何待?昔伊洛竭而夏亡,河竭而商亡,今周德若二代之季矣,其川原又塞,塞必竭。夫国必依山川,山崩川竭,亡国之征也。川竭必山崩。若国亡,不过十年,数之纪也。天之所弃,不过其纪。——《周本纪》

过了一年,幽王嬖爱褒姒,他又批评道:

祸成矣,无可奈何。

更如陈厉公二年(公元前七〇四),生子敬仲完,周太史过陈,便算了一卦，而预言到他将来能够代齐：

> 陈厉公使以《周易》筮之，卦得《观》之《否》，是为观国之光，利用宾于王，此其代陈有国乎？不在此，其在异国，非此其身，在其子孙。若在异国，必姜姓。姜姓，太岳之后。物莫能两大，陈衰，此其昌乎？——《陈世家》

再如楚昭王二十七年（公元前四八九），看见一块大红云彩，像鸟一样，在太阳的两旁飞过，便去请教周太史，周太史答道：

> 是害于王，然可移于将相。——《楚世家》

他的将相听了，都想投河免灾，幸而昭王没有听，这事曾得到过孔子的赞许，说："楚昭王通大道矣，其不失国，宜哉！"然而周太史之懂得灾异，还是不可否认的。

最奇特的是周太史儋，能预言秦周之分合，他在周烈王二年（公元前三七四），对秦献公说：

> 始周与秦国合而别，别五百载复合，合十七岁而霸王者出焉。——《周本纪》

这话很为司马迁所相信，曾四度援引（《周本纪》之外，又见《老庄申韩列传》、《封禅书》和《秦本纪》）。这预言的根据何在，却没有说明，但是因此便更加神秘了。说真的，司马迁之究天人之际，也就仍由这预言家的身份所蜕化而已。

三是史官有一种公正不阿的职业道德。像周成王在小时候，曾用桐叶刻成珪，给他弟弟叔虞玩，说："拿这个封你吧。"那史佚听了就请择日封叔虞，成王说："吾与之戏尔。"史佚便道："天子无戏言，言则史书之，礼成之，乐歌之。"于是叔虞便被封了。这就是晋国的起原(《晋本纪》)。这虽然像一种笑谈，但在一般人心目中的史官的确是这样严格的。这事早在公元前一千多年，或者只是传说，然而已是一个有意义的传说了。此外像后来赵盾的弟弟赵穿杀了晋灵公(公元前六〇七)，而晋太史董狐写道："赵盾弑其君。"赵盾说："弑者赵穿，我无罪。"董狐说："子为正卿，而亡不出境，反不诛国乱，非子而谁?"这事也邀到孔子的称赞，说："董狐，古之良史也，书法不隐。"还有齐国太史写"崔杼弑庄公"(公元前五四八)的故事更悲壮动人。崔杼把这个太史杀了，他弟弟还是照样写，这弟弟也被杀了，而另一个弟弟仍是照样写。这样拿性命来换取真理，真太可敬爱了!

从上面这三点看来，史官是政治家、预言家和新闻记者合而为一的人物。不过既是官，就不是一种自由职业。只有孔子是羡慕这种职务，而由自私人去从事的。司马迁却由政府的官吏而担负这一方面的使命。我们对史官的性质清楚了，然后才能晓得司马迁的职业生活的性质。司马迁乃是这一流人物中之最杰出者，因而他乃是第一流的政治家，第一流的学者(古代预言式的人物，必通历算，因而乃是具有雏型的自然科学常识的人，而司马迁则由是而构成他的自然主义；当然，他也订过太初历，而且他之运命感，依然有些预言家的意味的遗留)，并第一流的新闻记者了！这乃是孔子所企求不得，只好私人著述，以求过屠门大嚼之瘾的，又是司马谈所虽有着机会而不得实践，含恨以终的，然而司马迁却如愿以偿了！他的职业生活确定了他的事业的性质，而他的天才和个性却使他走到了那事业的顶端。——他是浪漫的自然主义的大思想家，也是浪漫的自然主义的大诗人！

三十五年四月二十日写毕于南京

第八章　司马迁的风格之美学上的分析

一　司马迁的散文风格之来源

司马迁的散文，乃是纯正的散文，乃是唐宋以来所奉为模范的散文。——也就是古文家所推为正统的散文。

这种散文，或者以为是司马迁创始的，但倘加以考察，就知道这乃是汉朝的一种通俗文字。我们试举几个例子来看。例如刘邦在初起事时，曾书帛射城上，告沛父老：

> 天下苦秦久矣。今父老虽为沛令守，诸侯并起，今屠沛。沛今共诛令，择子弟可立者立之，以应诸侯，则家室完。不然，父子俱屠，无为也。

这时是秦二世元年（公元前二〇九），距司马迁生时还有七十多年。但这文字很有些像司马迁了。当时刘邦才有数百人。又不过是些乌合之众，这样的文字决非出自什么名家，而它的对象又是老百姓，所以我们应该以通俗文字视之。

又如在汉文帝元年（公元前一七九），南越王尉佗因为陆贾的交涉成功，而取消帝号，曾上书称谢：

> 蛮夷大长老夫臣佗，前日高后隔异南越，窃疑长沙王谗臣，又遥闻高后尽诛佗宗族，掘烧先人冢，以故自弃，犯长沙边境。且南方卑湿，蛮夷中间，其东闽越千人众号称王，其西瓯骆裸国亦称王，老臣妄窃帝号，聊以自娱，岂敢以闻天王哉？

这时距司马迁之生约有四十年，风格也就更相似。南越在当时还是边远之地，风格也竟如此，可见这乃是当时普遍的通俗文字的风格了。

再如到了汉武帝元狩元年（公元前一二二），淮南、衡山谋反，公孙弘引病请退，武帝报之以书：

> 古者赏有功，褒有德，守成尚文，遭祸右武（据日本《史记会注考证》改），未有易此者也。朕宿昔庶几，获承尊位，惧不能宁，惟所与共为治者，君宜知之；盖君子善善恶恶，君宜知之。君若谨行，常在朕躬。君不幸罹霜露之病，何恙不已，乃上书归侯，乞骸骨，是章朕之不德也。今事少间，君其省思虑，一精神，辅以医药！

这时代就更和司马迁的生年相近了，只有十几年的光景。这文字多么活泼自然！——当时一般的文字原来就是如此的。我说这种文字是纯正的散文，是因为它很淳朴有力，一点也不矫揉藻饰；尤其重要的，其中很少骈列的句法。其他像淳于意的女儿之上书求赎父罪，淳于意所陈的许多病历记录，严安、徐乐、主父偃等的奏书，齐哀王之致书诸侯讨吕氏等，都是这种文章。

当我们仔细分析这种风格时，便可发见大抵是很疏宕而从容，不拘拘于整齐的形式，但却十分有着韵致。如果找比方的话，大概只有宋元人的水墨画是和这相近的。这就是所谓奇，所谓逸，而司马迁即是这种风格中之更精炼，更纯粹，更高贵，更矫健的。

如果我们更进一步去观察，我们可以说这种风格是来自秦文。秦文就是偏于奇横而不偏于骈偶的；她的韵文乃是以三句为韵，就已经是很好的一种说明了。在散文中，那就尤其显然。我们先从最早的文字看起吧，例如秦穆公的誓词：

> 嗟士卒，听无哗，余誓告汝。古之人，谋黄发番番，则无所过。以申思不用蹇叔、百里傒之谋，故作此誓，令后世以记余过！

这是公元前六二四年时的文章。又如秦孝公发布的求贤令：

> 昔我穆公，自岐雍之间，修德行武，东平晋乱，以河为界；西霸戎翟，广地千里；天子致伯，诸侯毕贺，为后世开业，甚光美。会往者厉、躁、简公、出子之不宁，国家内忧，未遑外事。三晋攻夺我先君河西地，诸侯卑秦，丑莫大焉。献公即位，镇抚边境，徙治栎阳，且欲东伐，复穆公之故地，修穆公之政令。寡人思念先君之意，常痛于心。宾客群臣有能出奇计强秦者，吾且尊官，与之分土。

这是公元前三六二年的时候。后来如张仪之檄楚相：

> 始吾从若饮，我不盗而璧，若笞我。若善守汝国，我顾且盗而城。

事在公元前三二九年。秦昭王之约楚怀王：

> 始寡人与王约为弟兄，盟于黄棘，太子为质，至欢也。太子陵杀寡人之重臣，不谢而亡去，寡人诚不胜怒，使兵侵君王之边。今闻君王乃令太子质于齐以求平。寡人与楚接境壤界，故为婚姻，所从相亲久矣。而今秦、楚不欢，则无以令诸侯。寡人愿与君王会武关，面相约，结盟而去，寡人之愿也。敢以闻下执事。

事在公元前三〇〇年。到了始皇时代，我们又可略举数例，一是议帝号令：

> 异日韩王纳地效玺，请为藩臣，已而倍约，与赵、魏合从畔秦，故兴兵诛之，虏其王。寡人以为善，庶几息兵革。赵王使其相李牧来约盟，故归其质子；已而倍盟，反我太原，故兴兵诛之，得其王。赵公子嘉乃自立为代王，故举兵击灭之。魏王始约服入秦，已而与韩、赵谋袭秦，秦兵吏诛，遂破之。荆王献青阳以西，已而畔约，击我南郡，故发兵诛，得其王，遂定其荆地。燕王昏乱，其太子丹乃阴令荆轲为贼，兵吏诛，灭其国。齐王用后胜计，绝秦使，欲为乱，兵吏诛，虏其王，平齐地。——寡

人以眇眇之身,兴兵诛暴乱,赖宗庙之灵,六王咸伏其辜。天下大定,今名号不更,无以称成功,传后世,其议帝号!

二是称始皇令:

朕闻:太古有号毋谥;中古有号,死而以行为谥。如此则子议父,臣议君也,甚无谓,朕弗取焉!自今已来,除谥法,朕为始皇帝,后世以计数,二世、三世至于万世,传之无穷!

三是废封建令:

天下共苦战斗不休,以有侯王;赖宗庙,天下初定,又复立国,是树兵也;而求其宁息,岂不难哉?廷尉议是。

这都是在公元前二二一年的时候。这些文字出自谁手,我们不晓得,但确是大手笔。当时最有名的大文学家则是李斯,我们试再举李斯的《焚书议》和《狱中上书》为例:

五帝不相复,三代不相袭,各以治;非其相反,时变异也。今陛下创大业,建万世之功,固非愚儒所知。且越言乃三代之事,何足法也?异时诸侯并争,厚招游学,今天下已定,法令出一;百姓当家则力农工,士则学习法令辟禁。今诸生不师今而学古,以非当世,惑乱黔首。丞相臣斯昧死言:古者天下散乱,莫之能一,是以诸侯并作,语皆道古以害今,饰虚言以乱实,人善其所私学,以非上之所建立。今皇帝并有天下,别黑白而定

> 一尊。私学而相与非法教，人闻令下，则各以其学议之，入则心非，出则巷议，夸主以为名，异趣以为高，率群下以造谤。如此弗禁，则主势降乎上，党与成乎下。禁之便！臣请史官非秦纪皆烧之，非博士官所职，天下敢有藏《诗》、《书》、百家语者，悉诣守尉杂烧之。有敢偶语《诗》、《书》者弃市。以古非今者，族。吏见知不举者，与同罪。令下三十日不烧，黥为城旦。所不去者，医药、卜筮、种树之书。若有欲学法令，以吏为师。

这时在公元前二一三年。过了五年，李斯被囚，又从狱中上书：

> 臣为丞相治民三十余年矣。逮秦地之狭隘。先王之时，秦地不过千里，兵数十万。臣尽薄材，谨奉法令，阴行谋臣，资之金玉，使游说诸侯，阴修甲兵，饰政教，官斗士，尊功臣，盛其爵禄，故终以胁韩弱魏，破燕、赵，夷齐、楚，卒兼六国，虏其王，立秦为天子，罪一矣。地非不广，又北逐胡、貉，南定百越，以见秦之强，罪二矣。尊大臣，盛其爵位，以固其亲，罪三矣。立社稷，修宗庙，以明主之贤，罪四矣。更克画平斗斛度量，文章布之天下，以树秦之名，罪五矣。治驰道，兴游观，以见主之得意，罪六矣。缓刑罚，薄赋敛，以遂主得众之心，万民戴主，死而不忘，罪七矣。若斯之为臣者，罪足以死固久矣，上幸尽其能力，乃得至今，愿陛下察之。

李斯的其他文章尚多，不尽录。从这许多的秦文看来，我们大致可以得到一个共同的印象，那就是非常直致、坦率、峻厉、爽利，而有一种骠悍骄横的力量。它的风格和战国时其他国家的文字不同。

我们虽然还不曾对各国的文字统统作过分析，但至少我们可以说战国的一般文字是一种以明快、锋利为特色的，而秦文在这方面并没有那样显著，反之，它的最显著的特点乃在有些霸气——原始的蛮横之气。

就是这种原始的蛮横状态，使它不甚拘拘于形式，有时虽有骈句，但总是整而不齐，如李斯文章中“夸主以为名，异趣以为高”，仿佛是偶句了，但紧接着又加上一句“率群下以造谤”，便把那整齐的形式打破了。

秦和西汉的文章虽然这样一线相承，但也经过了一种风格演化：那就是西汉时代的散文乃是把秦文更柔化了，更缠绵化了，更冲淡些了，更疏散些了。这是时代精神使然，也是《楚辞》的影响使然。司马迁讲西汉的政治时说：“汉兴，破觚而为圜，斲雕而为朴，网漏于吞舟之鱼。”（《酷吏列传》）这话同样可应用于风格的演化上。这就是所谓时代精神。同时《楚辞》中那种抒情的意味，又不知不觉间吸入于汉人的笔下，于是便更多了一番情趣。

柏拉图说：“男子退化了，就变为女人。”这话在生理学上的意义如何，我们不想去批评。但这永远是艺术上风格的演进的一个律则。秦文之变而为西汉，西汉变而为东汉、魏、晋，都可拿这原则去说明。文字变到东汉，那就似乎太女性化了，而在西汉时却恰到好处。粗野和强悍是去掉了，只剩下刚健，但却并没有步入柔靡。

就在这种恰好的阶段上，出现了司马迁的散文。他的文字我们可以称为奇而韵。奇就是来自秦文的矫健，而变为疏荡；韵就是由于经过《楚辞》的洗礼，使疏荡处不走入偏枯躁急，同时却又已经有着下一代的风格的萌芽。

二 《史记》书中的形式律则

司马迁不止是一个历史家,而且是文学家(而且他之文学家的成分实多于历史家处);《史记》也不止是历史书,而且是文学书;这统是尽人皆知的。但现在我们要强调一下,司马迁实在是意识地要把《史记》写成一部艺术品的,他说:“所以隐忍苟活,幽于粪土之中而不辞者,恨私心有所不尽,鄙陋没世而文采不表于后世也。”他实在是想尽量表现他的文采或者艺术天才的。讲艺术不能不讲形式,我认为《史记》一书里自有它的艺术形式律则。照我们所探研的结果,大抵是这样的:

第一 统一律

他竭力维持一篇作品的审美意味上的统一性。在这种地方,他有时不惜牺牲历史上的真。可是他未尝没有补救的法子,那就是把一个历史人物的性格分散在不同的篇章里,而在同一篇章里则极力维持他那所要表现的某种突出的个性。例如《信陵君列传》里的主人公是仁厚而爱士的,几乎成了一个一无瑕疵的人物;而他之畏秦,不敢收留魏齐,不能欣赏虞卿之为了友道而抛弃相印,却写在《范睢蔡泽列传》里,又如在《汲郑列传》里的汲黯是多末鲠直、硬朗,又是一个一点缺陷也没有的人物;但在《酷吏列传》中却露出了他之和周阳由“俱为忮”了。原来司马迁对于他所塑造的人物,也以艺术品视之,不能让他有任何杂质!

每一篇传——写得成功的传(这样的文字约占全书之半),司马迁写来都有一个中心的主题。他仿佛晓得每一篇文章就是一个独立的生命,他尽量去创造这一个生命,去维护这一个生命,去发扬这一个生命。他写的舜,是要写他是一个如何孝谨的人物;他写的秦始皇,是要写他是一个如何刚毅戾深的人物;他写的项羽,是写他如何代表一种狂飙突起的精神;他写的刘邦,是写他如何有着大度和豪气,但又不免带流氓的意味;他写的《封禅书》,是要在飘飘欲仙之中而有着讽刺;他写的《平准书》,是要在借写经济之便,而掘发着当时的吏制和刑法;《越世家》在写范蠡的坚忍;《孔子世家》在写孔子之学礼,问礼,好礼,习礼,讲礼;《陈涉世家》是讲的草莽英雄的粗枝大叶;《外戚世家》是讲的人生命运之渺茫;《萧相国世家》是在写高祖的忌刻;《留侯世家》是在写张良之道家人格之完整;《管晏列传》等于论友道;《孟荀列传》无异于论阿世苟合与特立独行的对立;《孟尝君列传》是在写一个无赖子弟的领袖;《平原君列传》却在写一个托大的公子哥儿生活;《信陵君列传》是写一个真正礼贤下士的榜样;《春申君列传》却在写一个政客的宦海升沈;《范睢列传》是在写一个由私人利害出发的人物的成和败;《蔺相如列传》是在写一个智勇双全的人物之应变处世的技巧;《屈原列传》纯然是在抒情的氛围里;《李斯列传》却像是写一个人的人格演化的小说;《张耳陈馀列传》写人结怨之渐;《淮阴侯列传》写决断为一人成败之机;《叔孙通列传》写希世度务的人物之得意;《李将军列传》写才气无双的将军之轗轲;《平津侯列传》写老官僚的脸谱;《汲黯列传》写憨直人的心肠;《酷吏列传》在写惨酷之中仍注意着人才的高下;《大宛列传》则感慨之中又透露着风趣;《货殖列传》写趋富避贫是人类的自然欲望;《太史公自序》写善承父志和辅翼

《六经》是自己的志事——几乎每一篇都有他不放松的主题，为他紧紧抓牢，一意到底。

最有趣的是：同是一件事，他可以写好几次，但因为场合的不同，他可以有好几种写法。例如鸿门之宴，就有下面这样的差别：

(一)《项羽本纪》：

沛公军霸上，未得与项羽相见。沛公左司马曹无伤使人言于项羽曰："沛公欲王关中，使子婴为相，珍宝尽有之。"项羽大怒曰："旦日飨士卒，为击破沛公军。"当是时，项羽兵四十万在新丰鸿门，沛公兵十万在霸上。范增说项羽曰："沛公居山东时，贪于财货，好美姬；今入关，财物无所取，妇女无所幸，此其志不在小。吾令人望其气，皆为龙虎，成五采，此天子气也。急击勿失！"楚左尹项伯者，项羽季父也，素善留侯张良。张良是时从沛公，项伯乃夜驰之沛公军，私见张良，具告以事，欲呼张良与俱去。曰："毋从俱死也。"张良曰："臣为韩王送沛公，沛公今事有急，亡去不义，不可不语。"良乃入，俱告沛公。沛公大惊，曰："为之奈何？"张良曰："谁为大王为此计者？"曰："鲰生说我曰：'距关，毋内诸侯，秦地可尽王也。'故听之。"良曰："料大王士卒足以当项王乎？"沛公默然曰："固不如也。且为之奈何？"张良曰："请往谓项伯言沛公不敢背项王也。"沛公曰："君安与项伯有故？"张良曰："秦时与臣游，项伯杀人，臣活之；今事有急，故幸来告良。"沛公曰："孰与君少长？"良曰："长于臣。"沛公曰："君为我呼入，我得兄事之。"张良出，要项伯。项伯即入见沛公。沛公奉卮酒为寿，约为婚姻，曰："吾入关，秋毫不敢有所近，籍吏民，封府库，而待将军。所以遣将守关者，备他盗之出入与非常也。日夜望将军至，岂敢反乎？愿伯具言臣之不敢倍德也。"项伯许诺。谓沛公曰："旦日不可不蚤自来谢项王。"沛公曰："诺。"于是项伯复夜去，至军中，具以沛公言报项王，因言曰："沛公不先破关中，公岂敢入乎？今人有大功而击之，不义也，不如因善遇之。"项王许诺。沛公旦日从百馀骑来见项王，至鸿门，谢曰："臣与将军戮力而攻秦，将军战河北，臣战河南，然不自意能先入关破秦，得复见将军于此。今者有小人之言，令将军与臣有郤。"项王曰："此沛公左司马曹无伤言之。不然，籍何以至此？"项王即日因留沛公与饮。项王、项伯东向坐，亚父南向坐——亚父者，范增也。——沛公北向坐，张良西向侍。范增数目项王，举所佩玉玦以示之者三，项王默然不应。范增起，出召项庄，谓曰："君王为人不忍，若入前为寿，寿毕①，因击沛公于坐，杀之。不者，若属皆且为所虏！"庄则入为寿，寿毕，曰："君王与沛公饮，军中无以为乐，请以剑舞。"项王曰："诺。"项庄拔剑起舞，项伯亦拔剑起舞，常以身翼蔽沛公，庄不得击。于是张良至军门见樊哙，樊哙曰："今日之事何如？"良曰："甚急。今者项庄拔剑舞，其意常在沛公也。"哙曰："此迫矣，臣请入，与之同命。"哙即带剑拥盾入军门。交戟之士欲止不内，樊哙侧其盾以撞，卫士仆地，哙遂入，披帷西向立，瞋目视项王，头发上指，目眦尽裂。项王按剑而跽曰："客何为者？"张良曰："沛公之参乘樊哙者也。"项王曰："壮士！赐之卮酒。"则与斗卮酒。哙拜谢，起，立而饮

① 中华书局本《史记》下文有"请以剑舞。"一句。——编者注

之。项王曰:“赐之彘肩。”则与一生彘肩,樊哙覆其盾于地,加彘肩上,拔剑切而啖之。项王曰:“壮士能复饮乎?”樊哙曰:“臣死且不避,卮酒安足辞?夫秦有虎狼之心,杀人如不能举,刑人如恐不胜,天下皆叛之。怀王与诸将约曰:‘先破秦入咸阳者王之。’今沛公先破秦入咸阳,毫毛不敢有所近,封闭宫室,还军霸上,以待大王来。故遣将守关者,备他盗出入与非常也。劳苦而功高如此,未有封侯之赏,而听细说,欲诛有功之人。此亡秦之续耳,窃为大王不取也。”项王未有以应,曰:“坐。”樊哙从良坐。须臾,沛公如厕,招樊哙出。沛公已出,项王使都尉陈平召沛公。沛公曰:“今者出,未辞也,为之奈何?”樊哙曰:“大行不顾细谨,大礼不辞小让,如今人方为刀俎,我为鱼肉,何辞为?”于是遂去,乃令张良留谢。良问曰:“大王来,何操?”曰:“我持白璧一双,欲献项王;玉斗一双,欲与亚父;会其怒,不敢献,公为我献之。”张良曰:“谨诺。”当是时,项王军在鸿门下,沛公军在霸上,相去四十里。沛公则置车骑,脱身独骑,与樊哙、夏侯婴、靳强、纪信等四人持剑盾步走,从骊山下,道芷阳间行。沛公谓张良曰:“从此道至吾军,不过二十里耳,度我至军中,公乃入。”沛公已去,间至军中,张良入谢曰:“沛公不胜桮杓,不能辞。谨使臣良奉白璧一双,再拜献大王足下;玉斗一双,再拜奉大将军足下。”项王曰:“沛公安在?”良曰:“闻大王有意督过之,脱身独去,已至军矣。”项王则受璧置之坐上。亚父受玉斗,置之地,拔剑撞而破之,曰:“唉!竖子不足与谋!夺项王天下者必沛公也!吾属今为之虏矣!”沛公至军,立诛杀曹无伤。

(二)《高祖本纪》:

沛公左司马曹无伤闻项王怒,欲攻沛公,使人言项羽曰:"沛公欲王关中,令子婴为相,珍宝尽有之。"欲以求封。亚父劝项羽击沛公。方飨士,旦日合战。是时项羽兵四十万,号百万;沛公兵十万,号二十万,力不敌。会项伯欲活张良,夜往见良,因以文谕项羽,项羽乃止。沛公从百馀骑驱之鸿门,见谢项羽。项羽曰:"此沛公左司马曹无伤言之;不然,籍何以至此?"沛公以樊哙、张良故,得解归。归,立诛曹无伤。

(三)《留侯世家》:

项羽至鸿门下,欲击沛公。项伯乃夜驰入沛公军,私见张良,欲与俱去。良曰:"臣为韩王送沛公,今事有急,亡去不义。"乃具以语沛公。沛公大惊曰:"为将奈何?"良曰:"沛公诚欲倍项羽邪?"沛公曰:"鲰生教我距关,无内诸侯,秦地可尽王,故听之。"良曰:"沛公自度能却项羽乎?"沛公默然,良久曰:"固不能也。今为奈何?"良乃固要项伯,项伯见沛公。沛公与饮,为寿,结宾婚。令项伯具言沛公不敢倍项羽;所以距关者,备他盗也。及见项羽后解。

(四)《樊郦滕灌列传》:

项羽在戏下,欲攻沛公。沛公从百馀骑,因项伯面见项羽,谢无有闭关事。项羽既飨军士,中酒,亚父谋欲杀沛公,令

> 项庄拔剑舞坐中，欲击沛公，项伯常肩蔽之。时独沛公与张良得入座，樊哙在营外，闻事急，乃持铁盾入到营。营卫止哙，哙直撞入，立帐下。项羽目之，问为谁。张良曰："沛公参乘樊哙。"项羽曰："壮士！"赐之卮酒、彘肩。哙既饮酒，拔剑切肉，食尽之。项羽曰："能复饮乎？"哙曰："臣死且不辞，岂特卮酒乎？且沛公先入定咸阳，暴师霸上，以待大王。大王今日至，听小人之言，与沛公有郤，臣恐天下解，心疑大王也。"项羽默然。沛公如厕，麾樊哙去。既出，沛公留车骑，独骑一马，与樊哙等四人步从，从间道山下归走霸上军，而使张良谢项羽。项羽亦因遂已，无诛沛公之心矣。是日微樊哙奔入营谯让项羽，沛公事几殆。

我们分析这四个片段，就可见出在《项羽本纪》里所写的场面最全，因为这是项羽成败的关键。在这里，把范增的决断和项羽的淳朴坦率都写出来了，而高祖的窘迫和张良的从容也刻划出来了。到了《高祖本纪》中，因重在写高祖的成功，所以这事已减了重要，他的窘迫之态也就只淡淡的写出而已。同时在这两篇中都写出曹无伤之挑拨和被诛，因为他是关系这事的首尾的。《留侯世家》和《樊哙列传》便都把曹无伤卸去，因为这时已不重在这事的原委，却重在两人的贡献了。在《留侯世家》中，根本没提到樊哙，只说"及见项羽后解"，这是因为《留侯世家》重在写一个策士的从容划策的生活，加入一个武将，便不调和了。在《樊哙列传》中却也不把樊哙写得十分生龙活虎，这是因为樊哙根本并非那样有声有色的人物；至于在《项羽本纪》中所以写得那样生气勃勃者，乃是为了衬托项羽的原故而已。在《项羽本纪》中，没有一个人物是松懈的，没有一个片段是微弱的,因为否则就不能构成那个叱咤风云的氛围,不能表现那"力能扛鼎,才气过人"的霸王之狂飚突起的精神了。

司马迁像一个出色的摄影师一样,他会选取最好的镜头。在同一个景色里,他会挑选最适宜的角落。在一群人之中,他会为他们拍合影,却也会为他们拍独照。他晓得任何一个艺术品一定有一个重心,由于这重心而构成完整。在这种意味上,他是一个优异的肖像画家,也是一个优异的雕刻家。同时,他也像一个大音乐家一样,他要在他每一个杰作里奏着独有的旋律。因此,我们在读过他所写的传后,总觉得馀音绕梁,时刻回旋在我们的心灵深处。

这种紧紧抓牢的主题,就是他的每一篇具有生命的传记的灵魂。由于这种各自独具的灵魂,所以每一篇传记都是像奇花异草样地,生气勃勃地呈现在人的眼前了。

第二　内外谐和律

司马迁尽量求他的文章之风格和他的文章中之人物性格相符合。卜封(Buffon)所谓的"文如其人",我们已不足以拿来批评司马迁了,我们却应该说是"文如其所写之人"。司马迁的风格之丰富简直是一个奇迹,而每一种风格的变换都以内容为转移。现在只举几个最显著的例子。像他写战功,便多半用短句:

> 高祖为沛公而初起也,参以中涓从。将击胡陵、方与,攻秦监公军,大破之。东下薛,击泗水守军薛郭,西复攻胡陵,取之。徙守方与,方与反为魏,击之。丰反为魏,攻之。赐爵七大夫。击秦司马尼军砀东,破之。取砀、狐父、祁善置。又攻

下邑以西至虞，击章邯车骑。攻爰戚及亢父，先登。迁为五大夫。北救东阿，击章邯军，陷陈，追至濮阳。攻定陶，取临济。南救雍丘，击李由军，破之，杀李由，虏秦侯一人。秦将章邯破杀项梁也，沛公与项羽引而东，楚怀王以沛公为砀郡长，将砀郡兵，于是乃封参为执帛，号曰建成君。迁为戚公，属砀郡。其后从攻东郡尉军，破之成武南。击王离军成阳南，复攻之杠里，大破之。追北，西至开封，击赵贲军，破之，围赵贲开封城中。西击秦将杨熊军于曲遇，破之。虏秦司马及御史各一人，迁为执珪。从攻阳武，下轘辕、缑氏，绝河津，还击赵贲军尸北，破之。从南攻犨，与南阳守𬺈战阳城郭东，陷陈，取宛，虏𬺈，尽定南阳郡。从西攻武关、峣关，取之。前攻秦军蓝田南，又夜击其北，秦军大破，遂至咸阳，灭秦。项羽至，以沛公为汉王，汉王封参为建成侯。——《曹相国世家》

这些短句就宛如短兵相接的光景。在他写缠绵的情调时，那文字就入于潺湲悠扬。

屈平疾王听之不聪也，谗谄之蔽明也，邪曲之害公也，方正之不容也，故忧愁幽思而作《离骚》。“离骚”者，犹离忧也。夫天者，人之始也；父母者，人之本也。人穷则反本，故劳苦倦极，未尝不呼天也；疾痛惨怛，未尝不呼父母也。屈平正道直行，竭忠尽智，以事其君，谗人间之，可谓穷矣；信而见疑，忠而被谤，能无怨乎？屈平之作《离骚》，盖自怨生也。——《屈原贾生列传》

在我们读到这里的时候，简直忘了他是传记，却是辞赋了！

再如他写封禅，便多半用惝恍之笔，仿佛让人也到了烟云飘渺的蓬莱：

> 自威、宣、燕昭使人入海求蓬莱、方丈、瀛洲。此三神山者，其传在勃海中，去人不远。患且至，则船风引而去。盖尝有至者，诸仙人及不死之药皆在焉。其物禽兽尽白，而黄金、银为宫阙。未至，望之如云。及到，三神山反居水下。临之，风辄引去，终莫能至云。——《封禅书》

事情本在有无之间，文笔也便在若即若离之中。和这差不多的是他写老子。因为孔子见老子，有"犹龙"之叹，所以司马迁写老子时便也采了画龙的办法，让他鳞爪时隐时现：

> 老子修道德，其学以自隐无名为务。居周久之，见周之衰，乃遂去。至关，关令尹喜曰："子将隐矣，强为我著书。"于是老子乃著书上下篇，言道德之意，五千馀言，而去，莫知其所终。或曰：老莱子，亦楚人也，著书十五篇，言道家之用，与孔子同时云。盖老子百有六十馀岁，或言二百馀岁，以其修道而养寿也。自孔子死之后，百二十九年，而史记周太史儋见秦献公曰："始秦与周合而离，离五百岁而复合，合七十岁而霸王者出焉。"①或曰儋即老子，或曰非也。世莫知其然否。——老

① 中华书局本《史记》此句文字略有出入："始秦与周全，合五百岁而离，离七十岁而霸王者出焉。"——编者注

子,隐君子也!

这样就更增加了那幽深的人格的老子之神秘性了。反之,他写信陵君,则是笔端十分仁厚:

酒酣,公子起,为寿侯生前,侯生因谓公子曰:"今日嬴之为公子亦足矣!嬴乃夷门抱关者也,而公子亲枉车骑,自迎嬴于众人广坐之中,不宜有所过,今公子故过之。然嬴欲就公子之名,故久立公子车骑市中,过客以观公子,公子愈恭。市人皆以嬴为小人,而以公子为长者能下士也。"……于是公子泣,侯生曰:"公子畏死邪?何泣也?"公子曰:"晋鄙嚄唶宿将,往恐不听,必当杀之,是以泣耳,岂畏死哉?"……客有说公子曰:"物有不可忘,或有不可不忘。夫人有德于公子,公子不可忘也;公子有德于人,愿公子忘之也。且矫魏王令,夺晋鄙兵以救赵,于赵则有功矣,于魏则未为忠臣也。公子乃自骄而功之,窃为公子不取也。"于是公子立自责,似若无所容者。

语气都多末安详、和缓,而有着无限的暖意!

至于他写酷吏,那就是另一副技术了,酷吏是惨酷无情的,他便也出之以铁面无私:

杜周者,南阳杜衍人。义纵为南阳守,以为爪牙。举为廷尉史,事张汤,汤数言其无害。至御史,使案边失亡,所论杀甚众,奏事中上意。任用,与减宣相编,更为中丞十馀岁,其治与宣相放。然重迟,外宽,内深次骨。宣为左内史,周为廷尉,其

> 治大放张汤，而善候伺：上所欲挤者，因而陷之；上所欲释者，久系待问，而微见其冤状。客有让周曰："君为天子决平，不循三尺法，专以人主意指为狱，狱者固如是乎？"周曰："三尺安出哉？前主所是，著为律；后主所是，疏为令。当时为是，何古之法乎？"至周为廷尉，诏狱亦益多矣。二千石系者，新故相因，不减百馀人。郡吏大府举之廷尉，一岁至千馀章。章大者连逮证案数百，小者数十人；远者数千，近者数百里。会狱，吏因责如章告劾，不服，以笞掠定之。于是闻有逮，皆亡匿。狱久者至更数赦，十有馀岁，而相告言，大抵尽诋以不道，以上廷尉及中都官诏狱，逮至六七万人，吏所增加十万馀人。周中废，后为执金吾，逐盗，捕治桑弘羊、卫皇后昆弟子刻深，天子以为尽力无私，迁为御史大夫。家两子夹河为守，其治暴酷，皆甚于王温舒等矣。杜周初征为廷史，有一马，且不全；及身久任事，至三公列，子孙尊官，家訾累数巨万矣。

杜周可以说是一个集大成的酷吏，因为在他之前的那些酷吏的一切本领他都学来了，他会逢迎，他会枉法，他会贪赃，他会用刑。司马迁写他时所用的方法，却也是近于拷打的方法。这样拷打的结果，审问出那个最可恶的创始的张汤来了，而且又审问出一个更大的奖励酷吏的罪魁来了，那就是汉武帝。杜周论杀甚重，便中上意；杜周枉法，诏狱也便益多；杜周捕治得凶，天子便以为尽力无私。司马迁这时乃是像一个法官一样，而让汉武帝立在堂下了。酷吏的行为是惨酷的，酷吏所操持的世界是森森然有着鬼气的，可是司马迁在鞭打着他们的灵魂时却也同样无情，笔下严厉到极点，一点宽贷也没有的。

难道司马迁没有轻松之笔么？有，那就是在《滑稽列传》里：

> 淳于髡仰天大笑，齐威王横行；优孟摇头而歌，负薪者以封；优旃临槛疾呼，陛楯得以半更。岂不亦伟哉？

在幽默的场合，他便还它一副笑脸。其他如写汉高祖时笔下便豁然有大度，写李广时乃使用一种疏疏朗朗的笔触，写孔子时是那样温良尔雅，写伍子胥时又是那样有着怨毒报复，总之，他的笔墨是在意识地使它和所写的内容相符合着。司马迁在这里乃是像一个熟练的名演员一样，他能够扮演老少男女的一切角色，演什么像什么。歌德说文艺的皮和核是分不开的，外就是内，内就是外，司马迁是充分做到了。每一篇作品，他晓得那灵魂和躯壳如何相一致着。

第三　对照律

司马迁往往用两种突出的性格或两种不同的情势，亦或两种不同的结果，作为对照，以增加作品的生动性。

我们具体地看罢，像在《项羽本纪》中，司马迁先写了项羽，项羽是一个纯然少年精神的代表，他初起事时才二十四岁，拔剑自刎时也才三十一岁。"年少气盛"，"血气方刚"，"好勇斗狠"，正是这样的人物所表现的。同时司马迁却写了一个比项羽大二十五岁的"世故老人"，那就是汉高祖。在项羽自杀时，高祖五十六岁了。因为年龄的悬殊，当然一个要斗力，一个要斗智。一个纯任热情、才气和本能的愤怒，一个却常常经过理智底考虑而以退为进，以柔克刚。结果那狂风暴雨式的素朴青年是失败了，而老有世故的滑头流氓成功了。这样的对照，司马迁觉得还不足，于是在项羽一边，又有项羽和范增的对照，这里同样有年龄的悬殊。范增大概大项羽四十多岁，而性格上则是天生的参谋人才，参谋人才要有男性的坚忍和意志；而项羽则是一个天生的元帅，元帅是要有母性的仁慈的（这一点，蒋百里在《全民族战争论》的序上提起过）。在汉高祖那边，则对照的是汉高祖和张良。高祖时刻受着窘迫，而张良永远能够从容。

同样有着这样的对照的，是信陵君和侯嬴。信陵君又是一个多情而仁厚的青年，而侯嬴则是阴鸷的老谋士，也七十多岁了。《越世家》中的范蠡和范蠡的长男也是一个对照。范蠡也是典型的军事参谋，他看得定，拿得牢，非常坚忍。可是他的长男不行，他没有听他父亲的话，他不忍得把钱轻轻丢给庄生，结果庄生为他救弟之死，却又依然把他弟弟送了命。这长男带弟尸回来的时候，亲友都为之悲痛，范蠡却笑道："吾固知必杀其弟也。彼非不爱其弟，顾有所不能忍者也。是少与我俱，见苦为生难，故重弃财。至如少弟者，生而见我富，乘坚驱良，逐狡兔，岂知财所从来，故轻去之，非所惜吝。前日吾所为欲遣少子，固为其能弃财故也，而长者不能，故卒以杀其弟，事之理也，无足悲者。吾日夜固以望其丧之来也。"因为他坚忍，所以可以帮勾践复仇，所以可以自己全命，所以可以自己致富，没有那个不能忍的长男之对照，范蠡的性格是不会这样明晰的。

在《封禅书》里，司马迁也是以对照律作为那一篇妙文的指导原则。这对照是汉武帝和方士。在汉武帝方面是愚，"神君所言，上使人受之，命之曰书法。其所语，世俗之所知也，无绝殊者，而天子心独喜”,真被愚弄得可笑。而在方士方面是诈。例如骗了许多酒食赏赐的五利将军,最后却是“装治行,东入海,求其师云”,治装里边,就不知是囊括了多少财物了。后来所谓“仙人好楼居”的公孙卿,也不过在大兴土木之中,克扣一些私钱而已。就是这种对照着的愚和诈的交织,构成了这一篇飘逸而又辛辣的杰作。

在《平准书》里则是官僚资本和农民意识的对照,一边是事析秋毫的兴利之臣的桑弘羊等,一边是上输助边的农民卜式。二者最后的冲突尖锐化了,卜式直然道:“县官当食租衣税而已,今弘羊令吏坐市列肆,贩物求利,烹弘羊,天乃雨。”一边在牺牲,一边在榨取,这愤恨是无怪的。

此外,在《孔子世家》里是拿热心救世的孔子和个人主义的出世者老子、长沮、桀溺、接舆等相对照;在这里,我们一边看见有着对人世恋恋的温情,另一边看见那些聪明者之冷冷然的讽嘲。在《孟子荀卿列传》里,则是只顾主张不顾成败的思想家和一般阿世苟合的说客之对照,一边是寂寞,一边是受到处处的逢迎。在《刺客列传》中,就有着智深勇深的荆轲和天真躁急的太子丹之对照;在《汲黯列传》里,就有好直谏,而折人过的汲黯和专阿主意的张汤之对照;在《卫将军骠骑列传》里,就有仁善退让,以和柔自媚于上的卫青,和不省士卒,有气敢任的霍去病之对照;在《刘敬叔孙通列传》里,就有出自内心的主张的刘敬与希世度务的叔孙通之对照;前者见了高祖,不肯改自己的破衣服,后者则脱掉自己的儒服,而换上汉高祖最爱的楚装了。

在许多对照之中,最常见的是因为一人性格行为不同,而得到善终与否的对照:有才能的苏秦,因齐大夫与之争宠之故,而被刺死;他的弟弟苏代、苏厉,因较平庸,即皆以寿终;见《苏秦列传》。

扁鹊因为勇于为人治病，为同行所妒，结果被刺杀；仓公不敢为人治病了，却也被人怨恨，几乎受刑，然而终于解脱；见《扁鹊仓公列传》。主父偃锋芒太露，结果是族死；公孙弘善于自藏，貌为忠诚，便活了八十岁，"竟以丞相终"；见《平津侯主父偃列传》。好出奇计，然而不免有些狂放的郦食其，到底为齐王所烹；而有些柔术的陆贾，却安车驷马，得到不少酒食，也"竟以寿终"；见《郦生陆贾列传》。——这里边有司马迁对于中国这个民族的弱点的了解，也有着处这个滑头社会的生存哲学，但不能不叫人感喟系之！

在许多对照中，写得最复杂的，是《魏其武安列传》。这里有着武安侯田蚡在未贵时对于魏其侯窦婴之跪起如子侄和后来说拜访而不想去拜访的对照；有着同为窦太后所不喜，因而家居，然而一个是真正失势，一个是慢慢更能握权的对照。又有着对于梁孝王、淮南王的关系的对照，窦婴主持家法，说："天下者，高祖天下，父子相传，此汉之约也，上何以得擅传梁王？"而田蚡却曾经受淮南王财物，说："上未有太子，大王最贤，高祖孙，即宫车晏驾，非大王立，当谁哉？"更有着在同是好客之中，而窦婴好客是在进贤，是发自真心，田蚡好客则只是做作，为和窦婴竞争，"欲以倾魏其诸将相"的对照。

在许多对照之中，写来最带有司马迁自己的感慨的，则是《张耳陈馀列传》和《李将军列传》。张耳、陈馀是刎颈交，但后来因为利害摩擦，陈馀竟以杀张耳为投降汉高祖的条件。在这一年之后，司马迁紧接着写张耳的儿子张敖得到部下爱戴的壮烈故事。他们部下想反叛汉高祖，准备成功后即归功张敖，失败后则自己任咎。结果失败了，便有十馀人争着寻死，更有贯高等甘受苦刑，以明张敖无罪，到张敖被赦，便认为使命已毕，终于绝肮自杀。这种义侠的行为和张耳、陈馀那种因利背德的结局，是多末大的对照呢！至于才气无双的名将李广，司马迁在用按部就班的程不识与之对照之外，却又写出他一个从弟李蔡，李蔡是中下人物，“名声出广下远甚，然广不得爵邑，官不过九卿。而蔡为列侯，位至三公。”李广处处轗轲，李蔡竟直上青云，这对照实在更叫人难以为怀了。

对照的方法是像画家用了鲜明的色彩一样，是像戏剧家创造出对立的性格一样，于是让所描绘表现的对象更清晰了。

第四　对称律

大抵司马迁在写合传的时候，如果不用对照律，便往往用对称律，当然也有时二律并用。这是中国人的一种特有的审美意识，这是像大建筑物前一定摆两个大石狮，或者堂屋里一定挂一副对联似的。司马迁也是意识地要求这种安排的。例如《绛侯周勃世家》，事实是周勃、周亚夫父子二人的合传。在周勃传中写的是文帝之忌刻，文帝把他的丞相免了，叫他就国，后来逼得这样一个老实的人每见河东守尉来巡查时，便常被甲，令家人持兵以见之，终于入狱。在周亚夫传中，则写的是景帝的忌刻，因为他不赞成封皇后兄王信为侯，他说：“高皇帝约，非刘氏不得王，非有功不得侯，不如约，天下共击之。今信虽皇后兄，无功，侯之，非约也。”景帝当时虽无话可说，以后就故意给他难堪，吃饭的时候不给他筷子，大块肉也不切开，终于借故把他抓入狱中，在他死后，就把王信封为侯了。周勃和周亚夫的遭遇便是对称着的。

在《管晏列传》中，是以论友情为中心的。在管仲方面就有鲍叔的知己之感，在晏婴方面就有着石父的“君子诎于不知己而信于知己者”的论调，这也是对称着的。

以上二例是稍微不太明显的，至于明显的例子那就太多了：《孙子吴起列传》中，孙膑和吴起都同样招忌。《白起王翦列传》中，一个因坑降作为赐死的理由，一个因三世为将作为必败的原因，这统统是以不成其为理由的理由作说词，而且又都隐指着李广、李陵的遭遇。《鲁仲连邹阳列传》则同为齐人，同擅长函札；《魏豹彭越列传》则同为魏王，同是被囚，被杀；《季布栾布列传》则同曾为奴，同曾为人救助，意气也有些类似；《袁盎晁错列传》则二人都是峭直刻深，不得善终。而《张释之冯唐列传》，在张释之方面，中间称道周勃，末尾以他的儿子张挚“以不能取容当世，故终身不仕”为馀波；在冯唐方面，则中间称道魏尚，末尾也以他的儿子冯遂“亦奇士”为馀波。《汲郑列传》吧，在汲黯方面，先说“其先有宠于古之卫君”，最后说“上以黯故，官其弟汲仁至九卿，子汲偃至诸侯相，黯姑姊子司马安亦少与黯为太子洗马……昆弟以安故，同时至二千石者十人。”在郑当时方面，则也是先说“其先郑君”，最后也同样说“庄兄弟子孙，以庄故，至二千石六七人焉”。这更是意识地寻求对称形式了。

我们再看《汲郑列传》中：“黯为谒者，东越相攻，上使黯往视之，不至，至吴而还，报曰：‘越人相攻，固其俗然，不足以辱天子之使。’河南失火，延烧千馀家，上使黯往视之，还报曰：‘家人失火，屋比延烧，不足忧也。’”这两事明明是表现对称的美。又如《匈奴传》中：

冒顿乃作为鸣镝，习勒其骑射，令曰：“鸣镝所射而不悉射者，斩之。”行猎鸟兽，有不射鸣镝所射者，辄斩之。已而冒顿以鸣镝自射其善马,左右或不敢射者,冒顿立斩不射善马者。居顷之,复以鸣镝自射其爱妻,左右或颇恐,不敢射,冒顿又复斩之。居顷之,冒顿出猎,以鸣镝射单于善马,左右皆射之,于是冒顿知其左右皆可用。从其父单于头曼猎,以鸣镝射头曼,其左右亦皆随鸣镝而射杀单于头曼,遂尽诛其后母与弟及大臣不听从者,冒顿自立为单于。冒顿既立,是时东胡强盛,闻冒顿杀父自立,乃使使谓冒顿,欲得头曼时有千里马。冒顿问群臣,群臣皆曰:"千里马,匈奴宝马也,勿与。"冒顿曰:"奈何与人邻国,而爱一马乎?"遂与之千里马。居顷之,东胡以为冒顿畏之,乃使使谓冒顿,欲得单于一阏氏。冒顿复问左右,左右皆怒,曰:"东胡无道,乃求阏氏,请击之。"冒顿曰:"奈何与人邻国,爱一女子乎?"遂取所爱阏氏予东胡。东胡王愈益骄,西侵。与匈奴间中有弃地,莫居,千馀里,各居其边为瓯脱,东胡使使谓冒顿曰:"匈奴所与我界瓯脱外弃地,匈奴非能至也,吾欲有之。"冒顿问群臣,群臣或曰:"此弃地,予之亦可,勿与亦可。"于是冒顿大怒曰:"地者,国之本也,奈何予之?"诸言予之者皆斩之。冒顿上马,令国中有后者斩,遂东袭击东胡。

这杀父自立和东败东胡固然有对称之美,而射马、射妻是对称,求马、求女也是对称。

司马迁语句上很避免骈偶,但对称的美感却仍是很强烈的。

第五　上升律

凡是司马迁叙一个情节或一种心理状态的进展时,往往使用这个逐渐加强或加浓的原理。例如《平准书》中："……物盛而衰，固其变也。……选举陵迟，廉耻相冒，武力进用，法严令具，兴利之臣，自此始也。……于是见知之法生，而废格沮诽穷治之狱用矣。……然无益于俗，稍骛于功利矣。……故三人言利，事析秋毫矣。法既益严，吏多废免。……吏道益杂不选，而多贾人矣。……自是之后，有腹诽之法，以此而公卿大夫多谄谀取容矣。"兴利和严法是这时经济政策的两翼，司马迁写这现象，便是用着上升律的。

又如《留侯世家》中，写留侯为太子设计，招了四个须眉皓白的老人来，叫高祖看见了，先是"怪之"。后来知道了这四人就是高祖要寻访的名人，"上乃大惊"，到这四人临去时，高祖便"目送之"。在心理的过程上，便也是递进的。

再如《信陵君列传》中，"公子于是乃置酒，大会宾客，坐定，公子从车骑虚左，自迎夷门侯生。侯生摄弊衣冠直上载公子上坐，不让，欲以观公子，公子执辔愈恭。侯生又谓公子曰：'臣有客在市屠中，愿枉车骑过之。'公子引车入市，侯生下见其客朱亥。俾倪，故久立，与其客语，微察公子，公子颜色愈和。当是时，魏将相宗室宾客满堂，待公子举酒，市人皆观公子执辔，从骑皆窃骂侯生。侯生视公子色终不变，乃谢客就车。至家，公子引侯生坐上坐，遍赞宾客，宾客皆惊。"从这"公子执辔愈恭"，"公子颜色愈和"，"公子色终不变"看，司马迁是在故意使用着上升律，以增加他作品之戏剧性的。

再如《张耳陈馀列传》中，二人之结怨，先是误会，张耳怨陈馀曰："始吾与公为刎颈交，今王与耳旦暮且死，而公拥兵数万，不肯相救，安在其相为死，苟必信，胡不赴秦军俱死，且有十一二相全？"次是责问，于是陈馀怒曰："不意君之望臣深也，岂以臣为重去将哉?"陈馀把印绶交出了,不想张耳果然受下,于是陈馀"亦望张耳不让","由此陈馀、张耳遂有郤",最后双方以兵戎相见,而且陈馀投降汉王的条件是"汉杀张耳乃从"了。这也是一种上升律,到了"汉杀张耳乃从"便是顶点。

其他,如《扁鹊列传》中,扁鹊见齐桓侯,先谓"君有疾,在腠理,不治将深";次谓"君有疾,在血脉";又次谓"君有疾,在肠胃间";最后则望见而逃,因为他病"已在骨髓"了。《魏其武安列传》中,魏其因失势客稀,先是"天下吏士趋势利者,皆去魏其,归武安";以后"魏其失窦太后,益疏不用,无势,客稍稍自引而怠傲";同时武安的骄横,由"天下士、郡国诸侯愈益附武安";到惹得武帝说:"君除吏已尽未?吾亦欲除吏";再到坐在他哥哥的上座,"以为权相尊,不可以兄故私桡,武安由此滋骄。"《卫将军骠骑列传》中,二人一进一退,先是"由此骠骑日以亲贵,比大将军",后来"自是以后,大将军青日退,而骠骑日益贵"。这统统是应用上升律,作为全传的结构的原理的。

第六　奇兵律

司马迁在行文时,是像行军一样。有时往往用一支奇兵,使他的行程得到更愉快的效果。最明显的是《平准书》中的卜式。《平准》是攻击当时的兴利之臣和严刑峻法的,卜式就是司马迁所设的奇兵,卜式在篇中时出时没,司马迁用他,以求杀敌致果。我们试看他先写那些富商大贾,"财或累数万,而不佐国家之急,"又写"征发之士益鲜",这里都已经把卜式埋伏下了。后来卜式正式出现,要"输其家半助边",又要"父子死之"以从军越南;他主张治民如牧羊，把恶羊斥去，勿令败群；他拜为齐王太傅时，而孔仅使天下铸作器；他被尊时，而天子下缗钱令；他相齐，而杨可告缗遍天下；此后，是卜式贬秩为太子太傅，而桑弘羊为治粟都尉；最后是借卜式的话，"烹弘羊，天乃雨"，而文字也就立刻收场。

同样情形的是《魏其武安列传》中的籍福。叫武安让魏其为丞相的是他，劝魏其兼容的也是他，代武安向魏其要田地的又是他，在灌夫使酒骂座时强按着灌夫的脖颈向武安谢罪的还是他，这也是司马迁在行文时的一支奇兵呀。不过这回不是用他来攻击了，却是用他来点缀魏其、武安的结怨，仿佛是一个传令兵一样，让全文的消息更灵通些。

在《伯夷列传》中，是用孔子携带着颜渊，当了司马迁的一支奇兵。其中如："孔子序列古之仁圣贤人，如吴太伯、伯夷之伦详矣。"如："且七十子之徒，仲尼独荐颜渊为好学，然回也屡空，糟糠不厌，而卒早夭。"如："颜渊虽笃学，附骥尾而行益显。"这都是。但这回奇兵的用处又不是传令了，却是像哨探一样，站在了几个山头上。

第七　减轻律

这就是司马迁在叙述很严重的事情的时候，却有时会忽然出现轻松之笔，让人的精神得到刹那间的解放，对他所说的故事会更集中注意地听下去，同时也别有一种新鲜的趣味。例如《孔子世家》，本来先叙孔子的谱系，又叙他出生的年代，俨然是一个教主的降世似的，却忽然说："生而首上圩顶，故因名曰丘云。"这轻松的笔调恰恰给那太严肃的空气一种补偿。又如《萧相国世家》，本写他处在忌主汉高祖的手下，时时提心吊胆，已经很紧张了，而在他被拜为相国时，一般人来贺，召平却来吊，我们以为下面应该紧接召平的警告了吧，然而不，司马迁却写道："诸君皆贺，召平独吊。召平者，故秦东陵侯，秦破，为布衣，贫，种瓜于长安城东，瓜美，故世俗谓之东陵瓜，从召平以为名也。"下面才写"召平谓相国曰：祸自此始矣。"这样便像惊涛骇浪之中，忽然出现了驯良的白鸥似的，叫人有一种暂时解放的快感。再如《淮南衡山列传》，淮南王要造反，伍被竭力谏阻，这也是十分紧张的局面，而伍被在谏词中却忽然讲到徐福告诉秦始皇在海上遇仙的故事，说他"东南至蓬莱山，见芝成宫阙，有使者铜色而龙形，光上照天"。《李将军列传》，在写他的命运蹭蹬之中，忽然叙到他"出猎，见草中石，以为虎而射之，中石没镞，视之，石也，因复更射之，终不能复入石矣。"都有这种作用。

同时我们可以注意的，就是司马迁凡写一个人的面貌性情时，决不在篇首，而是在叙过许多事情之后，拣一个适合的场合透露出来，可说毫无例外。我们略举数例吧：

《项羽本纪》："籍长八尺馀，力能扛鼎，才气过人。"叙在项梁带他偷看秦始皇渡浙江以后，而在他拔剑杀会稽守之前。

《孔子世家》："孔子长九尺有六寸，人皆谓之长人而异之。"叙在他当季氏史和司职吏之后，而在适周问礼之前。

《留侯世家》："张良多病，未尝特将也，常为画策臣，时时从汉王。"叙在他为高祖笼络鲸布、彭越、韩信之后，而在劝高祖不能听郦食其立六国之前。

《绛侯周勃世家》："勃为人木强敦厚，高帝以为可属大事。勃不好文学，每召诸生说士，东乡坐而责之，'趣为我语！'其椎少文如此。"叙在他的许多军功之后，而在诛诸吕之前。

《刺客列传》："荆轲虽游于酒人乎，然其为人沈深好书，其所游诸侯,尽与其贤豪长者相结。”叙在漫游各地之后,而在会燕太子丹之前。

《魏其武安列传》:“武安者,貌侵,生贵甚,又以为诸侯王多长,上初即位,富于春秋,蚡以肺腑为京师相,非痛折节以礼诎之,天下不肃。”叙在他当过太尉、拜过丞相之后,而在权移主上之前。

《李将军列传》:“广为人长,猿臂,其善射亦天性也。虽其子孙他人学者,莫能及广。广讷口少言;与人居,则画地为军陈,射阔狭以饮。”这也叙在他赎为庶人,拜为右北平太守之后,而在以郎中令攻匈奴之前。

《平津侯主父偃列传》:“弘为人意忌,外宽内深,诸尝与弘有郤者,虽详与善,阴报其祸。”叙在公孙弘被汲黯数度庭诘之后,而在畏责请退之前。

《司马相如列传》:“相如口吃,而善著书,常有消渴疾。”叙在他使蜀之后,而在谏猎之前。

其他像《大宛列传》中之叙张骞“为人强力,宽大信人,蛮夷爱之”;《汲郑列传》中之叙“黯为人,性倨少礼,面折,不能容人之过”;《游侠列传》中之叙郭解“为人短小,不饮酒,出未尝有骑”;都是叙在中间的。

这种在文章的中间忽然叙出一个人的面貌性情的方法,也可以说是减轻律的一种应用,定有着一种调剂的效果,这固不特叙在适合的地位使人印象格外深,并恰满足了读者之要知其为人的兴味而已。

这七种形式律则:统一律、内外谐和律、对照律、对称律、上升律、奇兵律、减轻律,统统是司马迁在他的艺术制作过程中的指导原理。其中除了对称律是中国人的美感所特有,奇兵律和减轻律是司马迁的艺术所独具外，也可说是世界上任何艺术作品所共遵的律则。我们并不是说一个艺术家先晓得了这些律则而后去制作，我们也无意要求任何艺术上的学徒来探寻方法于此，我们只是在客观的事实之中而归纳出他——司马迁或其他艺术天才——所无意间而采取的途径而已。这像研究生物的行为一样，生物未尝为律则所支配，但生物学家却可以发现那些可以统摄事实的律则而已。

三　建筑结构与韵律

一种艺术品，都有他的结构。《史记》一部书，就整个看，有它整个的结构；就每一篇看，有它每一篇的结构。这像一个宫殿一样，整个是堂皇的设计，而每一个殿堂也都是匠心的经营。司马迁自己说："罔罗天下放失旧闻，王迹所兴，原始察终，见盛观衰，论考之行事，略推三代，录秦汉，上记轩辕，下至于兹，著'十二本纪'，既科条之矣；并时异世，年差不明，作'十表'；礼乐损益，律历改易，兵权，山川，鬼神，天人之际，承敝通变，作'八书'；二十八宿环北辰，三十辐共一毂，运行无穷，辅拂股肱之臣配焉，忠信行道，以奉主上，作'三十世家'；扶义俶傥，不令已失时，立功名于天下，作'七十列传'。"照他看，《史记》不唯是一个建筑，简直是一个宇宙的缩影，秩序的天体之副本了。

当然，我们不能不注意，司马迁是一个浪漫派的艺术家，他之组织全书，是像李广用兵一样，好像没有部伍行阵，人人自便的光景，然而却并非绝对散漫。（绝对散漫，就不能带兵了。）司马迁有意把他的全书造成一个有机体。大抵本纪和世家是代表上古的统治阶级的谱系的，列传是以事情的性质配上时代的前后相类次的，“十表”和“八书”则是有意地补足全书的经纬的。

我们再详细地看吧。司马迁在《陈杞世家》中说：“舜之后，周武王封之陈，至楚惠王灭之，有《世家》言；禹之后，周武王封之杞，楚惠王灭之，有《世家》言；契之后为殷，殷有《本纪》言；殷破，周封其后于宋，齐湣王灭之，有《世家》言；后稷之后为周，秦昭王灭之，有《本纪》言；皋陶之后，或封英六，楚穆王灭之，无谱；伯夷之后，至周武王复封于齐，曰太公望，陈氏灭之，有《世家》言；伯翳之后，至周平王时封为秦，项羽灭之，有《本纪》言；垂、益、夔、龙，其后不知所封，不见也。——右十一人者，皆唐虞之际名有功德臣也，其五人之后，皆至帝王，馀乃为显诸侯。”在这十一人中，有四人不知所封，有一人无谱，所以结果只有六人可说。所谓五人之后皆为帝王，就是指舜、禹、契、后稷和伯翳，这就是《虞本纪》（《五帝本纪》的一部分）、《夏本纪》、《殷本纪》、《周本纪》和《秦本纪》的由来。他们都是唐虞时的名臣，而唐尧是黄帝、帝颛顼、帝喾一系的（至少就司马迁的看法是如此），所以《五帝本纪》便作了本纪的第一篇。

秦到了始皇，局面是很不同了，所以不能不扩大而独立了，成为《秦始皇本纪》。

项羽是秦汉之际的过渡统治者，虽和刘邦同样是揭竿而起的平民，但司马迁却这样问道：“吾闻之周生曰，舜目盖重瞳子，又闻项羽亦重瞳子，羽岂其苗裔邪？”这是颇有问津于遗传学而假定项羽是舜后之意了，大概到《项羽本纪》为止，司马迁是把他们都算在古代帝王的大谱系里去的。

然而纯粹平民的刘邦成了功，于是有《高祖本纪》。下面四个本纪都是分别叙到汉代的君主的。以上就是十二本纪的来历。

司马迁在《管蔡世家》中又说:“伯邑考,其后不知所封;武王发,其后为周,有《本纪》言;管叔鲜,作乱,诛死,无后;周公旦,其后为鲁,有《世家》言;蔡叔度,其后为蔡,有《世家》言;曹叔振铎,其后为曹,有《世家》言;成叔武,其后世无所见;霍叔处,其后晋献公时灭霍;康叔封,其后为卫,有《世家》言;冄季载,其后世无所见。”这是说文王十子的下落的。其中五人或不知所封,或为人所灭,或后世无所见,其中一人入于本纪,四人入了世家(即《鲁周公世家》、《管蔡世家》、《卫世家》,而《曹世家》附见《管蔡世家》中)。倘若拿这话和前引《陈杞世家》的话合看,则我们又知道《陈杞世家》是叙舜和禹之后,《齐世家》是叙伯夷之后,《宋世家》是叙殷之后。我们从这里看,可以晓得,世家中一部分也是唐虞之际的名臣之后,一部分乃是周的子孙和功臣之后。属于后者的,还有《吴太伯世家》、《燕召公世家》、《晋世家》、《郑世家》,这可以说都属于《周本纪》的系统。属于前者的,还有颛顼之后的《楚世家》,禹之后的《越世家》,这可以说都属于《五帝本纪》的系统。以上是《世家》中前十二篇的来历。

《晋世家》中的陪臣,又化而为《赵世家》、《魏世家》、《韩世家》;陈之后代齐,于是有《田敬仲完世家》。这是次四篇世家的来历。到了这《田敬仲完世家》,所谓六国者便已经叙完了,于是司马迁自齐王建的十六年起便总叙灭六国之事:“十六年,秦灭周,君王后卒,二十三年,秦置东郡。二十八年,王入朝秦,秦王政置酒咸阳。三十五年,秦灭韩。三十七年,秦灭赵。三十八年,燕使荆轲刺秦王,秦王觉,杀轲。明年,秦破燕,燕王亡走辽东。明年,秦灭魏;秦兵次于历下。四十二年,秦灭楚。明年,虏代王嘉,灭燕王喜。四十四年，秦兵击齐，齐王听相后胜计，不战，以兵降秦。秦虏王建，迁之共，遂灭齐为郡。天下一并于秦。”

《孔子世家》放在《田敬仲完世家》之后是有道理的，因为孔子到底与一般有国有土的诸侯不同，但是又不能划在秦汉时代的世家之内，所以只好处于六国之后，而且“孔子，其先宋人也”，这是宋的贵族，所以也便属于先秦这一个世家集团了。

叙孔子之后，是《陈涉世家》，代表一个新时代的过渡。以下十二个世家统统是属于汉代了。所以司马迁这三十世家也是颇有系统和次第的。

在七十列传之中，大概也可以划分几个集团：上古至《春秋》是一个集团，包括《伯夷列传》、《管晏列传》、《老庄申韩列传》、《司马穰苴列传》、《孙子吴起列传》、《伍子胥列传》、《仲尼弟子列传》，即列传的前七篇。其中以司马穰苴和孙子、吴起同为兵家，故前后相次。

从《商鞅列传》至《屈原贾生列传》，共十七篇，是第二个集团，都是六国时人。其中头二篇《商鞅列传》和《苏秦列传》仿佛六国争雄的前奏，所以冠首。而《苏秦传》中称：“方诛商鞅，疾辩士，弗用，乃东之赵。”可见《苏秦传》在《商鞅传》后是有道理的。张仪为苏秦所激而说秦，故《张仪传》又次之。张仪尚诈谋，下即接以“秦人称其智”的《樗里子列传》。因叙及秦，故《穰侯列传》、《白起王翦列传》又以类相从。这时与潮流不合的迂阔之士是孟子、荀卿，故又以《孟子荀卿列传》次之。各国并起抗秦，于是有四国公子，遂以《孟尝君列传》、《平原君列传》、《信陵君列传》、《春申君列传》再次之。但终于抗不住秦，故以秦相《范睢蔡泽列传》接叙。以下叙各国挣扎奋斗的名将贤人，先是《乐毅列传》，因蔡泽是燕人，所以先叙燕事。廉颇、蔺相如属于赵，田单和鲁仲连属于齐，屈原属于楚，又分别叙之。邹阳也是齐人，也善尺牍，所以附在《鲁仲连列传》中，贾生也是诗赋家，所以附在《屈原列传》中。

以下《吕不韦列传》、《刺客列传》、《李斯列传》、《蒙恬列传》四篇，属于秦始皇时代的集团。《刺客列传》重在荆轲，不过既叙其事，便也把荆轲以前的同类事也叙起来。

《张耳陈馀列传》、《魏豹彭越列传》、《黥布列传》，三篇又是一个集团，这是陈涉、项羽之际的人物的传记。

自《淮阴侯列传》到《季布栾布列传》，共九篇，所叙却属汉高祖时人。

自《袁盎晁错列传》到《吴王濞列传》，共六篇，所叙却属文、景二帝时代人，其中《扁鹊仓公列传》本重在仓公，而扁鹊也是因同为名医而先叙及之。

此下自《魏其武安列传》到《太史公自序》共二十四篇，所叙大体上属于武帝时的人物。这其中只有《循吏列传》、《滑稽列传》、《货殖列传》似乎所叙都不是武帝时代的人物，但《滑稽列传》和《货殖列传》本不能放在列传的前头，而《循吏列传》是为与《酷吏列传》相对，所以只好放在《酷吏列传》之前。中间因为汲、郑二人也勉强可以称为汉武帝时的循吏，而儒林诸公也受酷吏的摧残与利用，故并插入二者之间。至于李广为名将，自然当在卫青、霍去病传之前，顾炎武说："因为匈奴犯塞而有卫霍之功，故序匈奴于《卫将军骠骑传》之前。"因而中间又插入《匈奴列传》。《南越》、《东越》、《朝鲜》、《西南夷》四传都是以类相从。公孙弘、主父偃都有谏边郡之事，所以也次于四夷传之前，而在霍、卫传之后。因西南夷而及于奉使巴蜀的司马相如，所以《司马相如列传》又在《西南夷列传》之后。只有《大宛列传》何以在《酷吏列传》与《游侠列传》之间，而不在四夷传前后，我们却想不出什么理由。

然而大体上说，七十列传是有计划排列的。至于十个年表是以时代相次，却又参照先贵族后功臣的原理，所以《汉兴以来将相名臣》作了殿尾。“八书”的次第大概是依照了六艺，所以《礼》、《乐》二书居首；《律书》是兵书，相当于射；《历书》和《天官书》，相当于数。《封禅》接近于天官，故又次之。“不封禅兮安知外”，因封禅而知水灾，故《河渠书》再次之。《平准书》在最后，是像《货殖列传》在列传的末尾一样，因为用经济来解释社会和政治，那代表司马迁站在唯物论来了解历史的史观。

这样一看，可以见出司马迁对于《史记》一书的整个设计，而造成了全书之整个建筑的美。

现在再就司马迁对于单篇的结构看，他也是有意的要造成部分的建筑美的：

第一，他所写的合传，都是有理由才合并写的。就史学的意义说，他是要在演化之中而寻出体系；就美学的意义说，他是利用对照或对称的原理，而组成一种艺术品。这都是我们已经讲过的。不过也有不十分明显的，我们在这里再补充说明一下。平原君、虞卿合传，单就本传看是看不出理由的，就《范雎传》看就晓得了，原来他两人对于魏齐都很有些古道热肠：虞卿肯为朋友弃了相印，平原君肯为朋友而为秦昭王所困，这气味实在有些相投。并且由《范雎传》看，才晓得司马迁在《平原君传赞》中所下的“翩翩浊世之佳公子也”的评语之故。韩王信和卢绾合传是因为二人同是处于一种情势而反汉，这就是赞中所谓“日疏自危，事穷智困”。樊、郦、滕、灌四人之合传，是因为都有武功，又都没有叛。《张丞相列传》

中附及周昌、任敖、申屠嘉，是因为四人都是高祖时人，都老寿，又都各有所长。《万石张叔列传》中附及卫绾、直不疑、周文，是因为这一群都是恭谨之流。不过司马迁叙他们很有分寸，赞中说："仲尼有言：君子欲讷于言而敏于行，其万石、建陵、张叔之谓邪？是以其教不肃而成，不严而治；塞侯微巧，而周文处谄，君子讥之，为其近于佞也——然斯可谓笃行君子矣。"是在他们共同点之中而又分出差等的，这赞语真是铢两悉称了。平津侯、主父偃之所以合传，除了有着对照外，又因为主父偃是公孙弘杀之。在合传中写得最有统一性的，是《廉颇蔺相如列传》和《魏其武安列传》，那故事真是有机地穿插在一起了，业已超出了形式律则的应用。

第二，《史记》在每一篇文字中，确乎有首尾的呼应。例如《封禅书》中，开头即谓："自古帝王曷尝不封禅，盖有无其应而用事者矣，未有睹符瑞见而不臻乎泰山者也。虽受命而功不至；至矣①，而德不洽；洽矣，而日有不暇给，是以即事用希。"后来说秦始皇上泰山，为暴风雨所击，不得封禅，便道："此岂所谓无其德而用事者邪？"再后来在讲过许多神怪之后，说到汉武帝要封禅了，便道："上与公卿诸生议封禅，封禅用希旷绝，莫知其仪礼。"这就是回应上边的"即事用希"。司马迁惯于以秦骂汉，上面一个回应，即旨在说汉武帝之无其应而用事；后一个回应，却是重在功不至，德不洽。《封禅书》是叫人看得相当散漫的文字，但在这建筑物之中，仍然像设下钢骨水泥，架子很坚牢。在《越世家》中，后半叙范蠡成为大富翁，虽然有坚忍的线索在贯穿着，但仍然似乎有些牵合，于是司马迁早已有了主意，在开始劝越王暂时屈膝时，范蠡已经这样说："持

① 中华书局本《史记》作"至梁父矣"。——编者注

满者与天,定倾者与人,节事者以地。卑辞厚礼以遗之,不许而身与之市。”这里已经提到市了,范蠡会大做买卖也就不突兀了。又如在《货殖列传》中,表面看也是散漫的文字,但是开头所谓“君子富好行其德”,就是由下面范蠡去回应,“十九年之中,三致千金,再分散与贫交疏昆弟,此所谓富好行其德者也”;开头所谓“人富而仁义附焉”,就是下文所谓“夫使孔子名布扬于天下者,子贡先后之也,此所谓得势而益彰者乎”;开头所谓“天下熙熙,皆为利来”,就是下文所举壮士在军,闾巷少年,赵女郑姬,游闲公子,弋射渔猎,博戏驰逐,医方技术,吏士弄法,一切在求富益货的总说明。下半则全然讲素封,先说:“今有无秩禄之奉,爵邑之入,而乐与之比者,命曰素封。”中谓:“蜀卓氏之先……富至僮千人,田池射猎之乐拟于人君。”结谓:“千金之家,比一都之君,巨万者,乃与王者同乐,岂所谓素封者邪？非也？”所以这篇文章依然有着首尾皆具的形式。再如《酷吏列传》中,先提出“法令者治之具,而非制治清浊之源也;昔天下之网尝密矣,然奸伪萌起”的结论,其后叙到义纵时说:“取为小治,奸益不胜。”叙到王温舒等时说:“自温舒等以恶为治,而郡守都尉诸侯二千石欲为治者,其治大抵尽放温舒,而吏民益轻犯法,盗贼滋起。……其后小吏畏诛,虽有盗,不敢发,恐不能得,坐课累府,府亦使其不言,故盗贼寖多,上下相为匿,以文辞避法焉。”都是顺着同一个筋骨的。至于《李将军列传》中,在篇首叙他的先人李信,篇末叙他的子孙李敢、李陵,也叫人觉得有一种形式。这种在每一篇中的结构形式,颇像一个纪念殿堂,在那前后都各有一个小牌坊似的。

更可注意的,这又不独一篇为然,就一般小文,记某一个人的一段词令,也往往采取此法,书中例子随处皆是。

《项羽本纪》中樊哙对项羽道:“臣死且不避,卮酒安足辞?夫秦王有虎狼之心,杀人如不能举,刑人如恐不胜,天下皆叛之。怀王与诸将约曰:‘先破秦入咸阳者王之。’今沛公先破秦,入咸阳,毫毛不敢有所近,封闭宫室,还军霸上,以待大王来。故遣将守关者,备他盗出入与非常也。劳苦功高而如此,未有封侯之赏,而听细说,欲诛有功之人,此亡秦之续耳,窃为大王不取也。”在这里,“秦王有虎狼之心”和“亡秦之续”是呼应着的。又项羽对他的骑兵说:“吾起兵至今,八岁矣,身七十馀战,所当者破,所击者服,未尝败北,遂霸有天下。然今卒困于此,此天之亡我,非战之罪也!今日固决死,愿为诸君决战,必三胜之,为诸君溃围,斩将,刈旗,令诸君知天亡我,非战之罪也。”“天之亡我,非战之罪”,其中两言之,便也构成一种首尾呼应的形式。

《越世家》中范蠡独笑曰:“吾固知必杀其弟也。彼非不爱其弟,顾有所不能忍者也。是少与我俱,见苦为生难,故重弃财;至如少弟者,生而见我富,乘坚驱良,逐狡兔,岂知财所从来,故轻去之,非所惜吝。前日吾所为欲遣少子,固为其能弃财故也。而长者不能,卒以杀其弟,事之理也,无足悲者,吾日夜固已望其丧之来也。”“必杀其弟”和“卒以杀其弟”也呼应着。

《平原君列传》中毛遂对楚王说:“王之所以叱遂者,以楚国之众也。今十步之内,王不得恃楚国之众也。王之命悬于遂手,吾君在前,叱者何也?且遂闻汤以七十里之地王天下,文王以百里之壤而臣诸侯,岂其士卒众多哉?诚能据其势而奋其威。今楚地方五千里,持戟百万,此伯王之资也。以楚之强,天下弗能当;白起小竖子耳,率数万之众,兴师以与楚战,一战而举鄢郢,再战而烧夷陵,三战而辱王之先人,此百世之怨,而赵之所羞,而王弗知恶焉。合从者为楚，非为赵也！吾君在前，叱者何也？”以及后来平原君对毛遂说：“胜不敢复相士。胜相士多者千人，寡者百数，自以为不失天下之士，今乃于毛先生而失之也。毛先生一至楚，而使赵重于九鼎、大吕，毛先生以三寸之舌，强于百万之师，胜不敢复相士。”在前者，“吾君在前，叱者何也？”在后者，“胜不敢复相士。”都是首尾各自重复一次，以为呼应的。

《信陵君列传》中，“侯生笑曰：‘臣固知公子之还也。’曰：‘公子喜士，名闻天下，今有难，无他端，而欲赴秦军，譬若以肉投馁虎，何功之有哉？尚安事客？然公子遇臣厚，公子往而臣不送，以是知公子恨之复返也。’”

《冯唐列传》中，冯唐说文帝虽得廉颇、李牧弗能用也，文帝大怒，以为冯唐不该当众侮辱，后来又问他：“公何以知吾不能用廉颇、李牧也？”冯唐对了一大篇，从上古之遣将推毂起，说到李牧之如何可以放手去做，说到赵王迁之因谗诛李牧，遂致为秦所灭，说到现在就有一个魏尚，即有名将之风，而削爵被罚，他直然说文帝“法太明，赏太轻，罚太重”，于是说：“由此言之，陛下虽得廉颇、李牧弗能用也！”这小段文字则宛如坐飞机俯瞰风景一样，回翔一过，经历了千岩万壑，却又看到原来的山麓了。

《韩长孺列传》中，韩安国为梁使，见大长公主而泣曰：“何梁王为人子之孝，为人臣之忠，而太后曾弗省也？夫前日吴、楚、齐、赵七国反时，自关以东，皆合从西乡；惟梁最亲，为艰难，梁王念太后帝在中，而诸侯扰乱，一言泣数行下，跪送臣等六人，将兵击却吴、楚，吴、楚以故兵不敢西，而卒破亡，梁王之力也。今太后以小节苛礼，责望梁王，梁王父兄皆帝王，所见者大，故出称跸，入言警，车旗皆帝所赐也。即欲以侘鄙县，驱驰国中，以夸诸侯，令天下尽知太后帝爱之也。今梁使来,辄案责之,梁王恐,日夜涕泣思慕,不知所为,何梁王之为子孝,为臣忠,而太后弗恤也?"这尤其是书中常见的形式了。

第三,司马迁为增加一篇文字的结构之美,常常使用一种重复的事项,让他的出现就像一种旋律,又像建筑长廊中的列柱似的,也的确构成一种美。例如在《项羽本纪》中,作为那样旋律的就是八千人和粮食:"遂举吴中兵,使人收下县,得精兵八千人。……江东已定,急引兵西击秦,项梁乃以八千人渡江而西。……汉王则引兵渡河,复取成皋,军广武,就敖仓食。……绝楚粮食,项王患之。……是时汉兵盛,食多,项王兵罢食尽。……张良、陈平说曰:'汉有天下大半,而诸侯皆附之,楚兵罢食尽,此天亡楚之时也,不如因其饥而遂取之。'……项王军壁垓下,兵少食尽,汉军及诸侯兵围之数重,夜闻汉军四面皆楚歌。……项王笑曰:'天之亡我,我何渡为?且籍与江东子弟八千人渡江而西,今无一人还,纵江东父兄怜而王我,我何面目见之?纵彼不言,籍独不愧于心乎?'"八千人代表项羽起事时的豪气,最后无一人还,真有些不堪回首,粮食一节则是他的致命伤,篇中都频频提及,这都增高了全文的悲剧情调。

在《萧相国世家》中,萧何为避汉高祖的猜忌,让封并以家私财佐军,"高祖乃大喜";又多买田地,贱贳贷以自污,"上乃大说";果然怨声载道了,"上大笑曰:夫相国乃利民。"这大喜、大说、大笑也都是韵律。

《留侯世家》中,张良遇圯上老人一段,先叫他拾鞋,他"愕然,欲殴之";以后老人又伸脚叫他给穿上,他"殊大惊,随目之";老人与他相约会,他"因怪之";到了老人与他相会时,第一次怒曰:"与老人期，后，何也？”第二次复怒曰：“后，何也？”最后一次，张良不到夜半就去先等了，老人喜曰：“当如是！”这也很有一种韵律。这情景宛如信陵君之待侯生，那里一方面是上升律的应用，一方面也是这种韵律的表现。

在《平原君列传》，写毛遂使楚事，是用十九人为韵律：“得十九人，馀无可取者，无以满二十人。……平原君竟与毛遂偕，十九人相与目笑之而未发也。毛遂比至楚，与十九人论议，十九人皆服。平原君与楚合从，言其利害，日出而言之，日中不决，十九人谓毛遂曰：‘先生上。’……遂定从于殿上。毛遂左手持盘血，而右手招十九人曰：‘公相与歃此血于堂下。公等录录，所谓因人成事者也。’”这十九人不过抵毛遂一人，这一方面是对照律的应用，却也是表现散文的韵律。

在《刺客列传》中，写燕太子丹约荆轲刺秦王，说了一大篇以后，久之，荆轲曰：“此国之大事也，臣驽下，恐不足任使。”后来答应了，燕太子丹给他车骑、美女，以顺适其意，但“久之，荆轲未有行意”。这两个“久之”也是韵律。同样的是《张释之列传》中，也屡用“久之”，以为节奏：“于是释之言秦、汉之间事，秦所以失，而汉所以兴者。久之，文帝称善。……乃诏释之拜啬夫为上林令。释之久之前曰：‘陛下以绛侯周勃何如人也？’……顷之，太子与梁王共车入朝，不下司马门，于是释之追止太子、梁王，无得入殿门，遂劾不下公门，不敬，奏之。……顷之，至中郎将，从行之霸陵。……顷之，上行出中渭桥，有一人从桥下走出，乘舆马惊，于是使骑捕，属之廷尉，释之治问。……良久，上曰：‘廷尉当是也。’……久之，文帝与太后言之，乃许廷尉。……张廷尉事景帝岁馀，为淮南王相，犹尚以前过也。久之，释之卒。”头几个“久之”是见虽以文帝之贤，而张释之执法的态度之难入；最后一个“久之”是写景帝仍然忌恨张释之从前劾他不敬的事，而使张释之郁郁而终。其中又用“顷之”以为对照，“顷之”者见不合法的事情之层见叠出，这韵律是太有意义了！

再如《卢绾列传》中则以“至其亲幸，莫如卢绾”，“乃立卢绾为燕王。诸侯王得幸，莫如燕王”为韵律；《夏侯婴传》中则以“太仆”为韵律；《灌婴传》中则以“疾战”为韵律；《李将军列传》中则以“善射”为韵律；《大宛列传》中则以“马”为韵律；而《酷吏列传》中以“上以为能”为韵律，那是别有击鼓而骂之妙了。

第四，司马迁在一篇的末尾，善于留有一些馀韵，令人读他的作品将毕时还要掩卷而思，或者有些咏叹似的。我们只检最佳的例子说一说吧：如《项羽本纪》最后写项羽死后，各地皆降，独鲁不下，直到持项王头示鲁，鲁父兄乃降，“始楚怀王初封项籍为鲁公，及其死，鲁最后下，故以鲁公礼葬项王谷城，汉王为发哀，泣之而去。”项羽是一个重感情的人，鲁人对他的忠诚，可以稍慰他的寂寞，而始封鲁公，终葬鲁地，颇有一场大梦的感觉，刘邦和他对敌了这样久，泣之而去，也颇有到了大限，恩怨俱消，而项羽之可爱的人格永远在人心怀之意。所以这文字结束得太好了！

《高祖本纪》的结尾乃在还沛，而说：“游子悲故乡，吾虽都关中，万岁后吾魂魄犹乐思沛。”他也感慨伤怀起来。“及孝惠五年，思高祖之悲乐沛，以沛宫为高祖原庙，高祖所教歌儿百二十人皆令为吹乐，后有缺，辄补之。”这样一来，于是一个流氓皇帝就还是一个多情的常人了。司马迁愿意和任何人的内心相接触着！

《封禅书》和《周亚父传》都有铿然而止的结束法。《封禅书》说：“自此之后，方士言神祠者弥众，然其效可睹矣。”偏不说没有效。《周亚夫传》说："条侯果饿死，死后，景帝乃封王信为盖侯，"便仿佛这才称了景帝的心愿似的。《平准书》之以"烹弘羊，天乃雨"作结，也是这样结得清越，而叫人觉得有爽快之感的。

《信陵君列传》的结尾是："高祖始微少时，数闻公子贤，及即天子位，每过大梁，常祠公子。高祖十二年，从击黥布还，为公子置守冢五家，世世岁以四时奉祠公子。"便也更增加了信陵君之可倾慕处了。

《屈原贾生列传》的后面说："于是怀石，遂自投汨罗以死。屈原既死之后，楚有宋玉、唐勒、景差之徒者，皆好辞而以赋见称，然皆祖屈原之从容辞令，终莫敢直谏。其后楚日以削，数十年，竟为秦所灭。自屈原沈汨罗后百有馀年，汉有贾生，为长沙王太傅，过湘水，投书以吊屈原。""终莫敢直谏"，这是反衬屈原的人格的；"竟为秦所灭"，是把楚国之亡系之于屈原，见他在楚国的分量的；百有馀年，始有贾生过湘水以吊，可以见出这些长时间内的寂寞了。

最有趣味的结尾是《春申君列传》，春申君听了李园的话，以为与李园女弟生的孩子可以代为楚王，自己享福，但李园把女弟进献楚王以后，却把春申君杀了以灭口。"是岁也，秦始皇帝立九年矣，嫪毐亦为乱于秦，觉，夷其三族，而吕不韦废。"司马迁本记楚事，而忽然写到秦，这是给仗恃裙带关系的人一个下场的榜样的！

感慨最深也最有情趣的结尾是《刺客列传》和《李将军列传》。《刺客列传》中不唯在荆轲死后又叙到那和荆轲一起饮酒慨歌的高渐离瞎眼后击秦王的事，却又叙到从前那怒叱荆轲的鲁勾践，鲁勾践曾这样讲："嗟乎惜哉！其不讲于刺剑之术也。甚矣吾不知人也。曩者吾叱之，彼乃以我为非人也！"这结得太好了，话既由从前轻视荆轲的人道出,便表明鲁勾践也是和荆轲一流的豪杰,而那惋惜、赞叹却也就更令人咀嚼无尽了。《李将军列传》的结尾叙到"而敢有女为太子中人,爱幸;敢男禹,有宠于太子,然好利,李氏陵迟衰微矣。"责李氏子孙,正是爱护李广,而下面紧接"李陵既壮",这文章真有顿挫,其声琅琅,叫人百读不厌。最后谓:"单于既得陵,素闻其家声,及战又壮,乃以其女妻陵而贵之。汉闻,族陵母妻子。自是以后,李氏名败,而陇西之士居门下者,皆用为耻焉。"珍惜李氏之极,也就是赞扬之极,而前文李将军的许多轗轲蹭蹬,便突又斗然涌上读者的心头了!

司马迁对全书有着设计不足为奇,奇在他的精神——对艺术的忠诚——灌注到每一篇文章,在每一篇文章里有着建筑上的美:或则用对照和对称,或则使首尾有着呼应,或则中间加上重复的旋律,或则末尾带着悠扬清越的终止音符,总之,凭他的艺术本能与创作天才,务使他那作品不朽而后已呢!

四　句调之分析

文学是一种以语言为表现工具的艺术,所以所谓文学上的天才都是由于他之控驭语言的能力而成的。现在我们就进一步从句调上分析司马迁的艺术造诣吧。

第一　句子的长短

司马迁是有魄力能够熔铸长句的人,如"初宋义所遇齐使者高陵君显在楚军”(《项羽本纪》)共十五字,“项羽怨怀王不肯令与沛公俱西入关而北救赵”(《高祖本纪》)共十九字,“而李园女弟初幸春申君有身而入之王所生子者遂立”(《春申君列传》)共二十二字,这在中国传统的文字中是罕见的。这样的长句很有些像明人所译的《元朝秘史》或现代的欧化文了。司马迁在这一点上是有创造性的。——同时也见出他对语言的组织力、控驭力。

反之,他也有短句。短句多半用在紧张的场合。叙战功用短句,如《曹相国世家》,即有短兵相接的光景。叙荆轲刺秦王也是用短句:“秦王发图,图穷而匕首见。因左手把秦王之袖,而右手持匕首揕之。未至身,秦王惊,自引而起,袖绝。拔剑,剑长,操其室,时惶急,剑坚,故不可立拔。荆轲逐秦王,秦王环柱而走。群臣皆愕,卒起不意,尽失其度。……秦王方环柱走,卒惶急不知所为。左右乃曰:王负剑。负剑,遂拔以击荆轲,断其左股。荆轲废,乃引其匕首以擿秦王。……秦王复击轲,轲被八创。轲自知事不就,倚柱而笑,箕倨以骂。”这是紧张万分的局面,司马迁便也以紧张之句写之。他的笔墨能够与情势相副,这又是一个例证。

他最短的句子是一字句:“项羽之卒可十万,淮阴先合,不利,却。”(《高祖本纪》)“张仪之来也,自以为故人,求益,反见辱,怒。”(《张仪列传》)一字句实在不能再短了!

他为了求疏朗参差之美,在行文中,往往长短句相间:

南登琅邪,大乐之。留三月。乃徙黔首三万户琅邪台下。复十二岁,作琅邪台,立石刻,颂秦德,明德意。——《秦始皇本纪》

汉王使人间问之,乃项王也,汉王大惊。于是项王乃即汉

王相与临广武间而语，汉王数之。项王怒，欲一战，汉王不听。项王伏弩射中汉王，汉王伤，走入成皋。——《项羽本纪》

孔子年三十五，而季平子与郈昭伯以斗鸡故，得罪鲁昭公。昭公率师击平子，平子与孟氏、叔孙氏三家共攻昭公。昭公师败，奔于齐。……有司进对曰："君子有过则谢以质，小人有过则谢以文。君若悼之，则谢以质。"于是齐侯乃归所侵鲁之郓、汶阳、龟阴之田以谢过。……桓子卒受齐女乐，三日不听政，郊又不致膰俎于大夫，孔子遂行。……居卫月馀，灵公与夫人同车，宦者雍渠参乘出，使孔子为次乘，招摇市过之。孔子曰："吾未见好德如好色者也。"于是丑之，去卫，过曹。——《孔子世家》

今日嬴之为公子亦足矣。嬴乃夷门抱关者也，而公子亲枉车骑，自迎嬴于众人广坐之中，不宜有所过，今公子故过之。然嬴欲就公子之名，故久立公子车骑市中，过客以观公子。公子愈恭，市人皆以嬴为小人，而以公子为长者能下士也。——《信陵君列传》

范睢辞让。是日观范睢之见者，群臣莫不洒然变色易容者。秦王屏左右，宫中虚无人。——《范睢蔡泽列传》

秦王之遇燕太子丹不善，故丹怨而亡归。归而求为报秦王者，国小，力不能。其后秦日出兵山东，以伐齐、楚、三晋，稍蚕食诸侯，且至于燕。——《刺客列传》

张仪闻，乃曰："以一仪而当汉中地，臣请往如楚。"如楚，又因厚币用事者臣靳尚，而设诡辩于怀王之宠姬郑袖。怀王竟听郑袖，复释去张仪。——《屈原贾生列传》

诸将皆喜，人人各自以为得大将，至拜大将，乃信也，一军

皆惊。——《淮阴侯列传》

李广上马，与十馀骑奔射杀胡白马将，而复还至其骑中。解鞍，令士皆纵马卧。是时会暮，胡兵终怪之，不敢击。夜半时，胡兵亦以为汉有伏军于旁，欲夜取之，胡皆引兵而去。平旦，李广乃归其大军。大军不知广所之，故弗从。——《李将军列传》

由于长短句之相间，而构成了《史记》之不整齐的美。

第二　句子的音节

我们说过，司马迁的散文，乃是标准的散文，乃是古文家所奉为正统的散文。它何以构成这样一种面目呢？原来也有一个秘密，那就是在音节上。原来诗的音节是在把单字的音节放在句尾，如：

无边—落木—萧萧—下，不尽—长江—滚滚—来。

而散文的音节（特别是司马迁及后来的追踪者）则把单字的音节放在句中：

孔子—为—次乘，招摇—市—过之。——《孔子世家》
礼乐—缺—有间。——《孔子世家》
燕军—夜—大惊。——《田单列传》
乃今—得—闻教。——《刺客列传》

相得—欢—甚，无厌，恨—相知—晚也。——《魏其武安列传》

秦王—屏—左右，宫中—虚—无人。——《范睢蔡泽列传》

君—卒然—捐—馆舍。——《范睢蔡泽列传》

理由呢，大概是因为诗要吟哦，最后一字音节可以拖长，而散文却需要停顿，于是非二字音节停不住，而中间的一字音节则可以拉长一个拍子，——以字音论，是单音；以拍子论，则是两个拍子；于是和二字二拍的音节配合起来，便有整齐而变化之美了。

第三　如何应付骈偶

司马迁的散文是与骈偶对待的，因此他避免骈偶；但对称是一种美感，尤其是中国人的一种美感，这对司马迁也不能不是一种诱惑，于是他遂采取了一种寓骈于散的方法，清代的批评家也有呼之为意偶而笔不偶，或笔单而气双的。唯独在有一个场合，司马迁却是用偶句，那就是作为一段的收束的时候。

我们先看这些句子：

试为我著秦所以失天下，吾所以得之者何，及古成败之国。——《郦生陆贾列传》

广行无部伍行阵，就善水草屯舍止，人人自便，不击刁斗以自卫，莫府省约文书籍事，然亦远斥候，未尝遇害。程不识正部曲行伍营阵，击刁斗，士吏治军籍至明，军不得休息，然亦未尝遇害。——《李将军列传》

今先生处胜之门下，三年于此矣，左右未有所称诵，胜未有所闻。——《平原君虞卿列传》

这些都是可以用偶句的，但司马迁偏偏避开了。对称的美仍然在里边，可是在形式上却出之以参差不齐。

我们再看：

贵上极，则反贱；贱下极，则反贵；贵出如粪土，贱取如珠玉，财币欲其行如流水。——《货殖列传》

其在闾巷少年，攻剽椎埋，劫人作奸，掘冢铸币，任侠并兼，借交报仇，篡逐幽隐，不避法禁，走死地如骛者，其实皆为财用耳。——《货殖列传》

这些句子都是业已构成对偶的，但前者忽然加上“财币欲其行如流水”，后者忽然把四字句改为“走死地如骛”，这是故意破坏那太整齐的呆板，以构成一种不整齐的美的。

至于同时连叙数事，故意变动句法，务期造成一种严格的散文，则有如下例：

初作难，发于陈涉；虐戾灭秦，自项氏；拨乱诛暴，平定海内，卒践帝祚，成于汉家。——《秦楚之际月表》

故禹兴于西羌；汤起于亳；周之王也，以丰镐伐殷；秦之帝，用雍州兴；汉之兴，自蜀汉。——《六国年表》

在这里，他都绝不用排句或偶句，便是为了维持他那浪漫性的风格。——不整齐的美！

现在却要看他那使用偶句的场合了，那就是以双行作顿：

从建元以来用少，县官往往即多铜山而铸钱，民亦间盗铸钱，不可胜数，钱益多而轻，物益少而贵。——《平准书》

平既娶张氏女，赍用益饶，游道日广。——《陈丞相世家》

楚汉久相持未决，丁壮苦军旅，老弱罢转漕。——《项羽本纪》

有时，虽不用偶句，但也是用双笔作收：

相如既归，赵王以为贤大夫，使不辱于诸侯，拜相如为上大夫，秦亦不以城予赵，赵亦终不予秦璧。——《廉颇蔺相如列传》

当是时，诸侯皆多季布能摧刚为柔，朱家亦以此名闻当世。……当是时，季心以勇，布以诺，著闻关中。——《季布栾布列传》

大概这一种收顿的方法，叫人觉得有一种稳重均衡的美。司马迁可说是不唯晓得太排比整齐的坏处，而且善为利用了。所以他之不用偶句，不是不及，而是超越了它。

第四　在整个文章结构上的作用

以偶句作停顿，这是司马迁的句法在整个文章结构上的作用之一，其实还不止此。因为文章的结构之故，司马迁的句法却有着变动。我们姑且用提笔、接笔、结笔三种来看吧：

又造银锡为白金，以为天用莫如龙，地用莫如马，人用莫如龟。故白金三品，其一曰重八两，圜之，其文龙，名曰白选，直三千；二曰重差小，方之，其文马，直五百；三曰复小，椭之，其文龟，直三百。——《平准书》

这“以为天用莫如龙”三句就是提笔。这是用整句作提的，很圆而劲。至如：

秦封范睢以应，号为应侯。当是时，秦昭王四十一年也。范睢既相秦，秦号曰张禄，而魏不知，以为范睢已死久矣。魏闻秦且东伐韩魏，魏使须贾于秦，范睢闻之，为微行，敝衣间步之邸，见须贾。——《范睢蔡泽列传》

这“范睢既相秦”三句也是提笔，这种提笔很有情趣，能叙明事情的原委，在结构上也有过一番经营。在提笔中最常见的，则是用“当是时”三字起：

当是时，楚兵冠诸侯，诸侯军救巨鹿下者十馀壁，莫敢纵兵。及楚击秦，诸侯皆从壁上观，楚战士无不以一当十。楚兵呼声动天，诸侯军无不人人惴恐。——《项羽本纪》

当是时，诸侯以公子贤多客，不敢加兵谋魏十馀年。——《信陵君列传》

不过“当是时”的作用，有时不止是提笔，而且把上文兜住，所以在清代的批评家则称之为“提顿”，而因为对前文有绾束之力，也叫“镇压”。

接笔是叙在文中，让上下文有连系，司马迁在这种场合往往用缓笔：

上拜以为治粟都尉，上未之奇也；信数与萧何语，萧何奇之。——《淮阴侯列传》

（苏秦）谢去之。张仪之来也，自以为故人，求益，反见辱，怒，念诸侯莫可事，独秦能苦赵，乃遂入秦。——《张仪列传》

桓公曰：“寡人北伐山戎，过孤竹；西伐大夏，涉流沙，束马悬车，上卑耳之山；南伐至召陵，登熊耳山，以望江汉。兵车之会三，而乘车之会六。九合诸侯，一匡天下，诸侯莫违我。昔三代受命，亦何以异乎？”于是管仲睹桓公不可穷以辞，因设之以事。——《封禅书》

在这里，“上未之奇也”，“张仪之来也”，“于是管仲睹桓公不可穷以辞”，都是接笔，也都是用缓笔。司马迁惯好在一篇的中间而写一个的面貌性情，那也是兼有以缓笔作接笔之用的。

至于结笔，大抵司马迁在叙许多事件之后，总有一笔结束。如叙军功：

参功，凡下二国，县一百二十二，得王二人，相三人，将军六人，大莫敖、郡守、司马、侯、御使各一人。——《曹相国世家》

如叙世系：

> 厘王命曲沃武公为晋君，列为诸侯，于是尽并晋地而有之。曲沃武公已即位三十七年矣，更号曰晋武公。晋武公始都晋国。前即位曲沃，通年三十八年。武公称者，先晋穆侯曾孙也，曲沃桓叔孙也。桓叔者，始封曲沃；武公，庄伯子也。自桓叔初封曲沃，以至武公灭晋也，凡六十七岁，而卒代晋为诸侯。武公代晋二岁，卒，与曲沃通年，即位凡三十九年而卒。——《晋世家》

都是。这些结笔，假若单抽出来看，或不见精彩，可是放在全文中，便也有一种美。这《晋世家》中的一笔总帐，尤其详细而劲拔。又如《匈奴列传》中：

> 自淳维以至头曼，千有馀岁，时大时小，别散分离，尚矣，其世传不可得而次云。然至冒顿而匈奴最强大，尽服从北夷，而南与中国为敌国，其世传国官号，乃可得而记云。

这也是好结笔，却也是非从全文一气读至此处，不容易欣赏他那总括的气魄的。

一篇文章之惹人注意，最重要的就是首与尾。因为首是予人印象之始，如果不佳，就令人不愿意读下去了；尾是予人印象之终，如果不佳，就让人对以前所已获得的好印象也破坏了。司马迁在这方面可说全顾到了。他用种种方法以求达到这个目的，上面说的不过一端而已。至于接笔，那是为要在文中免除人的疲劳，所以往往出之以松缓。

第五　善于写对话

各种人的不同性情,各种事情的不同场合,司马迁都能把他们在对话中写出。我们试看:

> 吕后恐,不知所为;人或谓吕后曰:"留侯善画计策,上信用之。"吕后乃使建成侯吕泽劫留侯曰:"君常为上谋臣,今上欲易太子,君安得高枕而卧乎?"留侯曰:"始上数在困急之中,幸用臣策;今天下安定,以爱欲易太子,骨肉之间,虽臣等百馀人何益?"吕泽强要曰:"为我画计。"留侯曰:"此难以口舌争也。顾上有不能致者,天下有四人。四人者年老矣,皆以为上慢侮人,故逃匿山中,义不为汉臣。然上高此四人,今公诚能无爱金玉璧帛,令太子为书,卑辞安车,因使辩士固请,宜来。来以为客,时时从入朝,令上见之,则必异而问之。问之,上知此四人贤,则一助也。"——《留侯世家》

这是写从容画策的神情的。再看:

> 共执张仪,掠笞数百。不服,释之。其妻曰:"嘻!子毋读书游说,安得此辱乎?"张仪谓其妻曰:"视吾舌尚在否?"其妻笑曰:"舌在也!"仪曰:"足矣。"——《张仪列传》

这是写家庭间夫妻的对话的,确不能与朋友间的对话相混。而:

平原君使者冠盖相属于魏，让魏公子曰："胜所以自附为婚姻者，以公子之高义，为能急人之困。今邯郸旦暮降秦，而魏救不至，安在公子能急人之困也。且公子纵轻胜，弃之降秦，独不怜公子姊耶？"——《信陵君列传》

这就又是亲戚间的对话，而不能施之家庭间其他分子。再看：

赵相贯高、赵午等，年六十馀，故张耳客也，生平为气，乃怒曰："吾王，孱王也！"说王曰："夫天下豪杰并起，能者先立，今王事高祖甚恭，而高祖无礼，请为主杀之。"张敖啮其指出血，曰："君何言之误！且先人亡国，赖高祖得复国，德流子孙，秋毫皆高祖力也，愿君无复出口！"贯高、赵午等十馀人皆相谓曰："乃吾等非也，吾王长者，不倍德。且吾等义不辱，今怨高祖辱我王，故欲杀之，何乃洿王为乎？令事成，归王；事败，独身坐耳。"——《张耳陈馀列传》

一个忠厚，一个激昂，这对话能表现两种性格。像：

于是尉佗乃蹶然起坐，谢陆生曰："居蛮夷中久，殊失礼仪。"因问陆生曰："我孰与萧何、曹参、韩信贤？"陆生曰："王似贤。"复曰："我孰与皇帝贤？"陆生曰："皇帝起丰沛，讨暴秦，诛强楚，为天下兴利除害，继五帝、三王之业，统理中国。中国之人以亿计，地方万里，居天下之膏腴，人众车舆，万物殷富，政由一家，自天地剖泮，未始有也。今王众不过数十万，皆蛮夷崎岖山海间，譬若汉一郡，王何乃自比于汉？"尉佗大笑

曰:“吾不起中国,故王此;使吾居中国,何渠不若汉?”乃大说陆生。——《郦生陆贾列传》

朱家乃乘轺车之洛阳,见汝阴侯滕公,滕公留朱家饮。数日,因谓滕公曰:“季布何大罪,而上求之急也?”滕公曰:“布数为项王窘上,上怨之,故必欲得之。”朱家曰:“君视季布何如人也?”曰:“贤者也。”朱家曰:“臣各为其主用。季布为项籍用,职耳。项氏臣可尽诛耶?今上始得天下,独以己之私怨求一人,何示天下之不广也?且以季布之贤,而汉求之急如此,此不北走胡,即南走越耳。夫忌壮士以资敌国,此伍子胥所以鞭荆平王之墓也。君何不从容为上言耶?”汝阴侯滕公心知朱家大侠,意季布匿其所,乃许曰:“诺。”——《季布栾布列传》

前一例见尉佗的豪气,后一例见为人说项时的语调,这都是非对于社会生活有极深的经验的,不容易揣摩。还有:

文帝辇过,问唐曰:“父老何自为郎?家安在?”唐具以实对。文帝曰:“吾居代时,吾尚食监高祛数为我言赵将李齐之贤,战于巨鹿下,今吾每饭,意未尝不在巨鹿也。父知之乎?”——《张释之冯唐列传》

太后怒,不食,曰:“今我在也,而人皆藉吾弟;令我百岁后,皆鱼肉之矣。且帝宁能为石人邪?此特帝在,即录录,设百岁后,是属宁有可信者乎?”——《魏其武安列传》

霸陵尉醉,呵止广。广骑曰:“故李将军。”尉曰:“今将军尚不得夜行,何乃故也?”——《李将军列传》

这里一个是写对老人的谈话，一个是老太婆的口吻，一个是写醉汉，都多末恰切！

在他写的对话里能够看出年龄、性别、职业，以及处于一个什么场合。至于他能写口语，能写未完的语气，那更是人所习知的了。

第六　有意于造句

大凡一种艺术，如果无意去成功一种艺术品，那种艺术品是决不会成功的。"语不惊人死不休"，这可以说是一切艺术家的态度。司马迁可说是意识地去创造他的艺术的，我们从他的造句上看出来：

> 是以驺子重于齐。适梁，梁惠王郊迎，执宾主之礼；适赵，平原君侧行襒席；如燕，昭王拥彗先驱，请列弟子之座而受业，筑碣石宫，身亲往师之。——《孟子荀卿列传》

这不过是写驺子之受到处欢迎而已，你看他写每一个地方的欢迎便各是一副样子。这一个例子，或者还可说在字面上；再看：

> 老父相吕后曰："夫人，天下贵人。"令相两子，见孝惠，曰："夫人所以贵者，乃此男也。"相鲁元，亦皆贵。老父已去，高祖适从旁舍来，吕后具言客有过相我子母皆大贵。高祖问，曰："未远。"乃追及，问老父，老父曰："乡者夫人婴儿皆似君，君相贵不可言！"——《高祖本纪》

这就不是在词藻上用力了，完全是白描，而这同一个相面的，相了

四人,句子都不同,都有分寸。再看:

是时天子方欲作通天台,而未有人。温舒请覆中尉脱卒,得数万人作。上悦,拜为少府。徙为右内史,治如其故,奸邪少禁。坐法失官,复为右辅,行中尉事,如故操。——《酷吏列传》

这"治如其故","如故操",本是一个意思,但他必须变换了笔墨去写,要说他是无意去制作一个艺术品,那真是不可能的。

古文家所谓文气之说,似乎司马迁已经注意到。我们试比较:

高祖曰:"公知其一,未知其二。夫运筹策帷帐之中,决胜于千里之外,吾不如子房;镇国家,抚百姓,给馈饷,不绝粮道,吾不如萧何;连百万之军,战必胜,攻必取,吾不如韩信。此三人者,皆人杰也,吾能用之,此吾所以取天下也。"——《高祖本纪》

高祖离困者数矣,而留侯常有功力焉,岂可谓非天乎?上曰:"夫运筹策帷帐之中,决胜千里外,吾不如子房。"余以为其人计魁梧奇伟,至见其图,状貌如妇人、好女,盖孔子曰:"以貌取人,失之子羽。"留侯亦云。——《留侯世家》

一个是"决胜于千里之外",一个是"决胜千里外",这是因为前者是在三个排比之下,语势缓;后者则因在赞语中,篇幅小,而要有许多转折,文势便急。再比较:

怀王子子兰劝王行，曰："奈何绝秦之欢心？"于是往会秦昭王。——《楚世家》

怀王稚子子兰劝王行，"奈何绝秦欢？"怀王卒行。——《屈原贾生列传》

同一事件，而前者所写是一个事实而止，后者所写则有一些抒情的意味，这是因为后者在子兰之上加了"稚子"，就更显得那意见之无足轻重，而怀王竟听了他，愈见怀王之昏愦，又把"奈何绝秦之欢心"缩削为"奈何绝秦欢"，于是语意更纯粹了，而声调更沈痛了，而"于是往会秦昭王"则既冗长而仅为一普通事实，至于"怀王卒行"便见怀王到底糊涂，楚国前途十分可悲，屈原心情非常刺痛了。

司马迁下一个句子，是像一个老练的士兵一样，决不虚发一弹。《司马穰苴列传》开头即说"司马穰苴者，田完之苗裔也。"起初我们以为这句话很平常，其实不然，原来这文章就是记录田齐在齐国树立政权的斗争史的一个片段。这也就是司马穰苴起初不能不在齐立威的缘故，同时也是因为后来齐威王田和对《司马兵法》加以推崇的缘故。

司马迁是一个苦心的艺术家，凡精神所注，决没有泛泛之笔。

第七　语调之美

司马迁的语调之美，是说也说不尽的，现在姑举最容易发觉的几种：

一是圆浑。像《酷吏列传》中所说："汉兴，破觚而为圜，斲雕而为朴，网漏于吞舟之鱼，而吏治烝烝，不至于奸，黎民艾安。由是观之，在彼不在此。”这古意盎然，含蓄高绝处，真宛如三代的钟鼎彝器，或晋人书法了。

二是韵致。像《信陵君列传》中之“魏王怒公子之盗其兵符，矫杀晋鄙，公子亦自知也，已却秦存赵，使将将其军归魏，而公子独与客留赵”一段，其中“公子亦自知也”，就像春风荡漾一般，多末有着韵致。《汲郑列传》中之“每朝，候上之间，说未尝不言天下之长者，其推毂士及官属丞史，诚有味其言之也，常引以为贤于己”一段，其中“诚有味其言之也”，也很有赞叹的韵致。而《屈贾列传》中之“王怒而疏屈平，屈平嫉王听之不聪也，谗谄之蔽明也，邪曲之害公也，方正之不容也，故忧愁幽思而作《离骚》”，这更是有名的例子，简直是诗了。所谓韵致，就是既从容，又有馀味。在叙事文中而有如许诗意，真是奇迹。

三是唱叹。《绛侯周勃世家》中，文帝在细柳劳军，“既出军门，群臣皆惊，文帝曰：‘嗟乎，此真将军矣！曩者霸上、棘门军，若儿戏耳，其将固可袭而虏也；至于亚夫，可得而犯邪？’称善者久之。”在《封禅书》中，汉武帝听了公孙卿讲黄帝的故事后，说：“嗟乎！吾诚得如黄帝，吾视去妻子如脱躧耳。”《李将军列传》中“敢男禹，有宠于太子，然好利，李氏陵迟衰微矣。”《商君列传》中“吾说君以帝王之道比三代，而君曰久远吾不能待，且贤君者各及其身，显名天下，安能邑邑待数十百年以成帝王乎？故吾以强国之术说君，君大说之耳。然亦难以比德于殷周矣！”这些地方都有一唱三叹之妙。

四是疏荡淡远。这可以看《西南夷列传》、《大宛列传》、《封禅书》，其中这样的句子最多，不备列。

五是沈酣。《刺客列传》中写荆轲与高渐离歌泣于市中一段，最可代表。

六是畅足。司马迁无论写苦与乐，一定写得十分畅快，神理气味十分尽致而后已。我们且看这些例子：

> 卢绾者，丰人也。与高祖同里。卢绾亲与高祖太上皇相爱，及生男，高祖、卢绾同日生，里中持羊酒贺两家。及高祖、卢绾壮，俱学书，又相爱也。里中嘉两家亲相爱，生子同日，壮又相爱，复贺两家羊酒。——《韩王信卢绾列传》
>
> 国家无事，非遇水旱之灾，则人给家足，都鄙廪庾皆满，而府库馀货财，京师之钱累巨万，贯朽而不可校，太仓之粟陈陈相因，充溢露积于外，至腐败不可食。——《平准书》
>
> 于是窦后持之而泣，泣涕交横下，侍御左右皆伏地泣，助皇后悲哀。——《外戚世家》
>
> 灌夫家居虽富，然失势，卿相侍中宾客益衰。及魏其侯失势，亦欲倚灌夫引绳批根生平慕之后弃之者，灌夫亦倚魏其而通列侯宗室为名高，两人相为引重，其游如父子然，相得欢甚，无厌，恨相知晚也。——《魏其武安列传》
>
> 士以此多归孟尝君，孟尝君客无所择，皆善遇之，人人各自以为孟尝君亲己。——《孟尝君列传》
>
> 平原君门下闻之，半去平原君归公子，天下士复往归公子，公子倾平原君客。——《信陵君列传》

这些都是十分带着踌躇满志的笔墨，所谓神完气足，笔酣墨饱，都是指这种文字吧。

一种艺术品之所以成功，必须是部分地好，合起来才能好，像大建筑一样，一砖一瓦的坚牢美观，正是整个建筑的必需条件，纵然不是充分条件。司马迁恰就是把精神能灌注在这一砖一瓦的！

五　司马迁之语汇及其运用

现在我们更进一步去分析司马迁的艺术之最基本的构成成分，那就是语汇。凡是文学上的天才，语汇都是丰富的，这不惟见之于他们的用字之多，而且又见之于他们的用字之新。有人曾以这种用字的优长推许过莎士比亚，现在我们觉得这同样可以应用于司马迁。

自然，我们还不能从确切的统计上看司马迁的语汇有多少，但无疑是非常大量的。我们看在《货殖列传》中他说到许多人都是为钱，但他的表现法便有“为重赏使”，“皆为财用”，“奔富厚”，“亦为富贵容”，“为得味”，“重失负”，“为重糈”，“没于赂遗”七八种之多。

语汇之多，决不在识字多寡，而在能运用。能运用，便使许多熟字也都新鲜起来，于是一字有数字之用，无形中语汇也就丰富了。例如：

> 范雎得出，后魏齐悔，复召求之。魏人郑安平闻之，乃遂操范雎亡。伏匿，更名姓曰张禄。——《范雎蔡泽列传》
>
> 于是徙纵为定襄太守。纵至，掩定襄狱中，重罪轻系二百馀人，及宾客昆弟私入相视亦二百馀人，纵一捕鞠，曰：“为死

罪解脱!"是日皆报杀四百馀人。——《酷吏列传》

梁召籍入,须臾,梁眴籍曰:"可行矣!"于是籍遂拔剑斩守头。——《项羽本纪》

围汉王三匝,于是大风从西北而起,折木发屋,扬沙石,窈冥昼晦,逢迎楚军。楚军大乱溃散,而汉王乃得与数十骑遁去。——《项羽本纪》

其中"操"、"掩"、"眴"、"逢迎",都是普通的字,但因为用到恰好的地方,都新颖而内涵加多。"操"有奇货可居之意;"掩"有不分皂白之意;"眴"见当时之势急,且先有谋;"逢迎"见风沙之猛,又好像故意和项王作对,而汉王因天幸才能脱身似的。

司马迁有时用代字,而且用得好,如《孟子荀卿列传》中:

客有见髡于梁惠王,惠王屏左右,独坐而再见之,终无言也。惠王怪之,以让客曰,"子之称淳于先生,管、晏不及;及见寡人,寡人未有得也。岂寡人不足为言耶?何故哉?"客以谓髡,髡曰:"固也。吾前见王,王志在驱逐;后复见王,王志在音声。吾是以默然。"客具以报王,王大骇曰:"嗟乎!淳于先生诚圣人也。前淳于先生之来,人有献善马者,寡人未及视,会先生至;后先生之来,人有献讴者,末及试,亦会先生来。寡人虽屏人,然私心在彼,有之。"

"驱逐"就是"马","音声"就是"讴",但先说得混,后说得实,倘若先言马和讴,后云驰驱与声音,情味就很不同了。

同时司马迁用字深稳而经济,他说吕不韦,"孔子之所谓闻者,其吕子乎?”他用一个“闻”字,已经把吕不韦褒贬得分寸俱有了。他写朱买臣与张汤之结怨,便说“买臣楚士”,楚士二字便把那后果已经含蓄在其中了。

他常常对一个整个传记,因为抓到最确切的几个字,而用以显示主题。《屈原传》中是“志”,他说:“其志洁”,“推此志也,虽与日月争光可也”,“悲其志”,他既抓到这个主要的字,便不放松了。《蔺相如传》中是“智勇”,传中处处写此二字,赞中便直然揭出“方蔺相如引璧睨柱,及叱秦王左右,势不过诛,然士或怯懦而不敢发,相如一奋其气,威信敌国,退而让颇,名重太山;其处智勇,可谓兼之矣。”

因为司马迁是这样的善于控驭文字,所以他有时把文字当作游戏,像小狗小猫玩一个可爱的小球似的:

> 夫贤士之处世也,譬若锥之处囊中,其末立见。今先生处胜之门下,三年于此矣,左右未有所称诵,胜未有所闻,是先生无所有也。先生不能,先生留。——《平原君虞卿列传》
>
> 此人亲惊吾马,吾马赖柔和,令他马,固不败伤我乎!——《张释之冯唐列传》
>
> 公所事者且十主,皆面谀以得亲贵。今天下初定,死者未葬,伤者未起,又欲起礼乐。——礼乐所由起,积德百年而后可兴也。吾不忍为公所为;公所为,不合古,吾不行,公往矣,无污我!——《刘敬叔孙通列传》

文中的“先生”、“马”、“公”,便都是那拨弄着滚来滚去的皮球呢。

但司马迁尤其擅长的,却是他之运用虚字。这需要详细地欣赏下去：

(一)“矣”：“矣”字最能够代表司马迁的讽刺和抒情：

天子识其手书，问其人，果是伪书，于是诛文成将军，隐之。其后则又作柏梁铜柱、承露仙人掌之属矣。——《封禅书》

这是写武帝之时而觉悟，但又不能自拔处。

大见数月，佩六印，贵震天下，而海上燕、齐之间莫不搤捥而自言有禁方，能神仙矣。——《封禅书》

这是写那些方士之趋利骗人处。

况乃以中国一统，明天子在上，兼文武，席卷四海，内辑亿万之众，岂以晏然不为边境征伐哉？自是后，遂出师北伐强胡，南诛劲越，将卒以次封矣！——《建元以来侯者年表》

这是讽刺武帝之好事，将卒之利用征伐。

其治所诛杀甚多，然取为小治，奸益不胜，直指始出矣！吏之治，以斩杀缚束为务，阎奉以恶用矣！——《酷吏列传》

这是慨叹酷刑之深刻化的。

敢男禹，有宠于太子，然好利，李氏凌迟衰微矣！——《李

将军列传》

这是对李广寄以无限的同情与惋惜的。“矣”字可说是司马迁运用得最灵巧的一种武器了。

（二）“也”：用“也”字的时候，让文字格外多了一番从容，有舒缓悠扬之致：

> 及高祖、卢绾壮，俱学书，又相爱也。里中嘉两家亲相爱，生子同日，壮又相爱，复贺两家羊酒。——《韩王信卢绾列传》
>
> 然好学，游侠，任气节，内行修絜，好直谏，数犯主之颜色，常慕傅柏、袁盎之为人也。善灌夫、郑当时及宗正刘弃，亦以数直谏，不得久居位。——《汲郑列传》

（三）“而”：“而”字有时代表一种结果，“当是之时，彭王一顾与楚则汉破，与汉而楚破。”（《季布栾布列传》）但大多是转折：

> 于是县官大空，而富商大贾或蹛财役贫，转毂百数，废居居邑，封君皆低首仰给，冶铸煮盐，财或累万金，而不佐国家之急。——《平准书》
>
> 秦王使使者告魏王曰：“吾攻赵，旦暮且下，而诸侯敢救者，已拔赵，必移兵先击之！”——《信陵君列传》

以“而”字为转折，原很普通，但司马迁用来却特别有一种娟峭之美，清脆之声。他之用“然而”亦然：

淳于髡，齐人也；博闻强记，学无所主。其陈说慕晏婴之为人也，然而承意观色为务。——《孟子荀卿列传》

本把淳于髡说得很好，然而一转，便一文不值了。

（四）“故”：“故”字本也很普通，但司马迁用来便能发挥它特有的作用：

于是以东郭咸阳、孔仅为大农丞，领盐铁事，桑弘羊以计算用事侍中。咸阳，齐之大煮盐；孔仅，南阳大冶；皆致生累千金，故郑当时进言之。弘羊，雒阳贾人子，以心计，年十三侍中。故三人言利，事析秋毫矣。——《平准书》

或闻上无意杀魏其，魏其复食治病，议定不死矣。乃有蜚语为恶言闻上，故以十二月晦，论弃市渭城。——《魏其武安列传》

前“三人言利”之“故”字，是慨叹这事情的原委；后“以十二月晦”之“故”字，是指出那结果出于意外，却隐指武安从中造谣陷害。

（五）“则”：司马迁用“则”字也很别致：

项王曰：“壮士！赐之卮酒。”则与斗卮酒。哙拜谢，起，立而饮之。项王曰：“赐之彘肩。”则与一生彘肩。樊哙覆其盾于地，加彘肩上，拔剑，切而啖之。……项王乃大惊曰：“汉皆已得楚乎？是何楚人之多也！”项王则夜起，饮帐中。——《项羽本纪》

这三个“则”字都有无限的声色。

（六）“乃”：司马迁能把“乃”字用得很响：

项王大怒，乃自被甲持戟挑战。楼烦欲射之，项王瞋目叱之。楼烦目不敢视，手不敢发，遂走还入壁，不敢复出。汉王使人间问之，乃项王也，汉王大惊。——《项羽本纪》

诸将皆喜，人人各自以为得大将，至拜大将，乃信也，一军皆惊。——《淮阴侯列传》

（七）“亦”：司马迁在轻易之中，却也把“亦”字发挥了许多作用。《春申君列传》的末尾说：“嫪毐亦为乱于秦，觉，夷其三族，而吕不韦废。”《陈丞相世家》中，陈平说：“高祖时，勃功不如臣平，及诛诸吕，臣功亦不如勃，愿以右丞相让勃。”前一“亦”字映带裙带关系之不可恃，后一“亦”字写出陈平以谦词居功，确是老官僚的词令。

（八）“竟”：《信陵君列传》中有“公子竟留赵”，“竟病酒而死”，前一“竟”字表现那时的情势，指魏公子盗兵符，杀晋鄙，于是不敢归魏；后一“竟”字是哀其被毁，抑郁以死。《李将军列传》中有“专以射为戏，竟死”，《外戚世家》中有“竟不复幸”，“然竟无子”，都有出乎意料之外之意。前者重在惜李广之才，后者重在写人之不能操持命运。

（九）“卒”：“卒”和“竟”差不多；用得最有情味的是《孔子世家》：

公山不狃以费畔季氏，使人召孔子，孔子循道弥久，温温无所试，莫能已用。曰："盖周文武起丰镐而王，今费虽小，倘庶几乎？"欲往。子路不说，止孔子。孔子曰："夫召我者，岂徒哉？如用我，其为东周乎？"然亦卒不行。

妙在孔子驳斥了子路以后，自己也没有去。见他一面用世之急，一面却终于出处之慎，子路不能服孔子之口，但已动孔子之心了。这一个"卒"字代表多少情味！

（十）"欲"：《魏其武安列传》中，"武安侯新欲用事为相，卑下宾客，进名士家居者贵之，欲以倾魏其诸将相。"加一"欲"字，便写出田蚡之好客是有作用，是矫揉，什么也不值了。

（十一）"言"：《孟子荀卿列传》中，"自如淳于髡以下，皆命曰列大夫，为开第康庄之衢，高门大屋，尊宠之，览天下诸侯宾客，言齐能致天下贤士也。"所谓"言"就是齐之好士，只为虚名而已，一场热闹又化为乌有。

其他像用"当是时"以振起上下文，用"于是"以掘发一事之因果，同时又都有一种节奏上的作用，这都处处见出司马迁之驾驭语言文字的能力，他能在基础的工作——句调和语汇——上已经做到止于至善的地步了！

六　司马迁的风格之特征及其与古文运动之关系

自来论《史记》的文章的多极了，我们现在姑举比较中肯的几种说法于此：

（一）韩愈说柳宗元的文章雄深雅健似司马子长，可知他是以

“雄深雅健”作为司马迁的风格的特色的。

（二）柳宗元说：“参之太史，以著其洁。”则柳宗元系以“洁”许《史记》的。

（三）苏辙说：“太史公行天下，周览四海名山大川，与燕赵间豪杰交游，故其文疏荡，颇有奇气。”这里指出的特征是“疏荡”、“奇气”。

（四）王楙说：“《新唐书》如近日许道宁辈画山水，是真画也；《史记》如郭忠恕画，天外数峰，略有笔墨，然而使人见而心服者，在笔墨之外也。”这是以“笔墨之外”论之。

（五）茅坤说：“案太史公所为《史记》，百三十篇，除世所传褚先生别补十一篇外，其他帝王世系或多舛讹，法度沿革或多遗佚，忠贤本末或多放失，其所论大道，而折中于六艺之至，固不能尽如圣人之旨而要之，指次古今，出《风》入《骚》，譬之韩、白提兵，而战河山之间，当其壁垒部曲，旌旗钲鼓，左提右挈，中权后劲，起伏翱翔，倏忽变化，若一人舞剑于曲旃之上，而无不如意者，西京以来，千年绝调也。即如班掾《汉书》，严密过之，而所为疏荡遒逸，令人读之，杳然神游于云幢羽衣之间，所可望而不可挹者，予窃疑班掾犹不能登其堂而洞其窍也，而况其下者乎？”这里形容最为详尽，但最重要的自然是“疏荡遒逸”四字。

（六）姚祖恩说：“其文洸洋玮丽，无奇不备。……如游禁御，如历钧天，如梦前生，如泛重溟。”这是说他的风格之丰富。又说：“龙门善游，此亦如米海岳七十二芙蓉，研山几案间，卧游之逸品也。”这是以“逸品”目《史记》的。

（七）章学诚说：“《史记》体本质苍，而运之以轻灵。”这是以“质苍”作为《史记》的特质的。

（八）曾国藩说："自汉以来，为文者莫善于司马迁。迁之文，其积句也皆奇，而义必相辅，气不孤伸。"这是仍以"奇"为司马迁之特色，特又注意到了司马迁之应付对称之美的底蕴。

（九）刘熙载论《史记》最详细，也最能探本。他说："学《离骚》得其情者为太史公。"这是说司马迁之承继楚文化处。他又说："文之有左、马，犹书之有羲、献也。张怀瓘《论书》云：若逸气纵横，则羲谢于献；若簪裾礼乐，则献不继羲。"这也是以"逸气"许司马迁。但他却更说："子长精思逸韵俱胜孟坚，或问逸韵非孟坚所及固也，精思复何以异？曰：子长能从无尺寸处起尺寸，孟坚遇尺寸难施处则差数睹矣。"他并说："太史公文，韩得其雄，欧得其逸。雄者善用直捷，故发端便见出奇；逸者善用纡徐，故引绪乃觇入妙。"这都比前人的观察又进了一步。他更说："太史公文如张长史于歌舞战斗，悉取其意与法，以为草书，其秘要则在于无我，而以万物为我也。"这就已经发现司马迁的风格多端，并非文如其人，而为文如其所传之人、文如其所传之事了。

以上九人，代表了自唐宋到明清的批评家对于司马迁的风格的认识。他们的用语虽不同，但大致却可以得到共同或相似的看法。韩愈所谓"雄健"，就是章学诚所谓"质苍"；韩愈所谓"雅"，就是章学诚所谓"轻灵"，也就是柳宗元所谓"洁"。苏辙所谓"疏荡有奇气"，就是姚祖恩所谓"逸品"，就是王楙所谓"笔墨之外"，就是刘熙载所谓像王献之的书法那样"逸气纵横"。其中"逸"的一点，尤为一般人所一致感觉。

究竟"逸"是什么？用我们现在的话讲，可说就是司马迁在风格上所表现的浪漫性而已。浪漫者在追求无限，所以司马迁在用字遣词上也都努力打破有限的拘束，所谓"疏荡有奇气"也不过是这意思的另一种说法罢了。像他的精神是在有所冲决，有所追求，有所驰骋一样，他的风格也是的。这可以说是他的风格之本质底特征。

不过同时当注意者，就是他这种逸品的风格：一、不柔弱；二、不枯燥；三、不单调；四、不粗疏。不柔弱就是雄健，所以茅坤称之为“遒逸”，单是逸是容易不深厚有力的。不枯燥就是有韵致，所以刘熙载称为“逸韵”。不单调者是司马迁的风格的特质。虽是逸，但不能限于逸，有所限就不足代表浪漫精神了，他却有时超乎逸，不拘拘于逸，正如他不拘拘于一切。这种风格上的丰富，为姚祖恩所感觉到，而称之为“无奇不备”；也为刘熙载所感觉到，而称之为“无我，而以万物为我”。逸即是不拘，便很容易和粗疏相混，然而不然，司马迁之逸，却是经过雕琢磨炼的经营苦心，那就是刘熙载所谓“精思”。以画喻之，司马迁的文如写意画，但并非率尔的写意，却是由工笔而写意，正如齐白石晚年的画，虽一两笔画一个鸟雀，但从前却是经过了把蜻蜓的翅纹也画出来的那样的苦工的。以书法喻之，司马迁的文如米芾的字，表面看是不拘常调，其实却是经过了观摩善碑名帖，集大成而为之。总之，他的逸是像辩证法中高一级的发展，虽若与低一级的状态近似，而实不同了。能够从分析上切实窥探这种秘密而最有收获的，那就是曾国藩，以及为他所领导的吴汝纶和张裕钊，“义必相辅，气不孤伸”，不过所发现的其中秘密之一而已。

一切是进步的，对于司马迁的风格之欣赏也可以看出愈后来愈精，我们真是叨时代之福了！

现在我们再说到司马迁和后来古文派的关系。司马迁是被后来的古文家所认为宗师的。其中几乎有着“文统”的意味。因为，第一次的古文运动领袖是韩愈,他推崇司马迁。第二次的古文运动领袖是欧阳修,他推崇韩愈。后来的桐城派的先驱归有光,以司马迁为研究目标,后来者则追踪韩欧,而曾国藩一派又探索于《史记》。这样一来,前前后后,司马迁便成了古文运动的一个中心人物。

但我们现在要看看:究竟古文家所得于司马迁的是什么?是否及到司马迁,或不及司马迁,而且有着什么原因。刘熙载所谓"韩得其雄,欧得其逸",而且一个善于发端,一个须看引绪,这便已经说出古文家大师之所以得于司马迁的了。大抵韩愈所得的是豪气,欧阳修所得的是唱叹,而司马迁兼之。

司马迁的文章可说是抒情的记事文,在这一点上能追踪的,我们不能不推归有光,虽然归有光所记的事却未必有什么价值。

一般的古文家所得于司马迁的却是一种调子。这种调子在《史记》中虽不普遍,但已确乎存在:

> 若伯夷、叔齐,可谓善人者,非耶?积仁絜行如此而饿死。且七十子之徒,仲尼独荐颜渊为好学,然回也屡空,糟糠不厌,而卒蚤夭。天之报施善人,其何如哉!盗跖日杀不辜,肝人之肉,暴戾恣睢,聚党数千人,横行天下,竟以寿终。是遵何德哉?此其尤大彰明较著者也。若至近世,操行不轨,专犯忌讳,而终身逸乐富厚,累世不绝;或择地而蹈之,时然后出言,行不由径,非公正不发愤,而遇祸灾者不可胜数也。……伯夷、叔齐虽贤,得夫子而名益彰;颜渊虽笃学,附骥尾而行益显。岩穴之士,趋舍有时,若此类名烟灭而不称,悲夫!闾巷之人,欲砥行立名者,非附青云之士,恶能施于后世哉?——

《伯夷列传》

其游诸侯,见尊礼如此,岂与仲尼菜色陈蔡,孟轲困于齐梁同乎哉?故武王以仁义伐纣而王,伯夷饿不食周粟,卫灵公问陈而孔子不答,梁惠王谋欲攻赵,孟轲称太王去邠,此岂有意阿世俗苟合而已哉?持方枘欲内圜凿,其能入乎?——《孟子荀卿列传》

晋楚齐卫闻之,皆曰:非独政能也,乃其姊亦烈女也,乡使政诚知其姊无濡忍之志,不重暴骸之难,必绝险千里以列其名,姊弟俱僇于韩市者,亦未必敢以身许严仲子也;严仲子亦可谓知人能得士矣!——《刺客列传》

读书怀独行君子之德,义不苟合当世,当世亦笑之。……今游侠,其行虽不轨于正义,然其言必信,其行必果,已诺必诚,不爱其躯,赴士之厄困,既已存亡死生矣,而不矜其能,羞伐其德,盖亦有足多者焉。且缓急,人之所时有也……此皆学士所谓有道仁人也,犹然遭此菑,况以中材而涉乱世之末流乎?其遇害何可胜道哉?……今拘学或抱咫尺之义,久孤于世,岂若卑论侪俗,与世沈浮而取荣名哉?而布衣之徒,设取予然诺,千里诵义,为死不顾世,此亦有所长,非苟而已也。故士穷窘而得委命,此岂非人之所谓贤豪间者邪?……然其私义廉洁退让,有足称者。名不虚立,士不虚附。至如朋党宗强比周,设财役贫,豪暴侵凌孤弱,恣欲自快,游侠亦丑之。余悲世俗不察其意,而猥以朱家、郭解等令与暴豪之徒同类而共笑之也。——《游侠列传》

是以无财作力,少有斗智,既饶争时,此其大经也。今治生不待危身取给,则贤人勉焉。是故本富为上,末富次之,奸

富最下，无岩处奇士之行，而长贫贱，好语仁义，亦足羞也。——《货殖列传》

这等文字都大抵是郁勃蓄势，最后一泻而出，而古文家往往专摹此种。实则是司马迁因为“意有所郁结，不得通其道”，故文格如此，别人没有他的感情那样浓烈，身世又没有他那样可悲可愤，学来学去就是空架子了。

总而言之，司马迁的风格与他的人格是一事，浪漫精神是那共同的底蕴，古文家充其量所学的，不过是司马迁之雅洁而已，不过是司马迁在表面上的一点姿态而已。古文家对于司马迁的风格之研究，可说愈来愈精，但能够多少创作那同等（未必一样）的有生气的文章的，却愈来愈希。没有生活，没有性格，写不出那样文章，又有什么奇怪！可是司马迁的文章却毕竟可以永远不朽了！

三十五年五月二十七日写毕于南京

第九章　文学史上之司马迁

一　《史记》是中国的史诗

常有人说中国没有史诗，这仿佛是中国文学史上一件大憾事似的，但我认为这件大憾事已经由一个人给弥补起来了，这就是两千年前的司马迁。

不错，他把缙绅先生所不道的事加过了选择，然而在《五帝本纪》中终于记载了上古的传说（像黄帝、尧、舜的故事），在《封禅书》中也多少绘出了古代的神话，即在其他文字中也保存了一大部分春秋、战国、秦、汉间的传奇。保存古代史诗材料的，就是他。

诚然以形式论，他没有采取荷马式的叙事诗，但以精神论，他实在发挥了史诗性的文艺之本质。这是就他创作的本身论又是如此的。

试想史诗性的文艺之本质首先是全体性，这就是其中有一种包罗万有的欲求。照我们看，司马迁的《史记》是做到了的。他所写的社会是全社会，他所写的人类生活是人类生活的整体，他所写的世界乃是这个世界的各个角落。

史诗性的文艺之本质之第二点是客观性，这就是在史诗中作者要处于次要的隐藏的地位，描写任何人物，无论邪恶或善良，描写任何事件，无论紧张或激动，而作者总要冷冷的，不动声色，在这点上，司马迁也做到了。他可以写典型的小人赵高，但也可以写仁厚的公子信陵，他可以写楚汉的大战，但也可以写魏其、武安的结怨；他可以写许多方士之虚玄弄鬼，但也可以写灌夫之使酒骂座；他可以写坚忍狠毒的伍子胥，但也可以写温良尔雅的孔子；他可以写将军，可以写政客，可以写文人，可以写官僚，又可以写民间的流氓大侠；这些人物也有为他所痛恨的，也有为他所向往的，但他写时却都是一样不苟，他只知道应该忠实于他的艺术而已。有些场面，在读者或者已经忍不住恐怖或悲伤了，但他冷冷地，必须把故事写下去。他很巧妙地把他的主观意见和客观描写分开，对于前者，他已经尽量地划出，写在本文之外，而归入赞或者序里。

史诗性的文艺之本质之第三点是发展性，那就是一个人物的性格发展，或者一件事情的逐渐形成。他又做到了。他写的李斯，是如何一步步下水，如何为了官禄地位，而和赵高合作，又如何终于为赵高所卖，那是写性格发展之最佳的例证。他写的魏其、武安之逐渐生怨，而灌夫之使酒骂座之逐渐爆发，这又是写事态的发展之最好的标本。他善于写一事之复杂的因素，以及这复杂的因素之如何产生一种后果。

最后一点，我们不能不说，史诗性的文艺之本质在造型性。这更是司马迁所拿手，他天生有种对事物要加以具体把握的要求。诸侯之没落，他是说他们或乘牛车；国家的富庶，他是说仓库里的米已经腐烂，而穿钱的绳子是已经坏掉了。他写女人就是女人，骊姬、郑袖都纯然是女子的声口；他写英雄就是英雄，项羽是典型的青年男性。他写的冯唐，绝对是一个老人；他写的公孙弘，绝对是一个精于宦途的官僚。他写的李广，定是一个在性格上有着失败的悲剧的人物;他写的周勃,便又一定是一个粗卤无谋的勇夫。

同时难得的,他之写成他的史诗并不是专在谨细上用功夫,却在于他之善于造成一种情调,一种氛围。他同样写战场,韩信作战是军事学识的运用,项羽作战是凭才气,而卫将军、霍去病和匈奴作战那就是凭运气了,这三个不同的战场,司马迁便都能分别地写成不同的氛围。他同样写失意,写项羽之败是由于太刚必折,写李广之败是一个才气不能发展的人之抑郁,写信陵之败却是一个没受挫折的人之逢到不可抵抗的打击;而屈原之败,则仿佛哀怨无穷;孔子之败,却又似乎始终屹然而立了。这些浓淡不同的阴影,便都系诸司马迁所造成的情调。

文学家之造成情调,是要归功于他之控驭文字的能力的,那就又不能不让人想到司马迁之运用语汇的从容,以及遣词造句之创造的气魄了。

就抒情方面说,司马迁也许是一个最主观的诗人,但就造型艺术说,司马迁却能尽量地维持他对于艺术的忠实,于是中国便有了无比的史诗性的纪程碑——《史记》——了。

二 《史记》与中国后来的小说戏剧

以司马迁的史诗之笔,他可以写小说。事实上他的许多好的传记也等于好的小说。自来在对司马迁以古文大师视之之外,也就有一种把《史记》当作小说的看法。不过这看法并不早,大概始于明,大盛于清,又为近代人所强调。这种看法原不错,司马迁原可以称为一个伟大的小说家呢。

假若照我的看法,中国小说史可以分为五个时代,一是小说之名未确立,大家认为小说是琐碎杂说的时代,这时代包括先秦到汉。二是志怪时代,那就是汉魏六朝。三是传奇时代,从隋唐到宋。四是演义时代,从宋到明清。五是受欧洲小说影响时代,那就是现代。现代没有完,我们不敢也不能有总括的说明。其他四个时代却都有一种演化的共同点,那就是大都是由神怪而到人情。例如第二个时代中是以《神异记》、《十州记》那样的书开始,而最高峰却是《世说新语》。第三个时代是以《白猿传》、《古镜记》那样的神怪开始,而最高峰却是《莺莺传》那样的人情小说。第四个时代亦然,最高峰便是《红楼梦》一类写实的人情小说。而在第一时代中,假如以《庄子》那样的神怪寓言作为开端,而司马迁的《史记》便恰又代表一个最高峰,乃是中国小说史上第一期中的写实的人情小说了。

同时司马迁也确乎是生在中国小说史上有意义的时代的,因为那同时便有一个大小说家虞初,说不定他们见过面,虞初的有些材料是得之于他的!

这是就司马迁的《史记》本身说是如此,倘若就以后的影响说,不但《东周列国志》、《西汉演义》等颇有自司马迁的《史记》中采取了的材料,就是司马迁写的司马相如、卓文君的故事,便也很像给后来的恋爱小说作了先驱,而朱家、郭解的故事也直然是《水浒传》一类小说的前身。《聊斋志异》中的“异史氏曰”,那更是仿效《史记》中的“太史公曰”了。过去的小说家,在意识上或不意识上,受司马迁之赐,恐怕是不可计量的。

同时因为司马迁的《史记》富有那末些传奇的材料之故,也成了后来戏曲家的宝库,试看《元曲选》中的:

郑廷玉《楚昭王》　　纪君祥《赵氏孤儿》

高文秀《谇范叔》　　无名氏《赚蒯通》

李寿卿《伍员吹箫》　　无名氏《冻苏秦》

尚仲贤《气英布》　　无名氏《马陵道》

《元椠古今杂剧三十种》中又有：

郑光祖《周公摄政》　　狄君厚《晋文公火烧介子推》

金仁杰《萧何追韩信》

《脉望馆钞本元曲》中另有：

李文蔚《圯桥进履》　　杨梓《豫让吞炭》

郑光祖《伊尹耕莘》　　丹丘先生《卓文君私奔相如》

高文秀《渑池会》(《录鬼簿》、《正音谱》作《廉颇负荆》)

这是现存的一百三十二种元剧中之十六种采取自《史记》故事的剧本。还有逸套见于《雍熙乐府》中者二种：

赵明道《范蠡归湖》　　王仲文《汉张良辞朝归山》

而京剧中之：

《渭水河》　　《武昭关》

《八义图》(或称《搜孤救孤》)　　《文昭关》

《战樊城》　　《浣纱计》

《长亭会》　　《鱼肠剑》

《渑池会》(或称《完璧归赵》)　　《未央宫》

《五雷神》(或称《孙庞斗智》)　　《喜封侯》(或称《蒯彻装疯》)

《黄金台》　　《盗宗卷》(或称《兴汉图》)

《宇宙锋》　　《监酒令》

《博浪椎》　　《文君当垆》

《霸王别姬》

也统统是由《史记》中的故事而变为剧本的，正如唐人的传奇之作为元明剧作家的材料来源一样，也正如中世纪的传说之为莎士比亚所取资一样。司马迁的《史记》是成了宋明清的剧作家的探宝之地了。

我们说过司马迁不惟影响了后来的小说，他本人就也是一个小说家；这话同样可以说他和戏剧的关系。在某种意义上说，他也是一个出色的剧作家，这是就他之善于写紧张的局面（如楚汉大战、荆轲刺秦王、灌夫闹酒等），以及善于写对话而可见的。

因此，司马迁不唯在传统的文艺上有他的地位，就是以现代的文艺类属去衡量时，也同样有他在文学史上不可动摇的比重了。

三　司马迁之文学批评

司马迁是一个创作家，但是，同时也是一个批评家。——中国的文学批评本来常和历史家成为不解缘。司马迁在这一方面的贡献，我们可由理论与实践两方面去看。

先说他的理论，这又可分为五项：

一、文艺创作之心理学的根据　人为什么要创作？历来学者的答复是并不一致的。有的以为有利于“世道人心”；有的以为是一种经济行为；有的以为是为求偶；又有的以为是替统治阶级说话，以拥护其利益；更有的则以为有如清泉松风，无非是一种天籁而已。

这些答案都可以说明一部分的作品，或作品的一部分，但不能解释所有作品，或整个作品，因为他们全然忽略了文艺创作家个人的心理的缘故。创作本是人类心灵至高的活动，在心理方面岂可以无因？所以现代的心理学界，有以“压抑说”和“补偿说”来解释文艺的创作的了，但我们在两千多年前，却也早已有了一个同调，这就是司马迁的“发愤著书说”：

> 昔西伯拘羑里，演《周易》；孔子厄陈蔡，作《春秋》；屈原放逐，著《离骚》；左丘失明，厥有《国语》；孙子膑脚，而论兵法；不韦迁蜀，世传《吕览》；韩非囚秦，《说难》、《孤愤》；《诗》三百篇，大抵圣贤发愤之所为作也。此人皆意有所郁结，不得通其道也，故述往事，思来者。——《太史公自序》
>
> 古者富贵而名磨灭，不可胜记，唯俶傥非常之人称焉。盖文王拘而演《周易》；仲尼厄而作《春秋》，屈原放逐，乃赋《离骚》；左丘失明，厥有《国语》；孙子膑脚，兵法修列；不韦迁蜀，世传《吕览》；韩非囚秦，《说难》、《孤愤》；《诗》三百篇，大抵圣贤发愤之所为作也。此人皆意有所郁结，不得通其道，故述往事，思来者。乃如左丘无目，孙子断足，终不可用，退论书策以舒其愤，思垂空文以自见。——《报任少卿书》
>
> 孔子明王道，干七十馀君莫能用；故西观周室，论史记旧闻，兴于鲁而次《春秋》。——《十二诸侯年表序》
>
> 虞卿料事揣情，为赵画策，何其工也！及不忍魏齐，卒困于大梁，庸夫且知其不可，况贤人乎？然虞卿非穷愁，亦不能著书以自见于后世云。——《平原君虞卿列传》

这也可说是司马迁自己的体会和自白。我们不要忘了他是一个创作家，他之体会到创作的冲动之来源时，与其谓为由往例归纳而得，无宁说也是由自己的实际体验扩充而出，却又悟到前人也是如此而已。你看他在“故述往事，思来者”之后紧接着说：“于是自述陶唐以来，至获麟止，自黄帝始。”在“左丘无目，孙子断足，终不可用，退而论书策以舒其愤，思垂空文以自见”之后，紧接着说：“仆窃不逊，自托于无能之辞。”司知他完全是以一个创作家而作的一种创作过程的自白，说到前人处却只是印证而已。

因为它是一个创作家的创作过程之自白，所以更值得我们重视，也更增加了我们的信赖，并更显得其中确有几分真理。按照变态心理学家佛洛乙德（Freud）说：创作是人类受了压抑的欲望，在一种象征世界里的满足，所以创作与梦同功。厨川白村之《苦闷的象征》即根据于此。不过佛洛乙德在人类压抑的欲望中特别强调“性的要求”，未免把人类的生活看得太狭——至少把一般的伟大的文艺作品之创作的动机看得太狭了。后来阿德勒（Adler）又创了一种“补偿说”，以为人类在某一方面有着缺陷，便会发生“落伍情意综”（Inferiorty Complex），于是常在另一方面要求胜过他人，以为补偿。例如他说许多写实的小说家都是因为眼睛近视，看不清楚，由于这方面不如人，遂发生“落伍情意综”，结果遂在想象方面特别用力，思有以胜过他人，于是那描写入微的栩栩欲生的作品便产生了。司马迁的学说和他们有些相近，但佛洛乙德、阿德勒都是心理学家，厨川白村只是文艺理论家，远不如司马迁以一个创作家而“现身说法”来得更真切，更可靠，更中肯。

我们试加以比较。照司马迁的意思，创作的动机无疑也是一种补偿。他所谓“意有所郁结”恰可相当于“情意综”。既然说“有所郁结”,又说“不得通其道”,可知是有被压抑的成分了,这一点和佛洛乙德的看法相同;但被压抑的却并不一定是性的要求,则和佛洛乙德相异。而且司马迁认为文艺者并不是这种被压抑的欲望之象征的满足,却是在另一方面求一种补偿,此则更和佛洛乙德有距离而接近于阿德勒。然而阿德勒的说法却又嫌过分重视落伍情意综,所给的说明也未免琐碎鄙近,难道一个大写实主义的作家如莫泊桑的创作也只是因为眼睛的近视么?至于司马迁的解释,却是多方面的:或事业失败,如孔子;或精神郁闷,如虞卿;或遭遇不平,如屈原、韩非;或肢体受难,如孙膑、左丘。司马迁的看法是广阔得多,注意之点也大得多了。

然而司马迁的意思尚不止此。他觉得另有两点也很重要:一是文学家对于自己的才华总有一种自觉,而不愿意随便埋没,这就是所谓:“所以隐忍苟活,幽于粪土之中而不辞者,恨私心有所不尽,鄙陋没世而文采不表于后世也。”(《报任少卿书》)貌美的人不会躲在家里,口才好的人不会学缄默,天才总是自知的,也没有不爱表现的。虚伪谦卑的人决不会有伟大的作品。二是创作由于寂寞。人类最难为怀的时候,无过于“前不见古人,后不见来者,念天地之悠悠,独怆然而涕下”的时候了。到了这个时候,就不得不写一写荆轲如何刺秦王,杨志如何卖刀,或者林冲如何雪夜上梁山了(鲁迅躲在会馆里抄古碑的时候才写《呐喊》)!“述往事,思来者”,正就是这种心情。

补偿,寂寞,表现才华,这都是文艺创作之心理学的根据。创作由于受了压抑后的补偿,由于寂寞,由于表现才华,这观点是由人类之非理性成分出发的,所以就是单以司马迁的文艺理论看,司马迁也是浪漫的。

二、文艺创作之有用与无用　文艺创作是无用的，然而这种无用正是大用。此种无用为大用的道理，《老》、《庄》、《易传》里都有所推阐；但具体引用到文艺上，则自司马迁始。他一则说："思垂空文以自见。"再则说："自托于无能之辞。"无能者就是无"奇策才力"之能，无"招贤进能"之能，无"攻城野战"之能，无"取尊官厚禄"之能。就浅近之功利的观点看，文学家诚然无能，文学家的文章也诚然无用，然而"古者富贵而名磨灭，不可胜记，唯俶傥非常之人称焉"，到底是哪一类人更有永久性呢？所谓"究天人之际，通古今之变，成一家之言"，到底是不是真无能呢？艺术的天才高于一切，艺术品的征服，所向无敌。以汉武帝与司马迁比，司马迁在我们心目中的地位决不会不及汉武帝，从这里看也就可看出在一方面无用而在另一方面却是大用的道理了。文学家常常卑视自己的成就，但却也常常对自己的才能与事业有着自负。这是因为文学家一方面既意识着他的大用，但也悲哀着另一方面的无用。可见他不必悲哀，他的大用正是无用的补偿！他倒应该感谢他的挫折、愤懑和郁结！

三、创作原理　创作有两种原理：一是当人类看见世界上许多具体的事物时，每想从中得到一些抽象的道理，这种道理不只在科学书与哲学书中有，就是文艺书中也有。例如"交情老更亲"，就几乎像一个普遍的原则，像这种原则的获得，可称之为创作上的抽象律。一是当人类空有一些观念或情绪时，却又每喜欢把它推之于具体的事物上，例如先有"四海之内皆兄弟也"的情感，而去写出具体的一百单八个好汉的故事便是。这可称之为具体律。抽象律是给许多肉体以灵魂，具体律是给一个灵魂以许多肉体。司马迁在《司马相如列传》的赞里说："《春秋》推见至隐，《易》本隐以之显。”[①]“推见至隐”就是抽象律，“本隐以之显”就是具体律。

四、艺术之节制作用　艺术是人类情感的宣泄，其作用是节制而非激动，所以说：“凡作乐者，所以节乐。”(《乐书》)[②]《正义》对这话的解释是：“不乐至荒淫也。”正说对了。

五、幽默解　幽默(Humour)是人生和文艺里很重要的一个成分，在西洋的美学家或批评家都有很多学说去讨论它。在中国有与之略略相当的一个名词，就是所谓“滑稽”。滑稽和幽默当然有距离，这距离越到后来越大，但在司马迁所解释下的滑稽则与幽默的真解不相远。他曾说：“不流世俗，不争势利，上下无所凝滞，人莫之害。”(《太史公自序》)又说：“谈言微中，亦可以解纷。”(《滑稽列传》)凝滞和纠缠的确是幽默的反对物，凡是“化不开”的人物不会懂得幽默。功利观点也是凝滞和纠缠的一种，所以懂得幽默的人或者在某一刹那而处在幽默空气中的人，他一定持有一种超功利的态度。所谓“不流世俗，不争势利”，正是指此。幽默是不伤害人的，否则变成冷讽；因此人类对于幽默的反应也是没有恶意的，所谓“人莫之害”是。幽默包括智慧和超脱，而且还有一点悲悯和温暖；它是会心的微笑，但其中含有泪。我们可以这样说：高等的滑稽就进而入于幽默，低级的幽默却不免流于滑稽。太史公在七十篇列传之中，居然给滑稽留出了一个独立的节目，可知他对此道之重视。他的《滑稽列传赞》也非常幽默：“淳于髡仰天大笑，齐

① 《司马相如传》的赞，因为其中有扬雄的“靡靡之赋，劝百讽一”两句话，王若虚《辨惑》说是“后人以《汉书》赞益之”。现在看《汉书》赞，的确和《史记》赞文字差不多，不过开首有“司马迁称”字样。我们现在实在辨不清到底史公的原文是保留多少了，但无论如何，我所引用的二句紧接“司马迁称”四字之下，必是史公原文无疑。

② 《乐书》多取《乐记》，但我所取的这一段在篇首，仍是司马氏文字。

威王横行(指连赵事);优孟摇头而歌,负薪者以封;优旃临槛疾呼,陛楯得以半更;岂不亦伟哉!”

以上是司马迁在批评上的理论。

我们现在再说司马迁在批评上的实践。司马迁是富有天才、识力和同情的大批评家,他具备着所有伟大批评家所应当有的条件。虽然他不曾写什么条分理析的批评论文,但他用叙述的方法把他那深刻而中肯的了解织入他的创作中。他像近代欧洲文艺传记家一样,描写就是批评。因为他观察深入和清楚,能够见到一个人的底蕴(包括好和坏),而出之以赞美或憎恶的浓烈情感;且即使是憎恶,却又不失其对书中人物的同情,所以他的书富有无限的魔力,我们可以说,他的书是时时在创造着,也时时在批评着。所以我们假如要在其中找出几段纯粹的批评文字是不可能的。下面也不过是一点“样本”而已。

一、对于孔子之礼赞　批评孔子,是一大难题,因为孔子的地位太重要,方面也太多,价值更是太大。如何称誉才能不失分寸?这应该是使太史公棘手的事。然而他却轻松的写出来了:

> 《诗》有之:“高山仰止,景行行止。”虽不能至,然心乡往之。余读孔氏书,想见其为人。适鲁,观仲尼庙堂车服礼器,诸生以时习礼其家,余祗回留之,不能去云。天下君王至于贤人众矣,当时则荣,没则已焉。孔子布衣传十馀世……自天子王侯,中国言六艺者,折中于夫子,可谓至圣矣!——《孔子世家赞》

他清楚地指出孔子的整个价值在对于六艺的贡献,尤其是礼。言简意赅,这是何等的识力!所以他时时以六艺和孔子并称,例如:“秦缪公立三十九年而卒,其后百有馀年,而孔子论述六艺。”(《封禅书》)“周室既衰,诸侯恣行,仲尼悼礼废乐崩,追修经术,以达王道,匡乱世,反之于正,见其文辞,为天下制仪法,垂六艺之统纪于后世。”(《太史公自序》)都是。

六艺中,司马迁尤其着重孔子与礼的关系。《孔子世家》可说就是以礼为线索的,从“孔子为儿嬉戏,常陈俎豆,设礼容”,到“适周问礼”,到“君君、臣臣、父父、子子”,到“臣无藏甲,大夫无百雉之城”,到“与弟子习礼大树下”,到“追迹三代之礼”,到“《书传》、《礼记》自孔氏”,直到“诸儒亦讲礼——乡饮,大射——于孔子家”,在太史公心目中,孔子一生是与礼结不解之缘的。孔子的伦理思想原是由群到个人的,个人与群如何相安?孔子的解答也就是“礼”。——礼是就群的立场而给予个人的一种合理的制裁。太史公是真能了解孔子的。

同时太史公也很了解礼,所以他能够知道一生汲汲于礼的孔子的重要;但一般人常不愿受礼的约束,于是孔子就不免成为一个寂寞的失败者了。他说:

> 洋洋美德乎!宰制万物,役使群众,岂人力也哉!余至大行礼官,观三代损益,乃知缘人情而制礼,依人性而作仪,其所由来尚矣。……所以防其淫侈,救其凋敝,是以君臣朝廷尊卑贵贱之序,下及黎庶、车舆、衣服、宫室、饮食、嫁娶、丧祭之分,事有宜适,物有节文。……周衰,礼废乐坏……循法守正者见侮于世,奢溢僭差者谓之显荣。自子夏,门人之高弟也,犹云“出见纷华盛丽而说,入闻夫子之道而乐,二者心战,未能自决”,而况中庸以下,渐渍于失教,被服于成俗乎?孔子曰:“必

> 也正名"，于卫，所居不合，仲尼没后，受业之徒，沈湮而不举，或适齐、楚，或入河海，岂不痛哉！——《礼书》①

孔子是极其热心实现理想的人，但也是不轻易和现实妥协的人。例如太史公写道：

> 定公九年，阳虎不胜，奔于齐，是时孔子年五十。公山不狃以费畔季氏，使人召孔子。孔子循道弥久，温温无所试，莫能己用，曰："盖周文武起丰镐而王，今费虽小，傥庶几乎？"欲往，子路不说，止孔子。孔子曰："夫召我者，岂徒哉？如用我，其为东周乎？"然亦卒不行。

《索隐》上说：周文武起丰镐而王，"检《家语》及孔氏之书，并无此言，故桓谭亦以为诬"。其实太史公所写的是艺术的真，是一种心灵的记录，原不必拘拘于出处。"温温无所试"，是孔子的热心和寂寞；"然亦卒不行"，就是孔子的不苟。又如《史记》写孔子（六十八岁了！）归鲁的一段：

> 冉求将行（先是，在孔子六十岁时，康子召冉求），孔子曰："鲁人召求，非小用之，将大用之也。"是日孔子曰："归乎！归乎！吾党之小子狂简，斐然成章，吾不知所以裁之！"子贡知孔子思归，送冉求，因诫曰："即用，以孔子为招"云。

① 《礼书》多取《荀子》，但我所取的这一段在篇首，仍是司马氏文字。

把孔子的渴望返鲁，与其对于自己手底下人才的满意，先作一番烘托，于是写孔子一直过了八年，果然可以返鲁时的情形：

会季康子逐公华、公宾、公林，以币迎孔子，孔子归鲁……凡十四岁而反乎鲁。鲁哀公问政，对曰："政在选臣。"季康子问政，曰："举直错诸枉，财枉者直。"康子患盗，孔子曰："苟子之不欲，虽赏之不窃。"

眼看孔子实现政治理想的机会要到了，可是下面紧接着说："然鲁终不能用孔子，孔子亦不求仕。"终于把一个倔强而自重的老人之命运和骨格合盘托出！孔子是失败了，但孔子的失败是伟大而富有悲剧感的失败。《孔子世家》便是要传达这种悲剧于永久的。司马迁在比较驺衍和孔子的遭遇时曾说：

王公大人初见其术，惧然顾化，其后不能行之。是以驺子重于齐。适梁，梁惠王郊迎，执宾主之礼。适赵，平原君侧行襒席。如燕，昭王拥彗先驱，请列弟子之座而受业，筑碣石宫，身亲往师之，作《主运》。其游诸侯，见尊礼如此，岂与仲尼菜色陈蔡，孟轲困于齐梁同乎哉？故武王以仁义伐纣而王，伯夷饿不食周粟；卫灵公问陈而孔子不答；梁惠王谋欲攻赵，孟轲称太王去邠：此岂有意阿世俗苟合而已哉！持方枘欲内圜凿，其能入乎？——《孟子荀卿列传》

不阿世苟合以实现其主张，这就是孔子（孟子亦然）人格的硬朗处。荀子只讲究"固宠无患，崇美讳败"（夏曾佑《中国古代史》，页三三八,《大学丛书》本),品格就较差了。司马迁对于荀子并无什么赞语,可见司马迁是有眼力的。

孔子的事业在礼,礼是“群”对于“个人”所加的正当的制裁,已如上述,所以如果礼行,孔子的理想政治便可实现了。孔子为说明他的理想政治起见,于是作《春秋》。《春秋》不仅记“已然”,且标明“当然”,而其根据就是“礼”。司马迁很懂得这个道理,所以说“《春秋》者,礼义之大宗”。司马迁甚至以为《春秋》一书等于一种政变和革命,所以有“桀纣失其道而汤武作,周失其道而《春秋》作,秦失其政而陈涉发迹,诸侯作难”(《自序》)的话。因此孔子不唯是一个帝王,教主了,而且是一个革命领袖。《史记》就是想继承《春秋》的,这也可见出司马迁自负之重来;至于他对于《春秋》之了解,则多半近于公羊家言。

二、对于老庄申韩之批评　司马迁所处的时代,正是“世之学老子者则绌儒学,儒学亦绌老子”的时代,却难得司马迁给孔子写了那样向往的传记以后,却又分出篇幅来写了老庄申韩。他说老子是:“无为自化,清静自正。”说庄子是:“其言洸洋自恣以适己,故自王公大人不能器之。”说申子是:“本于黄、老而主刑名。”说韩非是:“喜刑名法术之学,而其归本于黄、老。”他又加以总评道:

> 老子所贵道,虚无因应,变化于无为,故著书辞,称微妙难识。庄子散道德放论,要亦归之自然。申子卑卑,施之于名实;韩子引绳墨,切事情,明是非,其极惨礉少恩,皆原于道德之意。而老子深远矣!

在那一个混乱的思想斗争中,司马迁独能超出儒道之上,作如此精确而公允的批评；两千载之下独感到他的目光如炬，令人震慑，诚不愧为一伟大的批评家！

他说韩非"引绳墨，切事情，明是非，其极惨礉少恩"，是颇有微词的；但他并不因此减却对韩非的同情。他一则说："韩非知说之难，为《说难》书甚具，终死于秦，不能自脱。"二则说："余独悲韩子为《说难》，而不能自脱耳！"有人以为批评家不能带情感，怕影响他的识力，其实不然，情感与识力原可并存不悖，大批评家且必须兼具此二者，吾于司马迁见之。

三、对屈原之了解　司马迁所写的传记有时不是纯粹的记叙，而是论文或随笔。就像培忒（Walter Pater）的名著《文艺复兴》一样，论到达文西和温克耳曼，到底是论文还是传记？实在没法说清。《史记》中尤其表现了这种体裁的是《屈原贾生列传》。这是理想的批评文章，也是完整的文艺创作。

他为了要描写一个正直忠贞的人的真面貌，于是先写下周围那群小人的姿态以作衬托：

> 屈原……入则与王图议国事，以出号令，出则接遇宾客，应对诸侯，王甚任之。上官大夫与之同列争宠，而心害其能。怀王使屈原造为宪令，屈平属草藁未定，上官大夫见而欲夺之，屈平不与，因谗之曰："王使屈平为令，众莫不知，每一令出，平伐其功，曰：'以为非我莫能为也。'"王怒而疏屈平。……秦割汉中地与楚以和，楚王曰："不愿得地，愿得张仪而甘心焉。"张仪闻，乃曰："以一仪而当汉中地，臣请往如楚。"如楚，又因厚币用事者臣靳尚，而设诡辩于怀王之宠姬郑袖，怀王竟听郑袖，复释去张仪。……时秦昭王与楚婚，欲与怀王会，

> 怀王欲行，屈平曰："秦虎狼之国，不可信，不如毋行。"怀王稚子子兰劝王行："奈何绝秦欢?"怀王卒行……竟死于秦而归葬。

结果正直忠贞的人失败，只好去作他的《离骚》了。在这里又用得着司马迁那发愤著书说了。所以说："忧愁幽思而作《离骚》，《离骚》者犹离忧也。"又说："信而见疑，忠而被谤，能无怨乎？屈平之作《离骚》，盖自怨生也。"

屈原的真价值到底何在？有的人以为他是忠君爱国，又有的人以为他不过作一姓的奴才，殊不知屈原的真价值却在"与愚妄战"！他明知自己的力量不大；但他以正义和光明来与一切不可计量的恶势力战斗，他虽然是孤军，但"终刚强兮不可陵"。司马迁了解这一点，所以不侧重屈原之忠君爱国，而侧重"疾王听之不聪也，谗谄之蔽明也，邪曲之害公也，方正之不容也，故忧愁幽思而作《离骚》"。邪曲害公，方正不容，就是中国整个社会上下五千年的总罪状，屈原的价值乃是在对这种社会作战士，后人只能见其小，司马迁独能见其大。

在太理智的人看来，也许觉得《离骚》，词句太重复杂沓，甚而不合逻辑，（逻辑伤害了多少生命和创造力！）《天问》更凌乱，简直有不知所云之感。可是司马迁却认为这是可珍的文艺创作，是痛苦至极的呼号，所以他从人性的深处去了解屈原为什么问天：

> 夫天者，人之始也，父母者，人之本也；……故劳苦倦极，未尝不呼天也，疾痛惨怛，未尝不呼父母也。屈平正道直行，竭忠尽智，以事其君，谗人间之，可谓穷矣。

"人穷则反本",这是何等深刻的体会!和那"意有所郁结,不得通其道,故述往事,思来者",同让人吟味无穷。他在这里提到"正道直行";这正是屈原碰壁的根本原因,却也是屈原人格的永不可磨灭处!一个社会而不容一个正道直行的人存在,这是这个社会最大的耻辱!

司马迁更从屈原的人格而谈到了他的风格,他说:"其文约,其辞微,其志洁,其行廉;其称文小,而其指极大,举类迩,而见义远。其志洁,故其称物芳,其行廉,故死而不容自疏,濯淖污泥之中,蝉蜕于浊秽,以浮游尘埃之外,不获世之滋垢,皭然泥而不滓者也。推此志也,虽与日月争光可也。"①屈原的人格固高,文字固美,而司马迁的评传也真够艺术,他是那样说到人底心里,让人读了感到熨帖。

---

① 因为班固的《离骚序》上有:"昔在孝武,博览古文,淮南王安叙《离骚传》,以'《国风》好色而不淫,《小雅》怨诽而不乱,若《离骚》者可谓兼之。蝉蜕浊秽之中,浮游尘埃,皭然泥而不滓,推此志与日月争光可也。'此论似过其实"的话,后人遂以为司马迁《屈贾列传》系采淮南王安文,我以为未必可靠。淮南王安作《离骚传》的话,只见于《汉书》卷四十四《淮南衡山济北王列传》,而不见于《史记》卷一百十八《淮南衡山列传》。就班固所引者而言,这《离骚传》的确作得不坏,司马迁不该在《淮南传》里抹煞不提,况且他果已引用,更不会对此事推作不知,此其一。我们再看淮南王安的行事,只是一个庸才,就是所传的《淮南内篇》也多半是"集体创作",他本人能否作出这样好的文章,诚为疑问,此其二。况且高诱(建安时人)的《淮南子叙目》上乃是说:"诏使为《离骚赋》",并不是传,王念孙《读书杂志》"汉书·离骚传"条说"传"应该是"傅"字。"傅"与"赋"古字通,颇可信。即《文心雕龙》虽然在《离骚篇》上说淮南作,而《神思篇》就又说"淮南崇朝而赋《骚》"了。可知刘勰已不能肯定。淮南作《离骚赋》比较可能,因为他作过那种《招隐士》一类的"楚辞"。我疑惑《屈原贾生列传》根本并无袭取淮南王安之处,反之,有人袭取《史记》而托之淮南,为班固误信,倒是可能的。班固的取材本不严格,不然,何以《古今人表》上有许多荒诞不经的人物?此其三。退一步言,司马迁就是采取淮南《离骚传》,也不过《汉书》所引的几句而已,而且即这几句,为史公使用时也业已铸入史公的风格,是史公的创作而与淮南无涉了,此其四。总之,我们有理由说,《屈原贾生列传》的著作权应该归给司马迁。

最后，司马迁之写屈原，始终为深挚而沈痛的同情所浸润着，他说："余读《离骚》、《天问》、《招魂》、《哀郢》，悲其志，适长沙，观屈原所自沈渊，未尝不垂涕，想见其为人。及见贾生吊之，又怪屈原以彼其才，游诸侯，何国不容，而自令若是？读《鹏鸟赋》，同生死，轻去就，又爽然自失矣！"粗看起来，好像司马迁没有坚持的主张或见地一样，一会儿垂涕，一会儿又怪屈原，一会儿又爽然自失了。其实不然，这不过是表示他在丰盛的情感之下，感受力特别强些而已。批评家须有跃入作者精神世界里的本领，以作者之忧喜为忧喜，这一点，司马迁正是做到了。

司马迁既深切地了解孔子而加以礼赞过，现在又深切地了解屈原而加以礼赞着，孔子和屈原乃是中国古典主义和浪漫主义的两个极峰，他们可以不朽，司马迁也可以不朽了。但司马迁的根性自是浪漫的，所以他对孔子有欣羡而不可企及之感；对于屈原，他们的精神交流却更直接些。至于宋玉、唐勒、景差之徒，因为"终莫敢直谏"，缺少屈原之"正道直行"的精神，这是司马迁所不重视的。就是司马相如也不过是一个长于堆垛的辞匠，司马迁虽为之立传，但什么向往礼赞的话也没有（只是他说明《子虚赋》是藉三人为词，以推苑囿之大，而归于节俭以讽，却颇能举出赋体的文章之典型的结构所在），我们更不能不佩服他的卓识和分寸了。

四　司马迁之讽刺

曾有人写过《骂人的艺术》这样的书，但我认为在中国文人中最精于骂人的艺术的，恐怕没有超过司马迁的了。从前有人称司马迁的《史记》为谤书，章学诚很不以为然，说这是“读者之心自不平耳”，然而照我们看，《史记》却实在是不折不扣的谤书，它尽了讽刺的能事，也达到了讽刺技术的峰巅。

他讽刺什么，以及如何讽刺，经过了清代学者的研究，已经渐渐有了确切的结论。大概中国读书人的理解力自明末清初便有了飞跃的进步，以后也更有着继续的发挥。倘若单以考据推许这个时代，那就只见其一面而已。

我们现在先说司马迁的讽刺目标吧。广泛地说，他所讽刺的就是他所处的朝代——汉。详细说，他所讽刺的是汉代之得天下未免太容易，有些不配；是汉初的人物——自帝王以至将相——之无识与不纯正；是汉朝一线相承的刻薄残酷的家法；是武帝之愚蠢可笑，贪狠妄为。总之，他要在他的笔下，而把汉代形容得一文不值。

司马迁在《秦楚之际月表》中说：“五年之间，号令三嬗，自生民以来，未始有受命若斯之亟也。”下面即历叙虞夏之兴，积善累功数十年，汤武之王，修仁行义十馀世，就是秦之统一，也百有馀载，结论是“以德若彼，用力如此，盖一统若斯之难也”，言外是汉凭什么，既无德，又没费力，却这样容易得天下！他讥讽地说：“此乃传之大圣乎？”“非大圣孰能当此受命而帝者乎？”假若只看这两句，也许以为他是真的在颂扬了，然而这两句之间，却插入“岂非天哉，岂非天哉”的重复慨叹，就知道他确乎是以赞作讽了！

整个的汉代之来历，在司马迁眼光中是如此。而刘邦之为人，司马迁尤其挖苦得厉害。在《项羽本纪》中，项羽要烹他的父亲了，他说：“吾翁即若翁，必欲烹而翁，则幸分我一杯羹。”在《高祖本纪》中，他曾给太上皇拜寿，说：“始大人常以臣无赖，不能治产业，不如仲力,今某之业,所就孰与仲多?”在《萧相国世家》中,特别给萧何的封地多,那是因为“帝尝繇咸阳,时何送我独赢奉钱二也”;第一例见他之不孝,第二例见他之无赖,第三例见他之小气。而萧何的功绩虽然那样大,但如果不以家财佐军,不强买民田,以表示不能顺从民欲,则刘邦对他的猜忌是一点也不会放松的。就是对于韩信,韩信每打一次胜仗,他便“使人收其精兵”(《淮阴侯列传》),这同样见刘邦之忌刻。至于真正打仗的本领,那更没有。他有许多神异的事,仿佛是真命天子了,可是司马迁早藉萧何之口说出:“刘季固多大言。”那末一切神异也就多半是刘邦自造,化为乌有了。

和刘邦作对比的是项羽。项羽有真本领,有真性情,有真气概,在司马迁的笔下,项羽才是一个真正英雄,刘邦却是一个流氓而已。

不唯刘邦本人如此,就是他的周围,除了张良、陈平常设诡计之外,大半都是一些不学无术的老粗。司马迁在《樊郦滕灌列传》的赞中说:“吾适丰沛,问其遗老,观故萧、曹、樊哙、滕公之家,及其素行,异哉所闻!方其鼓刀屠狗卖缯之时,岂自知附骥之尾,垂名汉庭,德流子孙哉?”《萧相国世家》中也说:“萧相国何,于秦时为刀笔吏,碌碌未有奇节。”《曹相国世家》中说:“曹相国参,攻城野战之功,所以能多若此者,以与淮阴侯俱。”《绛侯周勃世家》中说:“绛侯周勃,始为布衣时,鄙朴人也,才能不过中庸。”意思是说他们统统是夤缘时会,因人成事而已。

这样的一个低能集团,那有才能的人处于其中,就未免太委屈了。韩信就是这样一个可惜的人才。司马迁在《淮阴侯列传》中说:“而天下已集,乃谋叛逆,夷灭宗族,不亦宜乎?”他并非责备韩信之不当叛逆，却只责备他发动得有些迟了而已！这意思多末明显！

司马迁在讽刺整个汉代以及汉初人物之外，时常揭发汉家一线相承的刻薄。高祖的猜忌，已见于《萧何传》和《韩信传》不必说。文景二帝似乎是忠厚正经的人，其实不然，在适当的时候，司马迁就不惜揭穿那真相了。例如《张释之传》中，文帝为一人惊了自己的马，就要致之死地，亏得释之据法力争，才处了罚金。可见这位废除肉刑的文帝，也是一个伪君子而已。又如《佞幸列传》中，文帝为爱一个宦者邓通，便许他铸钱成为富翁，文帝的行为何尝不乖张荒淫？至于景帝的刻薄寡恩，只要看《张释之传》中，因为释之曾在景帝为太子时弹劾过他不下司马门，到即位后，虽口头上说不忌恨此过，但只有一年多，便把张释之调为淮南王相了。司马迁在记“景帝不过也”之后，便拆穿了说：“犹尚以前过也。”又如《周亚父传》中，因为周亚父不许给王信封侯，景帝虽默然而止，但后来便故意请他吃饭不放筷子，给他难堪，到逼他死后，“景帝乃封王信为盖侯”了。司马迁冷然写去，已把景帝的真面目揭露了。

可是在这种种之中，司马迁所要讽刺的最大的目标，却是汉武帝。在《封禅书》中辟头即说：“自古受命帝王，曷尝不封禅？盖有无其应而用事者矣，未有睹符瑞见而不臻乎泰山者也。虽受命而功不至，至矣而德不洽，洽矣而日有不暇给，是以即事用希。”无其应而用事，功不至，德不洽，都是暗指武帝。封禅的本身，原已荒唐，但即退一步讲，却也有配有不配，司马迁是直然认为武帝不配的。他不好明讲，便藉管仲阻齐桓公，仲尼不肯论封禅，作为武器，略事攻击。整个文章中，都是写武帝之愚蠢、幼稚与可笑的。

《封禅书》之外，司马迁便在《酷吏列传》中写汉代残酷的家传，而尤重在武帝。其中屡有“天子闻之，以为能”之语，可见那酷吏之惨无人性，实在是武帝的授意和怂恿。那最大的酷吏如张汤、杜周也不过是“善伺候”，能窥探武帝的意旨，而去找出理由，又去执行而已。

武帝之刻薄寡恩，不止对一般的臣下为然，就是对于宗室贵族也毫无留情。司马迁一则在《汉兴以来诸侯年表》中说推恩（其实是削弱诸侯）的办法是“强本干，弱枝叶之势”，他说这样一来，就可以“尊卑明而万事各得其所矣”，其实他只是在打官腔，下面却说出了实话：“令后世得览，形势虽强，要之以仁义为本。”意思是说如果不仁不义，手腕虽高，毕竟还是危险的了。二则在《高祖功臣侯年表》中说：原先受封的百有馀人，到了太初，不过百年之间，只存在了五个人，其馀都坐法亡国。司马迁在表面上把“子孙骄溢”放在首要的地位，而把“网亦少密焉”放在次要的地位。就是这样，他仍怕别人把“网密”看重了，下面紧接“然皆身无兢兢于当世之禁云”，目的在再冲淡一下。然而其实他却正是重在“网密”的。太冲淡了，也怕别人把他的真正意思误会，但他又不能明言，于是只好混统地说：“居今之世，志古之道，所以自镜也，未必尽同”，意思是就是兢兢于当世之禁，也未必不犯法，因为“网密”的缘故！他的文字富有层次转折，于是让他的真意在若明若暗之间了。

武帝之好事，司马迁藉汲黯之口直说出来，“陛下内多欲，而外施仁义。”而在《建元以来侯者年表》中则说自来都是喜欢外攘夷狄的，“况乃以中国一统，明天子在上，兼文武，席卷四海，内辑亿万之众，岂以晏然不为边境征伐哉？自是后，遂出师北讨强胡，南诛劲越，将卒以次封矣！”就是天下太平，也要动动刀枪呢，于是有了许多封侯了！

至于武帝之横征暴敛，让民生凋敝，是见之于《平准书》中。但他不明指汉，却骂秦；也不说当代，却说古代不然：

> 及至秦中，一国之币为三等，黄金以镒名，为上币；铜钱识曰半两，重如其文，为下币；而珠玉、龟贝、银锡之属，为器饰宝藏，不为币。然各随时，而轻重无常。于是外攘夷狄，内兴功业，海内之士力耕不足粮饷，女子纺绩不足衣服。古者曷尝竭天下之财，以奉其上，犹自以为不足也？无异故云，事势之流，相激使然，曷足怪焉！

武帝周围那些人物，他也很少瞧得起。公孙弘、张汤都是外宽内深的官僚。在《张丞相列传》中更说："及今上时，柏至侯许昌、平棘侯薛泽、武强侯庄青翟、高陵侯赵周等为丞相，皆以列侯继嗣，娖娖廉谨，为丞相备员而已，无所能发明，功名有著于当世者。"则武帝时之无人也就可知了。至于能为社稷臣的汲黯，以及已成为名将的李广，却只有埋没抑郁以终而已。

武帝所用的人多半是恃裙带关系的亲幸之辈。田蚡、卫青、霍去病、李广利都是。司马迁都对他们各加讥讽。其中卫青、霍去病尤受宠爱，他们都以卫皇后为靠山。司马迁写卫皇后时便说："生微矣，盖其家号曰卫氏。"提到霍去病时便说："及卫皇后所谓姊卫少儿，少儿生子霍去病。"这都是说他们出身微贱，父女姊妹的关系也在可考不可考之间的。笔端是十分鄙夷着。

雄才大略的汉武帝，到了司马迁的笔下，算是一无所长了；浪漫精神是无限的，是不屈服于任何权威的，是没有任何奴隶的烙印的，我们于司马迁之讽武帝见之。以上尚是明显的，可指的讽刺，另外有些散布在各篇的夹缝里的，还有很多很多。

司马迁讽刺的目标既明，我们现在就要看看他的阵法。他的阵法大概是这样的：一则用揭穿事实的方法，事实往往是最强有力的讽刺。如他写景帝，只说周亚夫死后，乃以王信为盖侯，就够了。二则用无言的讽刺，凡是他不赞成的事便不去写，如《循吏列传》中不叙汉代，《张丞相列传》中不叙那些备员的人物的事迹，读者自然可以晓得什么是在缺乏着了。三则用互见的方法，他决不把高祖的流氓行径及小气忌刻写在《高祖本纪》里，却分散在《项羽本纪》、《萧相国世家》里。四则用反言的方法，他口头在赞扬，骨子里却是在讥讽。五则用轻重倒置的方法，偏把主旨放在次要。六则用指桑骂槐的方法，他不骂汉而骂秦，其实他对秦并不坏，《六国表》可见。七则用借刀杀人的方法，用孔子抵挡封禅，用汲黯直斥武帝。八则全然在语气里带出来，他用几个"矣"字，往往就把他的意思表达出来了。九则常用无理由为理由，如三世为将不祥，坑降不得封侯之类，那真正的理由却是统治者的忌刻。

总之，他的方法是逃避和隐藏，这样便瞒过了那时当局者的检查，也瞒过了后来太忠厚以及太粗心的读者了！

撇开司马迁的一切文学造诣不谈，即仅以讽刺论，他也应该坐第一把交椅！

五　总结——抒情诗人的司马迁及其最后归宿

然而在说过一切之后，司马迁却仍是一个抒情诗人！

只是感情才是司马迁的本质。不错，他有识力，也有学力，但就他本身而论，这却并不是他的性格中之最可贵，最可爱的。

他虽然因为家庭教育之故，对于儒学有些倾慕，然而并没有掩遮他的道家的自然主义的根性。即以这道家的自然主义论，却也仍没有淹没了他那更根本的一点内心的宝藏，那便是他的浓挚、奔溢、冲决、对一切在同情着的感情。不错，他看事情很明锐而透达，可是感情却是他的见解的导引之力。不错，他讽刺的对象很多，然而就是他所讽刺的人物，在他笔下写来，也依然带有大量的可爱的成分。他的自然主义，如果不加上“浪漫的”三个字，便成了没有生命的概念，与他的本质毫不相干了。

他的事业，在他自己看来，也许另有不朽的地方，但我们认为最重要的一点，却是留下了最伟大的抒情篇什，虽然形式上却是历史。在他后代有许多知己，有无数的追踪的人物，但与他本身似乎没有什么太大的连系，除非那些知己和追踪的人物在感情上和他有着共鸣。“发愤以抒情”，这是楚文化的精神，却也是西汉所承受了的伟大的精神遗产，而集中并充分发挥了的，只有司马迁。那是一个浪漫的世纪。司马迁就是那一个浪漫世纪的最伟大的雕像。

因为他是抒情诗人，所以他的作品常新——情感本是常新的。因为他是抒情诗人，他的识力和哲学并没引导他走入真正理智的陷阱。他对于若干历史上的大小事件，似乎很有所理解，然而归到根底，他唱起命运感的调子来了！“余甚惑焉！倘所谓天道，是邪非邪?”“孔子罕称命，盖难言之也！非通幽明之变，恶能识乎性命哉!”因为他有命运感，所以他有着深切的悲剧意识，他赞赏那些不顾命运的渺茫而依然奋斗，却又终于失败了的伟大人格。孔子是如此，屈原是如此，信陵是如此，荆轲、项羽也是如此！

司马迁能赤裸裸地接触一切人物的本质，又能烛照一切人生的底层，于是而以情感唱叹着，同情着，描绘着了。

他是热情到这样的地步，因为热情而造成了自己的悲剧。他所觉得不可知的命运最后却也和他自己开起玩笑来。他在极大的屈辱之中，而与世长辞了！确切的卒年，我们不晓得。但公元前九〇年，也就是司马迁四十六岁以后的生活，已经渺茫滤漫了。

司马迁身后的情形如何，我们所知的，也一如他的卒年那样模糊。他的家庭生活怎样，也从没有记载。有人说他有两个儿子，但那是根据华山道士的胡言，当然不可信。有人说他有一个侍妾隋清娱，可是这是褚遂良所见的一个女鬼，更觉荒唐。

唯一可靠的倒是司马迁有一个女儿，嫁给了杨敞。杨敞是一个老实人。杨敞的儿子杨恽却很有棱角，颇有外祖之风，连文格也十分相似（他之《报孙会宗书》直然是他的外祖《报任少卿书》的姊妹篇），他很爱读他外祖的《史记》，但他却因口祸被腰斩。司马迁的一生是一幕悲剧，连这和司马迁最有着精神上的连系的亲属却也以悲剧终！

三十五年五月二十九日写毕于南京

三十六年九月二日校讫全稿于北平

道教徒的诗人李白及其痛苦

怀李太白

——为本书渝版题

周遭,原始生命力的稀薄呀!
上下,沙漠的压迫!
叫我如何不怀李太白?

真正能够大笑的人在哪里呢?
“仰天大笑出门去”,
那是李太白!

真正有大苦恼的人在哪里呢?
“人生在世不称意,
明朝散发弄扁舟”,
那是李太白!

除非李太白!

觉醒的广大的人群呀！
觉醒的深厚的民族呀！
觉醒的，独立的，活活的生物！——人呀！
快些要求“原始的生命力”归来！

不安定的灵魂呀，
“我且为君捶碎黄鹤楼，
君亦为我倒却鹦鹉洲”，
原始生命力的奔溢呀，
我思李太白！

“我本不弃世，
世人自弃我”，
有谁这样深深的
（如尼采所说，比深夜更深的）
因为爱世人而换来的哀感的呢？

快些要求“原始的生命力”归来！

不知道爱李太白的人，
应该快快死掉吧，
因为他的生命早已枯槁。

二十九年八月三十日作

序

在我的心目中,李白是有一个活泼泼的清楚的影子在那里的。把这一个活泼泼的影子写下来,就是这本小书。

这原是我要合并起来写的关于中国五个大诗人(屈原、陶潜、李白、杜甫、李商隐)的一部大书的一部分,所以这小书中也时时以他们五个人作为对照。——屈原、陶潜、杜甫、李商隐,是同样在我心目中有着活泼泼的清楚的影子的;我也一定把他们像写李白这样写下来。

现在我请求读者的是,假若你根本不看这本书,我当然没有话说,如果你看,我希望顺次序看,而且不要跳着看,小地方也要看,引的诗更要看。为什么呢? 因为本书是一篇整个的有机的长文故。小地方,也关连着整个的意义。施賓格勒(Oswald Spengler)不是从些小地方看文化的形态学么? 我们何尝不可从小地方看诗人的生命流露? 其次,假若你有兴致,我又愿意你一次看下去。

在我新近又重自校正了一遍之后,我很爱这本小书了,你可以看出这是一句心里的话。我之爱,是因为其中有着活泼泼的清楚的李白! 我仿佛给李白拍了一个照似的,我觉得相当真,所以我情不自禁地有点沾沾自喜。

我们常读到外国很好的批评文学,那末亲切,有时像家常。——自然,在家常之中,总有锐利的透视,耐人寻味的风趣。

难道不能同样写中国诗人吗？为什么一写起来，就总老气横秋呢？这是我不解的。考证，我不反对，考证是了解的基础。可是我不赞成因考证，而把一个大诗人的生命活活地分割于饾饤之中，像馒头馅儿。与考证同样重要的，我想更或者是同情，就是深入于诗人世界中的吟味。这些话，我不敢说我做到，可是我是这样希望，这样想法。

书中引诗以缪本为主，有时参以王琦辑注本。

谢谢徐仲年教授，他对这本书有着兴致，又由他得以出版！

二十八年十一月十九日，渝州

第一章　导论

越乎人与兽之上，我生长；
我要说，——可是没人说给我。

我长，我长得寂寞了，我长这么高——
我等待，——可是我什么也等待不着。

是这么近了，我离云端——
我静候着那第一次的雷，闪！

——尼采：《大树之语》

秋来相顾尚飘蓬，未就丹砂愧葛洪。
痛饮狂歌空度日，飞扬跋扈为谁雄！

——杜甫：《赠李白》

一　疯狂，梦境，和艺术世界的相通与相异

我有许多时候想到李白。当我一苦闷了，当我一觉得四周围的空气太窒塞了，当我觉得处处不得伸展，焦灼与渺茫，悲愤与惶

惑,向我杂然并投地袭击起来了,我就尤其想到李白了。

游过泰山的人一定可以明白,一见那像牛马样大的石子,就觉得不知道痛快了多少,解放了多少。诗人李白的作品对我们何尝不是这样?说真的,他的人生和我们一般人的人生并没有太大的悬殊,他有悲,我们也有悲;他有喜,我们也有喜,并且他所悲的,所喜的,也就正是我们所悲的,所喜的,然而,然而有一个不同,这就是他比我们喜,喜的厉害,悲,悲的厉害,于是我们就不能不在他那里得到一种扩展和解放了,而这种扩展和解放却又是在我们心灵的深处,于种种压迫之馀,所时时刻刻的在期待着,在寻求着的。

像李白这样的诗人,早经有人说是疯子,或狂人了,我也不反对这句话。不但我,就是李白自己也不反对。你看他说:“我本楚狂人,风歌笑孔丘”,这是他自己承认的;还有,在他作过“搥碎黄鹤楼”的句子之后,因为有人讥讽他,他便又有诗道:“黄鹤高楼已搥碎,黄鹤仙人无所依。黄鹤上天诉玉帝,却放黄鹤仙人归[①]。神明太守再雕饰,新图粉壁还芳菲。一州笑我为狂客,少年往往来相讥。”看他一写到“一州笑我为狂客”的时候,多么得意,多么色飞眉舞,就因为这在他是最过瘾的事呵!不过,疯子和狂人有没有价值呢?这在普通人偶而一想,好像是没有的,其实,太不然了,我敢说任何人需要着疯子、狂人。我只揭穿一句话就够了,就是,疯子和狂人的要求是人人所有的要求,不过不肯说出来,不敢说出来,天天压抑着,委屈着罢了。却逢巧有人能替我们冲口说出来了,难道这不是人类的功臣吗?倘若更进一步,不但能替我们说出来,而且

① 《李太白全集》([清]王琦注,中华书局 1977 年版,下文简作“《全集》本”)“仙人”作“江南”。

拣了那最要紧、最根本、最普遍的给道出来,而且再进一步,乃是把这最要紧、最根本、最普遍的要求,置之于最美妙的艺术形式之中,那末,怎么样呢?这只能说是功臣之功臣了!我们的大诗人李白,却正恰恰是其中之一,而且属于最煊赫的之一!

我们知道一般的疯子、狂人的价值,就更该知道一般的艺术作品的价值,就尤其该知道诗人李白的价值了。

我们在通常生活里,被压抑、被幽闭的已经太多。我们的生命力,我们的生命上之根本的机能和要求,本来要像汩汩的泉水似的,便也终不能一涌而出,却是日渐减削地为我们的理智、知识、机械生活、人事周旋所毫无价值地雕琢殆尽了。可有一个地方能够为我们稍为慰藉的吗?也许有。这就是梦境了,在梦境里,我们或者可以有真情的笑,或者可以有感激的哭。——在那一刹那,那算是活的自我!

疯子、狂人,有价值;梦也有价值。不过疯子和狂人,那表现是粗糙的,是没有分别、没有轻重、没有选择的。梦的表现又是支离的、破碎的、偶然的,太飘忽而不能把握的,况且最苦的尤其在它是不能客观化,成为第二人同样可以用作解救的凭藉的。然而满足了这所有缺憾的,却有伟大的艺术品;担承了这种工作的,便是伟大的艺术家。

二　李白的本质:生命和生活

我说李白的价值是在给人以解放,这是因为他所爱,所憎,所求,所弃,所喜,所愁,皆趋于极端故。

你打开他的诗集吧，满满的是：

荷花娇欲语，愁杀荡舟人！

——《渌水曲》

溧阳酒楼三月春，杨花茫茫愁杀人！

——《猛虎行》

白浪如山那可渡，狂风愁杀峭帆人！

——《横江词》

五色粉图安足珍，真山可以全吾身。
若待功成拂衣去，武陵桃花笑杀人！

——《当涂赵炎少府粉图山水歌》

地白风色里，雪花大如手。
笑杀陶泉明，不饮杯中酒。

——《嘲王历阳不肯饮酒》

月色醉远客，山花开欲燃。
春风狂杀人，一日剧三年。

——《寄韦南陵冰，余江上乘兴访之，
遇寻颜尚书，笑有此赠》

恨不三五明，平湖泛澄流。
此欢竟莫遂，狂杀王子猷。

——《答裴侍御先行至石头驿
以书见招，期月满泛洞庭》

刬却君山好，平铺湘水流。
巴陵无限酒，醉杀洞庭秋！

——《陪侍郎叔游洞庭醉后》

罗袜凌波生网尘，那能得计访情亲。
千杯绿酒何辞醉，一面红妆恼杀人。
——《赠段七娘》

什么愁杀、笑杀、狂杀、醉杀、恼杀，这些极度夸张的字眼，在别人是不常用的。这在一方面看，可以认为是像李白的一种口头禅似的了，在不经意之中，就总是这样夸大惯了罢了；然而另一方面看，却可以见出有他的性格所以使之然者在，正因为他内心里的要求往往是强烈的，所以他即使在不经意的时候也就如此流露而出了。

倘若说在屈原的诗里是表现着为理想（Ideal）而奋斗的，在陶潜的诗里是表现着为自由（Freiheit）而奋斗的，在杜甫的诗里是表现着为人性（Menschlichkeit）而奋斗的，在李商隐的诗里是表现着为爱（Liebe），为美（Schönheit）而奋斗的，那末，在李白的诗里，却也有同样表现着的奋斗的对象了，这就是生命和生活（Leben）。

就表面上看，似乎李白所表现的不是人间的，杜甫所表现的才是人间的，然而倘若更进一步看，却不禁令我们惊讶地会发现出：李白诗的人间味之浓乃是在杜甫之上的。杜甫只是客观的，只是被动的，以反映那生命上的一切，当然，杜甫的成功不为不伟大，不过，李白却同样伟大，只是被铸造于不同的典型而已，在李白这里乃是，决不是客观地反映生活，而是他自己便是生活本身，更根本地说，就是生命本身了。

只是他要求得太强烈了，幻灭、失败得也太利害了，于是各方面都像黄河的泛滥似的，冲决了堤岸，超越了常轨。因此一般人在他那里欣赏其过分夸张出奇者有之，得到一鳞一爪的解放者有之，但很少有人觉悟到他在根本上乃是与任何人的心灵深处最接近的，换言之，他是再普遍也没有了，甚而说是再平凡（倘若平凡不是一个坏意思）也没有也可以了（看本书第六章）。有一颗滚热的心，跳跃在他每一首、每一句、每一字的作品！

我们姑且这样说吧，就质论，他其实是和一般人的要求无殊的；就量论，一般人却不如他要求得那样强大。

三　异国的精神教养

一般人没有他要求得那样强大，这尤其和一般的中国人的生活态度相去很远。单就这一点论，他倒有点像屈原，那精神乃是有点欧洲意味的。

逢巧又是他从小生长在国外，这是一件颇耐人寻味的事。因此有人怀疑到他的国籍上去了，不过我看倒是没有好大问题的，关于他的籍贯的种种记载，我看除了后来太凭想象的以外，大都可信，而且没有冲突。因为现在我们所据的材料，除了他自己说过的话以外，可靠的就是李阳冰的《草堂集序》，魏颢的《李翰林集序》，刘全白的《唐故翰林学士李君碣记》，和范传正的《唐左拾遗翰林学士李公新墓碑并序》。他自己的话当然是最可信的。李阳冰和魏颢也都是和李白同时代，而且很熟悉的人，尤其李阳冰，乃是李白的族叔，到李白死时，他们还在一块。他这序文，即作于宝应元年十一月乙酉，也就是公元七六二年，这年和月就是李白死的年和月，可见是马上作的了，不会他不知道的事情，隔了多少年，后人却更能够详细起来。刘全白的《碣记》作于贞元六年（公元七九〇），也相隔不久，他是为崇拜李白的当涂县令顾游秦作的，当涂这地方也就是李白死的地方，因此见闻也不会太差。范传正的碑文作得稍后，在元和十二年（公元八一七）正月，不过他也还见到过李白的孙女，他的先人和李白还是朋友，那末他的见闻也不能不算真切了。

李白自己在《与韩荆州书》里说，“白陇西布衣”，在《上安州裴长史书》里说，“白本家金陵，世为右姓，遭沮渠蒙逊难，奔流咸秦，因官寓家”，又在《赠张相镐》的诗里说：“本家陇西人，先为汉边将。功略盖天地，名飞青云上。苦战竟不侯，当年颇惆怅。”这不但是说他的籍贯，并且还及于他的先人，看语意大概是指李广的，李广正是陇西人。他又有《送舍弟诗》：“吾家白额驹，远别临东道。他日相思一梦君，应得池塘生春草。”萧士赟关于白额驹有注，说是用凉武昭王的故事，武昭王暠，正是李广的十六世孙。金陵大概是他远祖上偶而居住的地方罢了。那末，据他自己承认的是陇西人了。

李阳冰、魏颢、范传正的记载也都相同，只有刘全白说他是广汉人（广汉在四川，指唐代的绵州，汉时绵州属广汉郡，现在在成都以北绵阳附近），不过这也没有大冲突，陇西是他的原籍，广汉是他的寄居。在他自己所谓遭难奔流的话，在李阳冰、范传正也都有记载，李说：“……世为显著，中叶非罪，谪居条支……神龙之初，逃归于蜀。”范说：“隋末多难，一房被窜于碎叶，流离散落，隐易姓名，放自国朝（唐）已来，编于属籍，神龙初，潜还广汉，因侨为郡人。”条支、碎叶都是现在属于中亚细亚，楚河（Chu River）的地方。在李白只说奔流咸秦，他们却说到条支、碎叶，我想这一看李阳冰、范传正所谓“逃归”，所谓“潜还”就可明白，大概有多少违犯禁令的意味，因此我们的诗人便不愿意直说了。

我们就现在所知道的事实论，倘若像从前人所认为的李白是纯粹受本国教养而生长起来的，固然是粗疏，然而像现代人所猜想他是外国人的，也不免武断，我们现在对他只有一个最近事实的看法，便是认为他是“华侨”。

是唐武后长安元年（公元七〇一），李白生于苏俄属的中亚细亚。家庭迁于广汉的时候，他已经五岁，是中宗神龙元年（公元七〇五）了（生年据宋薛仲邕年谱，迁还之年参范、李二文）。我们明白他是华侨，我们就可了解许多事情，例如他后来能够在朝廷作《答蕃书》，证明他精通外国文字了，这在一个华侨的子弟是当然有这种方便的；又如他的小孩子有叫颇黎的，有叫明女奴的，有叫天然的，这似乎希奇古怪了，但我们一看现在华侨家小孩的名字，什么约翰、保罗，也就觉得李白正是这种情形，很平常了。

不管李白远祖上是多末显贵的来历，但到了李白的父亲这里，大概已是迁徙流离，不遑宁居了。李白从来没谈到他的家庭，他亲密的友人也没谈到过，所以我们很少有什么凭藉，用以知道他曾经受过如何的家庭教育。他很早就度一种奇异而漂泊的生活，他似乎是没有家，好像飘蓬。从这里也可以发掘他有一种隐痛，使他很深地怀着一种寂寞的哀感，支配他全生。

我虽然不赞成马上武断到李白的国籍上去，但是他这早年生长在外国，有一个华侨的资格的事，已经在他生命史上立下一个不同于普通中国诗人的基础了。他的追求格外强，他的痛苦格外深，都和这有关。

他也未尝没有国家民族的思想（许多以为他不关怀国家民族的，只是读诗不仔细！），例如他在天宝之乱以后，就有诗道：

俗变羌胡语，人多沙塞颜。
申包惟恸哭，七日鬓毛斑。

——《奔亡道中》

不过，他不自觉地对于当时的外国有一种羡欣之感，他很赞成外国人那种野性：

边城儿，生年不读一字书，但知游猎夸轻趫。胡马秋肥宜白草，骑来蹑影何矜骄！金鞭拂雪挥鸣鞘，半酣呼鹰出远郊。弓弯满月不虚发，双鸧并落连飞髇[①]。海边观者皆辟易，猛气英风振沙碛。儒生不及游侠人，白首垂帷复何益！

——《行行且游猎篇》

同是女人，他便也特别神往于异国的：

五陵年少金市东，银鞍白马度春风。
落花踏尽游何处，笑入胡姬酒肆中。

——《少年行》

此外，也还有："胡姬貌如花，当垆笑春风"（《前有樽酒行》），"胡姬招素手，延客醉金樽"（《送裴十八图南归嵩山》），那种有慕于胡人的神情，都溢于言表。

倘若中国的儒教是相当于西洋的基督教（Christin）的话，则可

① 《全集》本"并"作"迸"。——编者注

以一般地说,中国诗人的思想乃多半是异教徒(Pagan)的。这异教徒的色彩顶显明的就是李白了。在别人,无论骨子里是多末反抗儒家的,但很容易披上一层儒教的外衣,我不敢说李白绝对没有,然而即使有,这外衣也是再稀薄再透明也没有了。儒教色彩曾经笼罩了陶潜,曾经遮掩了杜甫,但是却把李白几乎整个漏掉了。

李白对于儒家,处处持着一种反抗的、讥讽的态度,也不止儒家,甚而连儒家所维系、所操持的传统,李白也总时时想冲决而出。

“我本楚狂人,凤歌笑孔丘”,这不用说了。自然,他有时也以孔子自比,例如他说:“我志在删述,重辉映千春。”(《古风》)“天未丧文,其如余何。”(《雪谗诗赠友人》)或者谦虚了说:“君看我才能,何似鲁仲尼?大圣犹不遇,小儒安足悲。”(《书怀赠南陵常赞府》)并且有时候他对孔子也颇有同情和敬意:“西过获麟台,为我吊孔丘。念别复怀古,潸然空泪流。”(《送方士赵叟之东平》)然而他对于孔子是仿佛处在一个平等的地位,这是一般拘束于儒教思想之下的人所不敢的,他对于孔子,与其说赞成,无宁说羡慕,只是羡慕孔子的事业和地位而已。孔子在李白的心目中,远不如他所崇拜的谢朓(看本书第五章)、谢安、鲁仲连(看本书第四章)。

你看他对于普通的儒家吧,他一则说:“拨乱属豪圣,俗儒安可通。”(《登广武古战场怀古》)再则说:“鲁叟谈五经,白发死章句。问以经济策,茫然坠烟雾[①]。足著远游履,首戴方头巾。缓步从直道,未行先起尘。”(《嘲鲁儒》)挖苦得真够可以了,所以他又说:“予为楚壮士,不是鲁诸生。”(《淮阴书怀寄王宗成》)他的态度何等显明!

凡是一个人反抗一种东西,一定是先有一种东西占据着他才行,

① 《全集》本“茫然”作“茫如”。——编者注

在李白也正是的，这就是他的道家思想。关于这，我们不必忙着说（看本书第二章、第三章）。现在所要指明的，是他有一种异国的情调主宰着他的精神，使他对于中国正统的儒家小看着，这就够了。

四　游侠

从"儒生不及游侠人"一句话看起来，就知道李白喜欢游侠。他曾说他"十五好剑术"（《与韩荆州书》），范传正也记他"少以侠自任"。

在他的作品中，赞美游侠的，是太多了：

赵客缦胡缨，吴钩霜雪明。银鞍照白马，飒沓如流星。十步杀一人，千里不留行。事了拂衣去，深藏身与名。闲过信陵饮，脱剑膝前横。将炙啖朱亥，持觞劝侯嬴。三杯吐然诺，五岳倒为轻。眼花耳热后，意气素霓生。救赵挥金槌，邯郸先震惊。千秋二壮士，烜赫大梁城。纵死侠骨香，不惭世上英。谁能书阁下，白首《太玄经》！

——《侠客行》

燕南壮士吴门豪，筑中置铅鱼隐刀。
感君恩重许然诺[1]，太山一掷轻鸿毛。

——《结袜子》

……由来万夫勇，挟此英雄风。托交从剧孟，买醉入新

① 《全集》本"然诺"作"君命"。——编者注

丰。笑尽一杯酒,杀人都市中。羞道易水寒,徒令日贯虹。燕丹事不立,虚没秦帝宫。武阳死灰人,安可与成功!

——《结客少年场行》

龙马花雪毛,金鞍五陵豪。秋霜切玉剑,落日明珠袍。斗鸡事万乘,轩盖一何高。弓摧宜山虎,手按太山猱。酒后竞风采,三杯弄宝刀;杀人如剪草,剧孟同游遨。发愤出函谷①,从军向临洮。叱咤经百战,匈奴尽波涛。归来使酒气,未肯拜萧曹。羞入原宪室,荒淫隐蓬蒿。

——《白马篇》

君马黄,我马白,马色虽不同,人心本无隔。共作游冶盘,双行洛阳陌,长剑既照耀,高冠何艳赫。各有千金裘,俱为五侯客,猛虎落陷阱,壮夫时屈厄,相知在急难,独好亦何益。

——《君马黄》

君不见淮南少年游侠客,白日球猎夜拥掷。呼卢百万终不惜,报仇千里如咫尺。少年游侠好经过,浑身装束皆绮罗。兰蕙相随喧妓女,风光去处满笙歌。骄矜自言不可有,侠士堂中养来久。好鞍好马乞与人,十千五千旋沽酒。赤心用尽为知己,黄金不惜栽桃李。桃李栽来几度春,一回花落一回新。府县尽为门下客,王侯皆是平交人。男儿百年且乐命,何须徇书受贫病。男儿百年且荣身,何须徇节甘风尘?衣冠半是征战士,穷儒浪作林泉民。遮莫枝根长百丈,不如当代多还往。遮莫亲姻连帝城,不如当身自簪缨。看取富贵眼前者,何用悠

① 《全集》本"出"作"去"。——编者注

悠身后名？

——《少年行》

在这种游侠思想里是表现着一种现实主义的，和儒家精神又正好作一个对照了：儒家叫人要名，他这里偏说用不着名；儒家说富贵如浮云，他这里偏说只要眼前富贵。李白不甘于寂寞，所以像扬雄那样“白首《太玄经》”，他是不耐的；像儒家所赞美的原宪那样安贫乐道，他是不屑的。他要钱，要酒，所以是“十千五千旋沽酒”；他要女人，所以是“兰蕙相随喧妓女”；他要穿好的，所以是“浑身装束皆绮罗”；又要朋友，所以是“赤心用尽为知己”，“三杯吐然诺”；愿意结交阔人，所以是“王侯皆为平交人”；不如意，还要杀，所以是“笑尽一杯酒，杀人都市中”，“三杯弄宝刀；杀人如剪草”。这都是他的理想。倘若理想达到，他一切不想，因为那便是“纵死侠骨香”了。

由于他的游侠思想，他很赞成杀人犯。你看他作的《秦女休行》，其中有“西门秦氏女，秀色如琼花。手挥白杨刀，清昼杀仇家。罗袖洒赤血，英声凌紫霞”，又有什么“犯刑若履虎，不畏落爪牙。素颈未及断，摧眉伏泥沙。……何惭聂政姊，万古共惊嗟”，可见他多末击节叹赏了。

李白什么事都很认真。例如读史，在别人不过是当典故，在他却不然，凡是历史上和他抱负相同的或者遭逢相类的，他便都好像认为是自己的事情一样。他的求仙学道是如此了，他要作谢安、鲁仲连是如此了，他的任侠也是如此。传说上称他曾经手刃数人，可见他的剑术也真正用过。他说他二十几岁的时候，在维扬（就是现在的扬州），不到一年，“散金三十馀万，有落魄公子，悉皆济之”，这是他的“轻财好施”。又说他曾经同他蜀中的朋友吴指南一块游楚，指南在洞庭死了，他便大哭，像死了自己的弟兄一样，当时路旁的人没有不感动的；他守着尸首，甚而老虎来了，他都一步不退，暂且埋下；以后他到金陵，过了些日子再来看时，骨头却还好好的，他便自己又用刀刳洗了一番，又借了钱，才正式地再给葬了一个好的地方。这是他的“存交重义”。这不都是他那游侠思想的实行么？

说到朋友，他的朋友也真是三教九流，无所不有。其中就有武侠。他在三十五岁这一年(公元七三五)，曾经到太原，便认识郭子仪。郭子仪这时还是一个小兵，逢巧郭子仪这时犯了法了，他便设尽方法加以援救。又如在天宝的时候吧，中原大乱，他有《赠武十七谔》诗，那序文上说：“门人武谔，深于义者也，质本沈悍[①]，慕要离之风，潜钓川海，不数数于世间事，闻中原作难，西来访余，余爱子伯禽在鲁，许将冒胡兵以致之，酒酣感激，援笔而赠”，我们可以知道他的门人也都有武侠一流。单看这两件事，也就知道他的交游，是确乎有着这一方面了。

唐代的中华民族，的确有一点生气。真像一个新兴的少年民族似的，颇有野性，换言之，就是很有生命力。这盛况尤以开元时代为最。中国历史上的黄金时代，除了周秦，就是盛唐了。吸收与创造，物质建设与精神文明，武功与文艺，这似乎是相反的东西，然而其发达必是在同一个场合之下的，二者虽若相反，然而乃是息息相关，究极了说，乃是一种根本东西的不同表现。在外国，我们可以看希腊，他们的政治怎样，他们的教育怎样，他们那时人民的身体怎样，他们那时人民的精神怎样，科学怎样，文艺怎样，我们就大可觉悟了，原来一样发达的时候，正是别样也同样发达的时候。中

① 《全集》本“本”作“木”。——编者注

国的周秦、盛唐却也恰恰似之。李白者，正是应运而生的一个时代产儿。人们之赞慕游侠，这是一种好现象，因为在游侠思想之中，充满了活力、朝气，流动着青年人的活泼泼的情感和新鲜的血液。当时也不止李白，就是杜甫、王维，也有时偶而在诗篇中流露关于这方面的向往和憧憬了。不过，谁也没有李白那样当真，谁也没有李白那样实行，谁也没有李白那样发挥尽致！

李白和杜甫的交情，大家都知道是很深的。但是我们倘若仔细去观察的话，则这交情并不来回相等，具体地说，就是杜甫很了解李白，很担心李白；虽不能如李白那样作法，但是很能同情李白，欣赏李白，又能深深地跳入李白的世界之中，而吟味李白，观照李白；反之，李白对杜甫并不能这样，李白看着杜甫很泛泛，他不甘于作杜甫，也不热心杜甫那样的性格和生活。我们由后来人的眼光看，自然是杜甫的精神可以包容李白，而李白不能包容杜甫了，就当时论，却实在可以说杜甫很瞧得起李白，而李白却并不同样看杜甫的。这关系在什么地方呢？就在李白有他的游侠思想，对于"儒冠多误身"的人物很有点唾弃之故。

不过我们不能因此就断言李白比杜甫浅薄，这是因为他们的精神形式实在不同故，在杜甫，深而广，所以能包容一切；在李白，浓而烈，所以能超越所有，他们都达于极致了，同是文艺的极峰，同是人类的光辉！静夜有静夜的美，白昼有白昼的美，在孔子和屈原，我们不能轩轾于其间了，在杜甫与李白，我们也不能有所抑扬。

很显然的，在游侠思想里，有一种犯罪心理的成分。这是不错的。只是，我也正要说了，人生的黑暗一方面，正足以见出人之所以为人来。所以，什么死啦，病啦，犯罪啦，这是人生最黑暗的角落，但是注意吧，不懂死，决不能懂生；不懂病，决不能懂康健；不懂犯罪，决不能懂圣洁。朵思退益夫斯基（Dostojewskij）为什么要解剖人类的灵魂而专解剖到罪人上去？道理就在这里了。原来，就恰恰是那令人犯罪的同一生命力，乃是令人到达圣洁上去的。这种道理在西洋人是很懂得的，至少歌德（Goethe）、托尔斯泰（Tolstoi）很懂得，因为前者有《浮士得》，后者有《复活》。一般中国人却不很了然，尤其受了中国的传统深的人更不容易了然。

李白当然也不知其所以然，不过他能发挥其当然。他直接地说要钱，要酒，要女人，要功名富贵，要破坏，要杀，所以我说李白在诗里所表现的，就是为生活而奋斗，为生命而战的。——其中有一种强烈的欲求在，这首先表现于他的游侠思想上！

五　所谓豪气

现在让我有机会谈到一般人对于李白所感到的豪气。豪气是什么呢？就是一种居高临下的态度，用一句成语说，就是以大观小，李白是颇有的。

我们从他的作品以接近他的精神，觉得他处处有涌溢而出之势：

> 帝子隔洞庭，青枫满潇湘。怀君路绵邈，览古情凄凉。登岳眺百川，杳然万恨长。
>
> ——《留别曹南群官之江南》

既然所谓居高临下，所谓以大观小，其中自不能少却自负的意

味,这在李白当然也很多:

> 太公渭川水,李斯上蔡门。钓周猎秦安黎元,小鱼鵔兔何足言?天张云卷有时节,吾徒莫欢瓶触藩①。于公白首大梁野,使人怅望何可论,既知朱亥为壮士②,且愿束心秋毫里。秦赵虎争血中原,当去抱关救公子。裴生览千古,龙鸾炳天章,悲吟雨雪动林木,放书辍剑思高堂。劝尔一杯酒,拂尔裘上霜。尔为我楚舞,我为尔楚歌,且探虎穴向沙漠,鸣鞭走马凌黄河。耻作易水别,临歧泪滂沱。
>
> ——《留别于十一兄逖裴十三游塞坦》

既然自负,于是有些事情,便看得很轻,什么也都可一笑置之了。即如李白对于痛苦,竟也一笑置之,所以他说:"自笑客行久,我行定几时。"(《书情寄从弟邠州长史昭》)甚而对于性欲,亦儿嬉视之,所以他说:"白马金羁辽海东,罗帷绣被卧春风。落月低轩窥烛尽,飞花入户笑床空。"(《春怨》)因此,他在这地方,显然和李商隐不同了。李商隐是针尖大的事情,也看着不得了;在李白这里,却是天大的事情,也看得不足一笑。这种风度,我们就称之为豪气。

同时,豪气是一种男性的表现的。李白便也轻易不作儿女之悲,他有《江夏别宋之悌》诗:

---

① 《全集》本"欢"作"叹"。——编者注

② 《全集》本"既"作"即"。——编者注

楚水清若空，遥将碧海通。人分千里外，兴在一杯中。谷鸟吟晴日，江猿啸晚风。平生不下泪，于此泣无穷。

"平生不下泪"，我信是一句实话。

以李白之豪气，写边塞文学便格外有声有色：

骝马新跨白玉鞍，战罢沙场月色寒。
城头铁鼓声犹震，匣里金刀血未干。

——《军行》

百战沙场碎铁衣，城南已合数重围。
突营射杀呼延将，独领残兵千骑归。

——《从军行》

别人所写，纵然也很动人，但始终是不掩那第三者的立场的，独独李白，他是化在那所写的题材之中。而且即使不管内容，就是那字，那声音，也已经烘托出一种氛围，使人犹如设身处地于他所描绘的世界里了。有种先声夺人的光景在，这在从前人，就是所谓"气象"。气象是李白所特有的。

虽然我们是由李白的文字表现而知其如此，但这不是文字问题了，而是精神。我已经说过，在李白的精神里，常有涌溢而出之势，所以我又说，他的精神常是在冲决着，又在超越着。很小的一点事，我们也可以从中看出是如此了；例如他的诗里常有"忽然"的字样：

苍苍云松，落落绮皓。春风尔来为阿谁？胡蝶忽然满芳草。

……

——《山人劝酒》

烈士击玉壶,壮心惜暮年。三杯拂剑舞秋月,忽然高咏涕泗涟。……

——《玉壶吟》

有时忽惆怅,匡坐至夜分。平明空啸咤,思欲解世纷。心随长风去,吹散万里云。羞作济南生,九十诵古文。不然拂剑起,沙漠收奇勋。老死田陌间,何因扬清芬。夫子今管、乐,英才冠三军。终与同出处,岂将沮、溺群。

——《赠何七判官昌浩》

醉来脱宝剑,旅憩高堂眠。
中夜忽惊觉,起立明堂前①。

——《冬夜醉宿龙门,觉起言志》

即在题目中,他也有《日夕山中忽然有怀》之类。这种字样,正如他那笑杀、愁杀、狂杀、醉杀等等,是别人所不常有的。"忽然"的情调,正是代表他精神上潜藏的力量之大,这如同地下的火山似的,便随时可以喷出熔浆来。在某一种意义上说,这种情形,正是为"灵感"一词下了一个具体的注脚。"灵感"不是由外而来的,却是自内而生的,只是似乎不能自己加以操纵似的,要来,却是不期而来,所以用"忽然"二字去描写情景,便是再好也没有了。李白"忽然"的情调特多,换言之,也就是他写诗的材料——灵感——的

① 《全集》本"明堂"作"明灯"。——编者注

临莅也最频繁。诗有作的,有写的,作的勉强,写的自然,大家只知道李白的诗那末自然,冲口而出,真似乎妙手天成,却不知道这有一种根本的关系在,这就是那充溢的生命力使然了。

他这充溢的生命力是时时要抓住什么东西的,所以具体地表现而为游侠,抽象地表现而为豪气。当它能够得到什么东西当然好多了,否则便思破坏一切。所以同是一种生命力者,有时表现而为极端的现实主义,攫取目前的一切,但也有时表现而为极端的反现实主义,想对目前的一切施以报复。他要捶碎黄鹤楼,倒却鹦鹉洲,正是这种表现。不特如此,即李白的挥金如土,也是同一个消息:

> 马上相逢揖马鞭,客中相见客中怜。欲邀击筑悲歌饮,正值倾家无酒钱。江东风光不借人,枉杀落花空自春。黄金逐手快意尽,昨日破产今朝贫。丈夫何事空啸傲,不如烧却头上巾。君为进士不得进,我被秋霜生旅鬓。……
>
> ——《醉后赠从甥高镇》

第二章　李白求仙学道的生活之轮廓

一点也不可忽视的，同样作用着李白的精神很深的，就是道家思想。

一般地说，中国诗人很缺少形而上的思想背景。这缘故也很简单，因为中国诗人多半被拘束在儒家的传统之下。儒家又最实用不过，儒家未尝没有形而上思想，但是决不注重，孔子就不常说“性与天道”，“命与仁”，因此受了儒家思想而表现在文艺里的也就无宁是儒家所提倡的家人父子的感情，闲适豁达的风趣，却很少表现出是接受自儒家的形而上思想，再说，儒家思想彻头彻尾就是一种人本主义（Humanismus），因此谈不到天道；谈不到天道，哪能成为一种形上思想呢？道家则不然。被推为道家的圣经的《老子》，就处处谈天道的。

李白从小接受着道家的薰陶。就他自己说的“五岁诵《六甲》”。《六甲》就是道宗末流的一种怪书，《神仙传》有“左慈学道，尤明《六甲》，能役使鬼神”的话可证。他又说“十岁观百家，轩辕以来，颇得闻矣”，轩辕也正是道家所托，所谓黄、老。在他《赠张相镐》的诗里，则有“十五观奇书”的话，儒家正统的书不能算奇书，奇书就又是道书一类了。可见他直至这时读书还是在这一个系统之下。

大概在他十五岁左右吧（因为他有“十五游神仙，仙游未曾歇”

的话），他就和一个所谓“逸人”东岩子的隐于岷山。一隐就是好几年，也不到城市里去，却养了成千的奇禽，都训练得能够一叫就来，可以从他们手掌里吃东西，竟一点不怕他们。李白自己说这事会惊动了广汉太守，便亲自来看了一番，觉得他们俩一定是很有本领了，于是便招呼他们出山，但他们却偏没有答应。李白自己说这是他“养高忘机，不屈之迹”（《上安州裴长史书》）。我们所注意的却不是他们如何训练鸟了，而是李白在早年如何受训练于道家。

李白这故事，不禁令我想到就是到现在，在码头、车站上也还常截获有些十几岁的小孩子要入山学道的事。在李白虽然说得颇郑重，但在我们闭目一想，实在也是这样中了魔的小孩子之一而已。不过不同的是，现在的小孩子中魔没有他那样深，如果就李白的立场说话，也就是还没有他那样的根底。再一点不同，就是现在的小孩子总有父母拘束着，一走失了，会去着急地找的。似乎李白没有这种幸福，好像他求仙学道的开始，也就是他漂泊跋涉的开始了，从此他再没有谈到过他的家。从诗文里看，他也就似乎从此没有家了。然而他和现代儿童顶大的不同，乃是在他这“奇书”、“逸人”的作用，影响到他的生活，影响到他的事业，成就他作一个大诗人。

他有许多求仙学道的朋友，用李白自己的话说，便是“结神仙交”（《冬夜于随州紫阳先生餐霞楼送烟子元演隐仙城山序》），比较重要的，按着时候的先后，方才提过的东岩子不用说，次是元丹丘（就是丹丘生）、元演、紫阳先生、盖寰、高尊师、参寥子。以地方论，和李白学道上有关的地方是四处，也按着时间的先后排列，岷山是第一处，其次便是河南的嵩山，再次是湖北的随州（就是江汉一带），更次乃是齐（山东）。倘若像现在人夸说留学过牛津、剑桥、柏林、耶鲁似的，那末，李白也可以说就是住过岷山、嵩山、随州和齐的了。

他和元丹丘是什么时候认识的，我们不很清楚，但我们知道他们曾经在嵩山同学过道。他有诗说：

……畴昔在嵩阳，同衾卧羲皇。绿萝笑簪绂，丹壑贱岩廊。晚途各分析，乘兴任所适。……

——《闻丹丘子于城北营石门幽居，中有高凤遗迹，仆离群远怀，亦有栖遁之志，因叙旧以寄之》

下边又接着说："仆在雁门关，君为峨嵋客。"查李白到山西的一年是他三十五岁的时候（开元二十三年，公元七三五），而且中间他还到过随州，那末这一段生活一定在他三十五岁以前了。不过他和元丹丘的认识一定还早得多，这是没有问题的，因为他在《上安州裴长史书》说到益州长史苏公夸说他"此子天才英丽，下笔不休，虽风力未成，且见专车之骨，若广之以学可以相如比肩也"。之后，便又提到郡督马公夸说他的话："诸人之文，独山无烟霞，春无草树，李白之文，清雄奔放，名章俊语，络绎间起，光明动澈，句句动人。"接着则以故交丹丘作为见证，称为"亲接斯议"，我们知道他写是封信的时候是他三十岁左右，对丹丘却已称为"故交"，则其早可知了；他举的两件事，头一件是他二十岁的事，第二件虽不必同时，但也应该和去不远，总之，可见他和丹丘生是一对老朋友了。因此，他时时刻刻有寄丹丘生的诗，或者追忆他们一块的生活。

本来，友情就是在一个人的精神进展上很重要的一个因子，丹丘生又是李白很亲密的朋友之一，所以我们不妨把他们的关系，略略注意一下了。

无疑的，嵩阳一带的同游，是他记忆中最不能忘情的一个片断。我们且看他当时的诗吧，便有：

故人栖东山，自爱丘壑美。青春卧空林，白日犹不起。松风清襟袖，石潭洗心耳。羡君无纷喧，高枕碧霞里。

——《题元丹丘山居》

仙游渡颍水，访隐同元君。忽遗苍生望，独与洪崖群。卜地初晦迹，兴言且成文。却顾北山断，前瞻南岭分。遥通汝海月，不隔嵩丘云。之子合逸趣，而我领清芬①。举迹倚松石，谈笑迷朝曛。终愿狎青鸟，拂衣栖江濆。

——《题元丹丘颍阳山居》

在后一首里，他还有序文道："丹丘家于颍阳，新卜别业，其地北倚马岭，连峰嵩丘，南瞻鹿台，极目汝海，云岩映郁，有佳致焉，白从之游，故有此作。"后来他将离开时，更有诗道：

吾将元夫子，异姓为天伦。本无轩裳契，素以烟霞亲。尝恨迫世网，铭意俱未伸。松柏虽寒苦，羞逐桃李春。悠悠市朝间，玉颜日缁磷②。所失重山岳，所得轻埃尘。精魄渐芜秽，衰老相凭因。我有锦囊诀，可以持君身。当餐黄金药，去为紫阳宾。万事难并立，百年犹崇晨。别尔东南去，悠悠多悲辛。前

① 《全集》本"领"作"钦"。——编者注
② 《全集》本"磁"作"缁"。——编者注

志庶不易，远途期所遵。已矣归去来，白云飞天津。

——《颍阳别元丹丘之淮阳》

再以后，对于嵩山，却便只有在记忆中了，他于是时时神往：

我有万古宅，嵩阳玉女峰。长留一片月，挂在东溪松。尔去掇仙草，菖蒲花紫茸。岁晚或相访，青天骑白龙。

——《送杨山人归嵩山》

家本紫云山，道风未沦落。沉怀丹丘志，冲赏归寂寞。揭①来游闽荒，扪涉穷禹凿。夤缘泛潮海，偃蹇陟庐、霍。凭雷蹑天窗，弄景憩霞阁。且欣登眺美，颇惬隐论诺。三山旷幽期，四岳聊所托。故人契嵩、颍，高义炳丹雘。灭迹遗纷嚣，终言本峰壑。自矜林湍好，不羡市朝乐。偶与真意并，顿觉世情薄。尔能折芳桂，吾亦采兰若。拙妻好乘鸾，娇女爱飞鹤。提携访神仙，从此炼金药。

——《题嵩山逸人元丹丘山居》

后一首大概是在他五十几岁，天宝之乱以前作，诗的序文有："白久在庐霍，元公近游嵩山，故交深情，出处无间。岩信频及，许为主人，欣然适会，本意当冀长往不返，欲便举家就之。兼书共游，因有此赠。"庐、霍都是江西一带的地方，看口气决不像在夜郎赦还时的光景，所以断定是在未乱以前遨游的时候作——况且诗中亦略有游踪可寻的。什么"故交深情"，"欲便举家就之"，就可见他

① 《全集》本"揭"作"朅"。——编者注

和丹丘生的友情之厚，以及对于嵩、颍的怀念之殷了。

中间他们也时常通音问。从颍阳一别，李白到了随州（随州在湖北）。随州是第三个和李白学道有关的地方。这里便是紫阳先生（注家以为紫阳先生即周季通，查周为汉人，一定不对，这当然是另一位学道的，也叫紫阳罢了。在李白《江夏送倩公归汉东序》中有："汉东一国，圣人所出，神农之后，季良为大贤。尔来寂寞，无一物可纪。有唐中兴，始生紫阳先生。先生六十而隐化。"李白并有《题随州紫阳先生壁》诗。在王琦本《李太白全集》卷三十诗文拾遗中有《汉东紫阳先生碑铭》一文，倘若此文可靠，则紫阳先生乃是姓胡，即是下文所引诗中之胡公，死时年六十有二）的所在，也便是餐霞楼的所在。在这时候，我们见他又提出他的另一位神仙交元演来，他作有《冬夜于随州紫阳先生餐霞楼送烟子元演隐仙城山序》：

> 吾与霞子元丹、烟子元演，气激道合，结神仙交。殊身同心，誓老云海，不可夺也。历行天下，周求名山，入神农之故乡，得胡公之精术。胡公身揭日月，心飞蓬莱。起餐霞之孤楼，炼吸景之精气。延我数子，高谈混元。金书玉诀，尽在此矣。白乃语及形胜，紫阳因大夸仙城。元侯闻之，乘兴将往。别酒寒酌，醉青田而少留；梦魂晓飞，度渌水以先去。吾不滞于物，与时推移。出则以平交王侯，遁则以俯视巢、许。朱绂狎我，绿萝未归。恨不得同栖烟林，对坐松月。有所款然，铭契潭石。乘春当来，且抱琴卧花，高枕相待。诗以宠别，赋而赠之。

所谓“殊身同心,誓老云海,不可夺也”,这真是成为同志了。后来他政治上失败了,到金陵,大概已是五十几岁了,对于这一次的聚会,便又有颇不能置怀的回忆,那是先从在洛阳时的生活说起的:

> 忆昔洛阳董糟丘,为余天津桥南造酒楼。黄金白璧买歌笑,一醉累月轻王侯。海内贤豪青云客,就中与君心莫逆。回山转海不作难,倾情倒意无所惜。我向淮南攀桂枝,君留济北愁梦思①。不忍别,还相随;相随迢迢访仙城,三十六曲水回萦。一溪初入千花明,万壑度尽松风声。银鞍金络到平地,汉东太守来相近②。紫阳之真人,邀我吹玉笙。餐霞楼上动仙乐,嘈然宛似鸾凤鸣。长管催③,欲轻举,汉东太守醉起舞。手持锦袍覆我身,我醉横眠枕其股。当筵意气凌九霄,星离雨散不终朝,分飞楚关山水遥。余既还山寻故巢,君亦归家度渭桥。君家严君勇貔虎,作尹并州遏戎虏。五月相呼度太行,摧轮不道羊肠苦。行来北凉岁月深,感君贵义轻黄金。琼杯绮食金玉案④,使我醉饱无归心。时时出向城西曲,晋祠流水如碧玉。浮舟弄水箫鼓鸣,微波龙鳞莎草绿。兴来携妓恣经过,其若杨花似雪何。红妆欲醉宜斜日,百尺清潭写翠娥。翠娥婵娟初月辉,美人更唱舞罗衣。清风吹歌入空去,歌曲自绕行云飞。此时行乐难再遇,西游因献《长杨赋》。北阙青云不可

① 《全集》本“济北”作“洛北”。——编者注
② 《全集》本“相近”作“相迎”。——编者注
③ 《全集》本此句作“袖长管催”。——编者注
④ 《全集》本“金”作“青”。——编者注

期，东山白首还归去。渭桥南头一遇君，酂台之北又离群。问余别恨今多少，落花春暮争纷纷。言亦不可尽，情亦不可极，呼儿长跪缄此辞，寄君千里遥相忆。

——《忆旧游寄谯郡元参军》

李白在随州以后，到了太原，这是在我们引过的诗中已经有着的了。李白在天宝元年（公元七四二），是政治的生活上最得意的时候，当了供奉翰林，这时他四十二岁了。他住在当时的京城长安，是在天宝三载离开的，所以他那"离居在咸阳，三见秦草绿"的诗寄元丹丘者，我想也一定是这时作的了。

他之遇盖寰，我想是在天宝三载（公元七四四）以后。他们相见的地方是安陵，安陵在唐时属德州平原郡，是在山东。这一次之重要：是盖寰为他造了个"真箓"。这在道教徒看是一件大事的，所以李白又高兴地作了一首诗，这就是《访道安陵遇盖寰为予造真箓临别留赠》：

清水见白石，仙人识青童。安陵盖夫子，十岁与天通。悬河与微言，谈论安可穷。能令二千石，抚背惊神聪。挥毫赠新诗，高价掩山东。至今平原客，感激慕清风。学道北海仙，传出药珠宫①。丹田了玉阙，白日思云空。为我草真箓，天人惭妙工。七元洞豁落，八角辉星虹。三灾荡璇玑②，蛟龙翼微躬。举手谢天地，虚无齐始终。黄金献高堂，答荷难克充。下笑世

① 《全集》本"出"作"书"，"药"作"蕊"。——编者注

② 《全集》本"璇玑"作"璿玑"。——编者注

上事，沈魂北罗酆。昔日万乘坟，今成一科蓬。赠言若可重，实此轻华、嵩。

其中很多道家术语，读者试查杨齐贤、萧士□等的注便可知道都有根据和来历，我们却不必在这里说什么外行话了。

不过我们只就事实看，则似乎这一次受箓，不如也在山东受高尊师如贵道士的道箓之正式，因为盖寰也只是高尊师的学生，所谓“学道北海仙”，是李白同学的样子，不过程度稍高，行辈稍前而已，当然不如“尊师”亲授的事之隆重。道教是有阶级层次的，可知这次在后。那时他也有诗道：

道隐不可见，灵书藏洞天。吾师四万劫，历世递相传。别杖留青竹，行歌蹑紫烟。离心无远近，长在玉京悬。

——《奉饯高尊师如贵道士传道箓毕归北海》

这实在是一桩大典。北海就是现在山东胶东一带，他这首诗是作于齐。我们知道，山东对李白的关系非常之大（参看本书第六章专条），他的剑术吧，是在山东得着进益，所以他有“顾余不及仕，学剑来山东”（《五月东鲁行答汶上翁》）的话；他和杜甫的来往，也是在山东尤其得在友情上酣畅淋漓，这都是这时以前的话了。而他的学道，却也以在山东的居住为最重要。他曾在山东写着关于道家的论文，所谓“道书”，可惜我们不能见到了——不过见到恐怕也不懂的。著道书的事，是见之于他的《早秋单父南楼酬窦公衡》诗：

白露见日灭，红颜随霜凋。别君若俯仰，春芳辞秋条。太山嵯峨夏云在，疑是白波涨东海。散为飞雨川上来，遥帷却卷清浮埃。知君独坐青轩下，此时结念同怀者。我闭南楼著道书，幽帘清寂若仙居。曾无好事来相访，赖尔高文一起予。

单父就是现在山东的单县。李白又曾于天宝元年（公元七四二）四月游泰山，这大概在他快要登政治舞台以前，这时有几首诗，便也是说着求仙学道的，我们试录四首，以见一斑：

四月上泰山，石屏御道开。六龙过万壑，涧谷随萦回。马迹绕碧峰，于今满青苔。飞流洒绝巘，水急猿声哀①。北眺崿嶂奇，倾崖向东摧。……天门一长啸，万里清风来。玉女四五人，飘摇下九垓。含笑引素手，遗我流霞杯。稽首再拜之，愧我非仙才。旷然小宇宙，弃世何悠哉！

平明登日观，举手开云关。精神四飞扬，如出天地间。黄河从西来，窈窕入远山。凭崖览八极，目尽长空闲。偶然值青童，绿发双云鬟。笑我晚学仙，蹉跎凋朱颜。踌躇忽不见，浩荡难追攀。

清斋三千日，裂素写道经。吟诵有所得，众神卫我形。云行信长风，飒若羽翼生。攀崖上日观，伏槛窥东溟。海色动远山，天鸡已先鸣。银台出倒景，白浪翻长鲸。安得不死药，高飞向蓬瀛？

① 《全集》本“猿”作“松”。——编者注

日观东北倾，两崖夹双石。海水落眼前，天光遥空碧。千峰争攒聚，万壑绝凌历。缅彼鹤上仙，去无云中迹。长松入霄汉，远望不盈尺。山花异人间，五月雪中白。终当遇安期，于此炼金液①。

——《游泰山六首》

诗既然抄出，就先让我对这诗说句话吧，我一方面感觉到诗人的幻想力（Phantasic）已经尽驰骋之能事了，同时我又感到诗人之惊人的写实的本领，"海色动远山，天鸡已先鸣"，"海水落眼前，天光遥空碧"，到现在我们去等待着看那日出时，也还是这般光景，"日观东北倾，两崖夹双石"，到现在我们一到日观峰，也还是叹赏这般奇迹！至于"天门一长啸，万里清风来"，"精神四飞扬，如出天地间"，我真不知道诗人何以能这样把那心旷神怡的骨髓都给挖掘出来了！不过我不能再说下去了，因为现在不是谈他的诗的时候，而是谈他的求仙学道的成绩的时候。现在我们把话收回来，山东对他学道非常的关系之大，泰山的诱引，也是其一，所以他无怪乎说"终当遇安期，于此炼金液"了。因此我说山东是第四个关系李白学道的地方，而且其重要，恐怕远在岷山、嵩山和随州之上，其中尤有关系的，则是他在山东从高尊师受了道箓的事，这似乎是真正学业有得，而获了学位的光景了。

不过他没忘了丹丘生。他们的再聚是在洛阳。这就是他诗上所谓"长剑复归来，相逢洛阳陌"的时候。我想《将进酒》的名歌即作于此时：

---

① 《全集》本"金液"作"玉液"。——编者注

君不见黄河之水天上来，奔流到海不复回？君不见高堂明镜悲白发，朝如青丝暮成雪？人生得意须尽欢，莫使金樽空对月！天生我材必有用，千金散尽还复来。烹羊宰牛且为乐，会须一饮三百杯。岑夫子，丹丘生，将进酒，君莫停！与君歌一曲，请君为我倾耳听。钟鼓馔玉不足贵，但愿长醉不复醒。古来圣贤皆寂寞，唯有饮者留其名。陈王昔时宴平乐，斗酒十千恣欢谑。主人何为言少钱？径须沽取对君酌。五花马，千金裘，呼儿将出换美酒，与尔同销万古愁！

因为说到黄河，我想一定是眼前离黄河不远才对，所以我想就是这一次在洛阳了；因为诗里头失意的意味特深，所以我认为是他在离开长安，政治上受打击以后。此中的岑夫子，在从前人多以为是岑参，我以为乃是岑勋，因李白别有《酬岑勋见寻就元丹丘对酒相待以诗见招》诗一首，正是同一回事情。

此后，则李白再到了湖北，但丹丘生比较固定，一直在河南，这就是李白所谓“思君楚水南，望君淮山北”，这是“梦魂虽飞来，会面不可得”的时候。大概以后他们便没再见面。我们以上把李白和丹丘生的离合，并中间李白和别的“神仙交”的来往之迹都说过了，现在再录《元丹丘歌》一首，以见元丹丘的风姿！

元丹丘，爱神仙。朝饮颍川之清流，暮还嵩岑之紫烟。三十六峰长周旋。长周旋，蹑星虹，身骑飞龙耳生风。横河跨海与天通，我知尔游心无穷。

又录《与元丹丘方城寺谈玄作》一首，以见他们在友谊里彼此知识上之交换和吸取：

> 茫茫大梦中，唯我独先觉。腾转风火来，假合作容貌。灭除昏疑尽，领略入精要。澄虑观此身，因得通寂照。朗悟前后际，始知金丹妙[①]。幸逢禅居人，酌玉坐相召。彼我俱若丧，云山岂殊调。清风生虚空，明月见谈笑。怡然青莲宫，永愿恣游眺。

李白到了湖北的时候，却又逢到一位"神仙交"，便是参寥子，他有《赠参寥子》诗：

> 白鹤飞天书，南荆访高士。五云在岘山，果得参寥子。肮脏辞故园，昂藏入君门。天子分玉帛，百官接话言。毫墨时洒落，探玄有奇作。著论穷天人，千春秘麟阁。长揖不受官，拂衣归林峦。余亦去金马，藤萝同所欢。相思在何处，桂树青云端。

到这里为止，我们对李白求仙学道的生活，得到一个轮廓，为清楚起见，我再说一遍，重要的地方：岷山、嵩山、随州、齐；重要的人物：东岩子、元丹丘、元演、紫阳先生、盖寰、高尊师、参寥子。时候则差不多包括李白自小至老。

此外，我们却要注意的，便是求仙学道，大概在当时是一种风气，这些人另成一个世界，另有一种趣味。上面那些人物都是和李

① 《全集》本"金丹"作"金仙"。——编者注

白见过面，而且有的很有交情的了，但也有为李白所未见过而只向往的。例如“年八十馀，颜色如桃花”的真公。这是在荆州玉泉寺的，又有焦炼师，是女的，在嵩山。关于焦炼师，李白有赠的诗，我们先看那序文：“嵩丘有神人焦炼师者，不知何许妇人也，又云生于齐梁时，其年貌可称五六十。常胎息绝谷，居少室庐，游行若飞，倏忽万里。世或传其入东海，登蓬莱，竟不能测其往也。余访道少室，尽登三十六峰，闻风有寄，洒翰遥赠。”下面即是那诗：

> 二室凌青天，三花含紫烟。中有蓬海客，宛疑麻姑仙。道在喧莫染，迹高想已绵。时餐金鹅药[①]，屡读青苔篇。八极恣游憩，九垓长周旋。下瓢酌颍水，舞鹤来伊川。还归空山上，独拂秋霞眠。萝月挂朝镜，松风鸣夜弦。潜光隐嵩岳，炼魄栖云幄。霓衣何飘飘，风吹转绵邈。愿同西王母，下顾东方朔。紫书倘可传，铭骨誓相学。

“访道”，是道家的重要生活之一，所以他也各处访。他又说“铭骨誓相学”，则他的热心和决心很可想见。

李白常说他学道有三十年的历史，例如“学道三十春，自言羲和人，轩盖宛若梦，云松长相亲”（《酬王补阙惠翼庄庙宋丞泚赠别》），“云卧三十年，好闲复爱仙”（《安陆白兆山桃花岩寄刘侍御绾》），“青莲居士谪仙人，酒肆藏名三十春”（《答湖州迦叶司马问白是何人》），只是不知道他是从何时算起的，是从“五岁诵《六甲》”算起吗？还是从“十五游神仙，仙游未曾歇？”我们当然也不

① 《全集》本“药”作“蕊”。——编者注

必武断，总之，大概就他四十岁左右说话，是已经“学道”学了三十多年了。我一再说过，他的学道非常热心，非常认真，所以甚而形诸梦寐：“余尝学道穷冥筌，梦中往往游仙山”（《下途归石门旧居》），而且时时没忘了这件事：

> 石壁望松寥，宛然在碧霄。安得五彩虹，架天作长桥！仙人如爱我，举手来相招。
>
> ——《焦山杳望松寥山》

假若道教算一种宗教的话，我敢说从来的中国诗人没有李白这样信教信得笃的，假若我们对道教只当作一种思想看，我也敢说从事的中国诗人没有李白受思想之支配受得这样利害的。

结果怎么样呢？不能不说相当的成功。他在少年就为天台的司马子微（名承祯，见《续仙传》）认为有“仙风道骨”（见《大鹏赋序》）；他一到长安，贺知章见了就称为“谪仙人”（《对酒忆贺监》）。看他的《夏日山中》诗：

> 懒摇白羽扇，裸袒青林中。
> 脱巾挂石壁，露顶洒松风。

简直就是一个活神仙了。

第三章　道教思想之体系与李白

我很赞成刘勰对于道家的三品说：

> 按道家立法，厥品有三：上标老子，次述神仙，下袭张陵，太上为宗，寻柱史嘉遁，实为大贤；著书论道，贵在无为；理归静一，化本虚柔；然而三世弗纪，慧叶靡闻，斯乃导俗之良书，非出世之妙经也。若乃神仙小道，名为五通，福极生天，体尽飞腾，神通而未免有漏，寿远而不能无终，功非饵药，德沿业修，于是愚狡方士，伪托遂滋。张陵米贼，述记升天；葛玄野竖，著传仙公；愚斯惑矣，智可罔欤？今祖述李叟，则教失如彼；宪章神仙，则体劣如此；上中为妙，犹不足算，况效陵鲁，醮事章符，设教五斗，欲拯三界，以蚊负山，庸讵胜乎？
>
> ——《灭惑论》

不过实际上这三派很不容易分，上品不包括中品、下品是可以的，中品就不能不包括上品，下品就不能不包括上品、中品，倘若历史地看起来，则后来者包括过去者更是自然的事。然而话要说回来了，刘勰的分法是有种批评的、价值的意味的，就批评、价值言，我对于刘勰的分法却便只有赞成了。

考道教之始，只有老庄的无为自然思想和稷下学派的神仙方术思想，联而为一的则是淮南。后来在理论上出了两个大人物，一是后汉作《参同契》的魏伯阳，一是晋朝作《抱朴子》的葛洪，这两个大人物既出，道教的面目才正式成立了。说到萌芽当然很早，老庄本人的思想作了他们理论上的根据不必说，就是在《老子》、《庄子》等著作出现的同时，也就已经有雏形的道教了，在《老子》书中有"致虚守静，长生久视"的话，以及相传广成子告诉黄帝的"毋劳尔形，毋摇尔精，毋使尔星星"便很相似；在《庄子》书中有"古之真人，其寝不梦，其觉无忧，其食不甘，其息深深。真人之息以踵"（《大宗师》）；有"藐姑射之山有神人居焉，肌肤若冰雪；绰约若处子；不食五谷，吸风饮露，乘云气，御飞龙，而游乎四海之外"（《逍遥游》）；有"夫圣人鹑居而谷食，鸟行而无彰，天下有道，则与物皆昌，天下无道，则修德就间，千岁厌世，去而上仙，乘彼白云，至于帝乡"（《天地》）；长生，真人，神人，仙，也都出来了，所以我说这时已经有雏形的道教了。不过他们还没体系化，又空有设想，还没实际化。我们从演进上看，道教始终是一个能吸收的杂货摊，在汉时已有"采儒墨之善，撮名法之要"（《太史公自序》）的办法，后来便与神仙方士合，与天师道合，与佛教合，甚而与摩尼教合，与基督教合（到了清朝），所以在开始时似乎是冲突者，例如《庄子》上说："吹呴呼吸，吐故纳新，熊经鸟申，为寿而已矣，此道引之士，彭祖寿考之所好也。"（《刻意篇》）这是为庄子一派人所不满的；又如葛洪说："五千文虽出老子，然皆泛论较略耳，其中了不肯首尾全举其事，有可承接者也，但暗诵此经，而不得要道，直为徒劳耳，又况不及者乎！至于文子、庄子、关令尹喜之徒，其属文笔，虽祖述黄、老，宪章玄虚，但演其大旨，永无至言，或复齐死生谓无异，以存活为徭役，以殂殁为休息，其去神仙已千亿里矣，岂足耽玩哉！"（《释滞篇》)这是不满于老庄的,然而都无碍其终于调和吸收,结果都兼容并包于道家之内。

现在我们谈到李白。因为在他的时代,道教不但到了完成期,而且到了隆盛期,所以他所接受的乃是道教所兼容并包很多的阶段了,就刘勰的三品说,上中下三品,李白可说全都沾染,因为李白有老庄的自然无为的宇宙观,但也有神仙派的炼养服食的实践,同时并服从天师道的符箓。道教的色彩之杂,李白尤其有,先前是有假托太公的阴谋派的了,鬼谷子、苏秦、张仪,都可以说是道家的一支,而李白便也时时以苏、张自况,也常常想贡献奇计。后来道家是搀入佛的成分的了,李白更时常谈禅,并同许多和尚打交道。

我们姑且不从演进上看,也不从不相干的搀杂的成分看,只是就几个根本的概念看,看道教的内容都是什么,以便了解李白的思想基础。

道教的第一个根本概念当然是"道","道"是宇宙的一种主宰,是一种超现象界的本体,有时叫"造化"(《淮南子·原道训》:"与造化者俱"),有时叫"太乙"(《吕氏春秋·大乐》篇:"道也者,至精也,不可为形,不可为名,强为之,谓之太一。"太一即太乙)。李白也有这种信念,他说:

> 天地为橐籥,周流行太易。造化合元符,交媾腾精魄。自然成妙用,孰知其指的。
>
> ——《草创大还赠柳官迪》

"橐籥"这个名词很妙,橐指囊,籥指管,原来是道家的看法,天地生人造物好比一个大洪炉,其中的火焰需要囊管吹动,万物才会被鼓铸起来。这正是形容“道”为宇宙的主宰处。李白又有诗说：

桃李得日开，荣华照当年。东风动百物，草木尽欲言。枯枝无丑叶，涸水吐清泉。大力运天地，羲和无停鞭。

——《长歌行》

所谓“大力”，便也是“道”。这种观念，我觉得乃是一种信仰的问题，并不是智识的问题。所以在李白，或者其馀的道教徒，凡是在世事上一方面失望了，或受了压迫了，便以“道”为归宿；因为“道”的力量是超乎现象的、超乎人的、超乎现世的缘故：

世道日交丧，浇风散淳源。不采芳桂枝，反栖恶木根。所以桃李树，吐花竟不言。大运有兴没，群动争飞奔。归来广成子，去入无穷门。

——《古风》

总枢纽既然操之“大运”，所以小小不然的变动，便毫没有关系的了。

从这种信念出发，遂觉得万物都轻，所以李白有“得心自虚妙，外物空颓靡”（《金门答苏秀才》），“一身自萧洒，万物何嚣喧”（《答从弟幼成过西园见赠》）的感觉；同时李白别有一种境界，迥乎不是没有这种信念的人所能够体会的：

问余何意栖碧山，笑而不答心自闲。
桃花流水窅然去，别有天地非人间。

——《山中答俗人》

普通人只知道欣赏这一首诗如何妙出自然，却也感觉到那样无烟火气，然而没想到这有李白的思想基础在，有李白的根本信念在，有李白之由精神教养而陶铸成的整个人格在！

道教的第二个根本概念是这种作为宇宙的主宰的“道”，其性质乃是动的，即所谓“运”是；所以在庄子看古今生死，便认为也不过是大道连续的运行而已，可以不必顾虑，可以不动感情。但是后来的道家对于“道”是动的这概念是接受了，只是对于生死的问题却不一定顺着庄子的结论走。在李白也是这样的。李白的宇宙观即是动的，李白心目中的宇宙是有精神力量在内的，这和陶潜便很不同了，陶潜的宇宙观却是静的，陶潜心目中的宇宙只是物质。不过李白对于生死却并不一定超然。

因为李白的宇宙观是动的，所以他常说“观化”：

> 贵道皆全真，潜浑卧幽邻①。
> 探玄入窅默，观化游无垠。
>
> ——《送岑征君归鸣皋山》
>
> 冥机发天光，独朗谢垢氛。
> 虚舟不系物，观化游江滨②。
>
> ——《赠僧崖公》

因为李白心目中的宇宙是有精神力量在内的，所以李白对于自然的看法，也便都赋予一种人格化：

---

① 《全集》本“浑”作“辉”。——编者注
② 《全集》本“滨”作“渍”。——编者注

肠断枝上猿，泪添山下樽。

白云见我去，亦为我飞翻。

——《题情深树寄象公》

花间一壶酒，独酌无相亲。举杯邀明月，对影成三人。月既不解饮，影徒随我身。暂伴月将影，行乐须及春。我歌月徘徊，我舞影凌乱。醒时同交欢，醉后各分散。永结无情游，相期邈云汉。

——《月下独酌》

玉壶系青丝，沽酒来何迟。山花向我笑，正好衔杯时。晚酌东窗下，流莺复在兹。夏风与醉客①，今日乃相宜。

——《待酒不至》

春草如有意，罗生玉堂阴。东风吹愁来，白发坐相侵。独酌劝孤影，闲歌面芳林。长松尔何知？萧瑟为谁吟？手舞石上月，膝横花间琴，过此一壶外，悠悠非我心。

——《独酌》

劝君莫拒杯，春风笑人来。桃李如旧识，倾花向我开。流莺啼碧树，明月窥金罍。昨来朱颜子，今日白发催。棘生石虎殿，鹿走姑苏台。自古帝王宅，城阙闭黄埃。君若不饮酒，昔人安在哉？

——《对酒》

这样一来，什么白云啦，明月啦，山花啦，流莺啦，东风，春风啦，天地万物，遂无不亲切了。在李白看，白云明月固然像自己一样是天地间有生命的东西了，但是他自己也何尝不像天地间的一朵白云一样，一轮明月一样？所以他是自己宇宙化，宇宙又自己化了。由

① 《全集》本“夏风”作“春风”。——编者注

前者,我们感到他的旷达,由后者,我们感到他的情深。他说:

众鸟高飞尽,孤云独去闲。
相看两不厌,只有敬亭山。

——《独坐敬亭山》

那末,他在人间所得的寂寞的哀感,正是因为有大自然里的亲切的对象给加以补偿了。

宇宙"人化",人"宇宙化",这也正是道教的理论使然;原来人和宇宙都是由同一的基础而生的:

夫人在气中,气在人中。自天地至于万物,无不须气以生者也。

——葛洪《至理篇》

又如庄子所谓"天地与我并生,而万物与我为一"(《齐物论》);《五运历年纪》所谓盘古死了以后,呼吸化为风云,声音化为雷霆,左右两眼化为日月,四肢五体化为四极五岳;更有,道教徒所谓自身之肉体,各部分也都有名,并且有神,例如发神叫苍华,字大元,高二寸十分,脑神叫精根,字泥丸,高一寸十分之类……凡此种种说法,高深与粗浅虽然相去很远,但是其把宇宙"人化",人"宇宙化"却是一致的,李白受了这种思想的洗礼以后,表现在诗里是那样便也毫无足怪了。在道教的范围以内,或者叫我们看了觉得太玄,或者叫我们看了觉得近乎迷信,但是一入于李白的手,表现在文艺中的,我们却只有觉得活泼洒脱,清丽飘逸了。

道教的第三个根本的概念是“自然”。“道”固然是宇宙的主宰了,其性质固然是动的(Dynamic)了,但是其具体的表现却就是自然界。《老子》说:“人法地,地法天,天法道,道法自然”(二十五章)。所以我们明白“自然”,就能多少明白“道”。“自然”是怎么样呢?就是按着“生而不有,为而不恃”的大原则而进行的现象而已。李白观察自然,便也是这种看法:

> 日出东方隅,似从地底来。历天又复入西海,六龙所舍安在哉?其始与终古不息,人非元气,安得与之久徘徊?草不谢荣于春风,木不怨落于秋天,谁挥鞭策驱四运,万物兴歇皆自然。羲和羲和,汝奚汩没于荒淫之波,鲁阳何德,驻景挥戈?逆道违天,矫诬实多,吾将囊括大块,浩然与溟涬同科。
>
> ——《日出入行》

“自然”的性质在积极的意义上虽然不容易说,在消极的意义上却是很明白的,这就是不是人为的,不是强制的,所以说“万物兴歇皆自然了”。李白在另一种机会说“一风鼓群有,万籁各自鸣”(《赠僧崖公》),意思也正相似。猛然一看,好像这种思想和道家的第一个、第二个根本概念冲突,因为既然有所谓“道”了,而且是“运行的”了,何以又说万物都是自然了呢?不过仔细一想,这疑团仍然可解,因为他们所谓“道”,根本是非常广泛,非常根本的,用他们的话说就是“天网恢恢,疏而不失”(《老子》第七十三章),就“疏”言,万物都是自然的,好像没有什么拘束着,但就“不失”言,万物这没有什么拘束着的一事都就正是“道”的作用。

从“自然”的概念出发,便又生出几种思想,一是发现了世界之物质的方面,就是人类也不过是物质世界的一种组合,所以李白说:“腾转风火来,假合作容貌。”(《与元丹丘方城寺谈玄作》)二是又由这物质的认识出发,便有一种同归于尽的感觉,不过物质的世界虽然同归于尽,“道”的原理却不跟着消灭,李白所谓“已矣哉!桂华满兮明月辉,扶桑晓兮白日飞,玉颜灭兮蝼蚁聚,碧台空兮歌舞飞[1],与天道兮共尽,莫不委骨而同归”(《拟恨赋》),其中的“与”字实在是按照的意思,天道却并不会消灭的;三是由于观察自然之“生而不有,为而不恃”的原理,观察自然中春夏秋冬之代谢的消息,推到人事上便是“功成身退”的态度了,《老子》屡言“功成而弗居”(二章),“功遂身退,天之道”(九章),李白也时时有这种思想,他说“吾观自古贤达人,功成不退皆殒身”(《行路难》),“愿一佐明主,功成还旧林”(《留别王司马嵩》),都是这种表现;四是因为主张自然,反对人为,反对强制,于是喜欢真,喜欢淳朴,在《庄子》的《渔父》中有:“真者,所以受于天也,自然不可易也。故圣人法天贵真,不拘于俗。愚者反此,不能法天而恒于人;不知贵真,禄禄而受变于俗。”在李白便也同样有致慨于“朴散不尚古,时讹皆失真”(《酬王补阙惠翼庄庙宋丞泚赠别》)的宣言。凡此四端:物质的,同归于尽的,功成而退的,贵真的,都是由“自然”一概念而来的。

道教的第四个根本概念是“贵生爱身”,即宝贵生命,爱惜身体,这是脱胎在很早的道家里的一种思想,他们想种种方法,凡是危害生命,不利身体的事情都要避免,或者除掉,这种思想的骨子是以自我为中心,他们讲得非常实际,所以《老子》上甚而有“圣人

① 《全集》本“飞”作“稀”。——编者注

为腹不为目”（十二章）的话，《庄子》上也有“周将处夫材与不材之间”（《山木》）的答，并且“帝王之功，圣人之馀事也”，原故在“非所以定身养生”（《让王》），李白承袭了这种思想，所以也常说藏身的道理：

沐芳莫弹冠，浴兰莫振衣。处世忌太洁，志人贵藏晖。沧浪有钓叟，吾与尔同归。

——《沐浴子》

月色不可扫，客愁不可道。玉露生秋衣，流萤飞百草。日月终销毁，天地同枯槁。蟪蛄啼青松，安见此树老！金丹宁误俗，昧者难精讨。尔非千岁翁，多恨去世早。饮酒入玉壶，藏身以为宝。

——《拟古》

从“贵生爱身”的立场看，就觉得名很不必要，一则名是身外之物，根本不相干，二则有时名反为生与身之累。在《老子》中已经要提醒人“名与身孰亲”（四十四章）了，后来的道家根本不要名，所以才作隐士。以眼前的酒与身后的名比，李白也是宁要酒不要名的：

有耳莫洗颍川水，有口莫食首阳蕨。含光混世贵无名，何用孤高比云月？吾观自古贤达人，功成不退皆殒身。子胥既弃吴江上，屈原终投湘水滨。陆机雄才岂自保，李斯税驾苦不早。华亭鹤唳讵可闻，上蔡苍鹰何足道？君不见吴中张翰称达生，秋风忽忆江东行？且乐生前一杯酒，何须身后千载名？

——《行路难》

笑矣乎！笑矣乎！君不见沧浪老人歌一曲，还道沧浪濯吾足？平生不解谋此身，虚作《离骚》遣人读！笑矣乎！笑矣乎！赵有豫让楚屈平，卖身买得千年名。巢、由洗耳有何益？夷齐饿死终无成。君爱身后名，我爱眼前酒。饮酒眼前乐，虚名何处有？

——《笑歌行》

对于隐士，李白本身就做过，当然更是赞成之不暇了。

我们于此要注意的是道教之很深的现世的功利的色彩，这种精神却合乎人间味极浓厚的李白。

道教的第五个根本概念便是“神仙”。这是与第四个概念有关连的，从“贵生爱身”，便希望长生，“古人得道者，生以长寿，声色滋味，能久乐之”（《吕氏春秋·仲春纪·情欲》），长生的具体化，就是“神仙”了。

在《汉书·艺文志》里，除了道家、房中以外，就还有神仙一项，在其中有这样的话：“神仙者，所以保性命之真，而游求其外者也。聊以荡意平心同死生之域，而无怵惕于胸中。然而或者专以为务，则诞欺怪迂之文，弥以益多，非圣王之所以教也”，可见当时神仙家的一斑。这里提到“性命”二字，尤其抓到神仙家的根本，这是儒教与道教的大不同处，儒家以为性命是固定的，是没有人力可以作用的馀地的，道家却以为不然，他们认为性命可以改移，所以主张性命双修。到了葛洪，关于成仙的理论和方法便都完成了，他说：

虽有至明，而有形者，不可毕见焉，虽禀极聪，而有声者，不可尽闻焉……虽有禹益齐谐之智，而所识者，未若所不识之众也。万物芸芸，何所不有，况列仙之人，盈乎竹素矣。不死之道，曷为无之。

——《论仙篇》

若夫仙人以药物养身，以术数延命，使内疾不生，外患不入，虽久视不死，而旧身不改；苟有其道，无以为难也。

——《论仙篇》

仙之可学致，如黍稷可播种得，甚炳然耳。然未有不耕而获嘉禾，未有不勤而获长生度世也。

——《勤求篇》

照他的意思是，神仙不能没有，决不能因为自己没见就加以否认，其次是人确能够长生，不过要不劳而获是断断不行的。因此他又讲到实际的方法，实际的方法有三种：

欲求神仙，唯当其至要，至要者在于宝精，行炁，服一大药便足，亦不用多也。

——《释滞篇》

宝精是宝贵人们的精，据道家的意见。人们的精，顺流之可以生儿育女，逆用之便能够返乎婴儿而成仙：

房中之法十馀家……其大要在于还精补脑之一事耳。……人欲不可都绝，阴阳不交，则坐致壅阏之病，故幽闭怨旷，多病而不寿也；任情肆意，又损年命，唯有得其节宣之和，可以不损。

——《释滞篇》

行炁或叫服炁就是呼吸吐纳之法，或服天地阴阳之气，所谓餐霞饮露，服食日丹月黄等是，或服自身之气，其中重要的方法便是胎息：

行炁有数法焉。……其大要者胎息而已。得胎息者，能不以鼻口嘘吸，如在胞胎之中，则道成矣。

——《释滞篇》

服一大药，就是金丹：

服药之方，略有千条焉。……一涂之道士，或欲专一交接之术，以规神仙，而不作金丹之大药，此愚之甚矣。

——《释滞篇》

所谓金丹，又有内外之说，外丹的说法是说用金砂水银，烹炼而成，炼愈久，药力愈大，成仙愈速，其中有太清神丹、九鼎丹、五石散等名色，以太清神丹为最上；内丹之说乃是说用肾水中所含的真阳——铅，心火中所含的真阴——汞，以真气调和此二者而成的，关于后者以《参同契》中所说较详，其要点一在调和精、气、神三宝，又以耳、口、鼻为精、气、神三者之门户，须加以固闭，因为多听邪声就摇"精"，多说话便伤"气"，多看会伤"神"，三者关牢，便应当到僻静地方去，训练没有杂念，久而久之，自然会有一种精气神调和而得丹的景象;二在颠倒阴阳,在人身中肾是坎,居下,心是离,居上,修炼的方法便在取坎中的真阳,去填补离中的真阴,得到纯阳的乾,丹道便成了。

因为道教是一种宗教,所以不能不有劝善惩恶的意味,所以除了上述方法之外,就还得守一些戒律,做一些好事才行。

话虽如此,求仙学道也不是人人成功的,其中有许多诀窍只能口授,决不公开,因此有志的人还要各处寻访,听高明的指教,用他们的术语,就是需要"访道"。受道的时候,则往往受一些符箓,《隋书·经籍志》有:"其受道之法,初受《五千文箓》,次授《三洞箓》,次受《洞玄箓》,次受《上清箓》。箓皆素书,纪诸天曹官属佐吏之名有多少,又有诸符错在其内,文章诡怪,世所不识。"

我们试和李白的行径一对照,他便的确是按着做了的。神仙的有无吧,不用说李白是肯定的,而且时时在羡慕着:

> 我昔东海上,劳山餐紫霞;亲见安期公,食枣大如瓜。中年谒汉主,不惬还归家;朱颜谢春晖,白发见生涯。所期就金液,飞步登云车;愿随夫子天坛上,闲与仙人扫落花。
>
> ——《寄王屋山人孟大融》

从"贵生"而"长生",而"神仙"的过程,李白也正是一个好例证:

> 黄河走东溟,白日落西海。逝川与流光,飘忽不相待。春容舍我去,秋发已衰改,人生非寒松,年貌岂长在?吾当乘云螭,吸景驻光彩。
>
> ——《古风》

在实践上，所谓“吸景驻光彩”就是呼吸吐纳之一了，他说：“相煎成苦老，消燥凝津液”（《草创大还赠柳官迪》），就是说炼丹的火候的，至于他说：“早服还丹无世情，琴心三叠道初成”（《庐山谣寄卢侍御虚舟》），正是《黄庭内景经》所谓“三叠琴心化胎仙”，这是说血脉和平之极，圣胎结出，便可以夺造化之功而成仙的光景，所谓“内丹”是。李白又讲“炼丹费火石，采药穷山川”（《留别广陵诸公》），则是“外丹”。馀如“访道”和“受箓”，李白也都孳孳不倦，这是我们在前面已经说过的了。

道教的五大根本概念：道、运、自然、贵生爱身和神仙，都处处支配着李白，所以我说李白是一个忠实的道教徒，大概是没有错的了。

我们试着道教演进的趋势，则可以见出是由抽象的而为具体的，由比喻的而为实事的，由玄学的而为科学的，由天上的而为人间的。道教的精神最合乎国人，《南史·顾欢传》有：“佛道齐乎达化，而有夷夏之别。……今以中夏之姓①，效西戎之法，既不全同，又不全异，下育妻孥②，上绝宗祀，嗜欲之物，皆以礼伸，孝敬之典，独以法屈，悖礼犯顺，曾莫之觉，弱丧忘归，孰识其旧。……佛教文而博，道教质而精，精非粗人所信，博非精人所能，佛言华而引，道言实而抑，抑则明者独进，引则昧者竞前。佛经繁而显，道经简而幽，幽则妙门难见，显则正路易尊，此二法之辨也。”这话就是偏袒道教的。道教的兴起，无疑的是有一种“本位文化”的意味在内，所以它处处和佛对抗。我觉得它之最合乎中国人的口味者，乃在其

① 《南史》（中华书局 1975 年版）“姓”作“性”。——编者注
② 《南史》“育”作“弃”。——编者注

肯定生活。道教非常现世，非常功利。有浓厚的人间味，有浓厚的原始味。我说李白的本质是生命和生活，所以他之接受道教思想是当然的了。生活上的满足是功名富贵，因此李白走入游侠，生命上的满足只有长生不老，因此李白走入神仙。

第四章　失败了的鲁仲连

——李白的从政

现在要说的，是李白的政治生涯。

倘若我们偶而一想，李白一生最佩服的人物是谁？恐怕很少有机会想到是鲁仲连。但是倘若仔细翻翻李白的集子，仔细斟酌斟酌鲁仲连的格调，就一定看出李白佩服鲁仲连是很自然的了。这发现之使人惊讶，也许和发现杜甫一生所一心一意要作的人物乃是诸葛亮是一样的出人意表的吧。

在我们看，李白好像是随随便便的一个人物罢了，决不会太关心实际政治。但是在李白自己看却大不然，他最看不起骚士文人，所以他不赞成屈原：

> 沅湘春色还，风暖烟草绿。古之伤心人，于此肠断续。予非《怀沙》客，但美《采菱》曲。所愿归东山，寸心于此足。
>
> ——《春滞沅湘有怀山中》

他不赞成阮籍：

> 拨乱属豪圣，俗儒安可通！沉湎呼竖子，狂言非至公。抚掌黄河曲，嗤嗤阮嗣宗。
>
> ——《登广武古战场怀古》

他不赞成陶潜：

九日天气清，登高无秋云。造化辟川岳，了然楚汉分。长风鼓横波，合沓蹙龙文。忆昔传游豫，楼船北横汾[1]。今兹讨鲸鲵，旌旆何缤纷。白羽落酒樽，洞庭罗三军。黄花不掇手，战鼓遥相闻。剑舞转颓阳，当时日停曛。酣歌激壮士，可以摧妖氛。龌龊东篱下，泉明不足群。

——《九日登巴陵置酒望洞庭水军》

即他本人所自负的也是能够治国平天下的本领，也就是所谓"经济"、"经纶"、"济世"、"济时"：

汉道昔云季，群雄方战争。霸图各未立，割据资豪英。赤伏起颓运，卧龙得孔明。……余亦草间人，颇怀拯物情。晚途值子玉，华发同衰荣。托意在经济，结交为弟兄。无令管与鲍，千载独知名。

——《读诸葛武侯传书怀，赠长安崔少府叔封昆季》

一身竟无托，远与孤蓬征。千里失所依，复将落叶并。中途遇良朋，问我将何行。欲献济时策，此心谁见明？

——《邺中赠王大，劝入高凤石门山幽居》

……吟咏思管乐，此人已成灰。独酌聊自勉，谁贵经纶才？弹剑谢公子，无鱼良可哀。

——《玉真公主别馆苦雨赠卫尉张卿》

① 《全集》本"北"作"壮"。——编者注

……苟无济代心，独善亦何益！……谢公不徒然，起来为苍生。……留侯将绮季，出处未云殊。终与安社稷，功成去五湖。

——《赠韦秘书子春》

他之信任自己，也远过于我们对于他的信任：

大鹏一日同风起，抟摇直上九万里，假令风歇时下来，犹能挡却沧溟水。世人见我恒殊调，见余大言皆冷笑。宣父犹能畏后生，丈夫未可轻年少。

——《上李邕》

三川北虏乱如麻，四海南奔似永嘉。但用东山谢安石，为君谈笑静胡沙。

——《永王东巡歌》

这在我们觉得当然是可笑的，但是李白却很当真。往大处说，他的一片心事是“经纶”、“济时”，往小处说，就是“功名”、“富贵”，李白说到功名富贵处，也都很坦白率真，“富贵吾自取，建功及春荣”；在他没得到的时候，也便确乎焦急慨叹，“壮志恐蹉跎，功名若云浮”（《忆襄阳旧游赠济阴马少府巨》），“富贵日成疏，愿言杳无缘”（《赠宣城宇文太守兼呈崔侍御》），“功业莫从就，岁光屡奔迫”（《淮南卧病书怀，寄蜀中赵征君蕤》）。这情感确乎不是甘于寂寞的人所能够了解的。

但是我们要知道，这位诗人无论用世的心多末切，他是不愿意受拘束的，他是不愿意在人之下的，作帝王既不可能，便希望作一种和帝王平等的人物，这种人当然只有说客、策士之流，因此他以张仪自况（他有“笑吐张仪舌”语，见《赠崔侍御》），他赞美留侯（他有《经下邳圯桥怀张子房》诗），倘若不幸而如祢衡的下场，他便最伤心了：

魏帝营八极，蚁观一祢衡。黄祖斗筲人，杀之受恶名。吴江赋鹦鹉，落笔超群英。锵锵振金玉，句句欲飞鸣。鸷鹗啄孤凤，千春伤我情。五岳起方寸，隐然讵可平。才高竟何施，寡识冒天刑。至今芳洲上，兰蕙不忍生。

——《望鹦鹉洲悲祢衡》

可是这是很容易遇到的下场，所以他便处处讲究功成而退，处处讲究远祸藏身。我们同时要注意的是李白之要登政治舞台，是没有凭借的，所以他羡慕平地一声雷的人物，这样的人物例如韩信，因此他又有诗说：

韩信在淮阴，少年相欺凌。屈体若无骨，壮心有所凭。一遭龙颜君，啸咤从此兴。千金答漂母，万古共嗟称。而我竟胡为，寒苦坐相仍。长风入短袂，两手如怀冰。故友不相恤，新交宁见矜？摧残槛中虎，羁绁鞲上鹰。何时腾风云，搏击申所能？

——《赠新平少年》

不过以李白那样自负之大，自居之高，决不愿意去作揖磕头（虽然事实上仍然免不了），他所希望的自然是有人来请，他希望坐得安安稳稳的，忽然出山，忽然立功，这样，诸葛孔明便是他理想的人物之一了，但更为理想的则是谢安，谢安是李白心目中仅次于鲁仲连的人物。谢安有好几种生活为他所歆羡，首先是高卧，所谓“谢安高卧东山，苍生属望”（《与贾少公书》），其次是像谢安那样“放情丘壑，每游赏必以妓女从”。所以他也有“携妓东土山，怅然悲谢安，我妓今朝如花月，他妓古坟荒草寒”（《东山吟》）的话；倘若一旦真为苍生而起了，他也就最高兴了：

> 尝高谢太傅，携妓东山门。楚舞醉碧云，吴歌断清猿。暂因苍生起，谈笑安黎元。余亦爱此人，丹霄冀飞翻。
>
> ——《书情赠蔡舍人雄》

他所取于谢安的，大概尤其在其从容轻易的态度，所谓“谈笑安黎元”是，因为李白决不耐烦如临深渊、如履薄冰的小心翼翼状。在没出山之前，便高卧；既出山之后，则不改旧态，这是李白所向往的：

> 谢安四十，卧白云于东山。桓公累征，为苍生而一起。常与支公游赏，贵而不移。大人君子，神冥契合，正可乃尔。
>
> ——《江夏送倩公归汉东序》

李白既然学过道，于是在进退上也便深深地加过体会，所谓“吾不滞于物，与时推移，出则以平交王侯，遁则以俯视巢由”，用李白自己的口头禅说，就是“舒卷”。他常说，“功成身不居，舒卷在胸臆”（《商山四皓》），“卷舒固在我，何事空摧残”（《秋日炼药院镊白发，赠元六兄林宗》）；谢安呢，也恰合乎这种理想，他说：

安石在东山，无心济天下。一起振横流，功成复潇洒。大贤有舒卷，季叶轻风雅。匡复属何人，君为知音者！

——《赠常侍御》

但是我说过，为李白所时时刻刻念念不忘的，则是鲁仲连。因为鲁仲连者乃是包括了方才说过的这一切资格。既是说客，又是策士；既是平地一声雷，由平凡而参与政治的，然而并没有杀身之祸，其游哉优哉地过日子，在李白看来，较谢安尤为亲切，况且鲁仲连最后的归宿，也颇像求仙的光景，其出没隐显，不可捉摸，真像龙一样了，所以便更成为李白的崇拜对象了。

我们且看《史记》上记载鲁仲连的话，劈头是："鲁仲连者，齐人也，好奇伟俶傥之画策，而不肯仕宦任职，好持高节。"他一生的大事，一是曾经替赵平原君说服了魏的将令新垣衍，打消了尊秦为帝的举动。他反对的是秦的横暴，他说："彼秦者，弃礼义而上首功之国也，权使其士，虏使其民。"因此即使秦一旦为帝，那末，鲁仲连就说宁可蹈东海而死，不忍为之民，此间难得的是鲁仲连并不是有求于平原君的，他只是为正义，再则是他的口才之强，到底说服了执拗的新垣衍，后来秦军竟因此退了五十里了，又逢巧魏公子无忌为赵解了围，这时平原君便要赏鲁仲连，鲁仲连却笑着说道："所谓贵于天下之士者，为人排患释难解纷乱而无取也，即有取者是商贾之事也，而连不忍为也。"他终于没受赏，反倒辞却平原君，再也不见面了，这是一件事。二是过了二十多年，燕军守着聊城，田单怎么也攻不下，鲁仲连便写了一封信，用箭射入城中，这信竟感动了燕军，聊城就攻下了。田单又要给鲁仲连官做了，但是鲁仲连却又逃开，是逃到海上，他说："吾与富贵而诎于人，宁贫贱而轻世肆志焉。"这便是鲁仲连的一生。

倘若我们仔细一想的话，我们也要佩服鲁仲连的吧，既主张正义，又有才干，同时我们也不禁羡慕了，既成功，却又得到自由。李白对于鲁仲连更是五体投地的。以鲁仲连与谢安比，大概谢安萧洒之，却缺少豪气，他没有鲁仲连那种游侠的精神；以奇论，他又似乎没有鲁仲连那末奇特；以结果论，谢安是病死了而已，鲁仲连却逃到海上，没有下文；更难得的是，这海上却正是神仙家向往的所在；对于权势吧，谢安不过能看得很淡而已，鲁仲连却进一步，对有权势的人能够加以折服。有此种种，所以李白看鲁仲连，便更在谢安之上了。

在性格上，李白先引为同调：

> 齐有倜傥生，鲁连特高妙。明月出海底，一朝开光曜。却秦振英声，后世仰末照。意轻千金赠，顾向平原笑。吾亦澹荡人，拂衣可同调。
>
> ——《古风》

他到了山东了，也特别怀想鲁仲连：

> 谁道太山高，下却鲁连节。谁云秦军众，摧却鲁连舌。独立天地间，清风洒兰雪。夫子还倜傥，攻文继前烈。错落石上松，无为秋霜折。赠言镂宝刀，千岁庶不灭。
>
> ——《留别鲁颂》

对于鲁仲连的“节”，他有很深的敬意；对于鲁仲连的“舌”，他在由衷地佩服。

李白未从事政治以前，想到鲁仲连：“我以一箭书，能取聊城功。终然不受赏，羞与时人同”（《五月东鲁行答汶上翁》）。他在有所谋画时，想到鲁仲连：“恨无左军略，多愧鲁连生”（《闻李太尉大举秦兵百万出征东南，懦夫请缨，冀申一割之用，半道病还，留别金陵崔侍御》）。讲到谈笑时，他想起鲁仲连“鲁连擅谈笑”（《献从叔当涂宰阳冰》）。他赞美别人时，还是鲁仲连“心齐鲁连子”（《送王屋山人魏万还王屋》）。

鲁仲连之不为金钱所动，李白尤其在心上，所以他常说：“鲁连逃千金，珪组岂可酬”（《赠崔郎中宗之》），“鲁连卖谈笑，岂是顾千金”（《留别王司马嵩》）。而鲁仲连之恬然而退的态度，因为合乎道家的思想，所以李白简直就认为可以与老子并列了：

> 抱玉入楚国，见疑古所闻。良宝终见弃，徒劳三献君。直木忌先伐，芳兰哀自焚。盈满天所损，沉冥道为群。东海泛碧水，西关乘紫云。鲁连及柱史，可以蹑清芬。
>
> ——《古风》

以鲁仲连与老子并列，恐怕这是在道教徒李白的观点下，再没有别人能够得到同样荣誉的了。

鲁仲连既为李白之最理想的人物，所以李白之从政史，简直就可以说是他之学鲁仲连史。他头一次露头角便是他二十岁去见苏长史的事，其实他这次没做出什么，不过得到了一点奖语而已。他正式开始作政治活动是离开家乡，到了湖北；那时有他初出家门的诗：

> 渡远荆门外，来从楚国游。山随平野尽，江入大荒流。月下飞天镜，云生结海楼。仍怜故乡水，万里送行舟。
>
> ——《渡荆门送别》

在《代寿山答孟少府移文书》里，也可以见他在求仙学道与政治热的起伏中而又想用世的心情：

> 近者逸人李白，自峨眉而来尔，其天为容，道为貌，不屈己，不干人，巢、由以来，一人而已。乃虬蟠龟息，遁乎此山。仆尝弄之以绿绮，卧之以碧云，嗽之以琼液，饵之以金砂。既而童颜益春，真气愈茂，将欲倚剑天外，挂弓扶桑，浮四海，横八荒，出宇宙之寥廓，登云天之渺茫。俄而李公仰天长吁，谓其友人曰："吾未可去也。吾与尔达则兼济天下，穷则独善一身。安能餐君紫霞，荫君青松，乘君鸾鹤，驾君虬龙，一朝飞腾，为方丈、蓬莱之人耳。此则未可也。"乃相与卷其丹书，匣其瑶瑟，申管、晏之谈，谋帝王之术。奋其智能，愿为辅弼，使寰区大定，海县清一。事君之道成，荣亲之义毕，然后与陶朱、留侯，浮五湖，戏沧州，不足为难矣。

这大概是他二十五六岁左右时候的事。这时他开始流浪于襄汉、洞庭、金陵、扬州、汝海之间。他的生活，是一种食客的生活，所谓"遍干诸侯，历抵卿相"是，倒真有点像鲁仲连了，不过却没有什么建树，而且时时遭人们的毁谤，做食客也并做不稳定；不知不觉间,他却已经三十了。中间以在安陆(湖北钟祥)为最久,他有"酒隐安陆,蹉跎十年"(《秋于敬亭送从侄耑游庐山序》)的话,其不得意是可以想见的。

三十五岁这一年他到过太原。

他之真正踏入政治舞台,是天宝元年(公元七四二),他四十二岁了,得以入京。他原先在会稽,和道士吴筠在一起,吴筠因为应召到了长安,由于玉真公主之力,便也荐他出仕。他在刚去的时候,曾很得意地作了几首诗:

> 出门妻子强牵衣,问我"西行几日归"?来时倘佩黄金印,莫见苏秦不下机?
>
> ——《别内赴征》
>
> 白酒新熟山中归,黄鸡啄黍秋正肥。呼童烹鸡酌白酒,儿女歌笑牵人衣。高歌取醉欲自慰,起舞落日争光辉。游说万乘苦不早,著鞭跑马涉远道。会稽愚妇轻买臣,余亦辞家西入秦。仰天大笑出门去,我辈岂是蓬蒿人。
>
> ——《南陵别儿童入京》

我们要知道他是过了四十岁的人了,"游说万乘苦不早",可见他一直没得到施展过。因为他想入世的心甚深,所以他的苦恼便特大。"仰天大笑出门去,我辈岂是蓬蒿人",好像很狂,却是很真,也很苦。

他到了长安,很受当时皇帝玄宗的优待,见他的时候,是亲自下了辇,步行迎他,并且请他吃饭,亲自为他调羹,当时问他说:"卿是布衣,名为朕知,非素蓄道义,何以及此!"从此以后,便当"翰林供奉”了。所谓翰林供奉是唐朝有一才一艺的便可以供奉内庭的一种从官。我觉得他的地位倒很像屈原,他曾经草拟过《出师诏》、《答蕃书》,这也很像屈原那样“图议国事,以出号令”的光景。传说他草拟《出师诏》的时候,正醉得很利害,但是文章却仍一草而就,不加修改。

那件很风流很脍炙人口的事,却是他写《清平调》三章的一段。那时宫里新有的牡丹盛开,是四棵:红的,紫的,浅红的,完全白的,皇帝便叫人移在兴庆池东沉香亭前边来。有一次当花开得最好了,皇帝和杨贵妃便乘着夜深在园里赏花。招呼了十六个唱得很好的孩子,由大音乐家李龟年领导着,正要歌唱,皇帝忽然觉得情景太好了,这末好的花儿,这末好的美人,深感旧歌词是不能表达这种情趣的,于是让李龟年拿着金花笺,专请李白作几首新歌出来。李白又是没醒酒的光景,不过立刻答应了,而且立刻交卷了,这便是那所谓《清平调》三章的名作:

云想衣裳花想容,春风拂槛露华浓。
若非群玉山头见,会向瑶台月下逢。

一枝秾艳露凝香,云雨巫山枉断肠。
借问汉宫谁得似,可怜飞燕倚新妆!

名花倾国两相欢,长得君王带笑看。
解释春风无限恨,沉香亭北倚阑干。

当时把这新歌词唱了,杨贵妃拿起了玻璃七宝杯,喝着西凉州的葡萄酒，很满意地对于歌词笑着加以领受。唐明皇则吹着笛子，每当要换调子的时候，便故意迟缓一下，也向杨贵妃笑着。杨贵妃喝完了酒，便撩起裙子来，特别又向唐明皇行礼道谢。从此以后，唐明皇当然更高看李白了，对他格外优待。

不过他的不幸也就种在这幸运的一幕里。这是因为李白曾经让当时的宦官高力士脱过靴子，高力士当时虽然服从，做了，但却终于怀恨在心，于是当杨贵妃又唱《清平调》的歌词的时候，便对李白加了坏话。他故意问杨贵妃说："我原以为妃子应该怨李白了，为什么妃子还这末念念不忘呢？"这末一问，杨贵妃果然莫名其妙了，高力士因而说："他把你比作赵飞燕，还不是骂你吗？"杨贵妃一想，很对呵，所以此后唐明皇好几次要重用李白，都被杨贵妃破坏了。这件事虽然不敢说是李白唯一在政治上失败的原因，但至少是失败的重要原因之一。

李白在长安的交游很多，尤其著称的，是所谓"酒中八仙"，杜甫有《饮中八仙歌》，可以见出当时的盛况。

> 知章骑马似乘船，眼花落井水底眠。汝阳三斗始朝天，道逢麹车口流涎，恨不移封向酒泉。左相日兴费万钱，饮如长鲸吸百川，衔杯乐圣称世贤。宗之萧洒美少年，举觞白眼望青天，皎如玉树临风前。苏晋长斋绣佛前，醉中往往爱逃禅。李白一斗诗百篇，长安市上酒家眠，天子呼来不上船，自称臣是酒中仙。张旭三杯草圣传，脱帽露顶王公前，挥毫落纸如云烟。焦遂五斗方卓然，高谈雄辩惊四筵。

知章是贺知章，一见李白就呼为"谪仙人"的，大概和李白尤其同调

了。他在长安的生活,简直就是一个酒徒的生活,他有许多关于酒的诗,都是这时作的:

> 天若不爱酒,酒星不在天。地若不爱酒,地应无酒泉。天地既爱酒,爱酒不愧天。已闻清比圣,复道浊如贤。贤圣既已饮,何必求神仙?三杯通大道,一斗合自然。但得酒中趣,勿为醒者传。

> 三月咸阳时,千花昼如锦。谁能春独愁,对此径须饮。穷通与修短,造化夙所禀。一樽齐死生,万事固难审。醉后失天地,兀然就孤枕。不知有吾身,此乐最为甚。

> 穷愁千万端,美酒三百杯。愁多酒虽少,酒倾愁不来。所以知酒圣,酒酣心自开。辞粟卧首阳,屡空饥颜回。当代不乐饮,虚名安用哉!蟹螯即金液,糟丘是蓬莱。且须饮美酒,乘月醉高台。

从前人说陶潜诗篇篇有酒,其实李白或者更可以当得起这句话的。而且我觉得像李白在这里所说的"醉后失天地,兀然就孤枕","酒倾愁不来","酒酣心自开",这种非饮酒的人不能有的体会,就是陶潜却也还没写过。

从李白在长安之耽于酒徒的生活看,我们可以想象他过的日子并不是太随心的。他虽然用世之心很切,然而终于这生活背于他的性格:

晨趋紫禁中，夕待金门诏。观书散遗帙，探古穷至妙。片言苟会心，掩卷忽而笑。青蝇易相点，《白雪》难同调。本是疏散人，屡贻褊促诮。云天属清朗，林壑忆游眺。或时清风来，闲倚栏下啸。严光桐庐溪，谢客临海峤。功成谢人君，从此一投钓。

——《翰林读书言怀，呈集贤院内诸学士》

在"片言苟会心，掩卷忽而笑"的书呆子，当然会逢到"屡贻褊促诮"的，况且又"本是疏散人"呢？有种捉襟见肘的苦闷在蓄积着，这是不言而喻的。

因此他虽然在热闹场中，却隐然有去志，得到入世，便又想要出世了：

出门见南山，引领意无限。秀色难为名，苍翠日在眼。有时白云起，天际自舒卷。心中与之然，托兴每不浅。何当造幽人，灭迹栖绝巘？

——《望终南山寄紫阁隐者》

暮从碧山下，山月随人归。却顾所来径，苍苍横翠微。相携及田家，童稚开荆扉。绿竹入幽径，青萝拂行衣。欢言得所憩，美酒聊共挥。长歌吟松风，曲尽河星稀。我醉君复乐，陶然共忘机。

——《下终南山过斛斯山人宿置酒》

倘若一个人对社会国家不关切，纯粹不想用世，这不够一个诗人；但倘若一个人果然用世了，却能够和愚妄的社会合作得来，却也不够一个诗人。李白的热情使他不甘于寂寞,李白的纯真却又使他不能妥协。

李白在长安不过三年,便只好出走了。他有《初出金门寻王侍御不遇,咏壁上鹦鹉》诗:“落羽辞金殿,孤鸣托绣衣。能言终见弃,还向陇山飞。”这是才离开长安时作的。他又开始了他的流浪生活了,不过在寂寞中却还是跃跃欲试地再想从政:

我浮黄河去京关,挂席欲进波连山。天长水阔厌远涉,访古始及平台间。平台为客忧思多,对酒遂作《梁园歌》。却忆蓬池阮公咏,因吟“渌水扬洪波”。洪波浩荡迷旧国,路远西归安可得?人生达命岂假愁,且饮美酒登高楼。平头奴子摇大扇,五月不热疑清秋。玉盘杨梅为君设,吴盐如花皎白雪。持盐把酒但饮之,莫学夷、齐事高洁。昔人豪贵信陵君,今人耕种信陵坟。荒城虚照碧山月,古木尽入苍梧云。梁王宫阙今安在,枚、马先归不相待。舞影歌声散渌池,空馀汴水东流海。沉吟此事泪满衣,黄金买醉未能归。连呼五白行六博,分曹赌酒酣驰晖。歌且谣,意方远,东山高卧时起来,欲济苍生未应晚。

——《梁园吟》

这便又是老调了,还是想“欲济苍生”。想虽然这样想,流浪却还得流浪。这期间他又到了金陵,有作的诗是:

凤凰台上凤凰游,凤去台空江自流。吴宫花草埋幽径,晋代衣冠成古丘。三山半落青天外,一水中分白鹭洲。总为浮云能蔽日，长安不见使人愁。

——《登金陵凤凰台》

可见他一时一刻没忘了要回到长安去，只是遭小人之忌，又难于和小人们周旋而已。他又重到过山东，逢巧有他的族弟要到长安去了，他便很感慨地写着他的心事：

尔从咸阳来，问我何劳苦。沐猴而冠不足言，身骑土牛滞东鲁。况弟欲行凝弟留，孤飞一雁秦云秋。坐来黄叶落四五，北斗已挂西城楼。丝桐感人弦亦绝，满堂送客皆惜别。卷帘见月清兴来，疑是山阴夜中雪。明日斗酒别，惆怅清路尘。遥望长安日，不见长安人。长安宫阙九天上，此地曾经为近臣。一朝复一朝，白发心不改。屈平颠顿滞江潭，亭伯流离放辽海。折翮翻飞随转蓬，闻弦虚坠下霜空。圣朝久弃青云士，他日谁怜张长公。

——《单父东楼秋夜送族弟况之秦时凝弟在席》

“长安宫阙九天上，此地曾经为近臣”，一切已经陷在回忆中了。他继续在各地流浪，到过燕，到过赵，到过邠、岐，到过会稽、淮泗，徘徊于梁、宋之间，有十年的光阴消耗在漫游里。这时他最大的收获也许是在山东所受的道箓吧，可是他已经成了五十四岁的老人了。

霹雳一声，出了一件大事变，这就是天宝之乱。这是天宝十四载（公元七五五年）的事。我们知道，在一个普通人遇见这一次大事变，还要震动，何况情感那末容易激动的诗人李白！所以他既忧

愁,又愤怒:

> 西上莲花山,迢迢见明星。素手把芙蓉,虚步蹑太清。霓裳曳广带,飘拂升天行。邀我登云台,高揖卫叔卿。恍恍与之去,驾鸿凌紫冥。俯视洛阳川,茫茫走胡兵。流血涂野草,豺狼尽冠缨。
>
> ——《古风》

这首诗很能代表李白,因为又是天上,又是地下,正表现他时时没忘了超出人间,但又时时没忘情于人间。当安禄山带着胡汉杂军从北方进到洛阳一带,又西进,眼看入了长安的时候,玄宗便逃入蜀中。这时国家危急万分,入蜀当然是下策,因为如此更失却镇定国家的力量,所以很多人便反对这件事。李白作《蜀道难》,诗家多以为为玄宗作,我觉得很对,他处处说蜀道的艰难,中间屡屡点明:"问君西游何时还?""嗟尔远道之人胡为乎来哉?""锦城虽云乐,不是早还家。"他是真在着急得没法没法地了。我们想,李白是在四川生长起来的,对于四川的地势本不必这样大惊小怪;倘若真为一个友人而作,这友人非有极大的事件,不值得他这种担心和叮嘱;况且他又说:"剑阁峥嵘而崔嵬,一夫当关,万夫莫开,所守或匪人,化为狼与豺;朝避猛虎,夕避长蛇,磨牙吮血,杀人如麻。"这当然是指着政变,又明明指责当时用人的不当了。李白这时是在宣城一带,因为越不在跟前,便越发代为忧虑,所以他说:"侧身西望长咨嗟。"李白和皇帝的关系,颇如屈原和皇帝的关系,他们几乎超乎君臣,而近于友情。因为他们是在一块玩,曾赏过同样的花,曾守着过同样的美人,一旦为小人所离间,又逢到出了乱子,当然在感情上很有动于中。倘若我们不从这一点去体会，我们没法了解诗人的心情。现代人只知道他们忠君就嗤为奴性的，固然不能明白他们，但从前人所认为的他们的“忠君”，也何尝不隔一层？

李白刚离开长安不久，已经是“长安不见使人愁”了，现在那情景自然又不同，所以几乎处处伤心：

> 胡人吹玉笛，一半是秦声。十月吴山晓，《梅花》落敬亭。愁闻《出塞》曲，泪满逐臣缨。却望长安道，空怀恋主情。
>
> ——《观胡人吹笛》

李白这时过着一种逃难的生活，例如他有《宿五松山下荀媪家》诗：

> 我宿五松下，寂寥无所欢。田家秋作苦，邻女夜舂寒。跪进凋菰饭，月光明素盘。令人惭漂母，三谢不能餐。

凋菰就是菱白，大概是饭里搀的一种菜，我们很可以想象他是饥不择食了。他又有《经乱后将避地剡中，留赠崔宣城》：

> ……中原走豺虎，烈火焚宗庙。……四海望长安，嚬眉寡西笑。苍生疑落叶，白骨空相吊。连兵似雪山，破敌谁能料。……闷为洛生咏，醉发吴越调。……无以墨绶苦，来求丹砂要。华发长折腰，将贻陶公诮。

从诗里看，这时的时局还没有一线曙光，他因为政治上的变动，又感到渺茫了，所以便又想学陶潜，又想学神仙。不过，在这“短服改胡衣”，“俗变羌胡语”的局面下，他没忘了要做鲁仲连：

> 谈笑三军却，交游七贵疏。
> 仍留一只箭，未射鲁连书。
>
> ——《奔亡道中》

这真是能令我们失笑的。

时局不能一天平靖下来，他继续他的奔亡生活。这时唐肃宗在灵武（属于现在的宁夏）即位了，已经改元为至德元载（公元七五六）；李白也五十六岁。他到了庐山。有玄宗的第十六子所谓永王璘的，原先是荆州大都督，这时奉诏任山东南路及岭南、黔中、江南、西路四道节度采访等使，因为看见江南富庶，又加上部下怂恿，就想独立起来。李白是当时的名人喽，便遭了劫持，从庐山被迫入永王的水军之中。这时他有作的《在水军宴韦司马楼船观妓》，《在水军宴赠幕府诸侍御》，在后者里便有下面这样的话！

> ……浮云在一决，誓欲清幽燕，愿与四座公，静谈《金匮篇》。齐心戴朝恩，不惜微躯捐。所冀旄头灭，功成追鲁连。

可见李白的国家意识很强，他想“清幽燕”，同时又见他时时想实现他学鲁仲连的理想。

不过这一次从政又失败了，原因是永王璘独立失败了。这次失败得快，只是次年的事，就是公元七五七，李白五十七岁了。李白也随着逃亡，逃到彭泽，却被捕了，入了浔阳狱。他在狱中有《上崔相涣》的诗:“邯郸四十万,同日陷长平。能回造化笔,或冀一人生。”这是说他原想以文字之力,而救苍生的,不过失败被捕了,这被捕却有点冤枉,他所以又说:“毛遂不堕井,曾参宁杀人。”这时他愤慨之极,又作有《万愤词投魏郎中》,他说:“兄九江兮弟三峡,悲羽化之难齐。穆陵关北愁爱子,豫章天南隔老妻。一门骨肉散百草,遇难不复相提携。”穆陵是山东沂水,豫章是南昌,老妻和爱子,可以说都在天南地北了。他又说:“树榛拔桂,囚鸾宠鸡。”家庭的亲人既隔绝如彼,世界上愚妄的人又不辨别是非如此,所以李白真受了无限的委屈,他便更激昂地说:“德自此衰,吾将安栖,好我者恤我,不好我者何忍临危而相挤。”在这世界上往往事情是如此不可解的,和我们好的救我们,又和我们好的不救我们也就罢了;然而不然,他们还要更进一步,乃是加以陷害。——这回却苦了我们这位“鲁仲连”了!

幸而宣慰大使崔涣和御史中丞宋若思为他推复清雪。逢巧若思带兵到河南,便把他放了,并请他参谋军事,他这时有诗道:

独坐清天下,专征出海隅。九江皆渡虎,三郡尽还珠。组练明秋浦,楼船入郢都。风高初选将,月满欲平胡。杀气横千里,军声动九区。白猿惭剑术,黄石借兵符。戎虏行当剪,鲸鲵立可诛。自怜非剧孟,何以佐良图?

——《中丞宋公以吴兵三千赴河南,军次浔阳,脱余之囚参谋幕府,因赠之》

从“戎虏行当剪,鲸鲵立可诛”看来,李白大概也颇实用,而且能够着眼在大处,后人却只注意他放浪于酒了,所以不能认识他这治事一方面的才能。

宋若思这时不特请他参谋幕府，还要荐他到朝廷里去，我们现在在李白的集子中还存有宋若思的那篇《荐表》，文却是由李白代笔：

> 臣某闻天地闭而贤人隐，云雷屯而君子用。臣伏见前翰林供奉李白，年五十有七。天宝初，五府交辟，不求闻达。亦由子真谷口，名动京师。上皇闻而悦之，召入禁掖。既润色于鸿业，或间草于王言。雍容揄扬，特见褒赏。为贱臣诈诡，遂放归山。闲居制作，言盈数万。属逆胡暴乱，避地庐山。遇永王东巡胁行，中道奔走。却至彭泽，具已陈首前后，经宣慰大使崔涣及臣推覆清雪，寻经奏闻。……臣所荐李白，实审无辜，怀经济之才，抗巢、由之节，文可以变风俗，学可以究天人，一命不沾，四海称屈。……昔四皓遭高皇而不起，翼惠帝而方来。君臣离合，亦各有数，岂使此人名扬宇宙，而枯槁当年？传曰：举逸人而天下归心。伏惟陛下回太阳之高晖，流覆盆之下照，特请拜一京官。献可替否，以光朝列，则四海豪俊，引领指归，不胜慺慺之至，敢陈荐以闻。

但是这一篇《荐表》并没有反响，反倒是不幸的事件来到了。是在乾元元年（公元七五八），朝廷终于因为李白参加永王的事件不能释然，便把这位五十八岁的诗人要流放到夜郎去了。李白回忆起从前的时候：

> 昔在长安醉花柳，五侯七贵同杯酒。气岸遥凌豪士前，风流肯落他人后？夫子红颜我少年，章台走马著金鞭。文章献

纳麒麟殿，歌舞淹留玳瑁筵。与君自谓长如此，宁知草动风尘起。函谷忽惊胡马来，秦宫桃李向胡开。我愁远谪夜郎去，何日金鸡放赦回。

——《流夜郎赠辛判官》

十几年的工夫，国家的变化那末大，自己的遭遇这末飘零！夜郎是在贵州的北都桐梓县一带的，当他走到江夏的时候，便作有《流夜郎至江夏，陪长史叔及薛明府，宴兴德寺南阁》诗，又有《泛沔州城内郎官湖》诗，在后者的序中有“乾元岁秋八月，白迁于夜郎”的字样。他到了上峡，又有《流夜郎至西塞驿寄裴隐》诗。路上，他又想起秋浦（现在安徽南部至德县）一带的风光来了，他不能忘情。

桃花春水生，白石今出没。摇荡女萝枝，半挂青天月。不知旧行径，初拳几枝蕨。三载夜郎还，于兹炼金骨。

——《忆秋浦桃花旧游，时窜夜郎》

政治上的打击既然那样，所以他又想到做神仙。他原先以为要流放三年的，所以他说“三载夜郎还”。然而谁知道又出了他的意料之外的是，在次年（乾元二年，公元七五九），却遇赦了。另一种说法，则说是本来当诛，由于郭子仪的力量（李白生前救过郭子仪的），以去就争，才保全了性命（宋乐史《李翰林别集序》）。我觉得这也并非不可能，只是他被放到夜郎，还没等走到，就被赦还了，这却是毫无问题的，这在他的作品中可以考见。例如，他有《流夜郎半道承恩放，还兼欣克复之美，书怀示息秀才》诗：

……得罪岂怨天，以愚陷纲目。鲸鲵未剪灭，豺狼屡翻覆。悲作楚地囚，何由秦廷哭！遭逢二明主，前后两迁逐。去国愁夜郎，投身窜荒谷。半道雪屯营①，旷如出鸟笼。遥欣克复美，光武安可同？天子巡剑阁，兄皇守扶风②。……左扫因右拂，旋收洛阳宫。回舆入咸京，席卷六合通。……大驾还长安，两日忽再中。一朝让宝位，剑玺传无穷。愧无秋毫力，谁念矍铄翁？弋者何所慕，高飞仰冥鸿。弃剑学丹砂，临炉双玉童。寄言息夫子，岁晚陟方、蓬。

这时国家的秩序已经渐次恢复，玄宗和肃宗也都回了长安，玄宗便立时让位于肃宗，诗中就是指这些事。"遭逢二明主，前后两迁逐"，指上次玄宗听谗逐放，和这次肃宗要加以远流。上次的逐放不很严重，只是不得接近而已，地点也不确定，这次严重多了。这情形和屈原的遭遇太相像了。

李白被赦以后，便又回到江夏一带，失意之馀，就好像旷达起来：

去岁左迁夜郎道，琉璃砚水长枯槁。今年敕放巫山阳，蛟龙笔翰生辉光。圣主还听《子虚赋》，相如却欲论文章。愿扫鹦鹉洲，与君醉百场。啸起白云飞七泽，歌吟绿水动三湘。莫惜连船沽美酒，千金一掷买春芳。

——《自汉阳病酒归寄王明府》

① 《全集》本"营"作"蒙"。——编者注

② 《全集》本"兄皇"作"储皇"。——编者注

其实他是很苦闷的，因为他处处不得伸展，已经五十九岁的人了，一切抱负眼看就是一串幻影。在别人这时或者颓唐，或者恬淡了的吧，然而因为是李白，李白那生命力，那对于生活的要求，却依然催动着他，支配着他，而且依然十分强烈，所以不但不颓唐，不恬淡，反而使他觉得一旦不如意了，则不惜破坏一切，打倒一切：

> 胡骄马惊沙尘起，胡雏饮马天津水。君为张掖近酒泉，我窜三巴九千里。天地再新法令宽，夜郎迁客带霜寒。西忆故人不可见，东风吹梦到长安。宁期此地忽相遇，惊喜茫如堕烟雾。玉箫金管喧四筵，苦心不得伸一句。昨日绣衣倾绿樽，病如桃李竟何言！昔骑天子大宛马，今乘款段诸侯门。赖遇南平豁方寸，复兼夫子持清论。有似山开万里云，四望青天解人闷。人闷还心闷，苦辛长苦辛。愁来饮酒二千石，寒灰重暖生阳春。山公醉后能骑马，别是风流贤主人。头陀云月多僧气，山水何曾称人意。不然鸣笳按鼓戏沧流，呼取江南女儿歌棹讴。我且为君捶碎黄鹤楼，君亦为我倒却鹦鹉洲。赤壁争雄如梦里，且须歌舞宽离忧！
>
> ——《江夏赠韦南陵冰》

到了这时候，就是平常爱的大自然也不好起来了，“头陀云月多僧气”，觉得腻得慌；“山水何曾称人意”，觉得也不足以安慰内心的烦闷与焦急，所以只有找什么东西来捶碎了吧，找什么东西来倒却了吧，这真是一个活人的情感！我们不要忘了的，这是发自一个五十九岁的老人！所以，我们可以看出李白生命力之丰盛为何如，李白之能够始终代表了青年人的新鲜血液处为何如了！我们在这机会,又不妨拿李义山和李白作一个比较了,他们同是情感上极其发达的人物,但是李义山的力量永远向里边缩,永远像蚕一样,作茧自缚,真是"春蚕到死丝方尽"似的;李白却不然,他的力量永远往外面施放,所以一不如意,他就要毁灭一切了!同是不如意,在李义山只有悲哀,但是在李白却是加上烦躁,因为李白为那要求一切的生命力所激扰故!

李白这次重又徘徊在江夏了,但却仍没忘了要当鲁仲连,他有《江夏寄汉阳辅录事》诗:

> 谁道此水广,狭如一匹练。江夏黄鹤楼,青山汉阳县。大语犹可闻,故人难可见。君草陈琳檄,我看鲁连箭。……

只是这位鲁仲连的箭却始终没有发的机会。

所有包括了李白到此为止的生活经历的,是见之于他那《经乱离后,天恩流夜郎,忆旧游书怀赠江夏韦太守良宰》八百多字的长诗。开头说"……仙人抚我顶,结发受长生",这是说自幼学道的;接着,"误逐世间乐,颇穷理乱情。……试涉霸王略,将期轩冕荣",这是说他三十多岁在安陆流落的一段,想用世的;然而,"时命乃大谬,弃之海上行",因为不得志,便到了山东;至于用世方面的准备功夫,则感到"学剑翻自哂,为文竟何成!"但是因为自己的文章却确乎有名了,这时已经是"文窃四海声",便得以入京,既入京,却又幻灭,只好出走,那时是"儿戏不足道,五噫出西京。临当欲去时,慷慨泪沾缨。"他已是四十岁以上的人了;以后说他到了北方,"十月到幽州,戈铤若罗星。君王弃北海,扫地借长鲸。呼吸走百川,燕然可摧倾。"这是说他对安禄山的谋乱已经观察出来了,不过"心知不得语，却欲栖蓬、瀛。”说既不能说，便又想学仙远祸；他很慨叹于自己才具之没人赏识，所以他说：“无人贵骏骨，绿耳空腾骧，乐毅倘再生，于今亦奔亡。”没了办法，便只好享乐了，过一种“贤豪间青娥，对烛俨成行。醉舞纷绮席，清歌绕飞梁”的生活；不久果然天宝之乱作，“炎凉几度改，九土中横滨[①]。汉甲连胡兵，沙尘暗云海。草木摇杀气，星辰无光彩。白骨成丘山，苍生竟何罪”。因为用人不当，措置不宜，结果，“二圣出游豫，两京遂丘墟”。皇帝和太子也逃亡了，洛阳和长安也让给贼寇了；这便到了永王璘被召节制江南的时候，那混乱的情形“人心失去就，贼势腾风雨”，恐怕谁也没有主张了；而李白却正在庐山又要修道炼丹，“仆卧香炉顶，餐霞漱瑶泉。门开九江转，枕下五湖连”，刚有点得意，只因为他的名太大了，便被胁迫了去，“半夜水军来，浔阳满旌旗[②]。空名适自误，迫胁上楼船”。他这一回真要学鲁仲连了，想不要官，不要钱，然而并不行，“徒赐五百金，弃之若浮烟，辞官不受赏，翻谪夜郎天”，结果还得要流亡到夜郎去。他形容他所到地方的景色，并叙他那时的心情，“樊山霸气尽，寥落天地秋。江带峨眉雪，川横三峡流。万舸此中来，连帆过扬州。送此万里目，旷然散我愁。纱窗倚天开，水树绿如发，窥日畏衔山，促酒喜得月。”在失意中而旷达，这正是李白的本色；最后则说到：“传闻赦书至，却放夜郎回。”所有这一切几乎是他一生的生活之缩影。倘若在别人，已经快六十岁了，失败得已经够受了，似乎可以死心，却因为李白并不是以自了汉为满足的，

① 《全集》本“滨”作“溃”。——编者注

② 《全集》本“旗”作“旃”。——编者注

他这时却依然“中夜四五叹，常为大国忧”，并且还希望“安得弄华射[1]，一箭落旄头！”一个人之有价值，也正在这超乎自己利害以上的一点痴情，诗人之所以为诗人尤其于此系之！

李白的政治生涯（假若说有的话），到这里已经成了尾声。他在江夏没有多久，就又到了浔阳，我想那有名的《庐山谣》，应该作于此时：

> 我本楚狂人，凤歌笑孔丘。手持绿玉杖，朝别黄鹤楼。五岳寻仙不辞远，一生好入名山游。庐山秀出南斗傍，屏风九叠云锦张，影落明湖青黛光。金阙前开二峰帐，银河倒挂三石梁。香炉瀑布遥相望，回崖沓嶂凌苍苍。翠影红霞映朝日，鸟飞不到吴天长。登高壮观天地间，大江茫茫去不还。黄云万里动风色，白波九道流雪山。好为庐山谣，兴因庐山发。闲窥石镜清我心，谢公行处苍苔没。早服还丹无世情，琴心三叠道初成。遥见仙人彩云里，手把芙蓉朝玉京。先期汗漫九垓上，愿接卢敖游太清。

他说朝别黄鹤楼，正是由江夏、岳阳一带而来。他又到过金陵，次则往来于宣城、历阳二郡（都是安徽南部）之间，最后依着他的族叔李阳冰，住在当涂，李阳冰当时是当涂令。他作的《九日龙山饮》：

> 九日龙山饮，黄花笑逐臣。
> 醉看风落帽，舞爱月留人。

① 《全集》本“弄”作“羿”。——编者注

和《九月十日即事》：

昨日登高罢，今朝更举觞，
菊花何太苦，遭此两重阳。

即作于这时。这已经是宝应元年（公元七六二）了。四月，代宗立，代宗搜罗贤人，便拜他为左拾遗，可是命令刚下不久，李白就在当涂死了。这是当年十一月的事，李白死时六十二岁。

在人间热烈地追求了一生的李白却终于寂寞地离开了！“东山高卧时起来，欲济苍生未应晚”，“却秦振英声，后世仰末照”，这些曾经强烈地作为追求的对象者，结果换来了空虚和渺茫，诗人之成为诗人固然确定了，事业终于陷在模糊的幻灭中了。

第五章　李白的文艺造诣与谢朓

像李白在事业上有他惟一的向往人物鲁仲连一样，在文艺上也有他最崇拜的一个人物，这便是谢朓。他在集中提到谢朓的时候非常之多，特别是到了谢朓所常到的地方，便更令他追怀无穷：

> 江城如画里，山晚望晴空。两水夹明镜，双桥落彩虹。人烟寒橘柚，秋色老梧桐。谁念北楼上，临风怀谢公？
>
> ——《秋登宣城谢朓北楼》
>
> 谢亭离别处，风景每生愁。客散青天月，山空碧水流。池花春映日，窗作夜鸣秋①。今古一相接，长歌怀旧游。
>
> ——《谢公亭》（原注：盖谢朓、范云之所游）

李白的晚年，从夜郎之放被赦回以后，便徘徊于宣城的附近，大概也就正因为宣城是谢朓的足迹所在的缘故了。在李白追怀谢朓的诗中，尤其以《宣州谢朓楼饯别校书叔云》为最佳：

> 弃我去者，昨日之日不可留；乱我心者，今日之日多烦忧。长风万里送秋雁，对此可以酣高楼。蓬莱文章建安骨，中间小

---

① 《全集》本"作"作"竹"。——编者注

谢又清发。俱怀逸兴壮思飞，欲上青天览明月。抽刀断水水更流，举杯消愁愁更愁。人生在世不称意，明朝散发弄扁舟。

李白对于谢朓的诗，崇拜得很认真——我说过，李白什么事都很认真的。他在《新林浦阻风寄友人》诗中有："明发新林浦，空吟谢朓诗。"这是因为谢朓有《之宣城出新林浦向板桥》：

江路西南永，归流东北骛。天际识归舟，云中辨江树。旅思倦摇摇，孤游昔已屡。既欢怀禄情，复协沧州趣。嚣嚣自兹隔①，赏心于此遇。虽无玄豹姿，终隐南山雾。

他在《酬殷佐明见赠五云裘歌》中有："我吟谢朓诗上语，朔风飒飒吹飞雨。"这是因为谢朓有《观朝雨》：

朔风吹飞雨，萧条江上来。既洒百常观，复集九成台。空蒙如薄雾，散漫似轻埃。平明振衣坐，重门犹未开。耳目暂无扰，怀古信悠哉！戢翼希骧首，乘流畏曝鳃。动悉无兼远②，歧路多徘徊。方同战胜者，去翦北山莱。

其他如他在《游敬亭寄崔侍御》中有："我家敬亭下，辄继谢公作。相去数百年，风期宛如昨。"这是因为谢朓有"交藤荒且蔓，樛枝耸复

① 《谢宣城集校注》（上海古籍出版社 1991 年版）"嚣嚣"作"嚣尘"。——编者注

② 《谢宣城集校注》此句作"动息无兼遂"。——编者注

低”的《敬亭山》诗；他在《金陵城西楼月下吟》中有：“月下沈吟久不归，古来相接眼中稀。解道澄江净如练，令人长忆谢玄晖。”这是因为谢朓有：“馀霞散成绮，澄江静如练”的《晚登三山还望京邑》诗。在李白以前的其他任何诗人，都没有像谢朓这样使他赞叹、激赏过！

李白对于谢朓，我疑惑不止是因为诗之故而纪念他的，恐怕与谢朓的遭遇也有关：

> 天上何所有，迢迢白玉绳。斜低建章阙，耿耿对金陵。汉水旧如练，霜江夜清澄。长川泻落月，洲渚晓寒凝。独酌板桥浦，古人谁可征？玄晖难再得，洒酒气填膺。
>
> ——《秋夜板桥浦泛月独酌怀谢朓》

从“洒酒气填膺”看，知道李白是为他的不幸的收场而抱不平的。我们知道，谢朓是生于公元四六四年，早于李白之生二百三十七年，他小时就好学，有美名，因为“逢昏属乱，先蹈祸机”（《南齐书》卷四十七《谢朓传》）。他下狱死的时候才三十六。他善草隶，长五言诗，沈约曾经常说：“二百年来，无此诗也！”

就谢朓的传上的话，说他“文章清丽”；《诗品》上则一方面说他“微伤细密”，一方面又说“奇章秀句，往往警遒”，前者大概是由于“丽”得过分之故，后者却就是“清”的注脚。李白对于谢朓的推崇处则也只在“清”而不在“丽”。李白一则说：“中间小谢又清发”，再则说：“诗传谢朓清”（《送储邕之武昌》）。语凡数见，说到谢朓诗的“丽”处，却几乎只字没有。谢朓是李白在文艺上最爱的一个人物，因此在我们诗人便只道其长，而不言其短了。

李白对于文艺的见解，是见之于他那《古风》的头一首，他说：

"大雅久不作,吾衰竟谁陈","正声何微茫,哀怨起骚人"。我们可以清清楚楚地知道他的见地是古典的。在同一首诗里他又说:"自从建安来,绮丽不足珍。圣代复元古,垂衣贵清真。"便又知道他所提出来的标准即是"清真"。谢朓够这个标准,所以他推崇谢朓。

因为我们把"清真"两个字看得太惯了,不大理会它的特殊的意义。现在我要特别提醒的,乃是李白这一种文学观,是从他的道教思想一贯下来的。"清真",在李白用,并不限于对诗,乃是指一种风度,所以他形容王右军时便有"右军本清真,萧洒在风尘"。而这一种风度,却又直接是道教人格的理想,所以他说:"还家守清真,孤洁励秋蝉,炼丹费火石,采药穷山川。"(《留别广陵诸公》)

从萧洒、孤洁的字样看,我们可以把握清真的意义。"清"就是不浊,所以说萧洒;"真"就是不虚饰,不矫揉,这样当然不能随和流俗了,因此便又说孤洁。李白如何而有这样萧洒不浊的理想?这完全是因为李白有了"道"和"运"的观念后,所以自然觉得"一身自萧洒,万物何嚣喧"了的缘故。李白如何而有这样不虚饰、不矫揉、认真而不从流俗的理想?这就完全是因为李白由道教的"自然"观念出发,而爱淳朴,而以为现在"朴散不尚古,时讹皆失真"之故(参看本书第三章"道教思想之体系与李白",我所谓道教的第一个根本概念和第三个根本概念)。在不经意之间,一个诗人的精神是多末有着体系性和统一性,现在我们可以看得出!

在谢朓的诗里,因为时代之故,"清"则有之,"真"却还没能充分地表现出来,李白的诗却就非常显然了,极其真。我常觉得李白的可爱,就在他"真"得不掩其矛盾,"真"得不掩其有棱角,一会是陶潜,一会是孔子,一会是谢安,一会是鲁仲连,又是神仙,又是说客,又是宰相,又是大将。不了解他的人,一定有莫名其妙之感了。

我现在再举他一首诗,以见他那像孩子样的纯真,或者天真吧:

小妓金陵歌楚声,家僮丹砂学凤鸣。我亦为君饮清酒,君心不肯向人倾。

——《出妓金陵子呈卢六》

我想恐怕从来的诗人不会把内心对人的怨和不满写得这末露骨的。这真好像一个小孩子张着手向大人要糖而得不到的神情了!他也非常重视这种真,所以他说:"若使巢、由桎梏于轩冕兮,亦奚异乎夔龙蹩躠于风尘?哭何苦而救楚?笑何夸而却秦?吾诚不能学二子沽名矫节以耀世兮,固将弃天地而遗身。白鸥兮飞来,长与君兮相亲。"(《鸣皋歌送岑征君》)到了他一认真的时候,就是对他所喜欢的鲁仲连也奚落起来了!他一认真,便对于所热切追求的富贵,也撒手弃之了,因此也就无怪乎他事业上失败了——然而这是光荣的失败!

以上所说的"真"是从内容上说起的,表现在技巧上的"真"却便是"自然"。"自然"就正是不虚饰,不矫揉,朴实无华,一点人工斧凿痕不能有的光景。这在李白的诗中是做到的。"小时不识月,呼作白玉盘"(《古朗月行》),"郎今欲渡缘何事?如此风波不可行"(《横江词》),"南船正东风,北船来自缓。江上相逢借问君,语笑未了风吹断"(《寄韦南陵冰,余江上乘兴访之,遇寻颜尚书,笑有此赠》),"两人对酌山花开,一杯一杯复一杯。我醉欲眠卿且去,明朝有意抱琴来"(《山中与幽人对酌》),都自然到可惊的地步!这种自然,是超过了谢朓的。

不错,"清真"是李白对于诗所要求的一个标准;不错,李白以这个标准而选择了谢朓。但是李白自己的诗，却决不能以“清真”尽之。李白诗的特色，还是在他的豪气，“黄河之水天上来”，这是再好也没有的对于他的诗的写照了！在一种不能包容的势派之下，他的诗一无形式！或者更恰当地说，正是康德（Kant）那意见，天才不是规律的奴隶，而是规律的主人（Das Genie ist Meister der Regelu und nicht ibr Sklave）李白是充分表现出来了！他的才气随时可以看得出来：“顿惊谢康乐，诗兴生我衣。襟前林壑敛暝色，袖上云霞收夕霏。”（《酬殷佐明见赠五云裘歌》）他的观察，随地有出奇独特处：“秋浦锦鸵鸟，人间天上稀。山鸡羞绿水，不敢照毛衣。”（《秋浦歌》）

说到根本处，我们还得归到老话，所有这一切，只是由于生命力充溢之故，而这生命力，又经过道教的精神洗礼之故。因此，他毫无尘土气，他一空倚傍；在那精神的深处，光芒四射而出，万物经这光芒的照耀，跑到了他的笔端的，也便都有着剔透玲珑的空灵清新之感了！“我觉秋兴逸，谁云秋兴悲。”（《秋日鲁郡尧祠亭上宴别杜补阙范侍御》）这代表了李白一切的洒脱的风度！

凡是李白最成功的作品，例如那“西上莲花山，迢迢见明星……俯视洛阳川，茫茫走胡兵”的《古风》，“五花马，千金裘，呼儿将出换美酒，与尔同销万古愁”的《将进酒》，“清风朗月不用一钱买，玉山自倒非人推。舒州杓，力士铛，李白与尔同死生，襄王云雨今安在，江水东流猿夜声”的《襄阳歌》，“头陀云月多僧气，山水何曾称人意……我且为君捶碎黄鹤楼，君亦为我倒却鹦鹉洲”的《赠韦南陵》，“我本楚狂人，凤歌笑孔丘。……五岳寻仙不辞远，一生好入名山游”的《庐山谣》，“平生不下泪，于此泣无穷”的《江夏别宋之悌》，“仰天大笑出门去，我辈岂是蓬蒿人”的《南陵别儿童入京》，“抽刀断水水更流，举杯消愁愁更愁”的《宣州谢脁楼饯别》，“古人今人若流水，其看明月皆如此①，唯愿当歌对酒时，月光长照金樽里”的《把酒问月》，“三杯通大道，一斗合自然”的《月下独酌》，这些统统有一个共同点，就是往往上下千古，令人读了，把精神扩张到极处。我们那时的精神乃是一匹快马一样，一会驰骋到西，一会驰骋到东，为李白的精神所引导着，每每跃跃欲试地要冲围而出了。其内容如此，所以在表现上，便似乎没有形式，没有规律了——却到底仍不如说他是真正主宰着形式与规律了的。

因李白生命力充溢之故，他所取材的歌咏的对象多半是雄大壮阔的：“浙江八月何如此，涛似连山喷雪来”（《横江词》），“墨池飞出北溟鱼，笔锋杀尽中山兔”（《草书歌行》），“日出东方隅，似从地底来……吾将囊括大块，浩然与溟涬同科”（《日出入行》）这种局势，可以说在中国四千年来的诗坛上少有第二人！

就文学史的意义上说，李白的出现，是一个大改革，所以李阳冰的《草堂集序》有：“至今朝诗体，尚有梁陈宫掖之风，至公大变，扫地并尽。今古文集，遏而不行，唯公文章，横被六合，可谓力敌造化欤！”不过我们的意思并不是以为李白是第一个改革者，我们却是以为李白是改革的完成者。在这种消息上，我们便可以明白韩愈对于李杜的称赞“李杜文章在，光焰万丈长。不知群儿愚，那用故谤伤。蚍蜉撼大树，可笑不自量”了，其根由正在于同是反对梁陈，李白者正是诗坛上的复古运动家韩愈呢！

李白在事业上想追踪鲁仲连，结果并没能如鲁仲连那样得意，但他在文学上称赞谢玄晖，造诣却超过了谢玄晖万万了！

---

① 《全集》本“其”作“共”。——编者注

第六章　李白：寂寞的超人

一　李白的情感生活

我们先说李白的情感生活。

据魏颢的《李翰林序》，李白“始娶于许，生一女，一男曰明月奴”，“女既嫁而卒；又合于刘，刘诀；次合于鲁一妇人，生子曰颇黎；终娶于宋。”——那末，李白是结了四次婚的。所谓娶于许，就是指在安陆为许相公妻以孙女的事，明月奴就是伯禽，那个女孩就是平阳，还有一个男孩则是天然。加上颇黎，李白一共是四个小孩，最年长的乃是平阳，明月奴次之。李白很爱这些小孩们。

我们知道李白抒情的作品，特别是写儿女之情的，往往不太出色，即像“玉阶生白露，夜久侵罗袜。却下水精帘，玲珑望秋月”（《玉阶怨》）那样的作品也很少很少。他所写的往往是很露骨的一类，例如：“相思相见知何日，此时此夜难为情”（《三五七言》），“何由一相见，灭烛解罗衣”（《寄远》）；他所对于异性的感觉都是很具体的，你看：

> 长干吴儿女，眉目艳星月。屐上足如霜，不著鸦头袜。
> 吴儿多白皙，好为荡舟剧。卖笑掷春心，折花调行客。

耶溪采莲女，见客棹歌回。笑入荷花去，佯羞不肯来。

镜湖水如月，耶溪女如雪。新妆荡新波，光景两奇绝。

——《越女词》

葡萄酒，金笸箩，吴姬十五细马驮。青黛画眉红锦靴，道字不成娇唱歌①。玳瑁筵中怀里醉，芙蓉帐底奈君何！

——《对酒》

不是眉毛怎么样，就是脚怎么样，穿得怎么样，总之，李白对于爱情是很感官的，是很物质的，用广泛的说法，就是宁是肉的，而不是灵的。往根本去看，这又是和他的道教思想有关。我说过，道教的第三个根本概念是自然，从自然的概念出发，遂发现了世界之物质的方面，从而对于人生也就有一种唯物的色彩，所以表现在别方面之现世主义、富贵主义者，在爱情上也就是着重感官的，肉的了。

不过，李白有一个好处，就是真。因为真，虽所写的具体而不碍其具体，虽露骨而不碍其露骨，有时非常过分了，例如"相见不得亲，不如不相见"（《相逢行》），"千杯绿酒何辞醉，一面红妆恼杀人"（《赠段七娘》），甚而显得很急切了："美人美兮归去来，莫作朝云飞阳台"（《寄远》），但这些都毫没有关系，我们也丝毫不觉得鄙近，也丝毫不觉得俗恶，这就是因为，过分与急切是李白的本色，写到本色，就是真，"真"便可以原谅了一切了。

可是相反的，李白却不善于写常情，他的许多寄内诗，都不佳。李白对于色情的观念，有时竟是卑视的，例如他说："陈王徒作赋，神女岂同归？好色伤大雅，多如世所讥。"（《感兴》）在这些地方，

① 《全集》本"成"作"正"。——编者注

他和李商隐实在相反,李商隐对于爱情的观念是灵的,这不必说了;李商隐写到夫妇的情感处,则甚精彩;李商隐对于性爱,也从来不卑视。

很奇怪的是,以李白那样漂泊而没有定性的人,一会从政了,学鲁仲连;一会隐退了,学神仙,但是他之父子的感情却很浓。他在诗中时常流露,例如"穆陵关北愁爱子"(《万愤词》),"爱子隔东鲁"(《赠武十七谔》)等等都是,更如:

> 我固侯门士,谬登圣主筵。一辞金华殿,蹭蹬长江边。二子鲁门东,别来已经年。因君此中去,不觉泪如泉。
>
> ——《送杨燕之东鲁》
>
> 六月南风吹白沙,吴牛喘月气成霞。水国郁蒸不可处,时炎道远无行车。夫子如何涉江路,云帆袅袅金陵去。高堂倚门望伯鱼,鲁中正是趋庭处。我家寄在沙丘傍,三年不归空断肠。君行既识伯禽子,应驾小车骑白羊。
>
> ——《送萧三十一之鲁中,兼问稚子伯禽》
>
> 楼东一株桃,枝叶拂青烟。此树我所种,别来向三年。桃今与楼齐,我行尚未旋。娇女字平阳,折花倚桃边。折花不见我,泪下如流泉。小儿名伯禽,与姊亦齐肩。双行桃树下,抚背谁复怜?念此失次第,肝肠日忧煎。裂素写远意,因之汶阳川。
>
> ——《寄东鲁二稚子》

他这方面的感情实在太浓烈了,"因君此中去,不觉泪如泉",可知他平日的挂念为何如了,这还不过和他的爱子们才别了一年而已！至于"君行既识伯禽子，应驾小车骑白羊"，"小儿名伯禽，与姊亦齐肩。双行桃树下，抚背谁复怜"，这便都是在别了他的爱子们三年以后写的了，那印象更是多末具体，字句更多末给人刺戟！没得到过家庭的温暖的诗人，但并没因此令他对于子女的慈爱有所欠缺。在一般目李白为狂人，为不近于人情的人，在这里要反省的罢。漂泊的李白，没有家的李白，狂歌度日的李白，他却是有着一颗多末与通常人逼近的、相通的心！

二　李白的友谊

李白对于友情，自然也很重视，他所歌咏的"若惜方寸心，待谁可倾倒？虞卿弃赵相，便与魏齐行。海上五百人，同日死田横"(《于五松山赠南陵常赞府》)，便是他所向往的。不过他的交游，除了游侠与"神仙交"之外，在士大夫中而有真切的友情的却只是寥寥可数。他和杜甫的来往，我说过，是杜甫的关切于李白者多，李白关切于杜甫者少的。此外，恐怕只有孟浩然和贺知章了：

> 吾爱孟夫子，风流天下闻。红颜弃轩冕，白首卧松云。醉月频中圣，迷花不事君。高山安可仰，徒此揖清芬。
>
> ——《赠孟浩然》
>
> 欲向江东去，定将谁举杯。稽山无贺老，却棹酒船回。
>
> ——《重忆》

只有他对这两人可算敬爱备至。

至于一般士大夫，我觉得远不如村夫俗子可以唤起他的感情，所以他有《赠汪伦》诗：

李白乘舟将欲行，忽闻岸上踏歌声。
桃花潭水深千尺，不及汪伦送我情。

汪伦就是安徽泾县桃花潭的一个村人，常款待李白的。他又有《哭宣城善酿纪叟》诗：

纪叟黄泉里，还应酿老春。
夜台无晓日，沽酒与何人？

纪叟当然也是一位"普洛"。在这两首诗中所流露的情感，却都极其深挚，极其浓厚。我想这也是因为李白的性格和教养之故罢。因为性格的豪放，他便不爱和那些扭扭捏捏的士大夫来往；因为道教的教养，他便对于这些淳朴率直的人们特别合得来了。至于游侠和神仙交，说得幽默一点，则似乎有点职业的意味。所谓同行，自然另当别论。

以情感那样丰盛的诗人李白，对于友情的要求，大，当然很大，然而失望也就不免了，所以李白才有"多花必早落，桃李不如松。管、鲍久已死，何人继其踪"（《箜篌谣》）的叹息，并且又有"《谷风》刺轻薄，交道方险巇。斗酒强然诺，寸心终自疑"（《古风》）的愤慨了。

三　了解李白之杜甫

不过,却终于是杜甫极了解李白。我们先看杜甫和李白的游踪、过从处:

> 李侯有佳句,往往似阴铿。余亦东蒙客,怜君如弟兄。醉眠秋共被,携手日同行。更想幽期处,还寻北郭生。入门高兴发,侍立小童清。落景闻寒杵,屯云对古城。向来吟《橘颂》,谁欲讨莼羹?不愿论簪笏,悠悠沧海情。
>
> ——杜甫《与李十二白同寻范十隐居》

"醉眠秋共被,携手日同行",可以见他们的亲密。杜甫又有《春日忆李白》诗:

> 白也诗无敌,飘然思不群。清新庾开府,俊逸鲍参军。渭北春天树,江东日暮云。何时一尊酒,重与细论文?

这些时候都在公元七三七年左右,李白快四十岁了,杜甫不够三十,杜甫很赏识李白文学方面的天才,差不多他每首有关李白的诗里都提到。对于李白的性格,"飘然思不群",自然也在羡慕着。

后来李白以四十二岁而得从政了,但是不久就又失败,杜甫这时便又有《寄李十二白二十韵》的诗,其中有"昔年有狂客,号尔谪仙人。笔落惊风雨,诗成泣鬼神。声名从此大,汩没一朝伸"的句子，这是说李白在长安和贺知章相识的事的，附带的却又提到了李白诗上的天才。其中又说："乞归优诏许，遇我宿心亲。未负幽栖志，兼全宠辱身。"这便是得到退休，政治上失败的时候了。接着，"剧谈怜野逸，嗜酒见天真。醉舞梁园夜，行歌泗水滨。才高心不展，道屈善无邻"。这乃是李白失意后的情况，同时也见这时杜甫对于他之同情了。

本来就有神仙的向往的李白，经政治上的失败以后便更热心起来，同时他的豪气也不惟不灭，反而也更肆无忌惮起来，但是他内心里是焦急着，苦闷着，有一缕苦无主宰的悲感在。这时了解他的也便唯有杜甫。看见他"秋来相顾尚飘萍"了，知道他"未就丹砂愧葛洪"，在别人以为李白"痛饮狂歌"为热闹者，独独杜甫明白这是"空度日"，在别人所只见李白之乱蹦乱跳，自负自赞者，杜甫却独独明白李白的内心的深处却是空虚，所以说"飞扬跋扈为谁雄"了！范传正为李白作《唐左拾遗翰林学士李公新墓碑并序》中有："脱屣轩冕，释羁缰锁，因肆情性，大放宇宙间。饮酒非嗜其酣乐，取其昏以自富。作诗非事于文律，取其吟以自适。好神仙，非慕其轻举，将不可求之事求之，欲托壮心[①]，遗馀年也。"这了解也未尝不深刻，但却稍微过了些，我便觉得有点失真了，因为李白之好神仙实在是早年以来所抱有的一种志愿，说因政治上之失败，而更重理旧业则可，说这只是一种寄托就不合实际了。杜甫则不然，却以为李白政治上的失败之外，再加上神仙也没有成功，因此有"丹砂未就愧葛洪"之叹，双重的幻灭，笼罩着李白内心的苦闷，这恐怕是再对也没有了。

① 《全集》本"托"作"耗"。——编者注

李白的情形却越发不好下去。到了晚年,又因为永王璘的事件几乎送了性命,终于遭了流放。李白是将近六十的老头儿了,杜甫也快半百,这时杜甫便有《不见》一诗,原注"近无李白消息",那诗是:

不见李生久,佯狂真可哀。世人皆欲杀,吾意独怜才！敏捷诗千首,飘零酒一杯。匡山读书处,头白好归来。

距李白之死约三四年。别人以李白的佯狂为不近人情,别人以李白的佯狂为可以取笑,杜甫却感触到那是很深的悲哀;在一群愚妄者无不觉得必得李白而后甘心时,知道爱惜这一位天才诗人的恐怕也就只有杜甫。

杜甫对李白时时不放心,那深挚的友情尤其表露在此际:

凉风起天末,君子意如何？鸿雁几时到？江湖秋水多。文章憎命达,魑魅喜人过。应共冤魂语,投诗赠汨罗①。

——《天末怀李白》

虽然不知道李白的生死,但是觉得恐怕消息不会好了,"文章憎命达",说得哀愤极了！之外,则杜甫又作有《梦李白》:

死别已吞声,生别常恻恻。江南瘴疠地,逐客无消息。故

① 《全集》本"赠"作"吊"。——编者注

人入我梦,明我常相忆。恐非平生魂,路远不可测。魂来枫叶青[1],魂返关塞黑。君今在罗网,何以有羽翼?落月满屋梁,犹疑照颜色。水深波浪阔,无使蛟龙得!

浮云终日行,游子久不至。三夜频梦君,情亲见君意。告归常局促,苦道来不易。江湖多风波,舟楫恐失坠。出门搔白首,若负平生志。冠盖满京华,斯人独憔悴!孰云网恢恢?将老身反累。千秋万岁名,寂寞身后事!

这就直然是两首挽歌了!诗里头真凄怆欲绝,现在不复是了解李白的问题了,乃是情感上的震悼受得了受不了的问题了!"魂来枫叶青,魂返关塞黑","落月满屋梁,犹疑照颜色","三夜频梦君,情亲见君意",这是多末珍贵的友情,我想或者多少可以补偿我们诗人所受的轗轲了罢。"冠盖满京华,斯人独憔悴。孰云网恢恢,将老身反累",这是李白一生的缩影。李白在文艺上的亘古不朽的成绩,杜甫也早早感觉到了,不过这热闹只在身后而不在眼前,眼前所有的却是寂寞和萧条!

四　李白之身后

这真是不可思臆的事,李白常说"看取富贵眼前者,何用悠悠身后名",李白常怕"名扬宇宙,而枯槁当年",然而李白所有的却偏

① 《全集》本"枫叶"作"枫林"。——编者注

偏是他所没在意的！

是宝应元年（公元七六二）十一月乙酉，李白死在当涂。当涂是他族叔李阳冰的所在。他是病死了的。在病榻上把许多没加整理的手稿交给了李阳冰。据李阳冰说："自中原有事，公避地八年，当时著述，十丧其九，今所存者，皆得之他人焉。"所谓"避地八年"者正是自安禄山之乱（公元七五五）算起，话说得颇含蓄，把李白参加永王璘的事，入狱的事，放逐夜郎的事，便都包括了。李阳冰对他推崇备至，称为"三代以来，《风》《骚》之后，驰驱屈宋，鞭挞扬马，千载独步，唯公一人"。

然而生气活泼、飞扬跋扈的李白，却终于逢到像一般人一样的平庸的归宿！在他死后四五十年，有宣歙池等州观察使范传正到当涂一带来。因为崇拜李白的缘故，便按着地图找到了李白的坟墓，他不让人去随便樵采，并且打扫干净。他又竭力访求李白的后人，求了三年，于是找到李白的两个孙女，这时都出阁了，一个嫁给陈云，一个嫁给刘劝，都是农人。范传正把那两个孙女招呼来的时候，看她们衣服也很村俗了，面目也很粗糙了，只是举动还安祥些，范传正便问她们的景况，她们说："父伯禽以贞元八年不禄而卒，有兄一人，出游一十二年，不知所在。父存无官，父殁为民，有兄不相保，为天下之穷人。无桑以自蚕，非不知机杼；无田以自力，非不知稼穑。况妇人不任布裙，粝食何所仰给，俪于农夫，救死而已。久不敢闻于县官，惧辱祖考，乡闾逼迫，忍耻来告。"说罢便哭了。范传正当时听了也只有凄然。所说贞元八年是公元七九二，距李白之死已三十年了，这位伯禽便是李白生前所惦记着的"应驾小车骑白羊"的爱子了。李白四个小孩，平阳出嫁就死了，天然和颇黎没有下文，所知者只有这位伯禽了。一代大诗人的下场如此，不是

"寂寞身后事"是什么呢？

李白的两位孙女觉得他祖父是喜欢青山的，便请求范传正为她们帮忙，要把李白改葬。范传正立刻允许了，以元和十二年（公元八一七）正月二十三日把李白改葬在旧坟六里以西的地方，北边就是青山，青山是谢朓曾筑屋幽居过的，所以又叫谢公山，在当涂县东南。李白一生所在文学造诣上顶服膺的人物是谢朓，所顶喜欢的地方就是青山，现在可以多少得到安慰了。

范传正觉得大诗人的孙女嫁给农夫不免有点辱没，于是便劝她们改嫁给士族，但是她们答道："夫妻之道，命也，亦分也。在孤穷，既失身于下俚；仗威力，乃求援于他们。生纵偷安，死何面目见大父于地下，欲败其类，所不忍闻。"因为这样便只好听从了她们，只是免了她们的赋税和徭役，也算是对她们先人的敬意。

五　李白和山东

因为要求仙访道和从政之故，李白的足迹在国内便非常普遍。倘若把他的生活分三期，以公元七〇一到七四一为第一期，这就是从他诞生到四十一岁，是他还没登政治舞台，过一种漂泊生活的时期，则在这一时期里，便有关系他非常之大的三个地域，这是蜀、安陆和齐鲁。蜀是他在儿童时所受教养的所在，安陆是他结婚和游说的所在，齐鲁是他求仙学剑的所在。李白第二期生活可以从七四二年到七五五年（包括他四十二岁到五十五岁），作一个段落的话，便是他登政治舞台，然而失意，然而终于又过着漫游的生涯的时代，对他意义重大的地域也有三个，这是长安、梁和金陵。长安是他作官和发挥酒兴的所在,梁是他交游最痛快的所在,金陵是他凭今吊古的所在。七五五年的安禄山之乱,划分了李白的末期生活,这就是从他五十五岁到他逝世(七六二)的一段了,在这一时期里有他第二次政治上的失败,其生活更为愁惨,谁也不想他的晚年是结束在迁徙流亡中。这时期我认为重要的地域也有三个,这就是:浔阳、江夏和当涂;浔阳是他下狱的所在,江夏是他流亡被赦后盘桓的所在,当涂是他羡慕谢家山水,就死在谢家山水之旁的所在。倘若我们牢记得李白这三个时期,我们对于李白的一生就可以得到一个粗略的轮廓了,有这每一时期里的三个地域,则李白一生的足迹所至,也就不难统统记忆,补缀起来了。

在这许多地域中,我却要特别提出齐鲁,这是因为我见他特别说得亲切,关系他又特别大的缘故。在他第一期生活中吧,他到山东来学剑,曾经久住;第二期生活中他到齐来受道箓,而且因为家寓鲁中,虽然漫游,却常往来于齐鲁间;第三时期他虽然不得到齐鲁来了,但他"穆陵关北愁爱子",爱子还在山东,于是常常系在他的慈肠。

李白对于齐鲁,真是再熟悉没有了,他熟悉山东的酒:

兰陵美酒郁金香,玉碗盛来琥珀光。
但使主人能醉客,不知何处是他乡。

——《客中作》

兰陵就是山东峄县。这种酒大概常是他的好友,所以他又有《鲁中都东楼醉起作》:

昨日东楼醉,还应倒接篱。

阿谁扶上马，不省下楼时。

他当然就是喝的这种酒了。他又熟悉山东的鱼：

鲁酒若琥珀，汶鱼紫锦鳞。山东豪吏有俊气，手携此物赠远人。意气相倾两相顾，斗酒双鱼表情素。酒来我饮之，鱼作别离处①。双鳃呀呷鳍鬣张，跋刺银盘欲飞去。呼儿拂机霜刃挥，红肥花落白雪霏。为君下筯一餐饱，醉看金鞍上马归②。

——《酬中都小吏携斗酒双鱼于逆旅见赠》

他还熟悉山东人的生活，他知道："五月梅始黄，蚕凋桑柘青。鲁人重织作，机杼鸣帘栊。"（《五月东鲁行答汶上翁》）他也熟悉山东的气候，他知道："鲁国寒事早，初霜刈渚蒲。挥镰若转月，拂水生连珠。"（《鲁东门观刈蒲》）他更熟悉山东的风光，看他形容："朝登大庭库，云物何苍然。莫办陈、郑火，空睹邹、鲁烟③。"（《大庭库》）这也的确是中国北方的景色。

他到过华不注山（现在俗称华山），他有"昔我游齐都，登华不注峰。兹山何峻秀，绿翠如芙蓉"（《古风》）；他到过鹊山湖（现在的大明湖就是鹊山湖的一部分），他有"湖阔数千里，湖光摇碧山。湖西正有月，独送李膺还。"以及"水入北湖去，舟从南浦回。遥看鹊山转，却似送人来"（《陪从祖济南太守泛鹊山湖》）。只因为这

① 《全集》本"鱼"作"脍"。——编者注

② 《全集》本"看"作"著"。——编者注

③ 《全集》本"办"作"辨"，"睹"作"霾"。——编者注

地方是我从小就常玩的，所以读了便尤其感到活泼泼的兴致了。

我们还不要忘了，是在山东，李白和杜甫发生了深挚的友情，在集中有《送杜甫》和《寄杜甫》诗：

> 醉别复几日，登临遍池台。何言石门路，重有金樽开。秋波落泗水，海色明徂徕。飞蓬各自远，且尽林中杯。
>
> ——《鲁郡东石门送杜二甫》
>
> 我来竟何事，高卧沙丘城。城边有古树，日夕连秋声。鲁酒不可醉，齐歌空后情①。思君若汶水，浩荡寄南征。
>
> ——《沙丘城下寄杜甫》

这都是在山东作的。好了，也不必多说了。在山东，有他的爱子，有他的知友。他爱游侠，在山东可以学剑术；他好神仙，在山东可以受符箓，著道书；他佩服鲁仲连，逢巧鲁仲连也正是齐人；况且这里有他熟悉的酒，爱吃的鱼，手种的桃树。说得更根本一点吧，李白在性格上的风流、豪爽、诚坦、率真，也很近乎山东人的性格，所以无怪乎杜甫诗中有"近来海内为长句，汝与山东李白好"（《苏端薛复筵简薛华醉歌》），元稹的文中有"是时山东人李白亦以奇文取誉"（《唐故检校工部员外郎杜君墓志铭》）了，甚而《旧唐书·李白传》也称李白为山东人，错当然是错了（这是因为有李白自己的文字证明之故，一般人之否认李白为山东人则有二说，一认为齐鲁称山东乃自元始，唐时之山东乃关东通称，二认为说李白为山东人乃是根据杜诗，而杜诗别本作东山。实则这二说却都不巩固，因为李

① 《全集》本"后"作"复"。——编者注

白明明有“学剑来山东”之语，而山东便确乎指齐鲁，可知说唐诗中山东不指齐鲁是不可靠了；其次杜集纵错，何以元稹也错，难道也是东山印倒了吗？）然而不能不说是一个颇有意义的错！

六　李白的风度和勤学

在郑振铎著《插图本中国文学史》第二册，有李白的一幅画像，是采自南董殿所藏《圣贤画册》的，看样子，气度很轩昂，不过没有什么特别，大概不很逼真，倒不如日本松平直谅氏所收藏的南宋梁楷画的《李太白图》，虽然像一般的中国人物画一样，脑袋总是格外大，大到和全身不相称了，但是那眼光望着高处，胡须撅着，披着像布袋一样的衣服，却真是如《旧唐书》所谓“有逸才，志气宏放，飘然有出世之心”的神气。

从崔宗之赠李白的诗看起来，李白一定很善谈，所谓“玄谈又绝倒”，同时李白的眼睛一定很特别，因此又有“双眸光照人，词赋凌子虚”之语。

当时崇拜李白的就很多，其中有一人是魏颢（这人先名万，次名炎），他曾经跑了三千多里路，即为的是赶着访李白，最后他们相会于金陵。李白作有《送王屋山人魏万还王屋》，魏万也作有《金陵酬李翰林谪仙子》，这时已在李白政治上失意之后，受过道箓，久住过梁宋，大概五十多了。魏颢形容他“眸子炯然，哆如饿虎，或时束带，风流蕴藉，曾受道箓于齐，有青绮冠帔一副”。这可以同崔宗之的话相印证。魏颢也是很自负的人，也有狂名，与李白一见就相欢洽。李白曾经说魏颢以后一定有大名于天下，到那时候只不要忘了他和他的明月奴就好了，当时说得很当真，立刻“尽出其文，命颢为集”，说得魏颢也高兴极了，后来魏颢便曾说：“颢今登第，岂符言耶？”就是指有大名的话的。在上元末（公元七六一），就是李白之死的前一年，魏颢把散失了的李白诗文又集起来，他把他们两人的赠诗放在卷首，算是纪念他们的友情。这应当是李太白最早的诗文集吧，当时魏颢未尝不希望“白未绝笔，吾其再刊”的，但是次年李白就死了。

正像大家以为李白“慷慨自负，不拘常调”，应该没有常人的情感了，然而他家人父子的情感却非常之浓，会使人惊讶一样，漂泊流徙的李白却也非常用功，这恐怕更出人意外。我的证据是，他在《送张秀才谒高中丞》诗序中有：“余时系浔阳狱中，正读《留侯传》。”可见他虽然被捕入狱了，都还在读书，则平时更可知了。又如他在《改九子山为九华山联句序》中则有：“青阳县南有九子山，山高数千丈，上有九峰如莲花。按图征名，无所依据。太史公南游，略而不书。事绝古老之口，文阙名贤之纪[①]。”就更见出他不但用功，而且很仔细。再如他在《答族侄僧中孚赠玉泉仙人掌茶》诗序中也有“按仙经”如何如何的话，可知他关于道教的书也是常在手头。所以倘若说李白不像普通人读书那末死，则可；倘若说他不读书，就不对了。因此只是自命不凡、不肯努力的人，并不能以李白为借口。

在裴敬作的《翰林学士李公墓碑》中曾说到“于历阳郡得翰林《与刘尊师书》一纸，思高笔逸”，这是李白的书法的一斑。

---

① 《全集》本“文”作“复”。——编者注

七　李白与一般诗人之共同点

李白虽然喜欢游侠，热中从政，但他也像一般的诗人一样，反对战争。他说："败马号鸣向天悲，鸟鸢啄人肠[①]，衔飞上挂枯树枝，士卒涂草莽，将军空尔为。乃知兵者是凶器，圣人不得已而用之。"(《战城南》)

李白的自负，完全由于他真。普通人未尝不自负，不过不说出口来。"真"也是一般诗人的共同点。

他常记住别人的赞语，他在《冬日于龙门送从弟京兆参军令问之淮南觐省序》中有："常醉目吾曰：'兄心肝五脏，皆锦绣耶？不然何开口成文，挥翰雾散？'吾因抚掌大笑。"这在普通人也未尝不能遇到，遇到也未尝不能记在心上，但又是不敢像他这样直说的。

李白常在诗中忽然提起自己的名字来了，"李白与尔同死生"，这也是他的天真可爱处。

八　李白之痛苦

不过，在说过一切话之后，李白却还是一无所有：空虚和寂寞而已，渺茫和痛苦而已。

他自己的一切，是完全失败了，"我发已种种，所为竟无成！"

① 《全集》本"鸟"作"乌"。——编者注

(《留别西河刘少府》)

就根本处说,李白不能算矛盾,他有丰盛的生命力,他要执着于一切。但是就表现上说,就不能不算矛盾了,因为他要求得急切,便幻灭得迅速,结果我们看见他非常热中,却又非常冷淡了。一会是“人生在世须尽欢”,一会是“人生在世不称意”;一会他以孔子自负“我志在删述”,一会他又最瞧不起孔子,“凤歌笑孔丘”,矛盾多末大!

李白的精神是现世的,但他的痛苦即在爱此现世而得不到此现世上,亦即在想保留此现世,而此现世终归于无常上。他刚说着:“百年三万六千日,一日须倾三百杯,遥看汉水鸭头绿,恰似葡萄初酦醅。此江若变作春酒,垒麹便筑糟丘台。千金骏马换少妾,笑坐雕鞍歌《落梅》。车旁侧挂一壶酒,凤笙龙管行相催。”(《襄阳歌》)说得多末高兴,然而马上感到“襄王云雨今安在,江水东流猿夜声”,虚无了!

“忽魂悸以魄动,恍惊起而长嗟。惟觉时之枕席,失向来之烟霞。世间行乐亦如此,古来万事东流水”(《梦游天姥吟留别》),从来现世主义者必须遇到的悲哀就正是空虚。想到这地方便真要解放了,所以,接着是:“别君去兮何时还,且放白鹿青崖间,须行即骑访名山。安能摧眉折腰事权贵,使我不得开心颜!”又如他作的《古风》:“庄周梦蝴蝶,蝴蝶为庄周。一体更变易,万事良悠悠。乃知蓬莱水,复作清浅流。青门种瓜人,旧日东陵侯。富贵固如此,营营何所求。”和这意思是一模一样的。倘若想起“名利徒煎熬,安得闲余步”来,当然会有“抚己忽自笑,沉吟为谁故”的不知所以之感了。

从虚无就会归到命运上去,“良辰竟何许,大运有沦忽”,李白是有道教信仰的人，更容易想到个人的力量之小，大运的力量之大。由现世虚无而解脱固然是一种反应了，由现世虚无而更现世，也是一种反应，所以又有“人生达命岂假愁，且饮美酒登高楼”（《梁园吟》）的话。

然而人生既为命运所操持，倘若不然而能够操持命运，岂不更好么？符合了这种理想的，便是神仙。你看，“容颜若飞电，时景如飘风。草绿霜已白，日西月复东。华鬓不耐秋，飘然成衰蓬[①]。古来贤圣人，一一谁成功？君子变猿鹤，小人为沙虫。不及广成子，乘云驾轻鸿”（《古风》），便恰恰说明了从受命运支配到要支配命运，因而学仙的心理过程。

但是我们却不要忘了，像李白这样人物的求仙学道，是因为太爱现世而然的，所以他们在离去人间之际，并不能忘了人间，也不能忘了不得志于人间的寂寞的。所以他虽然上了华山，“虚步蹑太清”了，但他并没忘了“俯视洛阳川，茫茫走胡兵。流血涂野草，豺狼尽冠缨”。

让我再重复地说吧，李白对于现世，是抱有极其热心的要参加，然而又有不得参加的痛苦的，他那寂寞的哀感实在太深了，尤其在他求仙学道时更表现出来。他曾经说：“桃李何处开，此花非我春。唯应清都境，长与韩众亲。”他曾经说：“太白何苍苍，星辰上森列。去天三百里，邈尔与世绝。中有绿发翁，披云卧松雪。不笑亦不语，宜栖在岩穴[②]。……铭骨传其语，竦身已雷灭[③]。仰望不可

① 《全集》本“飘”作“飒”。——编者注
② 《全集》本“宜”作“冥”。——编者注
③ 《全集》本“雷”作“电”。——编者注

及，苍然五情热。吾将营丹砂，永与世人别。”我们大可以想象吧，这是一种什么况味！

然而，怎么样呢？神仙也未尝不仍是渺茫，也未尝不仍是虚无，所以在有一个时候，便连这一方面的幻灭也流露出来了。他说：“石火无留光，还如世中人。即事已如梦，后来我谁身？提壶莫辞贫，取酒会四邻。仙人殊恍惚，未若醉中真。”那末，便只有酒了！酒者是糊里糊涂，一笔勾销罢了，那末，还能怎么样呢？就只有寂寞和虚无了！

同时，李白是深感到天才被压迫的痛苦的，“郢客吟《白雪》，遗响飞青天。徒劳歌此曲，举世谁为传。试为巴人唱，和者乃数千。吞声何足道，叹息空凄然”，“流俗多错误，岂知玉与珉”，这些现象更都与他的本怀相刺谬。他所愿意的是天之骄子，他愿意受特别优待，他希望得到别人特别敬重，可是呢，“奈何青云士，弃我如尘埃。珠玉买歌笑，糟糠养贤才。方知黄鹤举，千里独徘徊”，又是一种痛苦了。

他颇痛苦于没有真正同情者，没有真正合作者，“世人见我恒殊调，见余大言皆冷笑”，结果他反映在别人心目中当然是如他自己所说“白，嵚崎历落可笑人”了，这也就是李华所谓“嗟君之道，寄于人而侔于天[①]，哀哉”（《故翰林学士李君墓志》）了。他之常想归隐，不也正因为不能和庸俗协调，所谓“松柏本孤直，难为桃李颜”么？

一般人越发看他相远了，越发不能理解他，因此不能亲近他，但是一般人却反而以为是他不近人情，甚而以为是他不愿意和人

① 《全集》本“寄”作“奇”（即畸）。——编者注

接近的,这真令我们诗人太委屈了。他已经很感慨于汉朝的严君平,“君平既弃世,世亦弃君平”。只是果然如此,也还公平,不过在李白却并不是如此,他其实是“我本不弃世,世人自弃我”(《送蔡山人》),可说所有李白的痛苦,都没有这一句话说得清楚的了!凡是诗人,无时不想用他自己的热情来浇灌人世,无时不想用他自己的坦诚来表白自己,然而人们偏偏报之以冷水,偏偏报之以掩耳不理!

我们总括了看,李白的痛苦是一种超人的痛苦,因为要特别,要优待,结果便没有群,没有人,只有寂寞的哀感而已了;李白的痛苦也是一种永久的痛苦,因为他要求的是现世,而现世绝不会让人牢牢地把握,这种痛苦是任何时代所不能脱却的,这种痛苦乃是应当先李白而存在,后李白而不灭的。正是李白所谓“与尔同销万古愁”,这愁是万古无已的了;同时李白的痛苦又是没法解脱的痛苦,这因为李白对于现世在骨子里是绝对肯定的。他不能像陶潜一样,否定一切,倘若否定一切,便可以归到“达观”了。他也不能像屈原的幻灭只是现世里理想的幻灭,但屈原却仍有一个理想没有幻灭,这就是他的理想人物彭咸,而且他也果如所愿的追求到了。李白却不然,他没有理想。名,他看透了,不要;他要的只有富贵,可是富贵很容易证明不可靠,那末,他要神仙,但是神仙也还是恍惚。那末,怎么办呢?没法办!在这一点上,他之需要酒,较陶潜尤为急切,那末就只有酒了,也就是只有钩销一切了!

根本看着现世不好的人,好办;在现世里要求不大的人好办;然而李白却都不然。在他,现世实在太好了,要求呢,又非大量不能满足;总之,他是太人间了,他的痛苦也便是人间的永久的痛苦!这痛苦是根深于生命力之中,为任何人所不能放过的。不过常人没有李白痛苦那样深，又因为李白也时时在和这种痛苦相抵抗之故（自然，李白是失败了的牺牲者），所以那常人的痛苦没到李白那样深的，却可以从李白某些抵抗的阶段中得到一点一滴的慰藉了！这就是一般人之喜欢李白处，虽然不一定意识到。

李长之先生学术年表*

说明：

本学术年表以李长之先生发表过的作品为主，兼收少量未发表的作品。年表以创作的时间先后为序排列，创作时间不明确的，以发表的时间先后排序。单篇论文在前，专著系于其后。另外，适度著录李长之的行踪及文学活动，以与其著译相辉映印证。本年表除依据公开发表的作品所署年月，还查阅了李长之现存的个人有关材料，相互校正，审慎核对，补充了一些作品的创作年月，纠正了作者本人的一些误记，相信这对于李长之及其作品的研究，乃至现代文学史料的采集，都有一定意义。囿于条件，寡于所见，年表多有疏漏舛误之处，兹抛砖引玉，就教于方家。

1910年（清宣统二年）

出生于山东利津，乳名东生，原名李长治，后改名李长植，大学毕业后以笔名李长之为名。其笔名有：长植、长之、长治、尝之、张芝、L、萧丽、方棱、梁直、谅直、何逢、翼而、高原、陈思伊、朗琴、书虫、凌振、费士、率尔、何言、常文、涓埃、失言等。

1922年

在济南山东省立第一师范附属小学第一部读书。是年开始公

---

* 本年表由于天池、李书撰写。

开发表作品。

6 月作《森林的话》,《少年》12 卷 8 号。7 月 9 日写《早晨的大雨》,《儿童世界》3 卷 13 期。同月写《我的学校生活谈》,《少年》12 卷 9 号。

1923 年

秋,考取山东省立第一中学。

2 月 12 日写小说《看戏》。3 月 1 日写小说《富人》。4 月 18 日写小说《冲突》。同月写《两只老鼠的结果》,《少年》14 卷 1 号。6 月 23 日写小说《恐怖》。7 月 7 日写小说《卸却》。9 日写小说《明日》。11 日写小说《洛乖的趣事》。13 日写小说《割耳朵》。15—26 日写小说《老张的日记》。31 日写小说《放鸽记》,《少年》14 卷 12 号。8 月 10 日写小说《失败》。10 月 19 日写诗《晚云》、《未开的菊花》、《秋天的晚霞》、《睡美人》。21 日写《大明湖游记》,《少年》13 卷 12 号。

1924 年

4 月 5 日写长诗《游玉函山》,《少年》第 14 卷 6 号。28 日写评论《诗的话》,《一中旬刊》。

1926 年

就读于山东大学附属高级中学。

1928 年

5 月 3 日发生济南惨案,休学。秋,考入山东齐鲁大学附属高级中学。

7 月 10 日写诗《鱼》、《懈弛》,收入《夜宴》。12 月 25 日写诗《诗人的忏悔》,收入《夜宴》。

是年创作剧本《弱女泪》,后来改为《父母的爱》。

1929 年

春,考入山东聊城第三师范后期师范,暑期后毕业。参加《市民日报·长夜副刊》编辑委员会。赴北平,主编北平《益世报·前夜副刊》。考入北京大学预科甲部(理学院)。

1 月 25 日写《猫》,《山东民报》。27 日写诗《朋友》,收入《夜宴》。28 日写《读一个青年的梦》,《华北日报》副刊(6 月 14 日)。

2 月 14 日写《读鲁迅在广东》,《华北日报》副刊(6 月 9 日)。24 日写《溪水旁》,《华北日报》副刊(6 月 5 日)。

3 月 25 日写《旅外小品》,《山东民报·岱云副刊》98 号。

4 月 8 日写《榆叶梅》,《山东民报·岱云副刊》99 号。

8 月 16 日译毕 Agnes Smedieg 之《中国的革命文学》,《新晨报》副刊 714、716 号。同月写《厨川白村近代的恋爱观》,《华北日报》副刊(12 月 12 日)。

9 月 7 日写诗《日暮的灰褐的云》;10 日写诗《雨水》,均收入《夜宴》。

是年写《读翻译》,《新晨报》。写诗《河畔花园》、《邻家的小孩儿》、《小学校的门口儿》、《盼望》、《梦里的诗句》、《思友》、《流星》、《蜗牛》、《风》、《怀疑》、《环境和意志》等,均收入《夜宴》。写《来到东昌》、《论文学上的具体描写法》、《评李后主的词》、散文《风琴》等。

1930 年

在北京大学预科甲部(理学院)学习。

6 月 21 日写《原著者的姓名》,《新晨报》副刊(6 月 25 日)。

9 月 15 日写《怎样学数学——答柏寒底弟弟》,《华北日报·科学副刊》24 期。

1931 年

秋，考入清华大学生物系。

8 月 10 日写《我所认识于孙中山先生者》，《自由评论》3 期。

11 月 24 日翻译 G. Austin Schrotter 所著《火山和地震》，《华北日报·科学副刊》。

12 月 11 日写《从陈桢普通生物学说到中国一般的科学课本》，《清华周刊》36 卷 8 期。同月写《我和生物学》，发表于《中学生杂志》32 号。

1932 年

2 月 8 日写《伟大的性格之反映——漫谈维特和浮士德》，《北平晨报·北晨学园》271、272 期。同日写毕《歌德及其童话》，《清华周刊·文艺专号》37 卷 6 期，收入《歌德童话》（其中《童话论》，又收入《批评精神》）。同月，写《可爱》，《清华周刊》38 卷 1 期。

3 月 5 日写《为自己写的文字》（一）、（二），《清华周刊》37 卷 2、4 期。26 日写《为自己写的文字》（三），《清华周刊》37 卷 8 期。

4 月 4 日写诗《上帝的面目》，收入《夜宴》。

7 月 2 日写《打倒八股式的唯物辩证法》，《再生》1 卷 4 期，后收入张东荪编《唯物辩证法论战》一书。

8 月 21 日根据歌德著《赫克尔特传》节译《论风景画》，《清华周刊》38 卷 9 期。

9 月 18 日写《读中国新文学的原理》，《北平晨报·北晨学园》388 号。同日改毕《阿 Q 正传之新评价》[1]，《再生》1 卷 6 期。29 日

---

① 《鲁迅批判》后记将此文的创作时间误记为 1931 年 6 月 23 日，兹据其落款时间系于此处。

写《为自己写的文字》(四),发表于《清华周刊》38 卷 2 期。同日写《评鲁迅〈二心集〉》(未发表)。

11 月 5 日写《评〈三闲集〉——鲁迅最近的杂感散文集》,《北平晨报》(12 月 13 日)。17 日写《张资平恋爱小说的考察——最后的幸福之新评价》,《清华周刊》41 卷 3、4 期合刊。20 日写《好荒唐的中国文学概论的附录》,《北平晨报·北晨学园》412 号。

12 月 14 日译克罗采《文学史和方法论》,《北平晨报·北晨学园》439、440 号。17 日写《妥思妥夫斯基的思想和文学技巧——读〈被侮辱与损害者〉》,《北平晨报·北晨学园》534、535 号。

是年写诗《思想的桎梏》、《诗人的梦和醒》、《一只无能的鸟》,分别刊于《清华周刊》38 卷 4 期、39 卷 2 期和 39 卷 5、6 期。

1933 年

春,转入清华大学哲学系学习。主编《清华周刊》文艺栏。参加《文学季刊》编辑委员会。

1 月 5 日写《失望》,《清华周刊》39 卷 5、6 期。

2 月 12 日写《引子——纪念伟大的天才曹雪芹逝世百七十年》。14 日写《蓝》,《清华副刊》39 卷 1 期。22 日写《红楼梦作者对于文学的态度之考察》,收入《红楼梦批判》。

3 月 2 日写《论红楼梦的文学技巧》,《清华周刊》39 卷 1 期,收入《红楼梦批判》。5 日写《春天里的雪和驴子》,《清华周刊》39 卷 3 期。13 日写诗《夜宴》,《清华周刊》39 卷 4 期。16 日,《思想与社会——读嵇文甫〈先秦诸子政治社会思想述要〉想到思想之社会基础的意义》发表于《大公报·世界思潮》90 期。同月评曹葆华《落日颂》,《清华周刊》39 卷 4 期。

4 月 6 日写《笑的诅咒》,8 日翻译薛德林(Holderlin)《大橡颂歌》,10日写《编校后记》,均发表于《清华周刊》39卷5、6期合刊。11日写诗《一个个的人》,《清华周刊》39卷11、12期合刊。24日写《红楼梦批判》(续),《清华周刊》39卷7期。27日写《心里的低语》,《清华周刊》39卷11、12期。29日写《观剧杂感——清华剧社慰劳伤兵募捐第二次公演》,《北平晨报·北晨学园》501号。同月《我所了解的陶渊明》发表于《清华周刊》39卷5、6期合刊。3、4月间写诗《乐师在那里演奏》,《暑期周刊》6期。

5月4日《艺术的人生》发表于《大公报·世界思潮》36期。5日写《鲁迅和景宋的通信集——两地书》,《图书评论》1卷12期。同日写《杂拌儿之二》(书评),《北平晨报·北晨学园》506号。11日评卞之琳诗《三秋草》,《清华周刊》39卷9期。

6月16日写《我对于文艺批评的要求和主张》,《现代》3卷4期。17日,《歌德之认识》发表于《新月》4卷7期。28日写《批评家为什么要批评》,收入《批评精神》。

7月16日写《中国文学史上一个污点——八股文——的分析》,《清华周刊》40卷1期。22日写《我所不满意的三点——关于〈文学〉之另一批评》,《北平晨报·北晨学园》552号。

8月11日写诗《秋雨之夜》,收入《夜宴》。12日写《文艺批评家要求什么》,《北平晨报·北晨学园》586号。22日写《王国维文艺著作批判》,《文学季刊》创刊号。

9月14日写《我不能写诗——自语之二》,《大公报·文艺副刊》2期。16日,评《刘仁航:乐天却病法》(卷一、卷二)发表于《论语》25期。17日写《报应——自语之二》,《北平晨报·北晨学园》585号。22日写《生命力衰歇的中国民族之影子——〈西万提斯的未婚妻〉》(书评),《北平晨报·北晨学园》624号。25日写《林庚的诗集:夜》,《大公报·文艺副刊》10 期。

10 月 5 日写《介绍陆志韦〈申酉小唱〉》,《清华周刊》40 卷 1 期。11 日写《小学生文库》,《北平晨报·北晨学园》595 号。12 日写《王国维静庵文集》,《大公报·文艺副刊》27 期。18 日写《课堂的礼赞》,《论语》30 期。20 日写《张资平恋爱小说的考察——〈最后的幸福〉之新评价小引》,《清华周刊》41 卷 3、4 合刊。29 日写《忽然想到》(1—4),《大公报·文艺副刊》25 期。

11 月 3 日写书评《老舍:离婚》,《文学季刊》创刊号。8 日写《忽然想到》(5—8),《大公报·文艺副刊》25 期。11 日写诗《自己的歌》,收入《夜宴》。15 日写《答王云五——关于〈小学生文库〉》,《北平晨报·北晨学园》604 期。16 日写《对哲学中分析方法的一个反动——读布劳特著:心及心在自然中之地位》,《北平晨报·北晨学园》634 号。26 日写《鲁迅:伪自由书》,《大公报·文艺副刊》14 期。29 日写《忽然想到》(小序),《大公报·文艺副刊》25 期。30 日写《年》,《论语》32 期。

12 月 1 日,《臧克家:烙印》发表于《文艺月刊》4 卷 6 期。11 日评蒋维乔《中国近三百年哲学史》,《国闻周报》11 卷 1 期。13 日评老舍《猫城记》,《国闻周报》11 卷 2 期。20 日写《论儿童创作——读〈我的希望〉》,《大公报·文艺副刊》28 期。21 日写《论女人和美》,《论语》36 期。23 日写《谈世界的进化》,《清华周刊》41 卷 1 期。27 日写《课堂再赞》,《论语》第 48 期。同日写《忽然想到》(又序),《大公报·文艺副刊》30 期。同月写《忽然想到》(9—13)、《忽然想到》(14—17),《大公报·文艺副刊》33、35 期。

是年翻译菲力特希·布雷(Friedrich Brie)著《五十年来的德国

学术》中"英国语言学"部分,收入"中德文化丛书"之六,由商务印书馆出版。

1934 年

主编《清华周刊》文艺栏。主编《文学评论》双月刊杂志。

1 月 1 日,《寂寞之来》发表于《文艺月刊·战时特刊》5 卷 1 期。3 日写《我如何作书评》,《大公报·文艺副刊》84 期。4 日评李家瑞《北平俗曲略》,《国闻周报》11 卷 5 期。8 日写《谈坛经》,《大公报·文艺副刊》44 期。9 日至 2 月 24 日写《鲁易斯哲学方法论的述评》,《北平晨报·北晨学园》662 号。15 日写《孩子的书》(自序),《大公报·文艺副刊》94 期。

2 月 6 日写《中国现代婚姻问题之实际上的症结》,《国闻周报》11 卷 12 期。9 日评王独清著《零乱章》,《国闻周报》11 卷 14 期。14 日写诗《天气不好的时候》,《清华周刊》41 卷 10 期。同日写《论目前中国批评界之浅妄——我们果真是不需要批评么》,《现代》4 卷 6 期。27 日写《记丢自来水笔》,《清华周刊》41 卷 2 期。

3 月 1 日译竟德国玛尔霍兹著《科学的文学史之建立》,《文学季刊》2 期。15 日写《茅盾创作之进展的考察及其批评》。21 日写《本刊拟出文艺专号敬告读者》,《清华周刊》41 卷 10 期。24 日写《论作家与批评家》,收入《批评精神》。

4 月 7 日写《论研究中国文学者之路》,《现代》5 卷 3 期。9 日写《清华周刊第四十一卷三、四期编校后记》。13 日写《论茅盾的三部曲》,同月写《清华周刊第四十一卷三、四期编后再记》,均刊《清华周刊》41 卷 3、4 期合刊。16 日写诗《无题》、《经东四猪市大街》、《中山公园》,收入《夜宴》。22 日写《论清华周刊之前途——

为周刊二十周年纪念作》,《清华周刊》41 卷 6 期。

5 月 13 日写诗《草地上的黄昏》,收入《夜宴》。17 日写诗《梦林庚》,收入《星的颂歌》。同日写《清华园的绿》,《清华周刊》(向导特刊)588、589 期。18 日写《孩子的礼赞》,《文艺风景》1 卷 2 期。20 日写《不必专唱高调》,《大公报 · 文艺副刊》70 期。28 日评高本汉著、张世禄译《中国语与中国文》,《国闻周报》11 卷 23 期。

7 月 3 日写《不成问题》,《北平晨报 · 北晨学园》719 号。15 日写《纪念刘半农先生》,《人间世》第 10 期。23 日写《告青年文艺者——当心你的二十四岁》,《文学评论》1 卷 2 期。

8 月 1 日,《文学评论》发刊词、《屈原作品之真伪及其时代的一个窥测》、《青年批评家的培养》、《真和假》、《文坛上的党派》,均刊《文学评论》1 卷 1 期。同日,《论天才》发表于《大公报 · 文艺副刊》89 期。2 日写《现代美国的文艺批评》,《现代》5 卷 6 期。18 日《孩子的书》自序发表于《大公报 · 文艺副刊》。28 日写《在文艺范围内救救孩子》,《文学评论》1 卷 2 期。同日写《特大号和不再讨论》,《文学评论》1 卷 2 期。是月至 1936 年 4 月写长诗《一个年轻人的苦闷》,《文艺月刊》9 卷 3 期。

9 月 11 日写《论中国旧小说里两个共同的成分》,《大公报 · 文艺副刊》10 期。17 日写《愚妄者的脸谱》,《人间世》14 期。27 日评张希之的《文学概论》、《本刊特别启事》,均刊《文学评论》1 卷 2 期。28 日写《抒情小诗一章》,《清华周刊》42 卷 3、4 期合刊。同日写《论唯物论派和唯心论派的短长》、《论学者性格在思想学术中的地位及其关系》,分别刊于《北平晨报 · 北晨学园》742、749 号。同日写《杨丙辰先生论》,《现代》6 卷 1 期。9 月《清华园四季曲》

发表于《暑期周刊》8 期。

10 月 3 日写《再论中国旧小说里两个共同的成分——答莲生先生》,《清华周刊》42 卷 1 期。20 日写《论快乐的原理》,《现代青年》1 卷 2 期。

12 月 10 日写《现代中国作家缺少什末》,收录于《批评精神》。11 日写《一年来的中国文艺》,《民族杂志》3 卷 1 期。17 日,评梁实秋著《偏见集》,发表于《国闻周报》11 卷 50 期。21 日写《文艺短论:识别力,表现力,理解力,创造力和天才》,天津《益世报 · 文学副刊》11 期。22 日写《文艺批评方法上的一个症结》,天津《益世报 · 文学副刊》3 期。29 日写《文艺短论:集团艺术是集团的吗》,天津《益世报 · 文学副刊》11 期。

11 月出版诗集《夜宴》,文学评论社发行。

是年拟出《长之文学论文集》,列入"文学评论社丛书",见该社广告及《鲁迅批判》后记,周作人曾为之作序《论救救孩子》(《大公报》12 月 8 日),未见出版。同时未出的还有杂感集《笑的诅咒》、与张天麟合著的《托马斯曼自传及其他》以及《孩子的书》。

1935 年

主编天津《益世报 · 文学副刊》。经贺麟、金岳霖介绍参加中国哲学会。4 月 6—20 日随历史系师生去长安、洛阳、安阳等地。

1 月 3 日译勒瑙(Lenau)诗《寄》,天津《益世报 · 文学副刊》18 期。4 日写《批评家所凭借的是那一点》,天津《益世报 · 文学副刊》3 期。8 日写《自投法网谈国剧——一个外行人的外行话》,《北平晨报 · 国剧周刊》14、15 期。

2 月 21 日写《德意志语言学家——宏保尔特之生平、时代及其思想》,天津《益世报 · 文学副刊》4 期,后改题为《宏保尔特之人文精神》收入《德国的古典精神》。25 日写《天津益世报文学副刊发刊词》，该刊 1 期。同月写《一部文学批评史的作法之商榷——什么是伟大的批评家》，天津《益世报·文学副刊》2 期，后改题为《论伟大的批评家和文学批评史》收入《批评精神》。

3 月 7 日写《文艺批评方法本身之科学性与艺术性》，天津《益世报·文学副刊》3 期。11 日写《鲁迅批判》序，天津《益世报·文学副刊》13 期。13 日写诗《夜与昼》，天津《益世报·文学副刊》18 期。同日写诗《罪恶》，收入《星的颂歌》。同日《天津益世报文学副刊第二期编后》发表于该刊 2 期。16 日写《论新诗的前途》，天津《益世报·文学副刊》5 期。27 日《天津益世报文学副刊第四期编者的话》发表于该刊 4 期。

4 月 2 日写《鲁迅之思想性格与环境——鲁迅批判之一》，天津《益世报·文学副刊》14 期。3 日《天津益世报文学副刊第五期编后》发表于该刊 5 期。17 日《论人类命运之二重性及文艺上两大巨潮之根本的考察》(1— 6)发表于天津《益世报·文学副刊》7 期。24 日《论人类命运之二重性及文艺上两大巨潮之根本的考察》(7—9)发表于天津《益世报·文学副刊》8 期。28 日写书评《春野与窗》，天津《益世报·文学副刊》9 期。

5 月 4 日写评梁乙真的《元明散曲小史》，天津《益世报·文学副刊》10 期。5 日写《论文艺批评家所需要之学识》，《清华周刊》第 40 卷第 1 期。同日写《大自然的礼赞》，《星火》1 卷 2 期。13 日写诗《漫步》、《述感》、《想》、《代言》，收入《星的颂歌》。15 日《天津益世报文学副刊第十一期编后》发表于该刊 11 期。17 日评《诗与真》，天津《益世报·文学副刊》12 期。26 日评郭沫若《屈原》，天津《益世报·文学副刊》13 期。30 日评蹇先艾《酒家》，天津《益世报·文学副刊》16期。31日写诗《无题——为文君作》,天津《益世报·文学副刊》18期。

6月5日《天津益世报文学副刊第十四期编后》发表于该刊14期。10日写《〈阿Q正传〉之艺术价值的新估——鲁迅批判之三》,天津《益世报·文学副刊》16期。12日《鲁迅作品之艺术的考察——鲁迅批判之二》,发表于天津《益世报·文学副刊》15期。13日写《鲁迅作品中的抒情成分——鲁迅批判之四》,天津《益世报·文学副刊》17期。19日写诗《北海之夜》,天津《益世报·文学副刊》18期。24日《鲁迅创作中表现之人生观——鲁迅批判之五》发表于《国闻周报》12卷24期[①]。28日在青岛写诗《我想到她——登崂山华严寺有寄》,天津《益世报·文学副刊》33期。同月《论孟子文章的特点及其在中国文学史上之地位》发表于《励学》4卷。

7月3日译诗乔尔歌(S. George)《舟中人之歌》、《年轻人的疑问》,均发表于天津《益世报·文学副刊》18期。5日写《鲁迅在文艺创作上的失败之作——鲁迅批判之六》,天津《益世报·文学副刊》19期。11日写《杨柳风序》,《文饭小品》1卷6期。12日作《热风以前之鲁迅——鲁迅批判之七》,天津《益世报·文学副刊》20期。17日《天津益世报文学副刊第二十期编后》发表于该刊20期。20日写《青岛忆游》,天津《益世报·文学副刊》21期。24日《天津益世报文学副刊第二十一期编后》发表于该刊21期。31日

① 《鲁迅批判》后记将题目误记为"鲁迅文艺中表现之人生观"或"鲁迅在文艺创作中表现之人生观",后因于《鲁迅批判》全书"整个文章不衔接",在编辑《鲁迅批判》一书时被删掉。

写《鲁迅之生活及其精神进展上的几个阶段——鲁迅批判之十一》，天津《益世报·文学副刊》23、24期。

8月11日写《诗人和战士的鲁迅：鲁迅之本质及其批评——鲁迅批判之总结》，天津《益世报·文学副刊》24期。28日《天津益世报文学副刊第二十六期编后》发表于该刊26期。31日译歌德诗《有所失歌》，天津《益世报·文学副刊》27期。同日写诗《送季羡林赴德国兼呈露薇》，天津《益世报·文学副刊》27期。

9月4日《天津益世报文学副刊第二十七期编后》发表于该刊27期。7日写《鲁迅杂感文之技巧——鲁迅批判之九》，天津《益世报·文学副刊》26、28期，后改题为《鲁迅的杂感文》收入《鲁迅批判》。20日写《鲁迅著译工作的总检讨——鲁迅批判之十》，天津《益世报·文学副刊》30期。26日写《那一刹那》、《星的颂歌》，天津《益世报·文学副刊》33期，收入《星的颂歌》。

10月4日写《鲁迅著译工作的总检讨(一续)——鲁迅批判之十》，天津《益世报·文学副刊》32期。5日写诗《我只要我的她》，11日写诗《理智和情感》，13日写《天津益世报文学副刊第三十三期诗专刊编者前言》，均发表于该刊33期。20日写《鲁迅著译工作的总检讨(续)——鲁迅批判之十》，天津《益世报·文学副刊》34期①。24日写诗《赠歌德并序》、《梦境》，香港《红豆》杂志4卷1期诗专号。25日写诗《检旧信》，26日写诗《我愿意》、《嫉妒》，均收入《星的颂歌》。30日《天津益世报文学副刊停刊词》、《李长之启

① 据天津《益世报·文学副刊》要目预告，《鲁迅著译工作的总检讨》尚有“鲁迅翻译的剧本和小说”、“鲁迅翻译的散文随笔”、“鲁迅翻译的童话”、“鲁迅对旧籍之整理著作”、“鲁迅之杂译与杂著”，后因该刊停办，中途辍笔。李长之在编辑《鲁迅批判》一书时因“它不全，而且究竟是鲁迅的‘身外之物’”未收录。

事》发表于天津《益世报 · 文学副刊》35 期。同月《传大思想家的共同点——〈伟大思想家的孟轲〉之导言》,发表于《文哲月刊》1 卷 1 期及 1 卷 10、13 期。

11 月 6 日写《从卖糖到采访新闻》,《青年界》9 卷 1 期。7 日写诗《月下》,9 日写诗《月色》,均收入《星的颂歌》。17 日写《鲁迅批判》后记,收入《鲁迅批判》。20 日写诗《我笑了》,收入《星的颂歌》。

12 月 15 日写《许钦文论》,《青年界》9 卷 3 期。21 日写《从北平学生运动想到民可使由之不可使知之的失策》,《自由评论》6 期。写毕业论文《康德哲学之心理学背景》。

1936 年

是年秋,清华大学毕业。任清华大学华侨生蒙藏生导师。北平京华美术学院教授。

1 月 8 日写《现代中国青年几种病态心理的分析》,《自由评论》11 期。13 日写《德意志艺术科学建立者温克尔曼之生平及著作》,《中山文化教育馆刊》3 卷 4 期,后改题为《温克尔曼——德国古典理想的先驱》收入《德国的古典精神》。同日写《在学生运动尾声中之否认代表出席的事件》,《自由评论》9 期。21 日写诗《暗影》,收入《星的颂歌》。23 日译毕德国玛尔霍兹著《德国新浪漫主义的文学史》,《文艺月刊》8 卷 4 期,后改题为《新浪漫主义的文学史》收入《文艺史学与文艺科学》。同月,写《我对于教育事业的最大奢望和最低要求》,《察哈尔教育》2 卷 1 期。译德国玛尔霍兹著《毕舍洛学派之贡献》,《文学时代》,后改题为《舍洛学派之贡献》收入《文艺史学与文艺科学》。

2 月 9 日评吴惠人著《马克思的哲学》,《自由评论》第 14 期。

19日写诗《清泉》,收入《星的颂歌》中。

3月4日写《论文艺作品之技巧原理》,《天地人》4期,后收入《批评精神》。13日《民族复兴之学术基础》(书评)发表于《自由评论》15期。同日《征诗启事》,发表于《自由评论》15期。14日写《谈胡适之——由其人可见其诗》,《天地人》9期。28日写《一页白纸》,《自由评论》25、26合刊,后收入《社会与时代》。31日《孟轲的教育论和天才论》,发表于《察哈尔教育》2卷3期。

4月16日写诗《我出游》,《小雅》创刊号,收入《星的颂歌》。同日写《歌谣是什么》,《歌谣》2卷6期。17日《说已经过了的儿童节》,发表于《自由评论》20期。24日评萨孟武《水浒传与中国社会》,《北平晨报·北晨学园》947期。25日写《泰山灵岩游记》,《自由评论》22期。26日写《昵友如是说》,《天地人》8期。29日写诗歌《庭院》,《小雅》创刊号,收入《星的颂歌》。同月写毕长诗《一个青年人的苦闷》,《文艺月刊·战时特刊》9卷3期,收入《星的颂歌》。

5月1日《说意识》,发表于《宇宙风》16期。同日写《一个青年人的苦闷》长诗序,《文艺月刊·战时特刊》9卷3期,收入《星的颂歌》。

6月5日写《论歌谣仍是个人的创作——答寿生,卓循二先生文》,《歌谣》2卷12、13期。6月13、20、27日和7月4日,《五四之际》分别刊于《自由评论》28、29、30、31期,后收入《社会与时代》。21日写《故纸堆里》,《自由评论》33、34、37、38期,后收入《社会与时代》。

7月22日《增订第四十二版的〈王云五小辞典〉》发表于《北平晨报·北晨学园》984号。23日写诗《赠一个女孩》,《小雅》第三期，收入《星的颂歌》。25 日《杂谈批评》发表于《东方快报》。26 日写《别字和敌人》，《北平晨报·北晨学园》1006 号。29 日写诗《北海夜游》、《我没有第二句话说》，《小雅》第三期，收入《星的颂歌》。同月写《迎夏漫笔》，《青年界》10 卷 1 期。

8 月 8 日译毕康德《关于优美感与壮美感的考察》，《文艺月刊》11 卷 1 期、2 期，后改题为《康德对于人性之优美性与尊严性的提出》收入《德国的古典精神》。12 日译歌德诗《致读者》，《北平晨报·北晨学园》995 号。28 日译德国宏保尔特著《论释勒及其精神进展之过程》，《文哲月刊》1 卷 9、10 期，后改题为《席勒精神的崇高性与超越性》收入《德国的古典精神》。29 日至 10 月 3 日《到实验室》，发表于《自由评论》39，40，41，44 期，后收入《社会与时代》。

9 月 16 日写《跋一个年轻人的苦闷》，《自由评论》43 期。

10 月 28 日写《哀鲁迅先生》，《潇湘涟漪》2 卷 8 期。

11 月 20 日写诗《冬日小品》，《小雅》4 期。22 日写《偷懒的著作家》，发表于《北平晨报·文艺》5 期。24 日写《论古今中外革命家之大小》，《北平晨报·文艺》3 期。26 日写《不可原谅的人》，《小雅》4 期。

12 月 5 日作《中国画论体系及其批评》①。同月译歌德诗《赠月》、《与爱者近》、《失意》，发表于《小雅》4 期。

是年 1 月《长之：鲁迅批判》由上海北新书局出版。

---

① 创作时间据李长之 1944 年在独立出版社出版书籍后的标识，疑误。因李长之日后在所谓的“交待材料”中都谈到是文写于 1936 年春，并且以它作为中国美术史课补交的作业，于是年秋天得以从清华大学毕业，因此该文的创作时间应为春天。

1937 年

秋，应熊庆来邀约赴昆明云南大学任教。

1 月 12 日写《怀想蛙》，《北平晨报·文艺》2 期。25 日写通讯《关于论革命家》，《北平晨报·文艺》4 期。27 日写诗《真理的发现》，收入《星的颂歌》。

2 月 5 日写《现代中国新诗坛之厄运》，《北平晨报·文艺》5 期，后收入《批评精神》。8 日写《谈好文章》，《宇宙风》42 卷。22 日《盖棺不定论》，发表于《北平晨报·文艺》7 期。27 日《略谈德国民歌》，发表于《歌谣》2 卷 36 期。

3 月 27 日写《我对于美学和文艺批评的关系的看法》，《北平晨报·文艺》12 期，后收入《批评精神》。

4 月 1 日评王锦第的《异乡集》，发表于《再生》4 卷 2 期。26 日《李白的文艺造诣与谢朓》，发表于《北平晨报·文艺》16 期。

春，作《李太白导论》，《北平晨报·文艺》21、22 期。写《介绍五十年来的德国学术》，《国闻周报》14 卷 21 期，后收入《德国的古典精神》。译毕德国玛尔霍兹著《文艺史学与文艺科学》第四、五章，收入该书。

6 月 30 日写《论大自然和艺术之连系》，《中国文艺》1 卷 3 期。同月《我的日记》，发表于《青年界》12 卷 1 期。

1938 年

夏，因《昆明杂记》事件离开昆明到四川成都、重庆。在成都任清华高中部语文教员兼图书仪器主任。在重庆，应罗家伦之聘任重庆中央大学助教。经老舍介绍参加中华全国文艺界抗敌协会。

1 月 1 日写《历史的新页》。3 日写《唐代批评家张彦远与中国绘画》（上、下），《再生》9、10 期。

2月7日写《对于言论界之愿望》。9日写《怀想猫》,《宇宙风》65期。

3月7日写《昆明杂记》,《宇宙风》67期。

4月19日写《抗战小言》。20日写《从长安到安阳》,《旅行杂志》12卷3期。

5月21日写《关于昆明杂记的一点诚坦的自剖》。

6月5日写《战时文艺教育之我见》。12日写《国防文化与文化国防》,《建国评论》1卷2期,后收入《迎中国的文艺复兴》。

8月9日写《宽容和虚心》、《我反对道家》、《我佩服日本人的造谣》。10日写《救救中国文字》。19日写《谈对于文言文的待遇》,《宇宙风》75期,收入《苦雾集》。同日写《女性的逻辑》,收入《苦雾集》。同日写《知识与力量》、《我对于字数的态度》。同月写《黎子的故事》。

9月6日写《西南纪行》,《旅行杂志》12卷11期。

10月13日写《教育杂谈》。

11月25日写《新的历史与新的文艺创作》。

12月26日写《评民族哲学大纲》。

是年,写《新诗诗话》,载《中国诗艺》复刊3期。

1939年

1月6日写《迫害狂》、《下一代》。13日写诗《记和一个友人的谈话》,《文艺月刊》3卷1、2期,后收入《星的颂歌》。19日写《论思想上的错误》,《时事新报·学灯》渝版第42期,后改题为《思想建设(上):论思想上的错误》收入《迎中国的文艺复兴》。同月写《李白:寂寞的人》,《再生》渝版15期,后收入《道教徒的诗人李白及其痛苦》。

2月2日写《沿江掇拾》。同日写诗《月》,收入《星的颂歌》。4日写《积极的儒家精神》,《新民族周刊》3卷18期,后改题为《中国文化传统之认识(上):儒家之根本精神》收入《迎中国的文艺复兴》。6日写《陈寅恪应联英论》。21日写《短评》。

3月2日写《短评二》。5日写《中国文坛的厄运之袚除》、《也有明白人》、《美英政府和民众的距离》。除夕写《黑夜与光明》,收入《苦雾集》。7日写《新生活就是战争的生活》。8日写《产生文学批评的条件》,收入《苦雾集》。10日写《大战序幕前敌军的损失》、《英助我平准汇兑基金》。15日写《国家民族高于一切》、《我的生命力哪里去了》。24日写《谈关于中国文化之类》。29日写《谈关于中国现代的儿童》。

4月1日写《柏拉图对话集的汉译》,《时事新报·学灯》渝版第54期,收入《迎中国的文艺复兴》。4日写《呀呀夫斯基》、《落伍的青年》。12日写《文艺界团结以后》。13日写《中央日报在长沙复刊》。19日写诗歌《人生几何》,收入《星的颂歌》、《苦雾集》①。21日写《我没以未在前线杀敌为耻》。25日写《思想建设(中):大时代中学者应有之反应》,收入《迎中国的文艺复兴》。27日写诗《一个铁工厂》,收入《星的颂歌》。

5月4日写《论林纾及其文学见地》,《时事新报·学灯》渝版第74期。6日写《中国现代青年风气的转变》。15日写《火的洗礼》、《最大同情心之表现》。25日写诗《谴责》,收入《星的颂歌》。

6月3日写诗《女之歌》,收入《星的颂歌》、《苦雾集》。22日

① 此处创作时间依据《苦雾集》所录,《星的颂歌》则将创作时间记为4月29日。

写《星的颂歌题记》,收入《星的颂歌》。

8月9日写《纪念八一三》。20日写《可耻的闲人》。

10月4日写《艺术领域中的绝对性、必然性与强迫性》,《时事新报·学灯》渝版第60期,后收入《苦雾集》。10日评蒋廷黻著《中国近代史大纲》,《时事新报·学灯》渝版第61期。11日写《中秋述怀》、《梦故园》。

11月19日写《道教徒的诗人李白及其痛苦》序,收入该书。28日写诗《友情和爱情》,《时事新报·学灯》,收入《苦雾集》。同日写《谈实际生活之可珍贵》,《宇宙风》91卷。

12月17日写《为中国现代青年情绪健康呼吁》。31日写《光明与黑暗》。

1940年

参加《星期评论》杂志筹备。秋,任教育部研究员兼重庆中央大学讲师。

1月13日写《生命的呼声》。18日写《何必妥协歌》。

2月2日写《保障作家生活之理论与实践》,收入《苦雾集》。19日写《论文艺教育之重要及其改良》。

3月28日写《中国美育之今昔及其未来》,《时事新报·学灯》渝版第79期,后改题为《释美育并论及中国美育之今昔及其未来——为纪念蔡孑民先生逝世作》收入《苦雾集》。同日写《中国文化传统之认识(中):古代的审美教育》,收入《迎中国的文艺复兴》。译毕德国玛尔霍兹著《文艺史学与文艺科学》第六、七章及跋文、附录,并加附注。

5月2日写诗《对于女娲的责难》、《梦中故都行》,收入《苦雾集》。

8月6日写《文艺史学与文艺科学》译序,《时事新报·学灯》渝版第116期,收入《苦雾集》及《文艺史学与文艺科学》。15日写《批评家的孟轲》,《时事新报·学灯》渝版102期,收入《苦雾集》。30日写《怀李太白》。

9月6日写《咏史》、《寄奉宗白华》、《漫成》。

10月31日写《缅怀文化城的北平》,收入《迎中国的文艺复兴》。同月写《西洋哲学史》序,收入该书。

11月22日写《章学诚的生平思想及其文艺批评》。24日写《文化上的吸收》,《星期评论》7期,收入《迎中国的文艺复兴》。26日写《无题之歌》。

12月6日写《中国人的人生观》,《星期评论》13期,后改题为《中国文化传统之认识(下):中国人的人生观之缺点》收入《迎中国的文艺复兴》。15日写《价值观念的颠倒》。18日写《战时首都赞歌》、《石工之歌》。29日写诗《阳光是这样好》,收录于《苦雾集》。

是年1月21日,由罗家伦推荐撰写《西洋哲学史》,后列入"青年基本知识丛书"由正中书局出版。8月《道教徒的诗人李白及其痛苦》列入"中法文化丛书"由长沙商务印书馆出版。

1941年

改任中央大学专任讲师。辞去教育部研究员。

1月1日写《元旦小唱三首》。3日写《厚与薄》,收入《苦雾集》。22日写《波兰兴亡鉴》序。

2月24日写《赠给苦闷彷徨的青年朋友们的三件薄礼》。

3月13日写《旅途散记》。16日写《我对于思想自由问题的看法》。同日写《舆论建设:论思想自由及其条件》,收入《迎中国的文艺复兴》。27 日写《秦汉之际之儒家美学之继续发展与结束》。

4 月 9 日写《司马迁在文学批评上的贡献》,《文史杂志》2 卷 1 期,收入《苦雾集》。15 日写《孔子与屈原》,《文艺月刊》(战时特刊)11 卷 6 期、12 卷 1 期,收入《苦雾集》。16 日写《智者不惑,仁者不忧,勇者不惧》。28 日写诗《窗外的绿叶》,收入《苦雾集》;写《文学研究中之科学精神》,收入《苦雾集》;写《有寄》。

5 月 1 日写《后方国民表示效忠的最好机会》。9 日写《王充的文学批评》。10 日写《王充的时代背景》。同日写《王充的生活及性格》。24 日写《孔子与屈原馀论》。25 日写《论诗人节》。

7 月 11 日写《说意志》。22 日写《科学的文学理论之建立》。24 日写《中国文学理论为什么不发达》,《时事新报 · 学灯》157 期,后改题为《中国文学理论不发达之故》收入《苦雾集》。25 日写《新诗诗话》。同月写《易传与诗序在文学批评上之贡献》,《时代精神》4 卷 6 期。

8 月 19 日写《文艺创作之心理学》。

9 月 8 日写《悼季鸾先生》,收入《苦雾集》。14 日写《我的父亲》。17 日写《我之唯物史观观》,《时代精神》5 卷 1 期。写《秦汉之际人们精神生活及其美学》,《时事新报 · 学灯》渝版 150、151 期。

10 月 9 日写《中国文学批评之特点》。14 日写《艺术论的文学原理》。

11 月 1 日写《精神建设:论国家民族意识之再强化及其方案》,《三民主义半月刊》1946 年 3 期,后收入《迎中国的文艺复兴》。17 日评梁宗岱《屈原》,《时事新报 · 学灯》渝版 172 期,收入《苦雾集》。

12月3日写《十七年前一个暖和的下午——忆泰戈尔》,《时事新报·学灯》渝版155期。15日写《价值观念的颠倒》,收入《苦雾集》。28日作《浮士德讲演》。31日写《我希望于中国作家者》,《时事新报·学灯》渝版160期,收入《苦雾集》。

是年6月《波兰兴亡鉴》列入"二十年来各国兴衰史丛书"由独立出版社出版。

1942年

秋,任中央大学副教授。

1月9日在重庆写《论曹禺及其新作〈北京人〉》,收入《苦雾集》。26日写《曹禺——〈北京人〉——和〈北京人〉的演出》。

2月4日写《寻》。24日写《评价的文学原理》。25日写《科学对于人生的启示》,收入《梦雨集》。27日写《从陈之佛教授画展论到中国花卉画》,《时事新报·学灯》渝版第167期,后改题为《陈之佛教授的花卉画》收入《梦雨集》。

3月1日写《寻》。9日写《印度之艺术》。16日评罗家伦的《新人生观》,收入《迎中国的文艺复兴》。31日写《韩非子的文学批评》。

4月2日写《再评新人生观》。13日评郭沫若剧本《屈原》,《大公报》战线923号,收入《梦雨集》。25日写《大时代中学者应有之反应》。28日写《五四运动之文化的意义及其评价》,《大公报·星期论文》(5月3日),收入《迎中国的文艺复兴》。

5月6日写《苦雾集》序,收入该书。17日写诗《女再歌》,收入《梦雨集》。18日写《评孙伏园:鲁迅二三事》,收入《梦雨集》。24日写《正确的文学观念之树立》,收入《苦雾集》。30日写《文言与白话之学术的考察》。

6 月 11 日写《关于考尔夫及其〈歌德之生活观念〉》,《时事新报·学灯》渝版 187 期,改题为《歌德对于人生问题的解答与收获》收入《德国的古典精神》。6 月 17 日评李辰冬的《红楼梦研究》,《时事新报·学灯》渝版 183 期,收入《梦雨集》。28 日写《林纾》。

7 月 7 日写《战争与文化动态》,《时与潮》副刊 1 卷 1 期,收入《迎中国的文艺复兴》。17 日写《文艺史学与文艺科学》译序二,收入该书。

8 月 3 日写《从态度技术知识上论如何谈中国文化》,《文艺先锋》1 卷 1 期,后改题为《论如何谈中国文化》收入《迎中国的文艺复兴》。4 日写《朱谦之:文化哲学》,《文化先锋》1 卷 18 期。16 日写《三个向往的时代和三个不能妥协的思想》,《理想与文化》2 期,后作为序言收入《德国的古典精神》。22 日写《吴祖光:正气歌》,《文化先锋》1 卷 3 期,收入《梦雨集》。23 日写《郭沫若:棠棣之花》,《文艺先锋》1 卷 4 期,收入《梦雨集》。

9 月 5 日写《冯友兰:新理学》,《文化先锋》1 卷 7 期;9 日写《迎接中国的文艺复兴》,《时与潮》副刊 1 卷 3 期,均收入《迎中国的文艺复兴》。

9 月 14 日写《评朱光潜先生著的三本关于文艺理论的书》,《时事新报·学灯》216、217 期,收入《梦雨集》。24 日写《语言之直观性与文学创作》,《时与潮·文艺》2 卷 1 期。27 日写《评〈新事论〉和〈新世训〉》,《文化先锋》1 卷 13 期,收入《迎中国的文艺复兴》。

10 月 2 日写《论翻译工作》,《时与潮》副刊 1 卷 4 期,收入《迎中国的文艺复兴》。13 日写诗《肖像》、《一朵永在的花影》;20 日写《孟轲之学序》。29 日写诗《飞鸟》、《夜乘马车经小龙坎归来》、

《马车夫与马》;30 日写《释文艺批评》,《读书通讯·艺文丛谈》57 期,均收入《梦雨集》。

11 月 4 日写《孟子所传之孔子》。8 日写《从孔子到孟轲》,《理想与文化》2 期。26 日写《新世界新文化新中国》,《新中华》复刊号;28 日写《中国文化运动的现阶段》,发表于《新认识》6 卷 3、4 期合刊,均收入《迎中国的文艺复兴》。

12 月 6 日写《十六世纪末的中国之"狂飙运动"——汤显祖及其牡丹亭》,《时与潮》副刊 2 卷 4 期,收入《梦雨集》。11 日写《批评精神》序,收入该书。15 日写《章学诚》。19 日重改《中国画论体系及其批评》。24 日写《功利主义的墨家之文学观》,《文风》杂志创刊号。

是年 7 月《星的颂歌》列入"中国诗艺社丛书"由独立出版社出版。10 月《苦雾集》(又名《文学研究中之科学精神》)由商务印书馆出版。12 月《批评精神》由南方印书馆出版。

1943 年

参加"中央大学丛书"委员会。在重庆磻溪艺术专科学校兼课。

1 月 12 日写《孟子思想之根本方式》。16 日写《文艺批评与文艺教育》,《时与潮·文艺》1 卷 1 期创刊号,收入《梦雨集》。25 日译歌德童话《新的巴黎王子的故事》,写《译者前记》,收入《歌德童话》。28 日写《语言之音乐性》。

2 月 11 日写《陆放翁之思想及其艺术序》,《东方杂志》39 卷 1 期,收入《梦雨集》。24 日写《文化史上的山东》。27 日写《文艺创作之理论与实践》。

3 月 3 日写《鲁迅批判》三版题记,收入该书。12 日写《结构原理》。30日改定《孟轲之生平及其时代》,《理想与文化》3、4、6、7期。

4月1日写《征鸿序》。6日写《李太白故里的巡礼》,《时与潮》副刊2卷4期,收入《梦雨集》。7日写《抒情诗的本质》。11日写《一朵枯萎的花》。12日写《什么是青年精神》。17日写《史诗性的文艺》。18日写《什么是文艺科学》。28日写《我教你读书》,收入该书。

5月写《思想建设(下):论大学教育之精神》,收入《迎中国的文艺复兴》。

7月10日写《中国文学史丛书缘起》。13日写《文史通义删存》序,收入该书。

8月30日写《关于写散文》,收入《梦雨集》。

9月15日写《古代欧洲北方语言及冰岛文学》,收入《北欧文学》。28日写《文艺与科学的距离及其关涉》,收入《梦雨集》。

10月4日写《丹麦文学》,收入《北欧文学》。11日写《为学生贷金问题说几句话》。15日写《瑞典文学》,收入《北欧文学》。

11月16日写《挪威文学》,收入《北欧文学》。同日写《波罗的海四小国的文学》,收入《北欧文学》。24日写《北欧文学》序,收入该书。

12月5日写《再论战争与文化动态》,《时与潮》副刊3卷6期,收入《迎中国的文艺复兴》。11日写《水浒传与红楼梦》,《中国文艺》1卷1期。14日写《论德国学术与德国命运》,《时事新报》元旦增刊,后改题为《论德国学者治学之得失与德国命运》收入《梦雨集》。15日写《论中国过去学者治学之失》及《论中国人底美感之特质》,收入《梦雨集》。年底写《语言史与神话——新年的感想》,

《时与潮文艺·书评副刊》3卷6期。

是年7月所译玛尔霍兹著《文艺史学与文艺科学》由商务印书馆出版。9月《德国的古典精神》由东方书社出版。

1944年

应孙晋三约,主编《时与潮文艺·书评副刊》。

2月3日写男士著《关于女人》的书评,《时与潮文艺·书评副刊》3卷1期。8日写诗《梅花》,17日写《中国美术学院筹备期一届美展参观记》,21日写诗《美丽的火山》,均收入《梦雨集》。同日写《菠菜根》。

3月4日写诗《春之来》,收入《梦雨集》。同日评张恨水《水浒新传》,《时与潮文艺·书评副刊》3卷1期。5日写《司马迁生年为建元六年辨》,《中国文学》1944年1卷2期;9日写《司马迁的父亲》,《东方杂志》40卷11期;均收入《司马迁之人格与风格》。15日《时与潮文艺·书评副刊》发刊词发表于该刊3卷1期。同日评《高兰朗诵诗》,评欧阳凡海著《文学论评》,均刊于《时与潮文艺·书评副刊》3卷1期。18日写《文学批评所需要的学识是什么》。22日写《司马迁和孔子》,《读书通讯》91期;27日写《司马迁的民间精神》,《时与潮文艺》4卷1期;均收入《司马迁之人格与风格》。28日写《郭沫若:今昔集》,29日评姚雪垠著《新苗》,是月评舒湮著《董小宛》,均刊于《时与潮文艺·书评副刊》3卷2期。31日写《吕斯百先生的画室》,收入《梦雨集》。

4月7日写《司马迁之体验与创作(上)》,《文艺先锋》5卷3期,收入《司马迁之人格与风格》。10日写《田仲济:杂文的艺术与修养》,《时与潮文艺·书评副刊》3卷3期;同日写《批评家的悲哀》。22日写《司马迁及其时代精神》,《国文月刊》47期,收入《司马迁之人格与风格》。25日写《司马迁之体验与创作(中)——必然的悲剧》,其中《司马迁之性格与交游》刊于《东方杂志》41卷6期,《司马迁与李陵案》刊于《东方杂志》41卷7期,均收入《司马迁之人格与风格》。27日写书评《老舍:贫血集》,28日写《王余杞:海河汩汩流》,同日写书评《徐訏:荒谬的英法海峡》,均刊于《时与潮文艺·书评副刊》3卷3期。同月《章学诚精神进展上的几个阶段》(随笔)刊于《中国青年》10卷4期。

5月3日写《五四——蔡孑民——大学教育》,收入《梦雨集》。9日写《文学家的说谎》,后改为演讲稿,《北平时报》(1947年3月19日)。15日评袁俊著《万世师表》,《时与潮文艺·书评副刊》3卷4期。同日《韩非的文学论及其批评》刊于《时与潮文艺》3卷3期。25日写《居室记》,《文学创作》3卷1期,收入《梦雨集》。同日评茅盾著《霜叶红似二月花》,《时与潮文艺·书评副刊》3卷4期。26日评臧克家著《泥土的歌》,27日评沈起予著《人性的恢复》,均发表于《时与潮文艺·书评副刊》3卷4期。

6月3日写《梦雨集》序,收入该书。16日评周钢鸣著《文艺创作论》,17日评姚雪垠著《春暖花开的时候》第一部,同日评田间著《给战斗者》,均发表于《时与潮文艺·书评副刊》3卷5期。

7月26日评姚雪垠著《春暖花开的时候》第二部,《时与潮文艺·书评副刊》3卷6期。

8月16日写《司马迁之体验与创作(下)——史记各篇著作先后之可能的推测》,《东方杂志》40卷22期,收入《司马迁之人格与风格》。31日评吴组缃著《鸭咀涝》,《时与潮文艺·书评副刊》4卷1期。

9月1日评马雍《苏李诗制作时代考》,4日评碧野著《肥沃的土地》,5 日评碧野著《风砂之恋》,均刊于《时与潮文艺·书评副刊》4 卷 1 期。

10 月 9 日评沙汀著《淘金记》、《奇异的旅程》,11 日评胡风著《看云人手记》,评胡秋原著《民族文学论》,均发表于《时与潮文艺·书评副刊》4 卷 2 期。21 日写《谈选集》,《华声》1 卷 3 期。

11 月 3 日评巴金的《憩园》,同日评马君蚧的《北望集》,同月评袁俊的《山城故事》,刊于《时与潮文艺·书评副刊》4 卷 3 期。

12 月 2 日写《韩愈》及序,改定后收入该书。5 日写《再论战争与文化动态》,《时与潮副刊》3 卷 6 期,收入《迎中国的文艺复兴》。

是年 4 月《我教你读书》列入"新少年文库第二集"由重庆文风书局出版。7 月《北欧文学》列入"复兴丛书",由重庆商务印书馆出版。8 月《迎中国的文艺复兴》由重庆商务印书馆出版。12 月《中国画论体系及其批评》由独立出版社出版。

1945 年

因病辞去中央大学副教授职务。春,应梁实秋邀约在重庆北碚编译馆任编审,翻译康德《判断力批判》,仍在中央大学兼课。

1 月 10 日写《我的写作生活》,收入《当代作家自传集》第一辑。30 日评傅庚生著《中国文学欣赏举隅》,《时与潮文艺》4 卷 6 期。

2 月评吴祖光的《林冲夜奔》,《时与潮文艺》4 卷 6 期。

3 月 3 日评李广田著《诗的艺术》并撰编辑部启事,《时与潮文艺》5 卷 1 期。同月《章学诚的文学批评》,发表于《国立中央大学文史哲季刊》2 卷 2 期。

5 月 29 日写康德《判断力批判》译者序。

8 月 2 日评老舍的《火葬》,《时与潮文艺·书评副刊》5 卷

5期。

10月17日评靳以的《前夕》,《时与潮文艺·书评副刊》5卷5期。

12月26日《政治家的培养》发表于《世界日报》渝版。

是年3月《韩愈》列入“中国历代名贤故事集”、“学术先进”第三辑,由胜利出版社出版。4月《歌德童话》由成都东方书社出版。8月《梦雨集》(又名《文艺批评与文艺教育》)由商务印书馆出版。

1946年

2月以编译馆编审复员南京,仍译康德《判断力批判》。兼代理图书馆主任。7月任《和平日报》副刊主编。主编《北平时报·文园副刊》。10月应黎锦熙邀请在北京师范大学中文系任副教授。

1月写《改革应该在大处》(社论),《世界日报》渝版(2月5日)。15日,书评《郭沫若:青铜时代》、《卜宁:露西亚之恋》、《无名氏:北极风情画》、《无名氏:塔里的女人》,均刊于《时与潮文艺·书评副刊》5卷4期。

2月11日写《鸡鸣寺小品序》,《中央日报》(2月18日)。同日写《说狗——鸡鸣寺小品之一》,《中央日报》(2月19日)。17日写《送老舍和曹禺》,《大公报·文艺副刊》第14期。18日写《表——鸡鸣寺小品之二》,《中央日报》(2月21日)。20日写《飞——鸡鸣寺小品之三》,《中央日报》(2月20日)。21日写《墙——鸡鸣寺小品之四》,《中央日报》(2月27日)。

3月3日写《烟——鸡鸣寺小品之五》,《中央日报》(3月6日),天津《益世报·星期小品》第7期。同日写《吃是故乡好——鸡鸣寺小品之六》,《中央日报》(3月9日)。6日写《刘熙载的生平及文艺思想》,《青年界》新1卷3期。7日写《官僚的脸谱——

鸡鸣寺小品之七》,《中央日报》(3 月 11 日)。同日写《水——鸡鸣寺小品之八》,《中央日报》(3 月 12 日)。15 日写《论友情——鸡鸣寺小品之九》,《中央日报》(3 月 19 日)。30 日写《文艺批评在今天》,《文潮》1 卷 1 期。

4 月 5 日写《司马迁及其时代精神》,《国文月刊》47 期,收入《司马迁之人格与风格》。20 日写《司马迁的精神宝藏之内容——浪漫的自然主义》,其中《司马迁之识与学》、《司马迁之史学及其他》,分刊于《东方杂志》42 卷 9、10 期,均收入《司马迁之人格与风格》。

5 月 27 日写《司马迁的风格之美学上的分析》,其中《司马迁的散文风格之来源》、《史记书中的形式律则》、《史记的建筑结构与韵律》、《史记句调之分析》、《史记文馀论》,分刊于《国文月刊》51、52、54、56、58 期,均收入《司马迁之人格与风格》。29 日写《文学史上之司马迁》,《文潮》1 卷 5、6 期。其中关于文学批评部分的内容,又以《司马迁在文学批评上的贡献》为题,发表于《文史杂志》2 卷 1 期。至此,《司马迁之人格与风格》全书写讫,1947 年 9 月 2 日校讫全稿。同月写《审奸杂感》,《人民世纪》12 期。

7 月 14 日写童话《燕子》,天津《大公报 · 文艺栏》新 21 期。

10 月 15 日写诗《海上杂咏》三首,天津《益世报 · 文学周刊》第 11 期。31 日写《北平风光》,《世纪评论》1 卷 1、2 期。同月写诗《泥水的小塘》。

11 月 2 日写《传统精神与传统偏见》,天津《大公报》。同月写《文艺科学中的周期原理》,《北平时报 · 文园副刊》3、4、5、6 期。

12 月 3 日写《北平建都论的侧面观》,天津《大公报》(12 月 8

日)。14 日写《统计中国新文艺批评发展的轨迹》,《文潮月刊》2 卷 3 期。16 日写《关于诵读问题的一点意见——致魏建功先生书》,《北平时报 · 文园副刊》第 7 期。30 日写《评天字第一号》,《北平时报 · 文园副刊》第 11 期。

1947 年

与王铁崖、楼邦彦一起为《世界日报》撰写社论。

1 月 13 日《战争与时间观念》,刊于《世界日报》渝版。15 日翻译席勒著《论壮美》(德文原本编订者序)刊于《北平时报》。

2 月 11 日写《从人才的缺乏说起》,《世纪评论》1 卷 2 期。

4 月写《"儿童节"不是要人节》,《世界日报》(4 月 4 日)。写《异哉!中国今日政党之活动方式》,《世界日报》(4 月 7 日)。写《勗平津院校谈话会兼论大学课程的改订》,《世界日报》(4 月 10 日)。写《打风不可再长》,《世界日报》(4 月 14 日)。写《教育界变态现象应从速纠正》,《世界日报》(4 月 17 日)。写《从北洋大学平部迁津问题说起》,《世界日报》(4 月 21 日)。写《祝清华三十六周年纪念》,《世界日报》(4 月 27 日)。

5 月写《保卫"五四"发扬"五四"与超越"五四"》,《世界日报》(5 月 4 日)。写《我们不赞成现在还要会考》,《世界日报》(5 月 10 日)。写《教育界的不安现象》,《世界日报》(5 月 16 日)。写《为什么青年要闹学潮》,《世界日报》(5 月 19 日)。写《现在是用理智的态度来理解这次学潮的时候了》,《世界日报》(5 月 24 日)。写《教育界的公正态度》,《世界日报》(5 月 27 日)。写《促青年们反省》,《世界日报》(5 月 31 日)。写《北平师院复大问题评议》,《世界日报》(6 月 8 日)。

6 月 11、12、14 日《事后检讨,瞻望前途》、《新疆国土被侵》、

《再论新疆事件》分别发表于《世界日报》。16 日写《李清照论》,《文学杂志》2 卷 4 期。18、23 日《说罢课》、《诗人节献词》分别发表于《世界日报》。25 日写《再谈选本》,天津《益世报·星期小品》1 期。

7 月 21 日写《陶渊明真能超出于时代么》,天津《大公报·文史周刊》37 期。26 日写《论大学校长人选》,《世纪评论》2 卷 12 期。7 月写《为北洋平部的归属问题进一言》,《世界日报》(7 月 2 日)。写《念七七,看今日》,后题为《振奋精神与再革命》发表于《世界日报》(7 月 7 日),"几乎改了百分之九十",从此李长之脱离《世界日报》。

8 月 2 日《教育会议可以改革教育吗》发表于《世纪评论》2 卷 5 期。25 日写《陶渊明的孤独之感及其否定精神》,《文学杂志》2 卷 11 期。

9 月写《怀土记》,天津《益世报·星期小品》10 期。

10 月 3 日写《司马迁之人格与风格》序,收入该书。6 日写《跋鸡鸣寺小品》,天津《益世报·星期小品》16 期。

11 月 29 日写《好书谈》,天津《益世报·星期小品》3 期。

12 月 14 日在北大讲演《文学批评的课题》,《世界日报》(12 月 15 日)。22 日写《和汉二十四孝图说》,天津《益世报·星期小品》24 期。23 日写《写信难》,天津《益世报·星期小品》第 24 期。

1948 年

自是年起,任北京师范大学中文系教授。

4 月 8 至 14 日写《西晋诗人潘岳的生平及其创作》,《国文月刊》68 期。

5 月 1 日《艺术论的文学原理》刊于《黄河》复刊 3 期。4—9 日写《西晋大诗人左思及其妹妹左芬》,《国文月刊》70 期。

6 月 13 日在北大诗人节晚会作《从几个角度看今日新诗》讲演,《新民报晚刊》(9 月 24 日)。27 日评《徘徊在十字路口的大学教育》,《自由批判》(7 月 11 日)。

9 月 10 日写《评李广田创作〈引力〉》,《观察》5 卷 5 期。21 日写《杂忆佩弦先生》,《文讯》9 卷 3 期。

10 月 4 日写《孔子可谈而不可谈》,《大公报》(10 月 15 日)。19 日在北师大鲁迅纪念会上作《鲁迅和我们》的演讲,《鲁迅研究月刊》2000 年 8 期①。20 日在中法大学讲演《鲁迅在文艺批评工作上的启示》,《中建》1 卷 8 期。24 日《关于鲁迅》刊于《北方日报》“纪念鲁迅专页”。

11 月 21 日在师大国文学会作《诗经中的政治讽刺诗》讲演,《中国建设》月刊 7 卷 6 期。

是年 9 月《司马迁的人格与风格》由上海开明书店出版。

1949 年

加入新民主主义文化建设协会。参加第一次全国文艺工作者代表大会,中国作家协会会员。

2 月 1 日北师大教授开会,起草迎接解放宣言。3 日写《歌颂今天》,《新生报 · 泥土副刊》(2 月 4 日)。5 日在北师大演讲《新时代与新青年》。2 月 14 日在北师大演讲《从文艺批评标准谈到新民主主义的文学运动》。

3 月 11 日写《论大学教育之建设与改造——本文侧重文艺学院》,《进步日报》(3 月 17 日)。

---

① 此刊将写作时间误排为“1948 年 1 月 19 日”。

4 月 4 日写五首诗歌《快乐的日子》、《保卫世界和平会议》、《给暴风雨中的人们》、《擦亮了枪》、《世上只有一条路》。其中《保卫世界和平会议》发表于《进步日报》(4 月 20 日)。14 日在北师大演讲《自由与自由主义》。

5 月 14 日在辅仁大学演讲《对于解放区的文学和艺术的观感》。

9 月 15 日写《温情主义是一个大敌人》,《新建设》1 卷 4 期。21 日草就《中国文学史导论》(未出版)。

12 月 24 日写《关于一九四九年文艺动态的几个考察》,《新建设》1 卷 9 期。

1950 年

入华北人民革命大学政治研究院学习。

5 月 12 日写《中国文学史研究提纲》(初稿)。

10 月 15 日写《鲁迅批判的自我批判》,《光明日报 · 学园副刊》6 期①。

11 月 1 日写《关于保卫鲁迅先生——答李蕤先生》,《光明日报》(11 月 14 日)。

12 月 25 日写《论处理文化遗产的两种态度》,《光明日报》(1951 年 1 月 4 日)。

1951 年

在四川参加政协组织的西南土改工作团,分配在川北潼南。

1 月 26 日写毕童话《龙伯国》。

2 月 1—10 日写《李白》。春节中写《李白题记》,收入该书。

---

① 《光明日报 · 学园》第 9 期发表李蕤文章《保卫鲁迅先生——李长之的〈鲁迅批判的自我批判〉读后感》。

18日应李士钊邀约写《武训传电影与武训画传》,《光明日报》(2月26日)。

5月27日《我在关于武训传的讨论中获得了教育》,发表于《人民日报》。

是年6月《大理石的小菩萨》列入"新儿童丛书"第三辑由文化供应社出版。9月《龙伯国》列入"新儿童丛书"第五辑由文化供应社出版。11月《李白》列入"中国历史小丛书"由生活·读书·新知三联书店出版。

1952年

在高等院校"思想改造运动"中受批判。

1月11日写《李白》再版题记。

9月16日写《陶渊明的两个重要先辈——陶侃和孟嘉》,收入《陶渊明传论》。

10月8日写《陶渊明的一生及其作品》,17日写《陶渊明传论》序,同日写《陶渊明论》,均收入《陶渊明传论》。

1953年

12月14日写《中国文学史略稿》第一卷自序,收入该书。同月《端午节和屈原》刊于《新观察》。

是年2月《陶渊明传论》列入"中国古典文学研究丛刊"由棠棣出版社出版。

1954年

5月17日《关于俞平伯对于红楼梦的错误的看法的讨论说明了什么》发表于《北京日报》。

7月10日《关于〈陶渊明传论〉的讨论》,发表于《光明日报·文学遗产》11期。

8月1至21日写毕《孔子的故事》。

9月28日《谈古典文学的普及工作》发表于《光明日报》。

10月21日《读文学论稿》发表于《光明日报·图书评论》41期。

11月20日《在古典文学研究中的思想战线》发表于《大公报》。

12月14日写《胡适的思想面貌和国故整理》,《光明日报》(12月28日)。同月写《陶渊明集》的序(未发表)。

是年6月《中国文学史略稿》(第一、二卷)由五十年代出版社出版。9月他与一枬共译的《什么是马克思列宁主义哲学》由中国青年出版社出版。

1955年

1月3日写《中国文学教学大纲》第五次修改稿。11日写《中国文学史略稿》第三卷付印题记,收入该书。15日写毕《胡适白话文学史批判》,《人民文学》1955年3期。

9月12日写毕《镜花缘试论》,《新建设》11期。同月致信郭沫若说明《司马迁生年为建元六年辨》遭刘际铨剽窃后在《历史研究》1955年6期发表一事。

10月20日写《诗经试译》后记,收入该书。

是年2月《中国文学史略稿》(第三卷)由五十年代出版社出版。

1956年

任北京市文联文学理论批评组组长。

3月4日评《新版的镜花缘》,发表于《光明日报》。18日译歌德童话《河上的奇迹》,27日改定。至此,歌德童话始全部译毕。

5 月 17 日写《评“东周列国志”新编》,《光明日报·图书评论》81 期。26 日写《孔子的故事》后记,收入该书。29 日改定《洪升及其长生殿》,作为北师大第一次科学讨论会论文(6 月)。同月《什么是自然主义,什么是庸俗社会学》,刊于《北京文艺·文艺信箱》。

7 月 5 日《欣闻百家争鸣》,发表于《人民日报》、《光明日报》。28 日写《八个问题,两种答案——参加〈琵琶记〉会有感》,《文艺报》1956 年 15 期。同月写《从琵琶记的结构上看琵琶记的思想》,《剧本》1956 年 9 期。同月在中国戏剧家协会组织的《琵琶记》讨论会(第二次、第七次)上发言,收入《琵琶记讨论专刊》(人民文学出版社 1956 版)。同月写《鲁迅美学思想初探》,《前哨》1957 年 3 期。

8 月《司马迁在中国文学史上的地位》,刊于《语文学习》。

9 月 19 日写毕《文学史家的鲁迅》,10 月 20 日在鲁迅逝世 20 周年学术讨论会上讲演,《人民文学》(11 月)。

10 月 8 日写《现实主义问题札记——关于恩格斯的一段话》,未能发表。13 日《鲁迅对文艺批评的期待》刊于《光明日报》。23 日写《司马迁传》题记并拟定全书目录。同月《鲁迅先生和杂文——纪念鲁迅先生逝世二十周年》,刊于《北京文艺》。

11 月 17 日写《鲁迅和嵇康》,《北京师范大学学报》1981 年 6 期。28 日写《关于中国文学史的分期和编写体例》,《光明日报》(12 月 26 日)。

12 月 3 日写《谈陶渊明——陶渊明逝世一千五百三十年纪念》,北师大学生会《蓓蕾》杂志创刊号。同月写《孔尚任与桃花扇》,为《中国文学史略稿》第五卷的一部分(未刊)。

是年 6 月他与杨文震合译席勒著《强盗》,由人民文学出版社出版。8 月《孔子的故事》由上海人民出版社出版。9 月《诗经试译》由上海古典文学出版社出版。10 月《司马迁》由通俗读物出版社出版。

1957 年

1 月 24 日写《现实主义和中国现实主义的形成》,《文艺报》1957 年 3 期。同月写《谈王维的两首诗》,《语文学习》1957 年 2 期。写《谈辛词》,《语文学习》1957 年 3 期。

4 月 3 日改毕《关汉卿的剧作技巧》,《戏剧论丛》1957 年 2 辑。14 日《李义山论纲》发表于《光明日报·文学遗产》152 期。

5 月 1 日《尊重与批评》发表于《文汇报》。9 日《为专业的批评家呼吁》发表于《北京日报》。15 日《谈百家争鸣》发表于《九三社讯》1957 年 9 期。同日在九三学社中央常务委员会座谈关于教授治校和学校党委制问题时发言,《九三社讯》1957 年 10 期。20 日在文字改革座谈会会上做关于简化字讨论的发言,《拼音》12 期。24 日写杂文《墙》,《北京文艺》。

7 月《谈百家争鸣》发表于《九三社讯》。

11 月《诗情画意的沙恭达罗》发表于《戏剧报》1957 年 11 期。

12 月底用英文写《介绍镜花缘》,《中国文学》(1958 年 1 月)。

是年《蒲松龄与儿童文学》收入《中国古典小说评论集》,由北京出版社出版。

1958 年

被划为“右派”。从此,一支健旺的笔被折断。

2 月 24 日校改《中国文学史略稿》第二卷。25 日校改《中国文学史略稿》第三卷。

12 月 27 日拟订《关于杜甫资料整理计划》。

1959 年

2 月 19 日草拟《杜甫论》提纲（有关历史之几个关键问题）。

1962 年

应上海人民文学出版社之约修改《孔子的故事》（未出版）。

1963 年

写《李清照》剧本提纲。

1965 年

7 月 27 日始编《近代及现代文学大事记》（1941—1966）。

自订年谱，《自序》曰："余年十二，始有日记，战乱流离，四十以前，已无存者。是后虽未辍，然兴会不同，简繁悬殊，有数月而未著一字者。今年逾知命，悔往日而追来者，乃粗列年谱，以自省览，未足为外人道也。长之记。时年五十五。"

1966 年

在"文化大革命"中受批判，类风湿关节炎急剧恶化。

1976 年

3 月 21 日改毕《读新华词典》。

12 月 29 日改定长诗《敬悼伟大的无产阶级革命家周总理》。

1977 年

12 月 27 日校订《中国文学史略稿》第一卷，至次年 7 月 26 日校讫。

1978 年

1 月 7 日再校《中国文学史略稿》第二卷，7 月 26 日校讫。14 日再校《中国文学史略稿》第三卷。

2 月 7 日为《中国文学史略稿》的再版写《新版题记》。

5 月 7 日写《谈选本》，《北京师范大学学报》1980 年 5 期。

6 月 2 日在老舍骨灰安放仪式的前夕，写《忆老舍》，发表在《新文学史料》1978 年创刊号上，为生前最后发表的文字。

11 月中旬因病住院。

12 月 13 日病故。

了解一种文化，价值在被了解者，也在了解者

——谈李长之的《司马迁之人格与风格》

于天池　李书

一

《司马迁之人格与风格》一书，是当今学界研究司马迁和《史记》的重要参考书，也被视为李长之先生传记批评的代表作。

在长之先生的传记批评专著中，《司马迁之人格与风格》写作时间最长。此前的《鲁迅批判》写了七八个月的时间，《道教徒的诗人李白及其痛苦》陆续写了不到两年。几乎同时开工的《韩愈》只用了十四天。此后的《李白》、《陶渊明传论》写了一个月，《孔子的故事》连写带改用了一年半，而《司马迁之人格与风格》从酝酿到完成竟然用了十年左右的时间①！写作时间的长短固然不能决定作品品质的高下，但对于一位下笔千言、倚马可待的多产作家而言，其写作时间如此之长，确实令人感到他用心之深，用力之勤。

---

① 此处依据李长之《司马迁人格与风格》的自序："本书蓄意要写，是二十七年的秋天的事。"序言则完成于三十六年，整整十年。1956年李长之写《司马迁传题记》说"十五年前(1941)，我开始写《司马迁之人格与风格》，十年前(1946)，把它完稿。"可能记忆或计算有出入，不取。

在长之先生的传记批评专著中，大概没有比《司马迁之人格与风格》在创作生活环境方面更为恶劣的了：长之先生的《鲁迅批判》、《道教徒的诗人李白及其痛苦》创作于他在清华大学即将毕业之际，虽然生活清贫，但衣食无忧；他的《李白》、《陶渊明传论》创作于上个世纪的五十年代前期，生活更是安定了很多。可《司马迁之人格与风格》就不同了。这本书的创作始于1938年，正是中国抗战最为艰苦的时候。而长之先生在父亲病逝后，身为长子，负担着全家的生活重担，在四川过着颠沛流离的生活，不遑宁处、瓶无储粟。在中央大学和编译馆工作期间，每当日机轰炸，他都要拉着甚至背着母亲躲进防空洞。长期的艰苦生活，使他得了肺结核。结婚后，夫妻双方处于磨合期，龃龉时有发生，以至于他说那段时间是他“健康上和心情上最恶劣的时候”。

但是，在长之先生的传记批评专著中，大概也没有比《司马迁之人格与风格》在创作的文化和思想条件上更为优越的了。在此之前，尽管他学识已相当深厚，但毕竟生活阅历有限，挥洒之际显得才气大于学识。而且，那时他的德文和德国文艺美学理论刚刚登堂入室，像他的《鲁迅批判》对鲁迅的分析就明显见出弗洛伊德的影响，《道教徒的诗人李白及其痛苦》对于李白人格精神的分析也依稀露出尼采“超人”理论的痕迹。而其后写《李白》、《陶渊明传论》时，生活倒是安定了，但是在批评的自由度和思想方法的运用上似乎受到了较大的挤压，他自觉不自觉地抛却了原所服膺也颇娴熟的美学利器，尝试运用新的文艺理论工具。尽管在同行中，他对马列主义文艺批评方法的运用颇为出色，但有时仍显得生硬牵强，政治风云所造成的心理阴影更使他力不从心。写作《司马迁之人格与风格》时则不然。在学术道路上，长之先生任中央大学讲师、副教授期间,通过讲授文艺理论、中国古代小说史、中国文学批评史等课程,对于中国文化有了更系统地把握和研究,写有《从孔子到孟轲》、《积极的儒家精神》、《孔子与屈原》、《韩愈》、《古代的审美教育》、《秦汉之际之儒家美学之继续发展与结束》、《中国画论体系及其批评》等论文;在西方文化研究方面,他系统地阅读了古希腊思想家的著作,还译有玛尔霍兹的《文艺史学与文艺科学》、康德的《判断力批判》,出版了《德国兴亡鉴》、《西洋哲学史》、《德国的古典精神》等系列专著。此时长之先生的学养、阅历,与十年之前在清华大学时已经不可同日而语了,不仅广博、成熟、深厚、自如,其思辨力和判断力均超迈从前,与日俱进。他不再对德国古典美学盲目崇拜,而是有了理性认识。对于唯物主义和辩证唯物主义,也不像从前那样简单地加以排斥,而是有了理性的吸收。此时批判的武器在他可谓得心应手,如同庖丁解牛那样奏刀豁然。如果说,我们在阅读《司马迁之人格与风格》时依然感到长之先生作品中那种热情、浪漫、鲜活,那种特有的青年气息的话,那么在奔腾澎湃的笔触之中显然又增加了纯净而沉着的成分了。

尤其值得指出的是,在创作《司马迁之人格与风格》时,正是长之先生鉴于抗日战争爆发,开始全面思考世界文化和中国文化的问题之时,他由国防文化,想到了文化的国防;由战前的"五四"运动想到了战后中国的文艺复兴。他断言"在一个民族的政治的压迫解除了以后,难道文化上还不能蓬勃、深入、自主,和从前的光荣相衔接吗?现在我们应该给他喝路"。这时他曾经向许多青年热切地说过这一愿望,认为自己所指出的这文艺复兴的征兆终于不虚。他在《新世界新文化新中国》一文中满怀深情地放言:"就中国说,我愿意在战后做一个胜利巡礼,重温一温我们的锦绣山河,并在新世界、新文化中,看新中国!”这使他在研究司马迁的时候具有一种开阔的文化视野,具有一种强烈的历史使命感,更具有一种难得的文化激情。

与写作《司马迁之人格与风格》相颉颃,长之先生这时还写有一部论文集《迎中国的文艺复兴》,这部书充满热情地探讨中国在抗战中,尤其是抗战胜利后的文化走向,预言“胜利既然在望,我们好的传统之更加发挥也一定在望。”“我们现在业已走上民族的解放之途了,随着应该是文化的解放。从偏枯的理智变而为情感理智同样发展,从清浅鄙近变而为深厚远大,从移殖的变而为本土的,从截取的变而为根本的,从单单是自然科学的进步变而为各方面的进步,尤其是思想和精神上的,这应该是新的文化运动的姿态。这不是启蒙运动了,这是真正的中国的文艺复兴!”[①]表面上看,这是两部不相干的书,一个是就当前的文化发展谈自己的看法,一个是就历史上的巨著进行研究,但实际上两书是互为表里的姊妹篇。《迎中国的文艺复兴》阐述的是长之先生关于中国文化研究的态度方法,是宏观的鸟瞰;《司马迁之人格与风格》是就对中国文化影响甚大的一部巨著所进行的研究,是具体而微的解析。前者是对后者形而上的阐释;后者是对前者理论上的具体实践。

一部成功的专著的出现,除去作者的才华学养外,同他的生活环境和思想文化环境,乃至时代精神都有着密切的关系,都是不可或缺的。但如果生活环境是从创作意义上说的,那么它并不是很重要,一般来说,只要能生存就能创作。有时恶劣的生活环境反而能达到“贫穷出诗人”,“愤怒出诗人”的效果。相对来说,思想文

---

① 李长之:《迎中国的文艺复兴》,商务印书馆 1946 年,第 22 页。

化环境反而更重要些，因为思想和艺术的创作只能靠思想和艺术本身来滋养。思想和文化环境可以优化或劣化学者的创作氛围，限制或者发展学者的思维想象空间，推动或者阻滞学者的逻辑思维，它对于学者能否创作出质量高或者质量低的学术著作关系甚大。当然，时代精神和时代呼唤对于学者的作品在最高层面上的意义更为重要，它决定着能否产生更高层次更伟大的作品，这是个人才情和时代激情的结合，而这又是可遇而不可求的事。

就长之先生而言，大概抗日战争所激发出来的民族精神和文化激情对于他创作《司马迁之人格与风格》至关重要，他对中国在抗日战争胜利之后文艺复兴的渴望和期盼，从某种意义上与司马迁在汉武帝时代意欲“究天人之际，通古今之变，成一家之言”产生了难得的共鸣共振，这对于他创作此书是莫大的助力，也是我们今天阅读此书最有兴味的地方。

二

长之先生在研究文化现象时有一个鲜明的观点，那就是“谈一国的文化时，须就其最高的成就立论，而不能专就低处看。文化是人类精神活动的最高的也是最后的结晶，只有这，才是文化。”“我们所据以衡量法国文化的当然是笛卡尔与卢骚，据以衡量德国文化的当然是康德与歌德，据以衡量英国文化的就是牛顿和达尔文或者莎士比亚了。谈中国文化时又何独不然？我们不谈则已，谈就必须就孔子、屈原、司马迁、杜甫、李白、吴道子、王羲之、朱熹、倪云林、王阳明等人所成就的看，决不能就一般没有知识，没有教养的人的成就看。站在高级,可以了解低级;站在低级,却不能够了解高级。我们把最高的成就明白了,对于许多通常的平凡的现象,倒未始不可以更容易地把握其意义。"[①]这个观点,不仅贯彻于长之先生对研究对象的选择上,也贯彻于他对研究对象的分析上。

对于《史记》和司马迁的研究,长之先生首先重视的是时代,重视时代的文化环境对司马迁影响的阐释,他说:"我们说司马迁的时代伟大!我们的意思是说他那一个时代处处是新鲜丰富而且强有力!奇花异草的种子固然重要,而培养的土壤也太重要了!产生或培养司马迁的土壤也毕竟不是寻常的。"[②]但是他所说的时代是指"一民族之一般的艺术特色,以及其精神上的根本基调,还有人类的最共同最内在的心理活动与要求。"[③]所以其侧重点既不是政治,也不是经济而是文化。

长之先生首先阐述"大可注意的是,汉的文化并不接自周、秦,而是接自楚,还有齐。原来就政治上说,打倒暴秦的是汉;但就文化上说,得到胜利乃是楚"(第8页)。接着论述"齐、楚文化是一系,都是浪漫精神的代表,那末,汉代在楚文化的胜利之馀,又加上齐,真是如虎添翼,自然可以造成浪漫文化的奇观了"(第17页)。他总结说:"驰骋,冲决,豪气,追求无限,苦闷,深情,这是那一个时代的共同情调,而作为其焦点,又留了一个永远不朽的记录的,那就是司马迁的著作!"

其次,他重视司马迁思想的渊源和继承处,他认为司马迁的思

---

① 李长之:《迎中国的文艺复兴》,第4页。

② 李长之:《司马迁之人格与风格》,本书第8页。以下凡征引本书仅随文括注页码。

③ 李长之:《批评精神》,南方印书馆1942年版,第200页。

想同其父的思想有着重要的渊源："司马谈的精神面貌处处范铸了他的天才爱儿司马迁。司马迁对于任何家的学问能欣赏，并能批评；他书中所记载的'黄老派'，也都与司马谈所论的相符合；直然是司马谈的精神的副本呵！"（第36页）但"道家立场的司马谈，却多给了他儿子一种儒家的陶冶，这使他们父子之间，有了一种思想上的差异"（第42页）。长之先生尤其重视孔子对于司马迁的影响，他说："由于孔子，司马迁的天才的翅膀被剪裁了，但剪裁得好，仿佛一个绝世美人，又披上一层华丽精美而长短适度的外衣似的；由于孔子，司马迁的趣味更淳化，司马迁的态度更严肃，司马迁的精神内容更充实而且更有蕴藏了！一个伟大的巨人，遥遥地引导着一个天才，走向不朽！"（第73页）

在这之后，他开始深入探讨司马迁的人格，他说"孔子的精神是理性的——纵然根底上也不尽然；但司马迁终于是情感的。孔子的趣味，表现而为雅，这是古典；但司马迁的趣味，表现出来，却是奇，这却是浪漫的了。"（第96页）司马迁的"情感极浓烈，平常就有一种说不出的极苦闷、极寂寞的郁结的烦恼在；德文所谓 Leidenschaft，最足以表现他这种心情。"（第97页）他特别强调李陵一案在司马迁人格发展中的位置："大概自从李陵案以后，司马迁特别晓得了人世的艰辛，特别有寒心的地方（如赏识韩信，劝高祖登坛拜将的是萧何，骗了韩信，使之被斩的，却也是萧何），也特别有刺心的地方（如李同告诉平原君的话：'士方其危苦之时，易得耳'），使他对于人生可以认识得更深一层，使他的精神可以更娟洁，更峻峭，更浓烈，更郁勃，而更缠绵了！——这也就是我们在《史记》里所见的大部分的司马迁的面目。总之，这必然发生的李陵案，乃是他的生命和著述中之加味料了，他的整个性格是龙，这就是睛！"

（第127页）

长之先生在其《批评精神》一书中盛赞德国哲学家倭铿（R. Eucken）对于歌德的传记批评，说他“从作家的世界观入手，以论及他的人生观，从他的人生观才又证之以他的作品，那路径是多么深刻和根本。”[①]可以说《司马迁之人格与风格》正是沿着这个路径进行的。

对于时代、世界观、人格精神这些问题的探讨，前人并非没有涉猎过，但或者语焉不详，或者三言两语缺乏联系。在《司马迁之人格与风格》中，长之先生把时代、思想、人物一线贯穿起来，明晰起来，用现代的文化观念给予了新的阐释和说明，并由此建立起对于《史记》的分析。就像粒粒的珍珠由于红线的贯穿而有了条理，有了造型一样，长之先生独到而有特色的对于司马迁时代、世界观、人格精神的分析使得他的《史记》研究与传统的随感札记式的研究明显地分道扬镳了。

晚清以来，《史记》的研究一直在探索新的路径新的方法，不少学者付出了辛勤的劳动，也取得了很多成绩，但是从传记文学批评的方法论上说，《司马迁之人格与风格》一书的出现，才真正廓清了在《史记》研究中旧路径和新方法的界石。长之先生在本书的序言中坦言“我们比以前人占便宜处，是我们懂得了体系化”（第5页）。这正是本书超迈前人最根本之处，也是他在传记文学批评方法论上最优长之处。

在本书中，长之先生不仅站得高阔，观得宏大，而且分析得也极为深细，像对于《史记》的美学风格的观照，他就专门探讨了其中

① 李长之：《批评精神》，第42页。

的艺术形式律则，在结构方面，他认为有“统一律”、“内外和谐律”、“对照律”、“对称律”、“上升率”、“奇兵律”、“减轻律”，认为“其中除了对称律是中国人的美感所特有，奇兵律和减轻律是司马迁的艺术所独具外，也可以说是世界上任何艺术作品所共遵的律则”（第 259—260 页）。同时他针对《史记》句子的长短，音节，如何应付骈偶，语汇的运用等，对司马迁口语语言的能力和特点进行了更加深微仔细的探讨。他说：“凡是文学上的天才，语汇都是丰富的，这不惟见之于他们的用字之多，而且又见之于他们的用字之新。有人曾以这种用字的优长推许过莎士比亚，现在我们觉得这同样可以应用于司马迁。”（第 292 页）他指出司马迁代字用得好，“用字深稳而经济”，“常常对一个整个传记，因为抓到最确切的几个字，而用以显示主题”，“但司马迁尤其擅长的，却是他之运用虚字。”在详尽地分析“‘矣’字最能够代表司马迁的讽刺和抒情”之后，他断言“‘矣’字可说是司马迁运用得最灵巧的一种武器了”（第 293—296 页），他总结说：“一种艺术品之所以成功，必须是部分地好，合起来才能好，像大建筑一样，一砖一瓦的坚牢美观，正是整个建筑的必需条件，纵然不是充分条件。司马迁恰就是把精神能灌注在这一砖一瓦的！”（第 291—292 页）我们说，长之先生对于《史记》一书的分析，也恰恰做到了“把精神能灌注在这一砖一瓦的”地步。

自古以来对《史记》文章风格的评论，真是“多极了”。长之先生超迈前人之处，不仅在于能阐幽明微，更在于其能综合。他说古文家“对于司马迁的风格的认识，他们的用语虽不同，但大致却可以得到共同或相似的看法。韩愈所谓‘雄健’，就是章学诚所谓‘质苍’；韩愈所谓‘雅’，就是章学诚所谓‘轻灵’，也就是柳宗元所谓

‘洁’。苏辙所谓‘疏荡有奇气’，就是姚祖恩所谓‘逸品’，就是王懋所谓‘笔墨之外’，就是刘熙载所谓像王献之的书法那样‘逸气纵横’。其中‘逸’的一点，尤为一般人所一致感觉。究竟‘逸’是什么？用我们现在的话讲，可说就是司马迁在风格上所表现的浪漫性而已。浪漫者在追求无限，所以司马迁在用字遣词上也都努力打破有限的拘束，所谓‘疏荡有奇气’也不过是这意思的另一种说法罢了。像他的精神是在有所冲决，有所追求，有所驰骋一样，他的风格也是的。这可以说是他的风格之本质底特征。”（第301—302页）假如我们排比古文家对于司马迁文章风格的评论，确实用词各异，莫衷一是，但经过长之先生整理爬梳，以“浪漫性”统驭之后，便豁然开朗。这种综合，依然得力于他所说的“体系化”的方法，得力于他用司马迁的浪漫的自然主义的人格精神来统驭分析。

对于《史记》这部史学和文学的巨著，长之先生所论是站在文学本体论的立场，或太偏重于文学方面的研究；而且，《史记》又是一部百科全书式的巨著，长之先生所论，尽管深细，尽管触及的方面极为广泛，但挂一漏万之处似乎也颇多。但是有了长之先生对于司马迁的时代、思想和人格精神的深入探讨，有了一种体系的关联，那些疏漏和不足之处似乎都不足论列了。

当然，《司马迁之人格与风格》也不是没有其他缺点的。即使就长之先生十分得意的体系方面而言也是如此。记得历史学家陈垣先生在看了《司马迁之人格与风格》后对长之先生说：“你写的这部书最有价值的部分是《司马迁生年为建元六年辨》，最差的是《〈史记〉各篇著作先后之可能的推测》。好在哪？好在你言之成理，尤难能可贵的是，如果司马迁晚生了十年，生于建元六年的话，其时所作《史记》的年龄，恰恰更符合你所论的浪漫精神诸因素。

差在哪呢？不是你下的功夫不够，是限于文献的不足，本来应该粗线条的地方，你一定要求明晰，搞明白，结果出力不讨好——陷于了在材料不足时的主观推测。”陈垣先生是站在一个历史学家的立场上批评《司马迁之人格与风格》，那批评确实搔到了痒处。后来长之先生在五十年代准备将此书改为《司马迁传》的时候就在目录上删汰了《〈史记〉各篇著作先后之可能的推测》整个一章。出现这样的缺点，大概同长之先生受德国哲学体系化思维的训练有关，——他处处想形成一个系统，想做得圆满，即使在研究材料残缺破败时也不放弃补缀。因此就《〈史记〉各篇著作先后之可能的推测》一章而言，尽管主观臆测的成分较多，也还是做到了在那个时代对于这个课题所能做到的极致了。

三

长之先生在《论如何谈中国文化》一文中说：“了解一种文化时，与其说价值在被了解者，不如说在了解者，所以温克耳曼、席勒、尼采所了解的希腊文化并不同，但这何碍于这些了解者的价值？真正发现一种古代文化的完全真相也许是不可能的，只是在这发现之际，就可以表现一种发现者的人格了。”“了解包含一种精神上的共鸣，了解即是创造。”①

长之先生在《司马迁之人格与风格》一书中论定“情感者，才是司马迁的本质。”（第98页）“司马迁在性格上更占大量成分的乃是

① 李长之：《迎中国的文艺复兴》，第8页。

他的浓烈的情感，他原是像屈原样的诗人。所以结果，假若用一个名词以说明司马迁时，我们应该称他为浪漫的自然主义（romantic naturalism）。”（第199页）“他之作《史记》，也绝不像一个普通平静的学者似的，可以无动于中而下笔者……几乎没有一篇不是基于一种感情而去着手了的。”（第97页）

作为批评家，长之先生其实也可以说是“在性格上更占大量成分的乃是他的浓烈的情感”的人。他在许多地方是与司马迁像极了的。我们经常可以看到长之先生的情感像奔涌的洪水那样。他写《司马迁之人格与风格》中关于李陵案的一章时就不讳言“却为这一章哭了，泪水一直模糊着我的眼”（第5页）。司马迁在枯燥冷冽的人生中渴望友谊，要求得极为急切；长之先生在自己的一生中也充溢着对于友谊的渴望——虽然在“反右”斗争后，他只能在孤寂中舔舐自己的伤口。司马迁对于孔子有纯挚的依恋，仰慕的情感；长之先生则更是说：“孔子是奠定中国儒家的思想的人，也是把中国民族所有的优长结晶为一个光芒四射的星体而照耀千秋的人。”①“儒家的真精神是反功利，在这点上，司马迁了解最深沉，也最有同情。”长之先生则明确宣布自己的批评的原则是“为批评而批评”，并且主张感情的批评主义，他说“我以为不用感情，意定不能客观。因为不用感情，就不能见的亲切。在我爱一个人时，我知道她的长处，在我恨一个人时，我知道她的短处，我所漠不关心的人，必也是我所茫无所知的人。……感情就是智慧，在批评一种文艺时，没有感情，是绝不能够充实，详尽，捉住要害。我明目张胆的

① 李长之：《中国文化传统之认识（上）：儒家之根本精神》，见《迎中国的文艺复兴》，第59页。

主张感情的批评主义”。司马迁写《史记》贯彻着一种艺术精神,视《史记》为自我抒情的篇章,长之先生也视自己的批评专著如创作,他说:“我写一部东西,很少是基于外在的动机,却往往基于自己的一点创作欲求。在我创作冲动不强烈时,我不能写;在我酝酿不成熟时,我不能写;在我没感到和自己的生命有着共鸣时,我也根本不能选择了作为我写作的对象。”(第5页)

我们说长之先生在性情上像司马迁绝没有拉大旗作虎皮,认为长之先生在中国文化史上的地位和成就可以和司马迁相媲美,而是说性情相通的人更容易理解和沟通。因为长之先生在心灵乃至情感思想上与司马迁有着共鸣,所以在撰写《司马迁之人格与风格》的时候就与他的传主有了共同的命运感,是其所是,非其所非,其笔锋带情感,而这情感决不是表面上字词语句的抒情,而是与传主在时代上共呼吸,在事业上共感慨,在人物上共褒贬,真正深入到传主内心去吟咏赞叹。比如,司马迁的“此人皆意有所郁结,不得通其道,故述往事,思来者”,对于一般人而言,不是不可以从字面上去理解,但对于同样有着天才意识,有着文化历史使命感的人,其理解的深度是绝不一样的。再比如,对于情感平淡的人,阅读《史记》中的人物是一种理解,对于与司马迁同样有着浓烈情感而感同身受的人就会更“于我心有戚戚焉”,而对于在文化历史的使命感上有着共鸣,且在艺术表现上又能深深地理解和欣赏的人,则会在其批评的文字中,言之不足故嗟叹之,嗟叹之不足故咏歌之了,其间岂能仅用“笔锋带情感”数字了的。

如果说在长之先生的心目中,《史记》是浪漫的诗篇的话,那么,从某种意义上,《司马迁之人格与风格》作为批评著作,也具有批评的抒情性和浪漫性,那是一个文化的发现者在抒发其人格与司马迁精神上的共鸣之情，抒发对复兴中国伟大时代和伟大文化的呼唤。这是此书在众多《史记》评论的学术专著中最显著的也是最与众不同的地方。

长之先生对司马迁的最终认识是："因为他是抒情诗人，所以他的作品常新——情感本是常新的。因为他是抒情诗人，他的识力和哲学并没引导他走入真正理智的陷阱。他对于若干历史上的大小事件，似乎很有所理解，然而归到根底，他唱起命运感的调子来了！'余甚惑焉，倘所谓天道，是邪非邪？''孔子罕称命，盖难言之也！非通幽明之变，恶能识乎性命哉！'因为他有命运感，所以他有深切的悲剧意识，他赞赏那些不顾命运的渺茫而依然奋斗，却又终于失败了的伟大人格。"（第332页）这段评论也完全可以平移到长之先生自己对于司马迁及《史记》的评论上。如果说《司马迁之人格与风格》存在某些不足的话，那就是它带有长之先生太多、太浓烈的情感，而且也有着太过深切的悲剧意识。比如在本书的结尾，他说："司马迁的一生是一幕悲剧，连这和司马迁最有着精神上的连系的亲属却也以悲剧终！"（第333页）就有些诗人而不是学者的味道。而这仿佛也是谶言，这位在现当代文学批评史上与司马迁情感意识最相通，写出最好的司马迁评论的学者最后"也以悲剧终"！

李白研究中的常青树

——谈李长之的《道教徒的诗人李白及其痛苦》

于天池　李书

李长之先生的《道教徒的诗人李白及其痛苦》于1940年8月由长沙商务印书馆出版，距今已经过去了71年。在这期间，尽管研究李白的专著层出不穷，而且，长之先生本人在上个世纪50年代应三联书店之邀，还重写了一本《李白》的小册子，但是，纵观整个20世纪的研究李白的学术出版史，这本仅有六万馀字的《道教徒的诗人李白及其痛苦》始终独占鳌头，高居榜首，一版再版，直到现在仍然是研究李白诗歌必读书的首选。

一部学术著作经过长时间的删汰仍傲然卓立，一定有过人之处。那么，这本书的过人之处在什么地方呢？

首先是它站在了当时学术的前沿，其研究李白的角度、方法使人耳目一新。

李长之写作《道教徒的诗人李白及其痛苦》的时候刚刚从清华大学毕业不久①，他不仅受到德国古典哲学和美学的熏陶，而且非

① 《道教徒的诗人李白及其痛苦》出版于1940年8月，但实际动笔是在1936年底或1937年初。《李白的文艺造诣与谢脁》发表于《北平晨报》1937年4月26日。《李太白导论》（相当于此书之《导论》而略有不同），分两期发表于《北平晨报》1937年5月31日、6月7日。《李白：寂寞的人》（相当于此书之《李白：寂寞的超人》）发表于《再生》1939年2月。1939年11月19日为此书撰写序言。

常迅速地吸收了尼采、弗洛伊德等现代德国哲学家的营养，并用这些新理论来研究中国的文化巨人，他强调要“深入到诗人世界中的吟味”，实际上就是对于研究对象进行人格精神的分析，不仅研究诗人写什么，怎样写，而且进一步探究诗人为什么要这么写。表面上看，李长之“从道家的特征推阐李白的为人与创作特点”似乎并没有超出传统批评，但实际上他在李白的研究上展开了一个全新视野，他是以人的“生命流露”来研究李白的。他一则说：“说真的，他的人生和我们一般人的人生并没有太大的悬殊，他有悲，我们也有悲，他有喜，我们也有喜，并且他所悲的，所喜的，也就正是我们所悲的，所喜的。然而，然而有一个不同，这就是他比我们喜，喜的厉害，悲，悲的厉害，于是我们就不能不在他那里得到一种扩展和解放了，而这种扩展和解放却又是在我们心灵的深处，于种种压迫之馀，所时时刻刻的在期待着，在寻求着的。”[①]（第342页）“我们知道一般的疯子、狂人的价值，就更该知道一般的艺术作品的价值，就尤其该知道诗人李白的价值了。”（第343页）再则说：“就根本处说，李白不能算矛盾，他有丰盛的生命力，他要执着于一切。但是就表现上说，就不能不算矛盾了，因为他要求得急切，便幻灭得迅速，结果我们看见他非常热中，却又非常冷淡了。一会是‘人生在世须尽欢’，一会是‘人生在世不称意’；一会他以孔子自负‘我志在删述’，一会他又最瞧不起孔子，‘凤歌笑孔丘’，矛盾多末大！”（第444页）最后他说：“总之，他是太人间了，他的痛苦也便是人间的永久的痛苦！这痛苦是根深于生命力之中，为任何人所不

① 李长之：《道教徒的诗人李白及其痛苦》，本书第342页，以下凡征引本书仅括注页码。

能放过的。不过常人没有李白痛苦那样深，又因为李白也时时在和这种痛苦相抵抗之故(自然，李白是失败了的牺牲者)，所以那常人的痛苦没到李白那样深的，却可以从李白某些抵抗的阶段中得到一点一滴的慰藉了！这就是一般人之喜欢李白处，虽然不一定意识到。”(第448页)

李长之常说：“我们比以前人占便宜处，是我们懂得了体系化。”[①]在《道教徒的诗人李白及其痛苦》中，他处处用“生命和生活”解读李白的行事和作品。他认为李白信仰道教的原因是“李白的本质是生命和生活，所以他之接受道教思想是当然的了。生活上的满足是功名富贵，因此李白走入游侠，生命上的满足只有长生不老，因此李白走入神仙。”(第391页)他解释李白诗歌题材何以雄大壮阔的原因是“因李白生命力充溢之故，他所取材的歌咏的对象多半是雄大壮阔的：‘浙江八月何如此，涛似连山喷雪来’(《横江词》)，‘墨池飞出北溟鱼，笔端杀尽中山兔’(《草书歌行》)，‘日出东方隅，似从地底来……吾将囊括大块，浩然与溟涬同科’(《日出入行》)，这种局势，可以说在中国四千年来的诗坛上少有第二人！”(第426页)对于李白诗歌中的豪气和清真风格的形成，他同样认为是生命力充溢的缘故，他说：“不错，‘清真’是李白对于诗所要求的一个标准；不错，李白以这个标准而选择了谢朓。但是李白自己的诗，却决不能以‘清真’尽之。李白诗的特色，还是在他的豪气，‘黄河之水天上来’，这是再好也没有的对于他的诗的写照了！……说到根本处，我们还得归到老话，所有这一切，只是由于生命力充溢之故，而这生命力，又经过道教的精神洗礼之故。因

① 李长之：《司马迁之人格与风格》自序，本书第5页。

此，他毫无尘土气，他一空依傍；在那精神的深处，光芒四射而出，万物经这光芒的照耀，跑到了他的笔端的，也便都有着剔透玲珑的空灵清新之感了！”（第424— 425页）在长之先生看来，李白诗歌修辞上的特点也源于李白旺盛的生命力。他指出李白诗里满满的是“愁杀、笑杀、狂杀、醉杀、恼杀，这些极度夸张的字眼，在别人是不常用的。这在一方面看，可以认为是像李白的一种口头禅似的了，在不经意之中，就总是这样夸大惯了罢了；然而另一方面看，却可以见出有他的性格所以使之然者在，正因为他内心里的要求往往是强烈的，所以他即使在不经意的时候也就如此流露而出了。”（第345—346页）他又认为李白的“诗里常有‘忽然’的字样”，“忽然的情调”，而这“正是代表他精神上潜藏的力量之大，这如同地下的火山似的，便随时可以喷出熔浆来。在某一种意义上说，这种情形，正是为‘灵感’一词下了一个具体的注脚。‘灵感’不是由外而来的，却是自内而生的，只是似乎不能自己加以操纵似的，要来，却是不期而来，所以用‘忽然’二字去描写那情景，便是再好也没有了。李白‘忽然’的情调特多，换言之，也就是他写诗的材料——灵感——的临莅也最频繁。诗有作的，有写的，作的勉强，写的自然，大家只知道李白的诗那末自然，冲口而出，真似乎妙手天成，却不知道这有一种根本的关系在，这就是那充溢的生命力使然了”（第359页）。

不能说长之先生这种用“生命流露”的诠释全都正确，一无瑕玭，也不能说这种诠释前人就一点也没有触及，而且有时它难以避免简率的诟病，但这种全新研究的视界无疑具有20世纪的气息，像乍起的清新空气，吹拂了当时的李白研究界。

文学界评论李白，向来有李杜对照的传统，“唐世李杜并称，未尝有所轩轾。惟元微之作李杜优劣之论,独重子美,于是后之人以为谈柄,不免于左右袒。至于今,论诗者言李,则必曰李杜,而后知为太白,若言杜,则不必连及李,而无不知为子美者"①,20 世纪初研究李白的专著也大都沿着这一路数,比如 1927 年由商务印书馆出版的傅东华的《李白与杜甫》,1933 年汪静之的《李杜研究》等,而且"即使其他几种仅标题为李白研究的著作,也把很多篇幅放在二人的比较研究上"②。长之先生突破了这一模式,由于他所写的《道教徒的诗人李白及其痛苦》原是"要合并起来写的关于中国五个大诗人(屈原、陶潜、李白、杜甫、李商隐)的一部大书的一部分,所以这小书中也时时以他们五个人作为对照":

> 倘若说在屈原的诗里是表现着为理想(Ideal)而奋斗的,在陶潜的诗里是表现着为自由(Freiheit)而奋斗的,在杜甫的诗里是表现着为人性(Menschlichkeit)而奋斗的,在李商隐的诗里是表现着为爱(Liebe)、为美(Schönheit)而奋斗的,那么,在李白的诗里,却也有同样表现着的奋斗的对象了,这就是生命和生活(Leben)。(第 345 页)

> 儒教色彩曾经笼罩了陶潜,曾经遮掩了杜甫,但是却把李白几乎整个漏掉了。(第 350 页)

---

① 玄修:《说李》,《同声》1941 年第一卷第 9、11 期。

② 周勋初:《李白研究百年回眸》,《二十世纪中国学术文存 · 李白研究》,湖北教育出版社 2003 年版。

不过我们不能因此就断言李白比杜甫浅薄，这是因为他们的精神形式实在不同故，在杜甫，深而广，所以能包容一切；在李白，浓而烈，所以能超越所有，他们都达于极致了，同是文艺的极峰，同是人类的光辉！静夜有静夜的美，白昼有白昼的美，在孔子和屈原，我们不能轩轾于其间了，在杜甫与李白，我们也不能有所抑扬。（第355页）

从前人说陶潜诗篇篇有酒，其实李白或者更可以当得起这句话的。而且我觉得像李白在这里所说的“醉后失天地，兀然就孤枕”，“酒倾愁不来”，“酒酣心自开”，这种非饮酒的人不能有的体会，就是陶潜却也还没写过。（第404页）

我们在这机会，又不妨拿李义山和李白作一个比较了，他们同是情感上极其发达的人物，但是李义山的力量永远向里边缩，永远像蚕一样，作茧自缚，真是“春蚕到死丝方尽”似的，李白却不然，他的力量永远往外面施放，所以一不如意，他就要毁灭一切了！同是不如意，在李义山只有悲哀，但是在李白却是加上烦躁，因为李白为那要求一切的生命力所激扰故！（第416页）

可是相反的，李白却不善于写常情，他的许多寄内诗，都不佳。李白对于色情的观念，有时竟是卑视的，例如他说：“陈王徒作赋，神女岂同归？好色伤大雅，多如世所讥。”（《感兴》）在这些地方，他和李商隐实在相反，李商隐对于爱情的观念是灵的，这不必说了；李商隐写到夫妇的情感处，则甚精彩；

> 李商隐对于性爱,也从来不卑视。(第 427— 429 页)

> 李白的痛苦又是没法解脱的痛苦,这因为李白对于现世在骨子里是绝对肯定的。他不能像陶潜一样,否定一切,倘若否定一切,便可以归到“达观”了;他也不能像屈原的幻灭只是现世里理想的幻灭,但屈原却仍有一个理想没有幻灭,这就是他的理想人物彭咸,而且他也果如所愿的追求到了。李白却不然,他没有理想。名,他看透了,不要;他要的只有富贵,可是富贵很容易证明不可靠,那末,他要神仙,便是神仙也还是恍惚。那末,怎么办呢?没法办!在这一点上,他之需要酒,较陶潜尤为急切,那末就只有酒了,也就是只有钩销一切了!(第 447 页)

无疑,这种多维度的比较对于我们深入了解李白的性情人格和他的诗作艺术特点非常有益处。假如我们把李杜两人的比较比作黑白反差的照片的话,那么将李白、屈原、陶潜、杜甫、李商隐五个诗人加以比较,那照片的色度和像素显然就丰富多了,宛如彩照,把李白活泼泼的影子在我们面前展现得更清晰。当然,以五个诗人相互参照不是一件容易的事情,需要敏锐的眼光,丰富的学识,融会贯通的笔力,这对于二十多岁,刚从清华大学毕业的李长之而言是一个极大的挑战,但我们看到,他是多么举重若轻地接受了这个挑战而应对裕如啊。

一部学术著作能够传之后世,当然一定要在理论和方法上抢占制高点,在当时就造成轰动效应,得到学术界的认可。但是,仅凭这点是不够的,因为那仅具备了学术史的资格,随着理论和方法的普及,随着更多的学术著作的涌现,日月递嬗,春秋代序,它会渐渐淡出人们的视野,乃至被现实的人们所遗忘。一部学术著作要能够传之后世,它还必须在表述上具有独立鲜明的风格,具有文学艺术性,具有文学上绝对的价值。这在文史哲方面的学术著作中尤其是这样。

长之先生向来视论文的写作如同创作的,他说:“我写论文,有一个特点,就是视若创作。我一定等待灵感来时,好像一气可以把握整个文字的面貌——内容和形式——了时,才激动着写下来。”“写论文要像写创作,这是我的第一个要求。其次是,我把风格看得很重。所谓风格,就是这一篇东西,放在别人的作品中,可以立刻令人辨认出来。风格有消极积极两意义。消极是,它不同于流俗,积极是,它要显示它自己。风格要纯,要一贯。风格就是个性。”①

《道教徒的诗人李白及其痛苦》可以说很好地做到了这一点,可以看作是这一观点的注脚。

据说《道教徒的诗人李白及其痛苦》的创作缘起是这样的:在1936年底的时候,张荫麟想编一本中国通史,他希望约请李长之写杜甫的一章,李长之问他为什么不写李白,他说李白是浪漫派,不能写,李长之为了对抗他的观点,于是写了《道教徒的诗人李白及其痛苦》一书。因此,这本书各章节陆续发表虽然延宕了三四年之久,但实际上是在1937年的一个较短的时间内一气呵成的。在其中,涌动着长之先生对于诗人李白的热爱和冲动,涌动着他那浓烈的情感,因为在长之先生内心的深处,他毋宁在李白和杜甫的轩轾

① 李长之:《关于写散文》,《梦雨集》,商务印书馆1945年版。

中是更热爱李白的[1]。

一般人知道李长之是学者，是浪漫派批评家，却很少有人知道他还是一个浪漫诗人。《道教徒的诗人李白及其痛苦》不仅表现的是一个批评家锐利的透视，也是诗人深入到另一个“诗人世界中的吟味”。它语言流畅、飘逸，像散文诗一样具有抒情色彩，像“他这方面的感情实在太浓烈了，‘因君此中去，不觉泪如泉’，可知他平日的挂念为何如了，这还不过和他的爱子们才别了一年而已！至于‘君行既识伯禽子，应驾小车骑白羊’，‘小儿名伯禽，与姊亦齐肩。双行桃树下，抚背谁复怜’，这便都是在别了他的爱子们三年以后写的了，那印象更多末具体，字句更多末给人刺戟！没得到过家庭的温暖的诗人，但并没因此令他对于子女的慈爱有所欠缺。在一般目李白为狂人，为不近于人情的人，在这里要反省的罢。漂泊的李白，没有家的李白，狂歌度日的李白，他却是有着一颗多末与通常人逼近的，相通的心！”（第429—430页）简直是在代李白抒情了。有时这种叙述在音韵、节奏上直造成一种低徊咏叹的味道：“我们总括了看，李白的痛苦是一种超人的痛苦，因为要特别，要优待，结果便没有群，没有人，只有寂寞的哀感而已了；李白的痛苦也是一种永久的痛苦，因为他要求的是现世，而现世绝不会让人牢牢地把握，这种痛苦是任何时代所不能脱却的，这种痛苦乃是应当先李白而存在，后李白而不灭的，正是李白所谓‘与尔同销万古愁’，这愁是万古无已的了；同时李白的痛苦又是没法解脱的痛苦，

---

① 比如，在李长之的一生中，除去写有研究李白的单篇论文外，他还写有两本关于李白的专著，一本是《道教徒的诗人李白及其痛苦》，另一本是《李白》，但对于杜甫，他没有专门的论著发表。

这因为李白对于现世在骨子里是绝对肯定的。”(第447页)李长之在本书的前言中慨叹:“外国很好的批评文学,那末亲切,有时像家常。——自然,在家常之中,总有锐利的透视,耐人寻味的风趣。”(第339页)他说:“难道不能同样写中国诗人吗?”(第340页)我们看到,在这本书中,李长之显而易见在追求这种叙述的意境,而其追求是多么贴近成功了啊。

作为小册子,《道教徒的诗人李白及其痛苦》在结构上非常完整,它以“生命和生活”为介入点,以李白的道家特征为推阐中心,以李白充溢的生命力和浪漫的热情为贯穿红线,旁涉李白的政治、思想、性情、文学的各个方面,勾画出诗人李白活泼泼的影子。文学艺术作品的首要特征是完整紧凑,这本书有导论,有结语,各章节间首尾衔接,勾连贯穿,所引李白诗歌不仅是论据,而且与李长之的论述水乳交融,融为一体。尤为难得的是连语言风格也连成一片,不辨崖涘。对此,长之先生非常自负,他说:“现在我请求读者的是,假若你根本不看这本书,我当然没有话说,如果你看,我希望顺次序看,而且不要跳着看,小地方也要看,引的诗更要看。为什么呢?因为本书是一篇整个的有机的长文故。小地方,也关连着整个的意义。施贲格勒(Oswald Spengler)不是从这些小地方看文化的形态学么?我们何尝不可以从小地方看诗人的生命流露?其次,假如你有兴致,我又愿意你一次看下去。”(第339页)试问,阅读这样的学术著作你还能不深深地感动吗?

既有学术著作锐利的透视,又有散文诗样耐人寻味的气韵,是《道教徒的诗人李白及其痛苦》在李白研究领域成为常青树的原因,也是长之先生众多学术专著仍然活跃至今的原因,当然,这也是古今中外学术名著成功的共同秘诀。